本书出版得到

国家重点文物保护专项补助经费资助

四川邛崃龙兴寺

2005～2006年考古发掘报告

成都文物考古研究所
邛崃市文物管理局 编著

文物出版社

北京·2011

责任印制　王少华

责任编辑　张广然

图书在版编目（ＣＩＰ）数据

　　四川邛崃龙兴寺：2005～2006年考古发掘报告／成
都文物考古研究所，邛崃市文物管理局编著.—北京：
文物出版社，2011.6
　　ISBN 978-7-5010-3175-7

　　Ⅰ．①四… Ⅱ．①成… ②邛… Ⅲ．①寺庙—考古发
掘—发掘报告—邛崃市—2005～2006 Ⅳ．①K878.6

　　中国版本图书馆CIP数据核字(2011)第093239号

四 川 邛 崃 龙 兴 寺
2005～2006年考古发掘报告

成都文物考古研究所
　　　　　　　　　　编著
邛崃市文物管理局

*

文物出版社出版发行

（北京东直门内北小街 2 号楼　邮政编码 100007）
http://www.wenwu.com
E-mail：web@wenwu.com
北京图文天地制版印刷有限公司印制
新 华 书 店 经 销
889×1194毫米　1/16　印张：36.25　插页：4
2011年6月第1版　2011年6月第1次印刷
ISBN 978-7-5010-3175-7　定价：350.00元

目　录

插 图 目 录

拓 片 目 录

彩 版 目 录

图 版 目 录

第一章　遗址概况

第一节　邛崃市概况

一　地理位置与自然环境

邛崃市位于四川省成都市西部偏南，距成都市区75公里，地处川西平原西南边缘，西依邛崃山脉，东临成都平原。全市地势西高东低，最高海拔2025米，最低海拔453.5米。全境面积1377.4平方公里，现设18个镇，15个乡，市政府驻临邛镇。东面与成都市新津县相邻，南接眉山市东坡区、彭山县，西面是雅安市雨城区、芦山县、名山县，北面是成都市大邑县。山脉、丘陵、平坝分别占全市总面积的41.40%、35.96%、22.64%。以亚热带季风气候为主，全市年平均气温16.5℃。

境内主要河流有南河、西河、斜江河、蒲江河、临溪河。西河流经邛崃城后与多条小河汇集成南河，临溪河、南河、斜江河是蒲江河在邛崃市境内的三大支流，均是西北—东南流向，从西到东依次流入蒲江。蒲江河流过新津县城与南北流向的金马河等汇集后也称南河，南河南流在彭山县境内与从成都市区流出的府河相汇流入长江上游的主要支流岷江。这些河流是古代社会重要的生产、生活和交通资源，在历史上发挥着重要的作用（图一）。

境内有天然气、石油、金、铜等多种矿藏。早在汉代邛崃就以盛产井盐和铁著称于世，到了唐宋时期，瓷器烧造业非常兴盛，纺织业中绢、葛布也较为有名。唐代有一种以蕉丝为原料的葛布称为蕉葛，其中邛州产"镇南蕉葛，上者匹直千金"[1]。近现代造纸、竹编和酿酒业发达。

二　历史背景

据史书记载，邛崃在《禹贡》中属梁州之域，秦置临邛县，《元和郡县志》中说，南接邛崃山，因以为名。汉代属蜀郡，后汉因之。晋改属晋原郡，南朝宋因之。南齐时属晋康郡，南梁置邛州，西魏置临邛郡。隋开皇初，郡废。大业初，州废，属临邛郡，当时移郡治严道县，即今雅州府。唐武德元年复置邛州，为重要的军镇，治依政县。显庆三年，始治临邛县。天宝初曰临邛郡，乾元初复曰邛州，属剑南道。《唐书·肃宗纪》载，宝应元年，于邛州置镇南军。《方镇表》载，大历元年，置邛南防御使，治邛州。寻升为节度使，未几废。咸通八年，置定边军节度观察等使，治邛州，十一年，废。文德元年，又置永平军节度使，治邛州，大顺二年废。五代属蜀，仍置邛州，州治临邛，辖临邛、依政、安

---

[1] 参见陈世松、贾大泉主编《四川通史》第三册，第217～218页，四川大学出版社，1993年，成都。

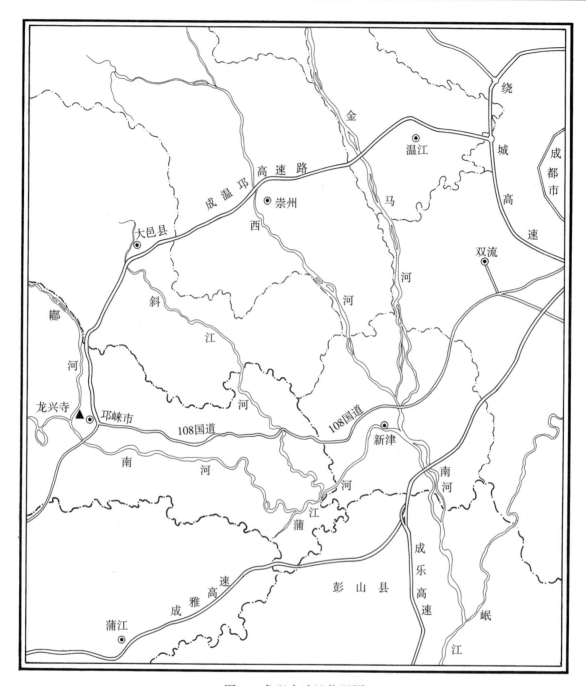

图一　龙兴寺遗址位置图

仁、蒲江、临溪、火井、大邑七县。五代王蜀亦尝置永平军。北宋亦曰邛州临邛郡，初归西川路。太平兴国六年，归川陕路。咸平四年，归中益州路。嘉祐四年，属成都路。宣和四年仍归益州路管辖。先后辖七县一监，七县与五代同，一监即惠民监。元代曰邛州，至元十四年立安抚司，寻罢；二十一年，以州治临邛县，省入嘉定路。明朝洪武九年，降州为邛县，属嘉定州。成化十九年，复升为州，直隶四川布政使司。清代因之，属四川省，领大邑、蒲江二县[2]。新中国建立初期，仍设邛崃县，属川西行署眉

[2] 参见清·常明、杨芳灿等修《四川通志》第一册，第604页，卷五，《舆地·沿革·邛州直隶州沿革说》，巴蜀书社，1984年，成都。

山专区管辖，1952年成立四川省，属温江专区管辖。1959年，与蒲江县合署办公，1960年，二县合称邛崃县，1962年，又恢复两县建制。1983年，撤温江专区，邛崃县划归成都市。1994年，升为邛崃市。

由于邛崃市位于成都平原与西部山区的交界地带，处在川滇、川藏交通古道上，境内河流纵横，交通和商贾贸易发达，又富产盐铁，因此，秦汉时期已设郡县。从成都经邛崃至雅安（古代从成都出发，过双流、新津、邛崃或蒲江至雅安，而以经邛崃为主），再由雅安往南，经西昌进入云南，是汉代以来西南最重要的商道之一。汉代临邛卓氏即以冶铁并"贾滇蜀民"致富，至今邛崃境内还有多处汉代盐铁遗址和古驿道。

汉晋时期，由于北方流民入川，后来建立了成汉政权，四川原来的居民大量东迁，居住在贵州省西部一带的僚人开始大举北迁入川，四川许多地区开始有僚人聚居。邛崃在西晋时期为蜀郡，成汉时期为僚人所占，成了僚人聚居区。僚人尚处于刀耕火种的原始社会阶段，如汉代卓氏那样的大户到这一时期已经荡然无存。到南朝萧梁时期，刺使萧范还于蒲水口立栅为城，以备生僚，名为蒲口顿。隋唐时期，四川的僚人才开始逐渐成为国家的编民。入唐以后，邛州僚人和四川各地其他僚人一样曾多次起兵造反。直到宋代，邛崃依然是僚人聚居区，"此郡与夷僚相杂，愈于诸郡"。大约到了南宋时期，他们才基本完成了与汉族的融合[3]。

唐宋时期前述往南的商道也是益州通往南诏、大理（今云南地区）的主要通道。同时唐代从雅安有三条道路可通往当时的吐蕃（今西藏地区），是川藏之间重要的茶马贸易通道。由于唐王朝与吐蕃和南诏曾经有过长期战争，四川处于"西抗吐蕃，南抚蛮僚"的重要位置，前述商贸通道也成了重要的军事通道，邛崃正好处在通道之上。唐后期战争频繁，邛崃在军事上的地位也变得重要起来。大历元年曾在此设节度使，之后，终唐一代，均为重要军镇。从唐代开始，四川地区佛教摩崖造像极其兴盛，寺院最多，尤其唐后期，至今在四川五十余个县市都还有唐代摩崖造像，有造像的地方往往也有寺庙遗迹，邛崃市境内也有多处。

五代时期，四川相对于北方中原地区比较安宁，经济不甚残破。前后蜀政权对佛、道二教都有扶持，四川一些唐代出现的大型寺院继续发展，寺院经济繁荣。

北宋时期，四川经济得到了很好的发展，商业经济高度繁荣，产生了最早的纸币交子。四川的茶马贸易在宋代经济和政治中起着重要作用，由于位置优势，邛崃处在当时茶马贸易的重要通道上，尤其是在与南方民族的贸易中，其位置颇为重要。考古发现证明，从唐代开始，至五代、两宋，邛窑的瓷器在附近销售亦广，尤其是民间日用青瓷器具和各种玩具。邛崃的冶铁业到了宋代仍然发达，不仅满足民间农业生产和生活需求，南宋时期官府还在此铸造铁钱和兵器。终宋一代，四川的寺院经济也很发达，出现了如成都大慈寺、昭觉寺、乐山凌云寺、峨眉山普贤寺等经济实力雄厚的寺院。经济的繁荣促进了文化的发展，有名的寺院不仅是传播佛教的场所，更是世俗文化、娱乐和商贸场所，是文人游览和读书的地方，也是各种集市和游宴活动的地方。成都大慈寺的游宴活动及其旁边的药市、蚕市等极为兴盛。考古发掘的邛崃龙兴寺遗址宋代遗迹中出土了大量碗、碟，甚至酒具，显然并非只供僧人所用，出土的大量刻经也证明了其对藏经的重视。宋代四川地方官还设有"僧司"，由僧人任职，管理四川佛教事务，并在成都、邛崃等七个州设坛度僧，便利出家人。前几年邛崃市开发天台山旅游时发现了宋代的"僧司"遗址。四川的雕版印刷业在唐代就已著名，宋代极其发达，在收藏家眼中蜀中宋代刻本尤为精良，

---

[3] 参见陈世松、贾大泉主编《四川通史》第三册，第108、114页，四川大学出版社，1993年，成都。

堪称甲天下，我国佛教史上第一部《大藏经》的雕版（又称《开宝藏》）即为北宋初年在成都刻成。邛州也有极好的雕版印刷，临邛人韩醇于淳熙四年（1177年）刊印的《新刊训诂唐昌黎先生文集》四十卷、《外集》十卷、《遗文》一卷等均是佳品，为后世藏家所重。

南宋后期，蒙军入川，先是以抢掠为目的，后以攻占统治为目的。持续了近半个世纪的战争，使四川人口锐减，户口凋零，经济全面崩溃。南宋末嘉定十六年（1223年）统计当时川峡四路共有259万户，到元朝统一后的至元十九年（1282年）只剩12万户。因此，元朝对全川州县作了很大的省并调整，邛州很快由成都路并入嘉定府路管辖。邛崃与整个四川一样人口消减，商业凋敝，经济不复发展。从考古发现情况看，龙兴寺也在这之后渐渐被荒草湮没，明代这里已是一片墓地。1947年成恩元先生来此收集被河水冲出的寺院遗物时，这里被称作大佛院，除了附近有一座土地庙外，遗址上只有清代以来的大佛院建筑，遗址中间的一个土堆被称作佛塚，后来发掘证明是一座塔基遗址。龙兴寺早已被遗忘。

三 相关遗迹

现在邛崃市境内重要的文化遗迹除与贸易相关的古代驿道外，还有多处瓷窑，许多博物馆都有邛窑瓷器收藏。其产品种类繁多，唐宋时期在民间广泛使用并大量外销，龙兴寺遗址中即出土了大量邛窑瓷器。最著名的邛窑遗址是与龙兴寺遗址隔河相望的什邡堂窑址。什邡堂窑在隋代已经大量生产，唐宋时期最盛，生产区旁边即是南河，南河流入蒲江河，然后过新津流入岷江，交通运输非常便利，因此，邛窑瓷器销售颇广。

邛崃市境内还有多处与龙兴寺同时代的佛教摩崖造像。佛教很早就传入了四川，到南朝时期已经相当兴盛，有了众多寺院和造像。邛崃在南朝时期就已经有人出家[4]，也有了寺院的兴建。据传，南齐延兴元年（494年），有高、何二僧自明州象山入蜀，止于临邛四明山，建鹤林寺[5]。临邛镇至今仍有鹤林寺，现在鹤林寺位于邛崃市西郊白鹤山上，是邛崃名山，传说汉代著名文学家司马相如曾学易于此，今山上有一个敞口方形石窟仍被称为点易洞。山上曾经有多所寺院，现在仅存鹤林寺一座，寺内现存建筑为清代重修。寺后山林中还可以看到多处唐代以来的僧人墓塔，显证了寺院的古老和曾经的兴盛。山林中至今仍然有五处较为集中的唐代摩崖造像，内容有五十三佛、千手观音、西方净土变、释迦牟尼降魔成道等唐代中后期四川地区最流行的题材。虽无造像铭文，从造像内容和风格上看，造像时间应与境内花置寺、石笋山（山崖前有唐代大历年间的造像碑记，碑记中写为"石荀山"，现代多写作"石笋山"）等处有纪年的造像相同，属于唐代中后期，是邛崃在军事上比较重要的时期。山中所谓的点易洞，实际上也是一个石窟，窟内无造像，应当是一个禅窟。

唐宋时期四川佛教流行，佛教摩崖造像特别兴盛。邛崃市虽为僚人聚居区，由于其位置重要，多有外来官吏，又距成都很近，因此佛教寺院和摩崖造像比较兴盛，有多处唐宋摩崖造像和寺塔遗址保存下来。这些寺院与摩崖造像与龙兴寺遗址时代相同，是邛崃的重要文物古迹，也是我们今天了解和研究邛

---

[4]《高僧传》卷十："释法琳，姓乐，晋原临邛人。少出家，止蜀郡裴寺，专好戒品，研心十诵。常恨蜀中无好师宗，俄而隐公至蜀，琳乃克己握锥，以日兼夜。及隐还陕西，复随从数载，诸部毗尼洞尽心曲。后还蜀止灵建寺，益部僧尼无不宗奉。常祈心赡养，每诵无量寿及观经，辄见一沙门，形甚姝大，常在琳前。至齐建武二年，寝疾不愈，注念西方，礼忏不息，见诸贤圣皆集目前，乃向弟子述其所见，令死后焚身，言讫，合掌而卒。即于新繁路口积木燔尸，烟焰冲天，三日乃尽，收敛遗骨，即于其处而起塔焉。"《大正新修大藏经》第50册，第402页，新文丰出版公司影印，1999年，台北。

[5] 此说据陈世松、贾大泉主编《四川通史》第三册，第322页，四川大学出版社，1993年，成都。书中未注明资料出处，查找《大正藏》中相关文献也未见到，不知所出，但应有所据，故采用。

峡历史和社会的重要实物资料。其中花置寺、磐陀寺、石笋山等地唐代摩崖造像均有纪年，有的可与文献记载的历史事件相印证。

石笋山位于邛崃市城区西北方向的大同镇井沟村，是邛崃市境内距城区最远的一处佛教摩崖造像，其山背后即为大邑县药师岩唐代佛教摩崖造像区。造像开凿于唐后期，现存33龛，有释迦像、菩提瑞像、观音与地藏、千手观音、西方净土变、维摩经变等唐代中后期四川流行的造像题材，还有一个小型禅窟。最大的一龛菩提瑞像，也是这里开凿最早的像，龛下有唐大历三年（768年）[6]的造像铭文。造像山崖前面有一块平坝，应为古代寺庙所在位置。平坝前有一座小石山，形如石笋，石笋山即因此而名。造像山崖前有一条石板路通往山里，是古代通往小金县的道路之一，由小金可进入吐蕃境。大历元年，唐王朝在邛崃置邛南防御使，治邛州，寻升为节度使。原因是这个阶段唐与吐蕃和南诏常有战争，这里是吐蕃和南诏进攻成都的通道之一。石笋山摩崖造像位于远离城镇的深山里，而且有相当规模，最大的像有数米高，应当不是偶然。

花置寺位于邛崃城西的西桥乡花石山上，现存10余龛佛教造像，均为唐代中后期开凿，内容有千佛、五十三佛、阿弥陀佛、毗沙门天王、双观音、西方净土变，并有多则宋代题刻。最大的一龛也是最早的造像，由来自长安章敬寺俗姓马的僧人僧采[7]于唐贞元十四年（798年）雕刻。章敬寺是当时密宗的重要道场，根据此造像铭文，僧采曾是那里的僧人，他驻锡花置寺时为花置寺懿德大师，对附近密宗的发展可能产生过不小影响。

磐陀寺位于城西的西河乡磐陀村，佛教造像始凿于唐代元和年间，根据崖壁上现存的唐代元和年间题记和附近的明代碑记可知，这里是唐代的开元寺，明代改称磐陀寺。造像分布在上下两层崖壁上，现存六龛，均为唐代中后期造像。内容有千佛、西方净土变、释迦三身像、观音与地藏、与密宗相关的明王造像等。其中下层崖壁上的一龛大像有元和十五年春（820年）的造像题记。两层崖壁之间有一块平地，平地上现存明代大殿一座，殿内有三尊泥塑大像，墙壁上绘有善财童子五十三参故事，殿梁上有明代重修墨书题记。唐开元二十六年曾下诏天下诸郡各立龙兴、开元二寺[8]，可见磐陀寺在唐代也是皇帝御敕所建。

邛崃市临邛镇兴元村、西河上游沿岸的平乐镇一带也有多处唐代佛教摩崖造像。平乐镇因竹编和造纸业发达，古代是邛崃经济最发达的地区之一，现代是著名的古镇旅游区。镇后金华山上有佛教造像74龛，是邛崃唐代摩崖造像最多的地方，均为唐代中后期雕造，因保存状况不好，少有人注意。

以上佛教摩崖造像的年代均是唐代中后期，而且有的明确记载是外来僧人开凿，这与邛崃唐代是僚人聚居区和它作为唐代控驭吐蕃和南诏的重要军镇有关。

石塔寺位于城西高何乡高兴村，本名大悲寺，因有宋代石砌释迦如来真身宝塔，习称石塔寺。寺院建筑早已面目全非，寺内南宋僧人静安于乾道五年（1169年）奉敕修建的释迦如来真身宝塔尚存，石塔通高17米，用红砂石砌成，方形塔基，须弥座，13级密檐式塔身，保存完好。

天台山的宋代僧司遗址是宋代邛崃等地佛教兴盛、僧人众多的最好证明。

---

[6] 也有将铭文识读为大历二年（767年）者。

[7] 花置寺第六龛有经宋代和清代两次翻刻过的唐代造像铭文，铭文中说创刻花置寺的僧采系花置寺大德，扶风茂陵人。

[8]《佛祖统纪》卷四十有："（开元）二十六年。勅天下诸郡立龙兴、开元二寺"。《大正新修大藏经》第49册，第375页，新文丰出版公司影印，1999年，台北。

同书第377页有："（开元二十九年）四月，帝梦老君玄元皇帝告曰，吾有像在京城西南。乃遣使至盩厔县楼观，见紫云垂覆，白光属天，得玉像高三尺，迎置兴庆宫。命有司写玄元真容，分置诸郡开元观。"可见开元时期各地不但有龙兴寺、观，也有开元寺、观。

第二节 遗址的发现与确定

一 遗址的发现

龙兴寺遗址位于现在邛崃市西环路与西河故道[9]之间，西环路系修建于明代城墙上。1947年6月，邛崃西河(当时称䣳江)洪水瀑涨，冲垮了县城西北隅东岸河堤，冲出了大量唐代石刻佛像和经版。当时这里叫大佛院，出土佛像的地点西南方向有明代从西河引出的张公堰，东南方向有土地庙。1947年至1948年间，四川大学博物馆（当时的华西博物馆）成恩元先生曾五次前往收集大水冲出的文物，并请当地群众下水打捞，同时在出土造像的河边地带进行清理（图二）[10]。先后在西河边发掘和收集到大量碑碣、经幢、佛像，现在收藏于四川大学博物馆。有资料认为，当时邛崃龙兴寺先后出土遗物总数达六七百件之多[11]。根据成恩元先生留在四川大学博物馆的资料以及博物馆现存藏品的实际情况统计，当时四川大学博物馆收集到的遗物约有二百件，包括各种造像、经幢、砖瓦、脊兽等，其中碑碣、经幢、佛像等残件有一百七十余件[12]，刻有文字的碑碣、经版和经幢个体至少有七十多块，三十多种。当时出土的少部分和后来零星出土的遗物或藏于邛崃县文物管理所，或被个人收藏，其总的数量远不及四川大学博物馆所藏[13]。出土有文字资料的遗物以经幢和经版最多，有唐代永隆二年（681年）、贞元十一年（795年）、大和二年（828年），大中三年（849年）、十二年（858年）、十三年（859年），咸通五年（864年）、八年（867年）等年号的纪年。其中永隆二年为砖铭，也有少量有纪年的造像，其余年号多为经版、经幢、灯台等石刻遗物之铭文。所刻经文以《佛顶尊圣陀罗尼经》为主，还有《金刚经》、《般若密多心经》、《妙法莲花经》等。成恩元先生第五次收集的经版残石中有"……□经一卷镇龙兴寺愿合家□……/……女十五娘 女婿郭乾德 成……"的铭文，结合其他纪年铭文，可知此即唐代龙兴寺遗物，因此，这批造像发现之后，当时的研究者即称之为"唐代龙兴寺造像"。

成恩元先生还在当时大佛院大殿附近找到两方清代石碑，一方为大佛院东南方向土地庙的建庙碑，碑中记录了这里至迟到清咸丰或明代万历年间已叫大佛院了。之后川大博物馆一直辟专馆展出这批文物，多有学者关注这批造像，也有一些研究成果，但对龙兴寺遗址及其变迁情况了解甚少[14]。

---

[9] 西河原来河面较宽，明代曾于河边修堤堰，20世纪40年代还曾过过大水，50年代也曾修筑过河堤，但近几十年河水干涸，变成了一条细沟，原来的河床上修建了一些房子，因此称西河故道。

[10] 此图来自冯国定、周乐钦、胡伯祥编《四川邛崃唐代龙兴寺石刻》书末，中国古典艺术出版社，1958年，北京。

[11] 成都市地方志委员会编《成都市志·文物志》第232页，四川辞书出版社，2000年。

[12] 冯国定《邛崃唐代龙兴寺石刻概述》，收于冯国定、周乐钦、胡伯祥编《四川邛崃唐代龙兴寺石刻》，中国古典艺术出版社，1958年，北京。成恩元《邛崃大佛院为唐龙兴寺考》一文有他五次收集资料和现场调查的情况，其中数据与此大致相同，见《华西文物》1951年9月创刊号，第11、15页。

[13] 成恩元《邛崃龙兴寺遗物的发现和研究》，1981年邛崃县编修文物志，成老师提供稿件。文中称前后出土文物近三百件，其中20%在群众手中，5%收藏于邛崃民教馆，75%收藏于四川大学博物馆。

[14] 成恩元《邛崃大佛院为唐龙兴寺考》一文中有此经版照片，《华西文物》1951年9月创刊号，第16页。文中称这是唯一的有关唐代此寺名称之材料，但现在四川大学博物馆展出的龙兴寺遗物中，另见有石刻经幢上刻"龙兴寺"之名。2005年～2006年的发掘中也出土有带"龙兴寺"铭文的资料。关于龙兴寺已发表的资料，除1951年9月华西边疆研究学会《华西文物》创刊号刊出的这篇龙兴寺寺名考证外，较早的还有：杨歗谷《邛崃发掘唐代龙兴寺残石报告》，《狂飙月刊》1949年第3期；成恩元《邛崃唐代石刻纪略》，成都《西方日报》1949年3月8日刊；成恩元《邛崃龙兴寺石刻发掘初步报告》，未见发表；成恩元《四川邛崃唐龙兴寺灯台赞原文实录》，《考古通讯》1958年第2期；邓佐平《四川邛崃县出土的唐灯台及其他》，《考古通讯》1957年第5期；冯国定、周乐钦、胡伯祥编《四川邛崃唐代龙兴寺石刻》图录，中国古典艺术出版社，1958年，北京。较晚的有黄微曦《唐龙兴寺灯台石刻》，《成都文物》1986年第4期；任海《试论四川邛崃唐代龙兴寺石刻》，《成都文物》1987年第1期。资料均是对出土遗物进行分析，没有人了解遗址情况。

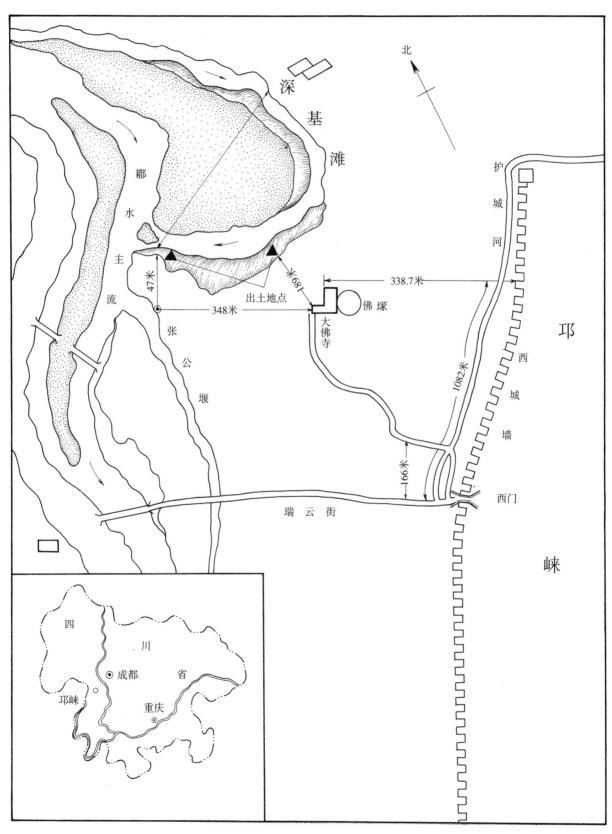

图二　1947 年石刻造像出土地点示意图

（选自冯国定等编《四川邛崃唐代龙兴寺石刻》）

二 2000年～2001年的勘探

新中国建立后龙兴寺石刻造像出土地成为一片菜地，人们又在张公堰边重新修筑了新堤。后来西河西移，张公堰渐渐淤塞，原来的西河河床多半变成了邛崃啤酒厂和邛崃市第三建筑公司预制厂的建设用地。20世纪末，我们去调查时，堰堤早已废弃，只有一小段成为厂区的排污水沟，水沟以北原来大佛院大殿北面出土造像的河滩地当时正在修建两幢南宝山监狱的宿舍楼。大佛院建筑已不知所在，只有佛塚尚存，周围尚有约四十亩菜地，随着城市建设的发展，也已逐渐为住宅和厂区包围。当地老百姓只知有大佛院之名，多已不知原来大殿所在。佛塚上有近年新建的小庙，庙周菜地上到处堆放着建筑用卵石，有的菜地已荒废。考虑到如果我们不先了解情况，这里可能存在的寺院遗址很快就会被城市建设所破坏，为了确认曾经大量出土造像等遗物的地点有无寺院遗址，同时希望找到出土这批造像的具体位置，以使其在城市建设中得到保护，成都文物考古研究所汇同邛崃市文物管理所于2000年12月16日至2001年1月10日期间，对造像出土地点及其周围区域进行了考古调查和勘探（彩版一，1）。

首先我们访问了周围的居民，并找到曾经帮助成恩元先生下河打捞佛像和经版的村民何大爷。根据查找的资料和访问的情况，我们决定以佛塚上的小庙为中心，在其四面布小探沟了解情况，同时在第三建筑公司厂区内及小庙以西、以北的菜地中以小探沟的形式进行勘探。由于当时地面有许多墓葬和准备建筑用的卵石，探沟方向、大小和具体位置就地面情况而定，按开挖时间先后进行编号。先后共开了14条探沟，T2、T3、T6、T8、T9、T10、T13因所处位置特殊，方向各不相同，其余探沟均为正南北向，具体大小和分布情况如下：

预制厂内探沟编号2000LXT2，规格2米×10米，因处在河床中，受位置限制，方向北偏东25°。以佛塚为中心在其以西和以南地面各开一条2米×5米的探沟，编号2000LXT1、2000LXT3。在小庙西南方向，接近当时民房集中的地面开两条探沟，编号2000LXT4、2000LXT5，规格2米×5米，后来T5扩方。在小庙南面发现塔基（编号TJ1）倒塌堆积，又顺塔砖倒塌堆积方向以探沟形式扩方，编号2000LXT6、2000LXT8、2000LXT9，并因势在其西南和东北面较宽阔的菜地上各布两条小探沟，以期找到塔基转角点，编号2000LXT10、2000LXT13，规格2米×5米。后来在2000LXT4内发现建筑遗迹（后来统一编号F5、F15），又在其北开两条探沟，其东开一条探沟，编号2000LXT7、2000LXT11、2000LXT12，规格均为2米×5米，希望找到建筑遗迹的走向。在小庙以北与原河床之间的空地上布小探沟一条，编号2000LXT14，规格2米×10米。小庙周围有大量明代至近代墓葬，为避让近现代墓葬并弄清小庙下佛塚的性质，T3、T10方向北偏东40°，T6、T13北偏东14°，T8、T9与它们垂直相连（图三）。

在预制厂区的探沟（2000LQT2）中没有发现任何遗迹，该处全是河床中的卵石和淤沙堆积，证明这里已被河水彻底冲刷，不可能还有寺院遗存保留下来。

小庙周围的探沟挖掘到20多厘米深时就发现大量青砖堆积，证明了小庙下的佛塚其实是一座南宋时期倒塌的砖塔。但塔基废墟上有许多明代以来的墓葬，在其南面的扩方弄清了基址走向。为了解塔基的年代和底部结构，在东南面基址一侧开了一个0.5米×0.5米的小沟，发现塔基是在建筑废墟中修建起来的，塔基底部垫土中有大量红烧土，土中有大量青色、红色布纹瓦残片和红砂石碎块，还有一小片石刻经版残片，残片上有填金。为不破坏塔基，并保证塔基的完整性，弄清了其性质后即进行了回填保护（彩版一，2；彩版二，2）。

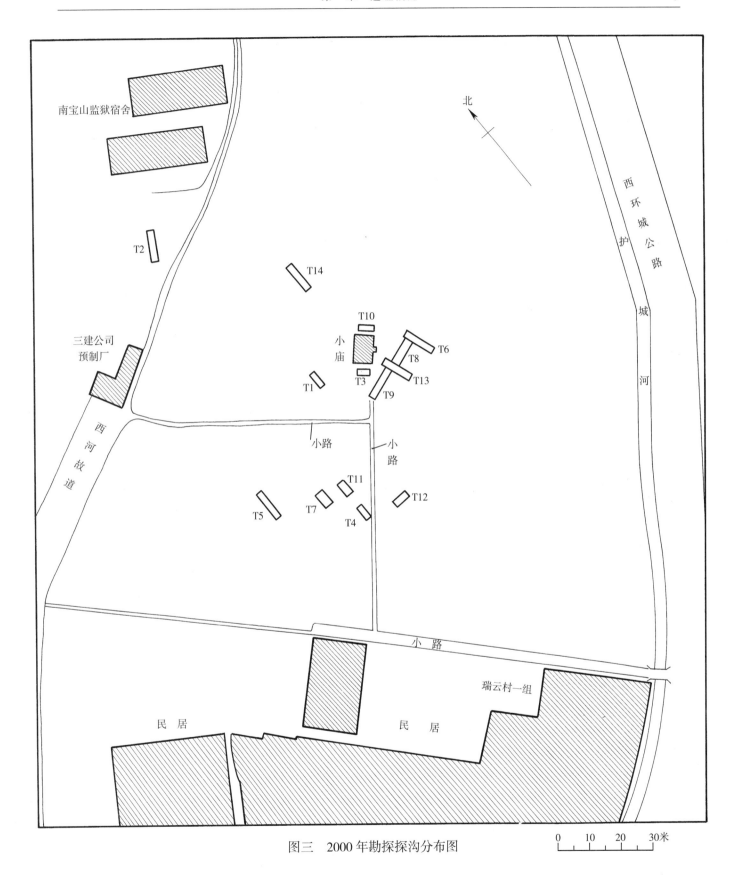

图三　2000年勘探探沟分布图

小庙以北，与在建南宝山监狱宿舍之间空地上的2000LXT14号探沟表土只有10多厘米厚，其下有一层近现代碎瓦砾堆积，可能为清代到民国时期大佛院废弃后形成的堆积，之下为比较干净的黄色土，没有发现遗迹现象。

小庙西南方向的探沟2000LXT 4、2000LXT7、2000LXT11、2000LXT12、2000LXT5等均是在菜地内，表层耕土只有20多厘米厚，其下即有建筑基址发现，而且T2000LXT 4、2000LXT7、2000LXT11内遗址正好是两处房子交界处（后来统一编号F5、F15），十分重要的是在这里还发现了一些南宋时期建筑上使用的琉璃构件残件。在2000LXT 4内进行了小范围解剖，发现建筑方法系先挖沟槽，在沟中用条石修砌房基，房基下填有红砂石碎块。用卵石夹泥铺筑地面，然后砌墙体，最后在地面铺砖。为保护遗址，没有扩方和继续下挖即进行了回填（彩版二，1）。

这次勘探前后二十余天，根据勘探情况，我们认为当时所存的四十余亩菜地就是龙兴寺遗址所在，并确定了佛塚即是一座砖塔基址。砖塔始建年代不详，南宋时期塔体向东南角倒塌，可以肯定是在唐代废弃的建筑垃圾上建立起来的。塔基垫土中出土的石刻经版与此前所见龙兴寺出土唐代经版相同，应是唐代遗物无疑。塔西南方的建筑遗迹内发现有柱础石、琉璃瓦等遗物，虽不多，但足能证明也是南宋时期修建。因此，我们认为直到南宋时期，龙兴寺一直存在，并有大量修建。我们这次勘探发现的即是南宋时期的建筑，其下可能有更早的建筑存在。

第三节　2005年~2006年的勘探与发掘经过

一　前期勘探

2005年邛崃市啤酒厂（华润集团）进行扩建，根据我们2000年~2001年的勘探情况，厂方决定避开菜地（已探明的龙兴寺遗址区），拟定的扩建区除原西河故道及位于西河故道上的邛崃市建筑三公司预制板厂范围外，还向其南面的瑞云村一组民居区域扩建（因民房多，2000年未能进行考古勘探）。8月，拆迁完民房后即修建围墙，在顺着原来从西环路到西河边的一条便道（原菜地与原民房区分界处）修建围墙时发现了一个土坑（H5），坑中出土了大量佛像，同时发现有青砖残墙。施工单位立即向邛崃市文物管理所报告，文物管理所派人对出土佛像的土坑进行了抢救性清理。清理时在土坑周围以围墙基槽为边布了六个5米×5米探方，以弄清坑周情况，编号2005QLXT1~T6（图四），转入正式发掘后，属于统一布方Ⅰ区的范围。T2、T3只清理了围墙以内的范围，T1中因发现了K1、H5、M7等遗迹，向北、向西进行了扩方。在这一区域的勘探除清理了埋藏佛像的H5外，还清理了与遗址同时期的一座土坑墓M7、一个小型砖石混砌小窖室K1。K1叠压在第③层下，其下是H5，H5叠压在M7之上，M7修建在纯净沙层（生土层）上。这一区域位于原来地表高处，第①至③层与发掘范围内其他区域高处地层相同，堆积较薄，六个探方地层堆积相似：

第①层，现代农耕土层，厚15~25厘米，分布均匀。第②层，黑褐色土，较松软，厚20~25厘米，分布均匀，含有青花瓷片等遗物，其下有明代墓葬一座。第③层，黄色土，含有灰色和黄色瓦砾，为建筑物废弃后形成的堆积，夹有红烧土和灰烬，厚20~30厘米，分布较均匀。所有与建筑有关的遗迹均叠压在第③层下，其下为较纯净的自然沙层（图五）。

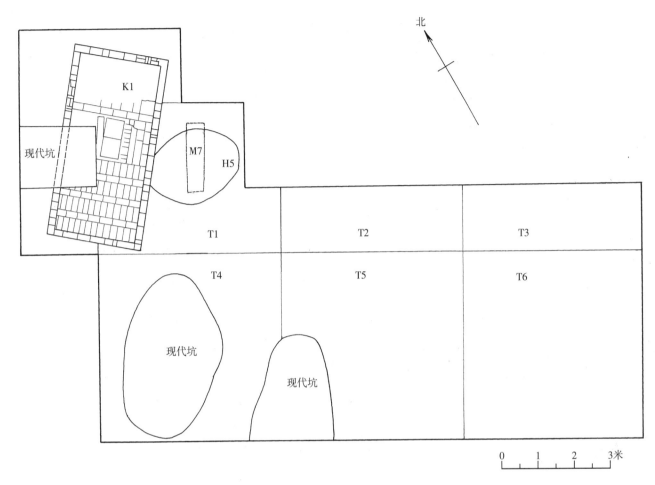

图四　2005 年 8 月勘探探方及遗迹分布图

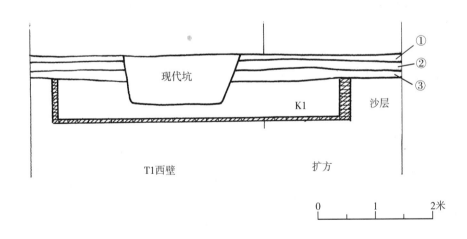

图五　2005 年 8 月勘探地层图

9月16日，成都文物考古研究所闻讯后派工作人员到现场了解情况，决定配合啤酒厂的扩建工程，在扩建区内进行文物勘探，以弄清扩建区内还有无遗迹和造像，同时也希望弄清楚龙兴寺遗址向西、向南的分布范围。因此在西河边布了一条2.5米×10米的探沟，西河河床中布两条2.5米×10米的探沟进行勘探，方向55°，以确认河边还有无造像及遗迹。探沟开挖后，在故西河岸边发现有卵石铺砌遗迹（F16）、水井（J1）和大量灰坑。同时厂方准备在西河边沿围墙修路和挖排水沟时推土机推出了大量瓦块、残石等遗物，这些遗物中有带"官"字的琉璃瓦和动物造型的建筑构件。由此，初步判定啤酒厂新扩建范围也属龙兴寺遗址区。

在前期勘探的基础上，我们认为西环路和西河故道之间北侧啤酒厂旧厂区原来为遗址范围（正式发掘时布方的Ⅳ区），因洪水侵袭，大部分遗迹已不存。东部和东南部已探明有包括塔基在内的遗迹（正式发掘时的Ⅰ区）。西侧和西南侧现为菜地和住宅区（正式发掘时布方的Ⅱ区），可能也属于遗址范围，因地表填土较厚，或许保存状况较好，也是这次啤酒厂主要扩建区域，因此确定重点在这一区域内进行抢救性发掘。

发掘过程中不断有遗物出土，确认了这一区域就是曾经出土大量唐代石刻造像的龙兴寺遗址范围。同时，由于我们勘探区域周围有很多人知道这里曾经大量出土过佛像，考虑到塔基暴露在荒地里有被盗掘的危险，对并不在这次啤酒厂扩建区域内的塔基也进行了保护性发掘和解剖。

二 发掘经过

以上勘探确认了啤酒厂扩建范围也属于龙兴寺遗址范围，我们立即要求修建方停工，将原来探沟扩成正式探方，以西河边河堤为基线，探沟南端的一口现代水井为中心基点，以象限法统一布方进行抢救性发掘，探方方向55°。这样2000年~2001年勘探过的以塔基为中心的菜地全部位于第Ⅰ区，以顺时针方向计算，即将进行发掘的原民房集中区大多在第Ⅱ区，与民房隔河相对的区域为第Ⅲ区，啤酒厂老厂区和市建三公司预制板厂均在第Ⅳ区，控制勘探面积约10万平方米。根据前期勘探情况，结合啤酒厂扩建范围，发掘主要在Ⅱ区和第Ⅰ、Ⅱ区交界一带进行，保护性发掘的塔基位于Ⅰ区。从2005年9月18日开始，至2006年1月27日田野发掘工作结束，发掘5米×5米探方249个，扩2米×5米探方20个，共计269个探方，6475平方米（图六；彩版三）。

经过近半年的考古工作，发现和清理了房屋、墓葬、水井、塔等多种遗迹现象，并出土了大量佛、菩萨等各类石刻造像以及生活用瓷器、建筑构件等遗物。发现的遗迹中罗汉殿基（F1）、塔基（TJ1）、一处四合院基础（F9）等三处建筑基址保存基本完好。遗迹主要集中在以下六个相对集中的探方区域（图七）。

第一，IT1122~IT1626区域，主要发现了TJ1和F14。F14与TJ1第一期同时修建，有共同的活动面，叠压在第⑤c层之下。TJ1第二期垮塌堆积叠压在第③层下，TJ1第二期的活动面将F14的散水部分叠压。除塔基填土中有大量瓷器残片外，这一带主要出土有残石像、建筑构件等遗物，极少有生活用瓷器残片。

第二，IT0106~IT0409，IT0111~IT0114区域，主要发现了F16、J1、C1和H1~H4，H6~H20等遗迹。J1与F16紧邻，均叠压于第③层之下，同时废弃。大量的灰坑实际上是F16废弃后形成的瓦砾坑，出土了大量建筑构件和残石像，有两个灰坑中出土了少量生活用瓷器。C1位于F16以北，叠压在第③层下，这一时期建筑修建时以黄泥做黏合剂，C1系拌料池，其侧还有一口陶水缸（g1）和一堆残存的黄黏土。

第三，IT0301~IT2408区域，发现了F2、F3、F4、F6、F7、F10、F11、F12、F13，J3、J4、J5，H21~H34，K2、K3，Q1~Q6，Z1~Z4，S1~S4以及大量残水沟等遗迹，其北侧有勘探时发现的K1、H5、M7。因为原来系一坡地，又有多次重叠修建，各种遗迹保存状况均不好，每期修建时坡地边缘都修筑相应的护坡墙（堡坎）。遗迹多在第③层下露头，从上到下主要遗迹的关系和修建顺序为：第一层面的遗迹主要有F4，K1、K2、K3、G21等，同期护坡墙Q2、Q3。第二层面的遗迹主要是F2、F11、G22、J3等，同期护坡墙仍然是Q2、Q3。第三层面的遗迹主要是F7、F12、J5、Z1~Z3、Q1、Q4。第四层面的遗迹是F3、F10、F13、J4、Z4、S1~S4，护坡墙Q5、Q6。最下面的一层即第五层遗迹是F6。

这一区域除了出土大量建筑构件、残石像外，还出土了大量生活用瓷器。有两组从早到晚叠压顺序清楚的建筑遗迹，一组从早到晚顺序是F6→F3、Z4→F7、Z1、Z2、Z3→F2、J3→F4，K1、K3，另一组F10、F13、J4→F12、J5→F11、G22→K2、G21。而它们之中F2同时压着F7、F3和F10的废弃堆积，F12同时压着F10和F13的废弃堆积。结合地层情况及出土器物情况，这一区域建筑顺序从早到晚应为F6→F3、F10、F13、Z4、J4→F7、F12、Z1、Z2、Z3、J5→F2、F11、G22、J3→F4、G21、K1、K2、K3。这一区域原来系坡地高处一侧，地势最高，也是现代建筑最集中的区域，因此上面各层遗迹破坏殆尽，地层不完整。还有一些残砖遗迹，因太残破，性质和彼此关系难以确定（如图八、九中的遗迹1~6等）。

第四，ⅡT2902~ⅠT3504区域，主要发现了修建于第③层下的F9和与之相连的J7，它们同时修建，同时废弃。出土物很少，在F9内出土了少量铜器。

第五，ⅡT0301~ⅡT0908区域，主要发现了修建于第③层下的F1（罗汉殿）和其西侧的J6、北侧的Y1。J6早于F1修建，与F1同时废弃。Y1在F1修成之后即废。出土了大量建筑构件和少量瓷器。

第六，ⅡT1115~ⅡT1313区域，主要清理了M1~M6。出土有少量瓷器残片。

整个遗址中保存较好的遗迹多为宋代建筑，宋代建筑之下往往以厚厚的更早的建筑垃圾为垫土。这些作为垫土的建筑垃圾中包含有大量红烧土。仅局部地区发现有早于宋代的遗迹现象，但破坏殆尽，看不出结构和性质。出土的遗物中佛像以唐代造像为主，一些唐代残石像或建筑残石出土于宋代建筑的垫土中，一些则出土于宋代地层下的灰坑中，有的为有意集中埋藏，埋藏时均已残损严重。除第三个区域中出土了大量生活用瓷器外，其余区域均以造像和建筑构件为主。

第二章　地层堆积

　　整个遗址现在地面较平整，已发掘的这六个小区域发掘前地表处于同一平面，但原来地貌并不相同，地表起伏很大。约在Ⅰ、Ⅱ区交界处原来是一道坡，Ⅰ区处于坡地渐渐增高一侧，Ⅱ处于坡地渐渐变低一侧，因此两侧建筑情况不同，地层堆积差别很大。第①层地层统一，第②、③层各处堆积情况有很大差异。第②层，可以分为多个亚层，以多次洪水冲积和浸泡的沙土层为主，将原来不平的地表变成现在的平地，明清时期形成。各区域厚薄差异很大，原来地表高处薄，甚至没有，低处厚，有的地方厚达1米以上。第③层为寺庙废弃之后一个时期的堆积，土层中夹有较多建筑垃圾，各处土质、土色和包含物都相似，但地势高处被后代建筑破坏，地势低处保存较好。第③层以下，由于原来地势高低不同，有的处于坡地上，甚至有河沟分割，因此有些地方仅有一次修建，地势低处保存较好，或没有修建，有的地方则有多次重叠修建，遗迹现象丰富，地层堆积复杂。因此，地层堆积情况以上六个小区域各不相同（表一：地层对照表）。2005年8月勘探的六个探方位于原来地表的最高处，其上部建筑遗迹和地层堆积被晚期活动破坏殆尽，地层简单（其地层情况见前面勘探情况介绍）。

表一　地层对照表

一 ⅠT1122~ⅠT1626	二 ⅠT0106~ⅠT0114	三 ⅠT0301~ⅠT2408	四 ⅡT2902~ⅠT3504	五 ⅡT0301~ⅡT0908	六 ⅡT1115~ⅡT1313	T1~T6	大致时代
①	①	①	①	①	①	①	现代
②a		②a	②a	②a	②a	②	清
②b	②	②b	②b	②b	②b		
②c		②c	②c	②c	②c		明代
		②d~②f					
③a		③	③	③	③	③	
③b	③						
④a			④	④a			南宋↑ 北宋
④b		④a		④b			
④c				④c			
⑤a		④b	⑤a	⑤			
⑤b		④c	⑤b				
⑤c		④d	⑥a		④		宋初↑ 五代
		④e	⑥b				
⑤d		④f		⑥			五代↑ 唐末
		④g、④h					
		⑤a					
⑥		⑤b					
		⑤c					
	④	⑥	⑦	⑦		④	唐代

第一节　ⅠT1122～ⅠT1626区域的地层（TJ1区）

　　这一区域位于遗址现存区域东北部，系原来地表高处，发掘前地面上有一个小土堆，土堆上有近年新建小庙，我们在公安部门配合下拆除了小庙，共布25个5米×5米探方进行发掘（ⅠT1122～ⅠT1522，ⅠT1125～ⅠT1626）。土堆周围有很多墓葬，尤其以明代石室墓最多，但均破坏严重，主要清理了砖塔（TJ1）基础和F14。砖塔基础和上面的倒塌堆积层多处被明代石室墓打破。以砖塔遗迹处地层堆积为例（图一〇）：

　　第①层，深褐色农耕土和杂色现代建筑废弃堆积，均匀分布，厚约10～27厘米。

　　第②层，明清时期堆积，有多座明代石室墓叠压于该层下。可分为三个亚层，其中2b、2c层为洪水冲积层。

　　②a层，黑褐色土，除塔基上部没有外，其余地方均匀分布，厚约0～20厘米，出土较多宋至明清时期瓷片。明代墓葬均叠压于此层下。

　　②b层，黄沙层，仅存在于塔基前面（西侧）ⅠT1223、ⅠT1224等少数探方中，土质纯净，厚约0～20厘米。

　　②c层，黄色沙夹土层，纯净，分布于塔基东侧和南侧ⅠT1323～ⅠT1423等探方中，厚约0～20厘米。

　　第③层，黄褐色土，南宋时期堆积，含黄色和灰色瓦块碎片，为建筑废弃之后一个时期形成的堆积，从塔基四周边缘呈斜坡状向四面散开，除塔基上部外，其余各处均有分布。可分为两个亚层。

　　③a层，土质湿润，含少量碎瓦砾，厚约0～25厘米。

　　③b层，含较多瓦块，厚约0～25厘米。塔基（TJ1）和其垮塌堆积叠压在该层下。

　　第④层，塔体垮塌过程中形成的堆积，以残砖和淤泥为主，从塔体四面呈斜坡状向四周倾斜，仅存在于紧靠塔基四面的ⅠT1223～ⅠT1425等探方中，靠近塔体北端部分有从塔体前部塌下的残石条。可分为三个亚层。

　　④a层，浅褐色土，含碎砖、瓦块和瓷片，厚0～55厘米。

　　④b层，主要为青砖堆积，东南角倒塌最远，从堆积情况看，整面包砖同时整齐倒塌，倒塌的包砖现存部分宽260米，最远处距塔基边缘360厘米（此次没有完全清理出来），厚0～30厘米。

　　④c层，浅褐色黏土，湿度大，主要存在于塔基四周，含有大量瓦块、炭灰、铁钉等，为水浸淤积形成，厚0～45厘米。塔基叠压在此层下。

　　第⑤层，人工垫筑的活动面，即使用过程中所铺垫，分布于塔基四周，门道一侧最宽，并经过多次铺垫。可分为四个亚层。

　　⑤a层，最晚一次活动面，黄沙土夹少许灰色碎瓦块，分布于塔基西、南、北三面，叠压在塔基石砌散水上，西面（塔基门道一侧）最宽，最宽处达430厘米，厚约0～18厘米。

　　⑤b层，黄沙土夹卵石和灰色碎瓦块，分布于塔基四周宽约430厘米的范围，厚0～18厘米。

　　⑤c层，卵石与灰瓦块，在门道处铺有青砖与之相接，分布于塔基四周，宽约450厘米，厚0～18厘米。F14叠压在此层下。

　　⑤d层，较大的灰瓦块夹瓷片铺成，夹有白灰颗粒，分布于塔基四周，北侧与F14散水边缘挡边砖平

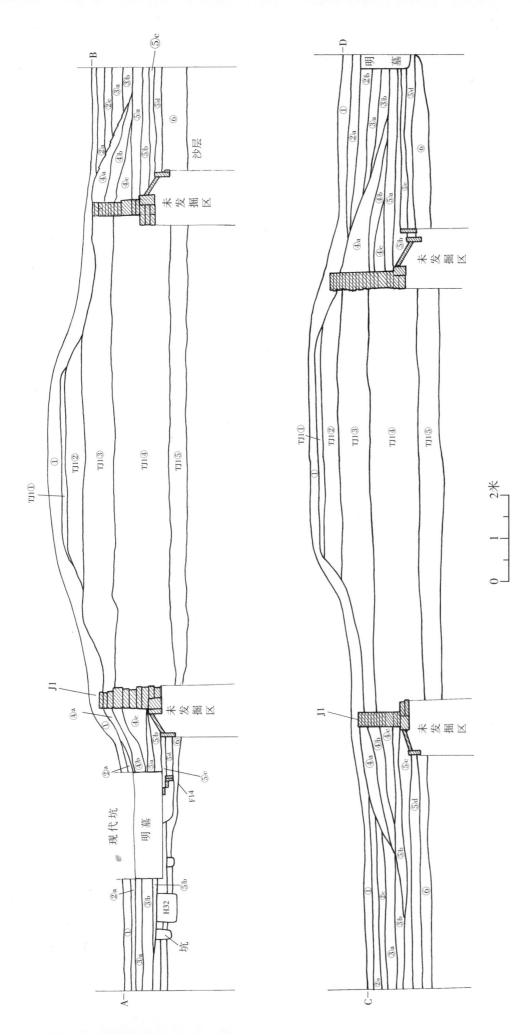

图一〇 TJ1 剖面及地层关系图

1. 纵剖图（A–B） 2. 横剖图（C–D）

齐，为塔与F14共用的活动面，宽70厘米，其余三面宽约450厘米，厚约12厘米。

第⑥层，早于塔基的建筑废弃堆积。该层主要是大量残砖、石块、瓦块等堆积，含有残石像，从包含物看为唐末时期堆积。从四面解剖情况看，分布于塔周所有探方，厚18～45厘米。塔基打破第⑥层，从第⑥层中出土的唐代后期造像、经版、瓷片分析，砖塔修建在唐代建筑废墟之上。

第⑥层之下为生土层。

第二节　Ⅰ T0106～Ⅰ T0114区域的地层（F16区）

该区域位于故西河堤边，由于建筑方先在河边进行了修路、建围墙、挖排水沟等工程施工，已将地表土推掉，我们清理时地面上直接露出了遗迹现象，并发现了建筑遗迹，编号F16。F16主要分布在Ⅰ区T0106～T0406、T0109～T0409区域内，在F16上面有大面积的红色、青色残瓦块堆积，大量的灰坑。大多数灰坑为建筑废弃后形成的瓦砾坑，有两个灰坑较集中出土青瓷碗、碟等生活用器。遗迹之上残存的地层中发现有绿釉陶猴和其他建筑构件、有铭文的青瓦、佛像残座、残经幢等遗物。旁边还发现了两口井，编号J1和J2。J1井中出土了有造罗汉殿字样的铭文瓦、天王像残石等重要遗物。根据残留的地层，可以清理出这里的地层关系（图一一）：

第①层，为深褐色农耕土和杂色现代建筑废弃堆积，均匀分布于各探方中，厚约15～20厘米。

第②层，褐黑色土，含有较多宋至明清时期瓷片，较均匀分布于各探方中，厚约0～27厘米，明清时期形成。

第③层，黄褐色土，南宋时期堆积，含黄色和灰色瓦块碎片，陶建筑构件等，较均匀分布于所有探方中，局部地方被晚期坑破坏，厚约0～25厘米。第③层下有大面积的浅坑，坑内填碎瓦砾。F16的基础被这些坑破坏，残留的磉墩叠压在这些灰坑之下，建在较硬的垫土层上。F16垫土层之下为纯沙层。J1中上部填土为第③层土。

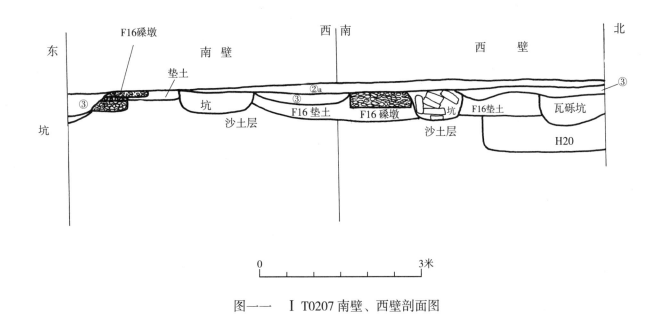

图一一　Ⅰ T0207南壁、西壁剖面图

第三节　ⅠT0301～ⅠT2408区域的地层（F2、F11等区）

位于遗址现存区域中部，即啤酒厂扩建区内修建围墙时发现的佛像坑（H5）以西、以南一带。从地层堆积情况看，几乎从西河故道边的基点开始，沿Ⅰ、Ⅱ区的分界线原来有一道斜坡，坡上、坡下两部分地面高差很大。斜坡略呈东—西走向，从ⅠT0101南端开始，到ⅠT2103内转向东。斜坡的东北面是当时较高的地面，Ⅰ区主要位于高地一侧，在高地一侧主要发现了F2、F3、F6、F7、F10、F11、F12、F13等遗迹。高处修建频繁，也是现代建筑密集区，晚期建筑往往将早期建筑破坏，并使用早期建筑的石材或残石像做材料。多数都利用早期废弃建筑的垮塌物作基础垫土，因此地层堆积复杂。基本上没有完整的建筑遗迹保存下来，大多数遗迹仅留下一小段砖石铺砌的残墙或水沟，以及层层叠叠的瓦砾堆积，已看不出原状，为记录方便，多以房屋编号。这一区域第④层的各个亚层即为高地及其边缘反复修建的建筑废弃和使用中所形成。高地边缘曾多次经人工填筑加高并修筑护坡墙（当地称堡坎），每次都在前一次的外侧修建，修筑时内侧往往使用大量建筑废弃的瓦砾、红烧土等填筑。第⑤层即为沿坡地边缘的人工填筑层，在其边缘发现了护坡墙Q1、Q2、Q3、Q4、Q5、Q6和F6等遗迹（彩版四）。

斜坡地的西南面地势很低，由于斜坡在ⅠT2103～ⅠT2408区域转向东，主要位于Ⅰ区T3101～T3501，T3203～T3503等之内的F9位于低地上。从总的堆积地层和F2、F9、F11后面排水沟流向及所在区域地层堆积看，斜坡下面曾经有一道大河沟，F9所在区域与这一区域隔着这条河沟，所以建筑和地层堆积情况不同。这一区域第③层之下，ⅠT1201～ⅠT1902等内的坡地边缘人工填筑层（第⑤层）最厚，护坡墙（堡坎）修建于人工填筑层的外侧。护坡墙（堡坎）外侧洪水浸淹和冲积形成的地层（②b至②f层）很厚，最终将坡地和大河沟填平。这里地层第①～③层与塔基周围地层相同。第②、③层原来地势高的地方很薄，有的地方几乎不见，在现代层之下就露出了大量瓦砾堆积，而原来的坡地低处此层厚度超过了1米。图一二、一三、一四分别选择了这一区域三处探方的地层图，反应了局部地层的巨大差异。

第①层，农耕土和现代建筑废弃堆积，均匀分布于各探方中，厚约10～50厘米。

第②层，明清时期地层，可分为六个亚层。这个时期地表高差很大，已发掘区东北面高，西南面低。该层堆积呈斜坡状，高处堆积薄，甚至没有，低处堆积厚，有的厚度超过100厘米，最终将坡地填平。

②a层，黑褐色土，包含物较少，有少量灰色瓦碎块和青花瓷片，较均匀地分布于各处，除ⅠT1403～ⅠT1806等最高处一带外，其余探方均有分布。厚0～50厘米，其下有多座明代石板墓。

②b层，洪水冲积形成的黄色泥沙层，纯净，各区域堆积情况差异很大，在Ⅰ区东南部F9一带最厚，Ⅰ区东部塔基一带仅局部有很薄的堆积，这一区域堆积厚度处于前二者之间。ⅠT1403～ⅠT1806等少数地势高的探方中没有，其余探方内呈斜坡状堆积，低处较厚，厚约0～60厘米。

②c褐色淤土，含黑褐色斑点，湿度大，黏性强，纯净，分布广。除ⅠT1403～ⅠT1806等少数探方外，其余探方都有分布，厚约0～55厘米。

②d至②f层是洪水多次浸泡和冲积形成的堆积，纯沙与沙土相间堆积，呈斜坡状，将原来不平的地表基本填成平地，原来高处基本没有，低处厚。发掘区内ⅠT1501～ⅠT1801中西南侧最厚，最厚达150厘米

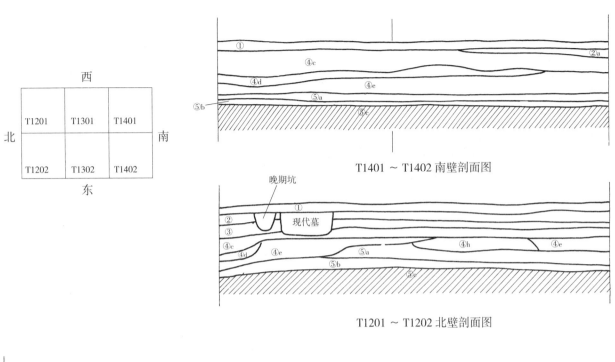

T1401～T1402 南壁剖面图

T1201～T1202 北壁剖面图

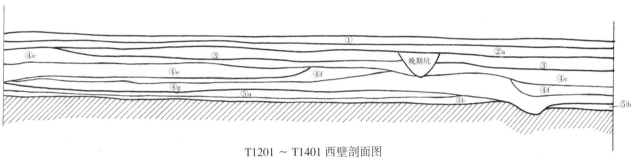

T1201～T1401 西壁剖面图

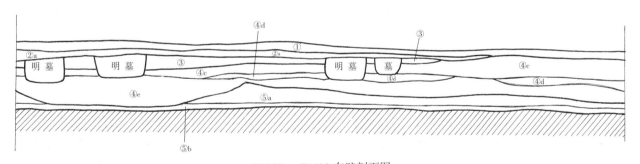

T1202～T1402 东壁剖面图

0　　　1　　　2米

图一二　ⅠT1201～ⅠT1402 地层剖面图

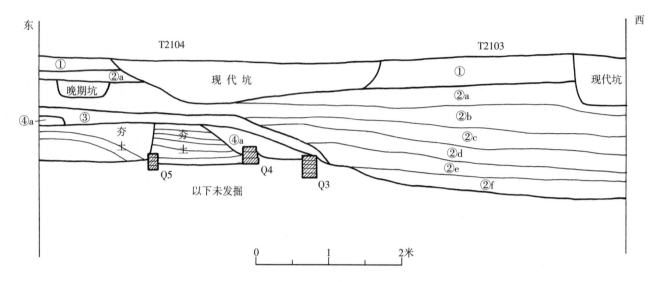

图一三　ⅠT2104～ⅠT2103 南壁剖面图

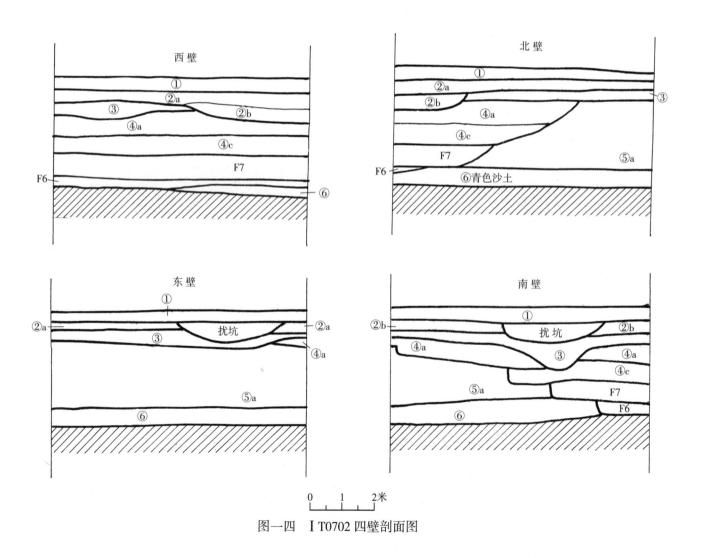

图一四　ⅠT0702 四壁剖面图

以上，应是河沟边缘。

因此第②层之下，Ⅰ、Ⅱ区之间的这道斜坡实为故河沟的岸边，Ⅰ区主要位于河岸斜坡高处，Ⅱ区全部位于河岸坡地低处及故河床上。F1系在河边低地上修建，修建时修筑了高高的台基，修成之后使坡地底端的河沟在此处转向南流。F9则位于河对岸，所处地势很低（图七）。

第③层，黄色土，含黄色和灰色瓦砾等建筑废弃物，为宋代建筑废弃之后一个时期形成的堆积，除ⅠT1403～ⅠT1806等区域被现代建筑破坏以及ⅠT1501～ⅠT2103等西南侧故河沟内缺此层外，大多数探方中均有分布，厚约0～100厘米。整个遗址区绝大部分遗迹在第③层之下开始露头。

第④层，多次建筑修建、使用和废弃时形成的堆积，以大量瓦砾和含红烧土颗粒及碎瓦砾的黄色沙土相间堆积为特征，有的地方瓦砾成堆，下面还有排列整齐的青砖，但因破坏极其严重，性质和用途已难判断。因有大量瓦砾，其下的黄色沙土虽然很薄，也不成片，但极像是建筑物下面的垫土。最多的地方可以分出八个亚层，其中④a、④c、④e层几乎为纯瓦砾堆积，三次瓦砾层之间均隔有一层黄色土层。根据堆积状况推测纯瓦砾层为建筑物顶部垮塌形成，垮塌之后又用作下一次建筑基础的底部垫土。黄色沙土层为原来建筑基础的表层垫土和使用面破坏后形成。各个亚层的分布与不同建筑物的分布有关。

④a层，碎瓦堆积，以青瓦为主，只存在于Ⅰ、Ⅱ区交界区域的ⅠT0301～ⅠT0801，ⅠT1201～ⅠT1801等区域，为建筑上部垮塌堆积，原来地势高处如ⅠT1304～ⅠT1606等探方此层被明清时期破坏。厚约0～50厘米。

④b层，黄褐色沙土层，只存在于Ⅰ、Ⅱ区交界的局部探方中，与④a层分布范围相同，为废弃建筑的底部堆积，原来地势高处被后代建筑破坏。厚约0～30厘米。④a、④b实际上应为这一区域相当于F2、F11时期建筑的垮塌堆积和基础表层垫土。

④c层，瓦砾堆积层，以青色瓦残块为主，集中分布于Ⅰ区T1203、1204、1303、1304等区域，F7、F12时期建筑上部垮塌堆积，同时作为F2、F11时期建筑基础的底部垫土。厚约0～50厘米。

④d层，黄色土，土质松散，含少量红色瓦砾，为F7、F12时期建筑的表层垫土和活动面破坏后形成，厚约0～30厘米。分布在ⅠT1201～ⅠT2207区域的局部探方中。有的地方层表还残存平铺的残砖，应为废弃建筑残存的基础及垫土边缘包砖。因此，④c、④d实际上是这一区域F7、F12时期建筑的废弃堆积和基础上层垫土。

④e层，瓦砾堆积层，红色残瓦为主，含有大量瓷片，少量青瓦残片和炭屑。主要分布于IT1201～2105范围内的部分探方中，高处薄，低处厚，厚约0～70厘米。实际上是F3、F10、F13时期建筑的垮塌堆积，同时又被用着F7、F12时期建筑的底层垫土，更晚的F2也部分利用此层作垫土。

④f层，黄褐色沙土，夹有红色瓦砾、细卵石，呈斜坡状堆积，仅存在于ⅠT1201～ⅠT1801等少数探方中，厚约0～30厘米。残佛像埋藏坑H27、H28等打破此层，直接叠压在④e层下。

④g层，灰沙土层，含大量碎瓦砾，局部有灰烬，只在ⅠT1201～ⅠT1801等探方中零星分布。F3、F10、F13等叠压于此层下，即④f、④g实为F3、F10、F13的表层垫土和活动面破坏后形成。

④h层，人工夯筑卵石层，仅存在于IT1302号探方中，宽约250厘米，厚约50厘米。

第⑤层，大范围的人工填筑层，主要分布在与Ⅱ区交界处的探方中，随地势呈斜坡状填筑，低处厚，高处薄，甚至没有。其上层表面为褐色土或灰沙土（④f和④g层），其下主要是红烧土和大量瓦块、卵石等堆积，土中含有红砂石残像、建筑构件等遗物。大多数探方中可分为明显的三个亚层：

⑤a层，人工填筑层，红褐色土，含沙重，在ⅠT1402等范围内土色偏灰，类似淤沙土。含有瓦砾、

红烧土粒等，存于ⅠT1401～ⅠT2001等探方以东区域的大多数探方中，厚0～50厘米。F3、F10、F13，S1～S4等遗迹建在此层上。

⑤b层，红烧土和红色瓦块等建筑废物为主的堆积层，为人工使用早期建筑废弃物填筑而成，呈斜坡状，填于坡地边缘护坡墙（堡坎）内侧，地势低的探方内堆积很厚。含有红砂石残像、建筑构件等。集中分布于ⅠT1401～ⅠT2104等局部探方中，厚约0～70厘米。

⑤c层，人工填筑层，以卵石夹沙泥为主，局部地方颜色偏黑，只填筑于坡地边缘堡坎内侧，呈斜坡状集中分布于ⅠT1501～ⅠT2103等探方区域Q5内侧，厚约30厘米。

第④层所有亚层及绝大多数遗迹现象只存在于第⑤层人工填筑层之上及其东北部坡地高处一侧。

第⑥层，黄黑色土，含沙量重，有少量黑色炭粒，包含物少，有瓷罐等少量器物残片，存在于Ⅰ、Ⅱ区交界区域，厚约0～30厘米，原来地势高处如ⅠT1403～ⅠT2108等区域无此层。

第⑦层，灰沙层，有少量绳纹陶片，分布于所有探方。其下为砂夹卵石层。

第四节　ⅡT2902～ⅠT3504区域的地层（F9区）

该区域在新扩厂区内靠近邛崃城西绕城公路旁，遗址现存区域的西南部，发现了F9。F9位于砖塔遗迹东南侧约135米处，跨Ⅰ、Ⅱ区之间，大部分位于Ⅰ区内。主要分布在ⅠT3101～ⅠT3501，ⅠT3203～ⅠT3503和ⅡT3101～ⅡT3102，ⅡT3201～ⅡT3202范围内。为一处完整的宋代四合院建筑基础遗迹。该建筑遗迹坐西北向东南，其垮塌堆积（即第④层）叠压在第③层之下，由两个以上以天井为中心的小院构成。地层堆积如下（图一五）：

第①层，深褐色农耕土和杂色现代建筑废弃堆积，均匀分布于所有探方中，厚约20～40厘米。

第②层，明清时期堆积，可分为多个亚层，出土较多宋至明清时期瓷片，有多座明代石室墓开口于②a层下。

②a层，黑褐色土，含少量明清时期瓷片，均匀分布于各探方中，厚约20～40厘米。

②b层，淤土层，含沙重，纯净，均匀分布于各探方中，厚约20～40厘米。

②c层，沙层，纯净，均匀分布于各探方中，厚10～20厘米。

第③层，黄褐色土，南宋时期堆积，含黄色和灰色瓦块碎片等建筑废弃物。分布于F9所在探方范围内，主要在F9的基础之上，在基础的边缘呈斜坡状堆积，厚0～90厘米。F9的垮塌堆积叠压在③层下。

第④层，F9的垮塌堆积，主要是红瓦块、红烧土，底部有竹篾炭痕，出土少量瓷罐、瓷碗、铜壶、杯、钱币等小件生活用器。只分布于F9基础之上和外周边缘。厚20～40厘米。

第⑤层，F9周围的活动面，可分为两个亚层。

⑤a层，人工铺垫的第一层活动面，褐色土，为碎瓦块铺筑，夹杂小卵石，成斜坡状，有散水作用，厚10～30厘米。分布于F9外周南、北、西三面，约宽100厘米的范围之内，在南侧门道处宽约250厘米。东侧没有发掘。

⑤b层，第二层活动面，褐色土，含碎瓦砾、炭粒等物，厚30～40厘米。分布在F9外周南、北、西

三面，约宽220厘米，南面门道处宽约320厘米。

第⑥a层，黑褐色土，紧密，含有炭粒、碎瓦砾等。F9叠压在该层上，均匀分布于各探方中，厚约30～40厘米。

第⑥b层，黄褐色土，含碎瓷片等物，均匀分布于各探方中，厚约40厘米。

第⑦层，灰沙土，含少量瓷片，厚约25～30厘米。以下为生土。

第五节　ⅡT0301～ⅡT0908区域的地层（F1区）

位于砖塔西南侧约120米。处于原来地表低处，东南方向与F9所在区域之间隔一条河沟。这一区域主要发现了罗汉殿（F1）和一口井（J6）、一座窑（Y1），地层堆积如下（图一六）：

第①层，深褐色农耕土和杂色现代建筑废弃堆积，均匀分布于各探方中，厚约10～25厘米。

第②层，明清时期堆积，可分为三个亚层。其中②b、②c层在故河道一侧堆积厚。

②a层，黄黑色土，出土较多宋至明清时期瓷片，除罗汉殿石砌殿基包壁上部无此层外，均匀分布于各探方中，厚约10～20厘米。

②b层，淤沙土，含泥重，纯净，主要分布于罗汉殿殿基以外东南方向ⅡT1007～ⅡT0901等区域，厚10～25厘米，罗汉殿殿基较高，殿基所在探方无此层。

②c层，黄色沙土层，较纯净，罗汉殿殿基上部无此层，殿基周围呈斜坡状堆积，殿基以东、以南探方中堆积很厚，厚约0～55厘米。

第③层，黄褐色土，南宋时期堆积，含黄色和灰色瓦块碎片，为建筑废弃之后一段时间的堆积，分布于罗汉殿殿基周围探方，殿基上部缺此层，殿基周围距殿基越远，此层越薄，殿基西、南、东三面宽约2～4米左右，北面与Ⅰ区的第③层相通，厚约0～50厘米。J6叠压于此层下。

第④层，罗汉殿废弃堆积，只分布于罗汉殿殿基四周，殿基上部及殿周以外的其他探方中无此层。含有大量筒瓦、板瓦、瓦当，动物模型、龙头、龙尾等琉璃构件。绝大部分集中在殿周1米之内，有的地方远达7米（殿基北侧），殿基西侧几乎不见。南、北、东三面垮塌堆积较厚，其中东侧最厚，北侧最宽，可分为三个亚层。

④a层，以灰陶板瓦、筒瓦、瓦当、滴水残块为主，其次为琉璃瓦、琉璃建筑构件、灰烬、石灰颗粒等，并有残红砂石条、石板等，部分灰瓦上有模印铭文，厚约0～45厘米，呈斜坡状分布于殿基四周约65～200厘米范围之内。所含红砂石板残宽30～45厘米，厚5厘米，残长50～70厘米，石条宽13～17厘米，厚18～23厘米，残长20～110厘米，条石凿有2～3厘米宽突起的边框，均为殿基包壁石。

④b层，杂色淤土，夹杂瓦砾较少，有少量碗、壶、盏等生活用残器，只分布于殿基东侧和南侧，呈斜坡状分布，厚约0～25厘米。

④c层，以大量瓦块堆积为主，也有红砂石条和石板，与④a层的土质、土色及包含物接近，有较多残砖，残砖有宋代素面砖，也有带菱形纹的汉砖，呈斜坡状分布于罗汉殿殿基周围，厚约0～25厘米。G24叠压在此层下。

在第④层的瓦砾堆积中还发现有铁钉、宋代钱币等遗物，许多琉璃瓦上印有"官"字，有的青色

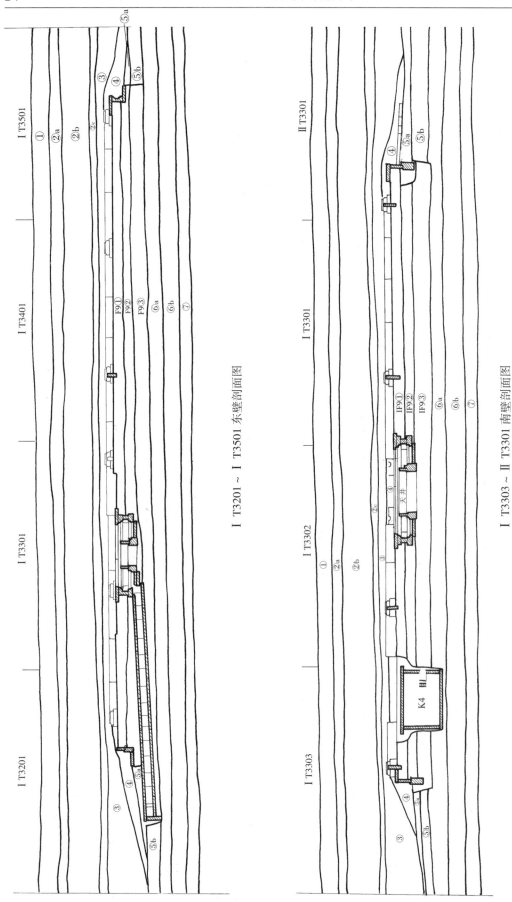

I T3201～I T3501 东壁剖面图

I T3303～II T3301 南壁剖面图

0　1　2米

图一五　I T3201～I T3501 东壁、I T3303～II T3301 南壁剖面图

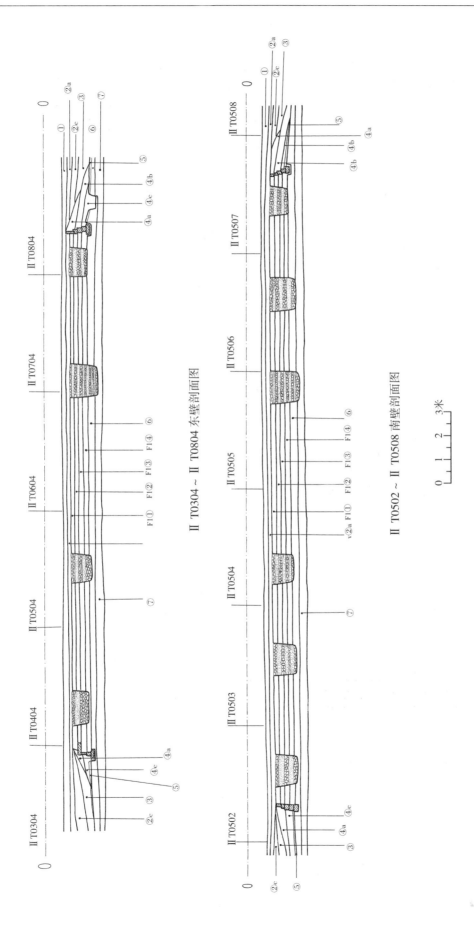

II T0304 ~ II T0804 东壁剖面图

II T0502 ~ II T0508 南壁剖面图

0 1 2 3米

图一六 II T0304 ~ II T0804 东壁、II T0502 ~ II T0508 南壁剖面图

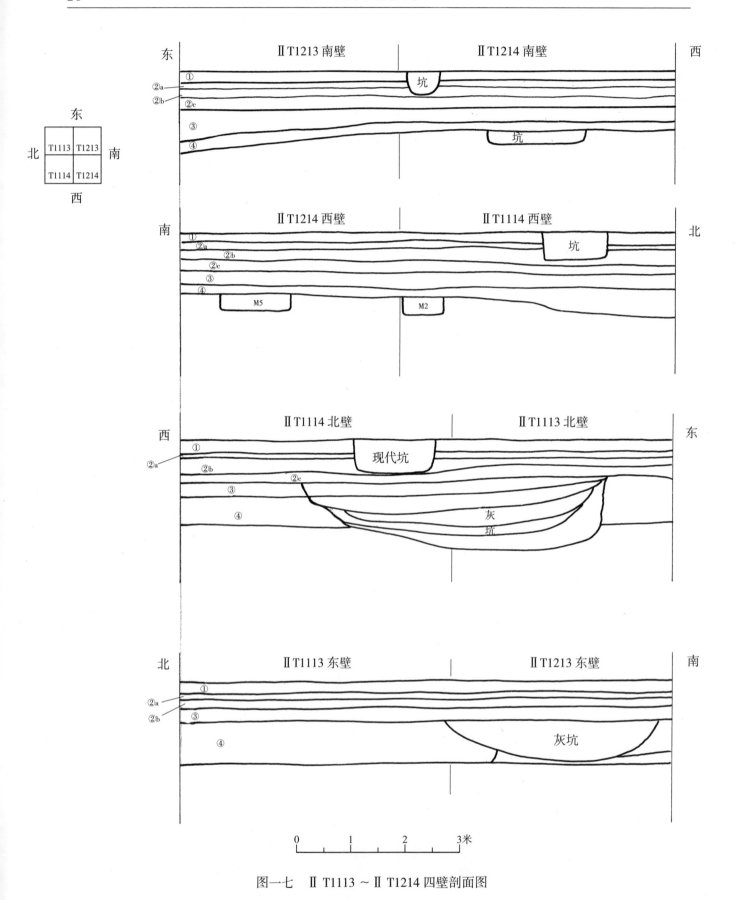

图一七　Ⅱ T1113～Ⅱ T1214 四壁剖面图

板瓦上有"×××造罗汉殿"，许多青色筒瓦上有模印铭文，如"杨蕴中施"、"李东五娘施"、"蒲知县施"、"□宗盛施"、"蒲司法施"、"马文学施"、"罗普定施"、"白汝霖施"、"周良佐施"、"□郎杨立道施"、"王真卿施"、"曹推官施"、"曾氏了娘施"、"侯仁善施"、"李龚孙施"、"胡氏小庆娘氏"、"白承祖施"、"任忠美施"、"张氏师姑娘施"等。

第⑤层，罗汉殿殿基周围的垫土堆积，为碎瓷片、碎瓦块铺筑的活动面，内高外低，呈斜坡状，有散水作用，内外高差10厘米。其中殿基北面和西面此层相对平缓，表面有薄薄的一层板结的黄黏土，证明地表可能曾用黄黏土处理。西面正中位置活动面较厚，推测有门道。南面和东面坡度较大。厚5～10厘米，北面和西面最宽处约200厘米，东面和南面宽约50～60厘米，其外侧是排水沟G24。Y1叠压地此层下。

第⑥层，黄黑色土，含沙重，含有黑色炭粒，包含物少，出土有碗、罐等器物残片，均匀分布于各探方中，厚约25厘米。从遗物分析，应属五代至晚唐地层。殿基（F1）、水井（J6）和窑（Y1）均打破此层。

第⑦层，灰黄色沙土，较纯净，含有少量瓷片，均匀分布于各探方中，厚约20～40厘米。以下为生土。

第六节　ⅡT1115～ⅡT1313区域的地层（墓葬区）

位于遗址南部，这一区域明清时期曾经被河水浸淹，应为河床范围，之前地势也较低，不在寺院范围，发现了一组墓葬，地层堆积简单（图一七）：

第①层，现代农耕土层，均匀分布于所有探方，厚约20～30厘米。

第②a层，黑色土，均匀分布于所有探方，厚约15～20厘米。

②b、②c层为河水浸淹淤积层，两个大亚层只是含沙量略有差别，两层共厚约40～60厘米，应是河道边缘。

第③层，黄色土，含有少量瓷片，均匀分布于所有探方，厚约30～40厘米。

第④层，黄褐色土，含少量瓷片，均匀分布于所有探方，厚约30～90厘米，墓葬均开口在此层下，打破黄沙土层。

第三章　遗迹现象

在勘探和发掘中，发现并清理的遗迹有塔基、罗汉殿基、多座房屋残基、灶、水井、护坡墙、窖藏坑、灰坑、拌泥池、窑址、墓葬等多种类型的遗迹，其中塔基（TJ1）、罗汉殿基（F1）和一座揭露了一半的四合院基础（F9）等建筑遗迹保存较好，其他大多数建筑基础保存状况很差，看不出结构和性质。本章分类从北向南对这些遗迹进行介绍。

第一节　塔基

塔基（TJ1）位于遗址现存部分东北部，现存塔基包括基础和部分塔体，基础平面略呈"凸"字形，突出部分朝北偏东方向，门道在西侧北端突出部分的一侧。塔体夯土实心，外砌包砖，条石包基，基础内也为夯土，基础外有红砂石砌散水。门道阶梯位于西侧北端。发掘前基址土台仍然高出地表约1.8米，基址上部清除表土后，即露出塔心填土，塔基四周保留有塔的垮塌堆积和活动面，叠压在第③层下（图一〇、一八；彩版五、六；彩版七，1）。

垮塌堆积　此处地层的第④层即为塔体垮塌过程中形成的堆积，以残砖和淤泥为主，从塔体四面呈斜坡状向四周倾斜，仅存在于紧靠塔基四面的ⅠT1223～ⅠT1425等探方中，靠近塔体北端部分有从塔体前部塌下的残石条。可分为三个亚层，④a层，浅褐色土，含碎砖、瓦块和瓷片，厚0～55厘米。④b层，主要为青砖堆积，东南角倒塌最远，从堆积情况看，整面包砖同时整齐倒塌，东南角倒塌的包砖现存部分宽260米，最远处距塔基边缘360厘米（此次没有完全清理出来），厚0～30厘米。④c层，浅褐色黏土，湿度大，主要存在于塔基四周，含有大量瓦块、炭灰、铁钉等，为水浸淤积形成，厚0～45厘米。垮塌堆积中的青砖规格有长35、宽18.5、厚3.5厘米，长36、宽19、厚4厘米，长27.5、宽15.5、厚4厘米，长28.5、宽15.5、厚2.5厘米等几种，有的砖上残留有作为黏合剂的黄泥或白灰痕迹。瓦块多是布纹青色筒瓦，没有板瓦残片，有少量绿、黄釉瓦残片。布纹青色筒瓦长18、宽13、唇宽8、厚1.7厘米。

活动面　此处地层的第⑤层即为塔基周围人工垫筑的活动面，即塔使用过程中所铺垫，分布于塔基四周，门道一侧最宽，并经过多次铺垫。可分为四个亚层，其中⑤a～⑤c层在门道一侧压在了塔基和F14的散水上，⑤d层与塔基散水外侧挡边石条和F14散水外侧挡边立砖平齐。⑤a层，最晚一次活动面，黄沙土夹少许灰色碎瓦块，分布于塔基西、南、北三面，叠压在塔基石砌散水上，西面（塔基门道一侧）最宽，最宽处达430厘米，厚约0～18厘米。⑤b层，黄沙土夹卵石和灰色碎瓦块，分布于塔基四周宽约430厘米的范围，厚0～18厘米。⑤c层，卵石与灰瓦块层，在门道下端与平砌的铺地青砖相接，分布于塔基四周，宽约450厘米，厚0～18厘米。F14叠压在此层下。⑤d层，较大的灰瓦块夹瓷片铺成，夹有白灰颗粒，分布于塔基四周，北侧与F14

共用，宽70厘米，其余三面宽约450厘米，厚约12厘米。门道一侧的活动面明显比其他三面紧。

塔体包砖及散水 塔基平面略呈"凸"字形，东、西两侧北端内收，夯土实心，地表残存1.8米高的土堆。塔体外以双层小青砖包壁，底部条石包基，塔体整体朝东南方向倾斜。包基红砂石条被砌散水的石板挡住一半，从解剖位置看，包基石条以内仍包砌两层青砖，包基条石上部塔体内收，外壁错缝平砌三层包壁小青砖，三层平砖之上侧立丁砌一层青砖，之上又错缝平砌。塔体北面阶梯外侧壁面从下至上共用九层条石包砌，第四层以上中间夹有较小石条，而且第八、九层石条中间还夹有青砖，并且外壁面不平整，明显系后期修补所致。下面三层石条外表仍有染红的石灰皮。塔体所用包砖与垮塌堆积中之青砖相同。塔体底部包基南侧长10.8米，西侧长10.48米，北侧长10.48米，东侧长12.8米。包基石西南角被明代墓葬破坏，东南角可以看到有曲尺形转角石。

基础散水以长方形红砂石板铺成，转角处根据需要石板一端为三角形，略呈内高外低的斜坡状，内外高差10～12厘米。外侧以小石条框边，内侧就包基条石为边框。散水宽约0.44～0.45米，砌散水用石板宽约0.53米，长约1.2～1.4米。南侧散水外边长12.24米。北侧因两端内收，散水长8.4米，近门道处有砖铺地面。东侧总长13.16米，北端向内收部分东西宽0.48米，南北长1.6米。西侧长11.24米，近门道处有砖砌地面。西面散水外侧的挡边立石条在门道前第二次铺设活动面时曾经有过修补，晚期修补石条距原来散水边缘约10厘米，高出原来散水约12厘米。所用石料与原来相同，残长约5米。

门道 砖砌梯步门道在砖塔西面北端，塔基东面在门道对称的位置向内折收0.48米，使塔基平面略呈"凸"字形。阶梯用红砂石砌5级台阶，共高1.42米，总进深1.6米，宽1米。所用石条长1.13米，每级台阶露出部分宽1米，深0.28米。从下至上，第一级高0.2米，其他各级高0.24米。石梯上有一层经长期踩踏形成的黑色沙土层，厚8～10厘米。阶梯磨损严重。阶梯北侧外缘以石条斜压于塔体北面凸出的墙体边缘砌成阶梯垂带，垂带宽约50厘米，以石条框边，门口底端挡以立石。清理时残存一块垂带石条，石条长约40厘米，挡底立石高40厘米，宽约25厘米。与塔基门道阶梯相接处及转角至北侧西端与F14之间的地面有方形石板铺地，现存两排石板，铺地范围宽140厘米，长180厘米。靠近阶梯内侧的一排石板大半压在最下一级台阶下，为一块方形石板和一块长条形石板铺成。外侧一排为三块方形石板，方形石板边长68厘米。其中两块石板上各有一个柱洞，洞径1.6厘米。靠近塔体的一块石板上有半个柱洞，说明使用了旧柱础石。

铺筑⑤c层活动面时，又在前期铺垫的石板外周及上面以青砖铺地，青砖压在F14的散水上面，多为残砖，较完整的长约36厘米，宽约20厘米。青砖与石板之间有一层薄薄的黄沙夹细卵石、灰色碎瓦块层，即⑤c。同时对门道一侧（西侧）散水进行了维修，因此，现在看到西侧散水边缘有两次挡边石条。

铺筑⑤b层时，对门道进行了维修，在这一层面上面安置了门槛，红砂石条门槛安置于两个柱础石上，两个柱础石不一样，均系利用废旧材料。北侧柱础石为方座圆形础，圆础上刻缠枝花纹，孔径约40厘米。南侧柱础石为方形圆孔石板，与第一次活动面（⑤d层）门口处所铺础石相同，边长约40厘米。清理时门槛石条塌落，柱础石也微微移过位。门槛石条长80厘米，宽20厘米。

塔心填土 从解剖情况看，塔心填土厚2.8～2.9米，可分为五层，早晚两期。TJ1①层，褐色沙土，干爽紧密，含大量红烧土粒，夹大量瓦砾和瓷片，瓦砾以灰色为主，厚约8～14厘米；TJ1②层，褐色沙土，较松散，夹有灰烬、细卵石和黄色瓦砾，厚约35～45厘米；TJ1③层，浅黄色沙土，经夯实，夹少量红烧土粒、细卵石，含有黄色和灰色碎瓦砾，厚25～50厘米；TJ1④层，黑色土，松散，含木灰、白灰粒、大量灰瓦和黄胎筒瓦残片、瓷片、经火烧过的残砖等遗物，厚约120～140厘米；TJ1⑤层，褐色土，夹少量白灰颗粒，松散，含灰色砖瓦残块、红砂石经版残片、红砂石刻佛像残块等遗物，厚15～55厘米。从包含物看，其中TJ1④～TJ1⑤层为早期填土，厚约1.6～1.68米，主要为唐代残石像、残砖、瓦块等包含物。TJ1①～TJ1③层填土厚约1.25米，主要为宋代瓦块、瓷片等包含物。

塔心填土之下为纯净的沙土层。推测现存塔体部分系唐末至五代时期在唐代建筑废墟上重建，南宋时期利用唐末至五代时期的基础再次重修。在使用过程中，砖塔包基石条和散水曾经过维修，北面包壁石从下到上第三层开始，以上石条外壁面不平整，并且所用石条杂乱，维修痕迹十分清晰。现存门道门槛石和两侧柱础石也为后代维修时增补。

第二节　房基及相关遗迹

遗址范围内除了F1（罗汉殿）和F9等明确的房屋基础外，还有大量砖砌遗迹，有的可以确定是房屋的一部分，有的则根据其所处位置和砌法，推测为房屋残基，为记录方便，均以房基（F）编号。最后确定为房屋基址的遗迹共有十五个，编号F1～F7、F9～F16。除F5、F15位于Ⅰ区塔基以南，系2001年勘探时发现，没有清理，F14位于塔基东北侧，只清理了与塔基活动面相连的一小段外，其余有编号的遗迹都进行了清理。本节从Ⅰ区开始，自北向南依次分区介绍。F9基础内发现有灶和窖藏坑，以及与之连为一体的水井、水沟，显然它们都是房屋设施的一部分，因此作为一个整体进行介绍。还有一些灶、井、水沟、窖藏坑等，虽然也应是某座或某组房屋的相关设施，但因遗迹破坏严重，不能完全确定它们之间的关系，因此在相关遗迹里分别介绍。

一　F14

砖砌建筑残迹，位于塔基东北面，距塔基约1.5米，现存散水部分距地表1米，与塔基平行，叠压在⑤c层之下（塔基活动面），建在第⑥层上。塔基晚期活动面⑤a～⑤c叠压在其散水上，早期活动面⑤d与散水外侧挡边砖齐平，证明它们共用这一层活动面。由于其北面有现代墓葬，东面和南面有农家乐建筑，所以没有全面揭露。揭露部分为砖砌建筑台基的包壁和散水部分，长22.5米，现存高约0～40厘米，宽约28厘米。散水外侧一边用两列砖丁砌，内侧两排砖内收平铺，形成内高外低结构。用了大量汉代残砖，部分地方用较薄的青砖修补。砖的规格为宽20厘米，厚6～8厘米，多不完整，参考成都市内江街、科甲巷等处唐代晚期至五代遗址用砖和修砌方法，推测其为唐代晚期至五代遗迹，由于揭露范围有限，其上建筑情况不清楚（彩版七，2）。

二　F16

夯筑磉墩一组，位于西河故道边，现存部分在探方总平面图中分布于Ⅰ T0106～Ⅰ T0108、Ⅰ T0309～Ⅰ T0407等范围内（图一九）。我们进场时大多已直接暴露于地表。磉墩破坏殆尽，叠压在第③层下，四面和上部均不完整，仅存部分磉墩底部，现存地表也是坑坑洼洼，坑中堆积大量瓦砾。磉墩建在人工修筑的垫土之上，垫土为极细的黄沙土，土质紧密。垫土层之下为纯净灰沙层，即生土层。现存垫土大致西北—东南方向长18.5米，东北—西南向宽11.5米，厚0.35～0.4米。可分为上下两层，上层垫

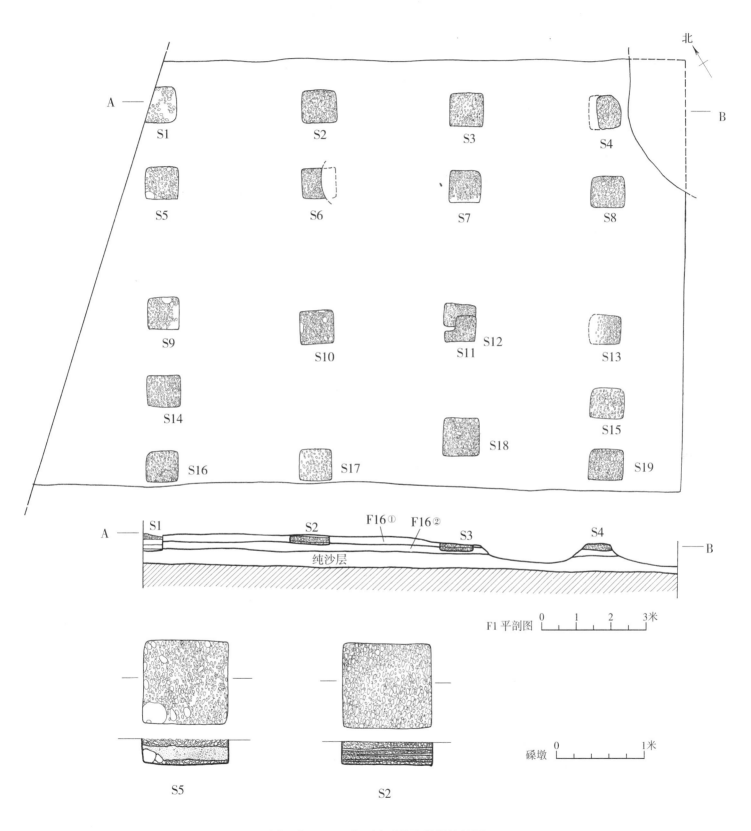

图一九 F16 平、剖面图及磉墩结构图

土含有少量红烧土粒，应为长期紧贴上层废弃堆积所致。礫墩系在垫土上挖坑，在坑中以一层黄沙土、一层沙夹细卵石相间夯实而成。现存4列5排，18个，其中一个叠现象编号F16∶S1～S19。外侧两排各5个，中间两排各4个，排列有序。礫墩平面大多接近方形，边长0.9米左右，有的稍大，有的稍小，现存厚度多在0.2米左右，有的仅剩浅浅的两层。以F16∶S2，F16∶S5为例：

F16∶S2平面接近方形，边长1米，另一边长0.92米，现存深度0.22米。可分为七层，四层小卵石夹泥，三层细黄沙，相间夯实而成。从上至下第一层和第七层为小卵石夹泥层。每层细沙厚约1厘米，每层卵石夹沙层厚5厘米左右。

F16∶S5平面接近方形，一边长0.96米，另一边长1米，深0.26米。可分为三层，从上至下第一层为沙卵石层，厚6厘米；第二层为细沙层，厚26厘米；第三层为沙卵石层，厚2厘米。

礫墩和垫土表面上及附近有许多大坑，坑内大多填瓦砾，系建筑顶部垮塌堆积（彩版八，1、3）。

三　F2、F3、F4、F6、F7

砖砌或夯筑残存遗迹，主要分布于ⅠT0301～ⅠT1404区域内（图八），有直接或间接的打破关系，早晚关系清楚，从早到晚直接或间接叠压顺序是F6→F3→F7→F2→F4，因此按早晚顺序一并介绍（图八）。

1. F6　人工夯筑遗迹，主要分布在ⅡT0301～ⅠT0802，ⅡT0303～ⅡT0801等范围内的20个探方中，实为位于罗汉殿（F1）东北方向的一片夯土，根据这里地层堆积特点，应为建筑物的垫土。

遗迹叠压在第⑤层之下，直接建在第⑥层之上。实际上是大致沿东—西向的一道自然坡地边缘人工填筑的夯土，垫土顺坡地填筑，高处厚，低处薄，西南部被河道和现代排水沟破坏不存，上部被F7垫土破坏。现存部分距地表深约3米，长32、宽11米，东北部与坡地相接，厚度因原来地势高低而有差异。现存夯土分上下两层，上层黄褐色黏土，质地纯净，结构紧密，主体部分厚40厘米。下层泥夹卵石层，选用细小卵石和泥夯筑而成，厚25～40厘米。其下为自然砂夹石层。在ⅠT0601内东北部，垫土变薄，上层垫土薄处仅厚13～15厘米，下层泥夹卵石层中卵石稍变粗大。在ⅠT0601内第⑤层下，F6垫土层上发现一排小圆坑，圆坑内填松散的灰色土，可能为柱洞。其中一个洞底部垫有一块残青砖，砖厚8厘米。洞径30～35、深26厘米。在ⅡT0301号探方中还发现垫土边缘有已变成粉末状的红砂石，可能原来有红砂石条包边。

整个垫土原来范围不清楚，从现存垫土情况可以看出其构筑方式为：以经过筛选的细卵石夯筑作基础，在夯筑的卵石层上填筑黄泥，边缘可能以红砂石包边，其上可能修建建筑（图二〇；彩版八，2）。

2. F3　砖砌建筑遗迹，位于ⅠT0702～ⅠT1205、ⅠT1304等16个探方中。叠压在第④g层下，建在第⑤a层上，F7部分叠压在其垫土上，大部分被F2打破。由于所处位置属于原来地势高处，大部分上面地层被破坏，直接叠压在第③层下，位于Ⅰ区坡地高处。现存部分为砖砌包壁并散水，包壁内侧有垫土。垫土现存范围残长33米，残宽10.4米，砖砌包壁内侧垫土为黄色沙土，边缘部分垫土稍厚，中间垫土中有较多残砖。残存包壁及散水遗迹长边约呈西北东南向，距现在地表深厚0.8～1米，残长14.2米，残宽2.6米。东南端向东转，转角后在ⅠT1305号探方中部残存一小段垫土边缘包壁及散水。散水外侧竖砌两排青砖构成散水边缘，之后向内平铺一排砖形成散水沟部分，平砖之后向垫土台基上平砌包壁砖，包壁砖内收叠涩2～3层，逐层内收。用砖有几种规格：散水用竖砖长25～30、宽18～20、厚4～5厘米；平砖长32～36、

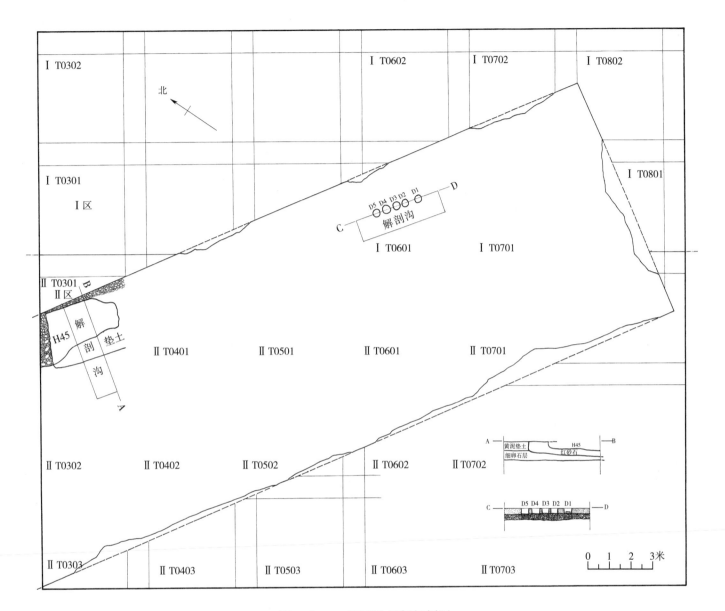

图二○　F6 平面及局部解剖图

宽18～20、厚4～7厘米；包壁砖长34～36、宽18～20、厚8～10厘米。有的砖面上还残留有白石灰皮，系利用了早期不同建筑的旧砖修建（图二一，彩版九）。

3. F7　人工垫土和柱础等遗迹，位于ⅠT0601～ⅠT0901，ⅠT0602～ⅠT0802，ⅡT0601～ⅡT0901号探方中，跨11个探方（图二二）。叠压在F2的底层垫土之下（④c层），建在第⑤a层（F3的垫土层）之上，主体部分叠压在F6之上。遗迹四面均不完整，保存下来的部分略呈梯形，长边约呈南北向，东北侧紧接坡地高处，西南侧紧靠F1（罗汉殿）。主体为人工夯筑黄沙土台基，现存部分距地表深约2.2～2.4米，长14.5米，宽6.5～11米。台基从上至下可分三层，底层为利用F6的垫土；中间为人工填筑泥夹卵石层，卵石经过筛选，但不如F6底部卵石层细密；最上层为黄褐色沙土，较纯净，厚30～50厘米。在台基垫土中部发现一大片瓦砾，应为有意用前期建筑废弃物作填土（瓦砾堆积编号H22）。在台基上面

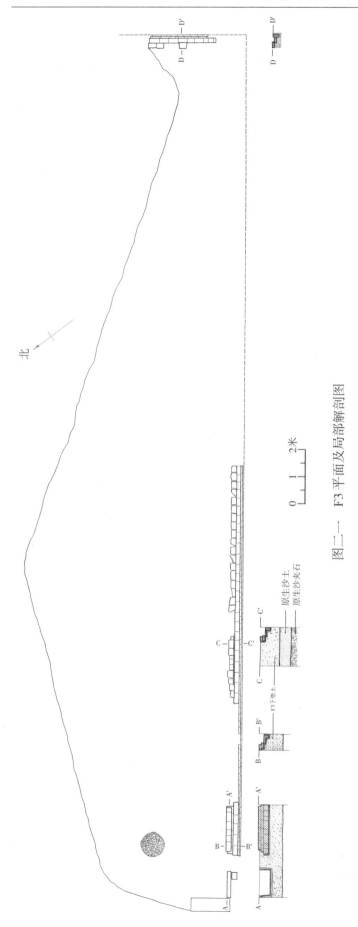

图二一　F3平面及局部解剖图

ⅠT0801和ⅠT0901内各发现方形红砂石柱础一个，两个柱础相距2.4米，一个边长32厘米，孔径7厘米，另一个边长35厘米，孔径10厘米。台基之上和外侧均有大量建筑废弃堆积（④c层），废弃堆积在台基边缘呈斜坡状，为F7废弃后形成。在ⅡT0801号探方内，F1（罗汉殿）的废弃堆积（F1区的④a、④b层）叠压在F7的废弃堆积之上（④c层），可见罗汉殿使用下限晚于该建筑。F7的废弃堆积中含有碗、壶、罐、杯、碟等生活用瓷器残片。

4. F2　砖石残房基一组，破坏严重，残存部分由门道、墙基、排水沟和踏道等组成。现存部分长边为西北东南向，短边为东北—西南向，门道及排水沟位于西南侧。主要分布于ⅠT0702～ⅠT1404，ⅠT0901～ⅠT1401等多个探方中，叠压在④b层下，打破了F3，修建在④c层上，部分地方直接叠压在F3的垮塌堆积（④e层）上。由于处于坡地边缘。这组建筑系填平坡地之后修建，因此东北面高处缺层，部分地方直接叠压于第③层下。房基残破，现存遗迹有的地方距地表仅几厘米，最深处接近1米。分布范围西北—东南向最长近40米，东北—西南向宽近20米。现存部分最长的墙基呈西北东南向，长16米，残宽1.05米。系用红砂石条作墙基，墙基上用青砖平铺砌墙。大部分房基之下为F3的废弃堆积，显然利用了F3表面的黄沙垫土层和废弃的红色瓦砾（④e）夯实作为房基下的垫土，边缘部分即地势低处保留了部分F7的垮塌堆积（④c层）作为垫土，在垫土上修建墙基。由于修建在坡地边缘，垫土厚度随坡地高度而变化。在ⅠT0702中墙基上还残存有三层平

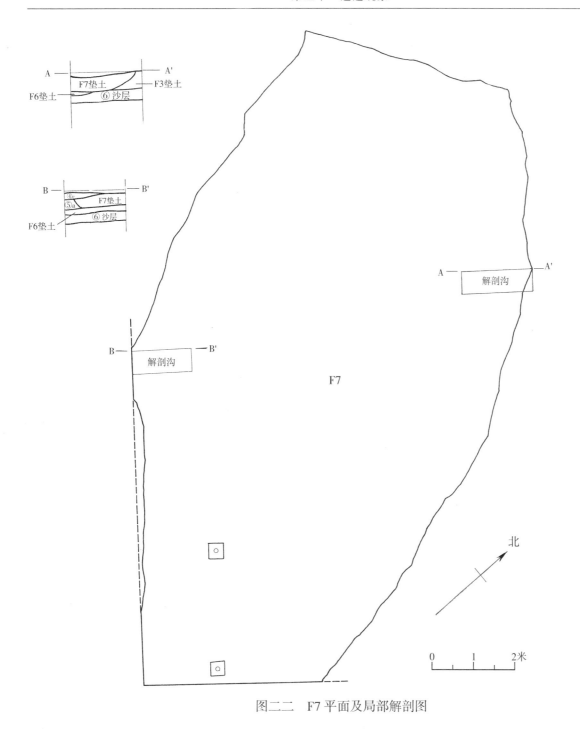

图二二　F7 平面及局部解剖图

砌的青砖，系规格不一的残砖，主要有残长21、宽19、厚7厘米，残长15、宽20、厚9厘米，残长21、宽26、厚8.5厘米，残长24、宽18.5、厚4.5厘米等几种规格。修成后房屋内侧地面可能铺一层砖或石板。分别在ⅠT0702和ⅠT1002内发现房基转角，两个转角处各有一个红砂石柱础石，柱础石边长34～36厘米，孔径8～9厘米。从基础垫土和用砖、石规格不统一等情况看，系用早期房屋废料修建。墙基外侧发现大量瓦砾和残石等废弃堆积，其中有红砂石残莲座、残石像等。在这组建筑以南的ⅠT1402、ⅠT1301等中还发现一些零星的柱础石和残砖，因地层破坏严重，不能与F2联接起来，但从位层位关系和其形状、大小等情况看，极可能是F2的一部

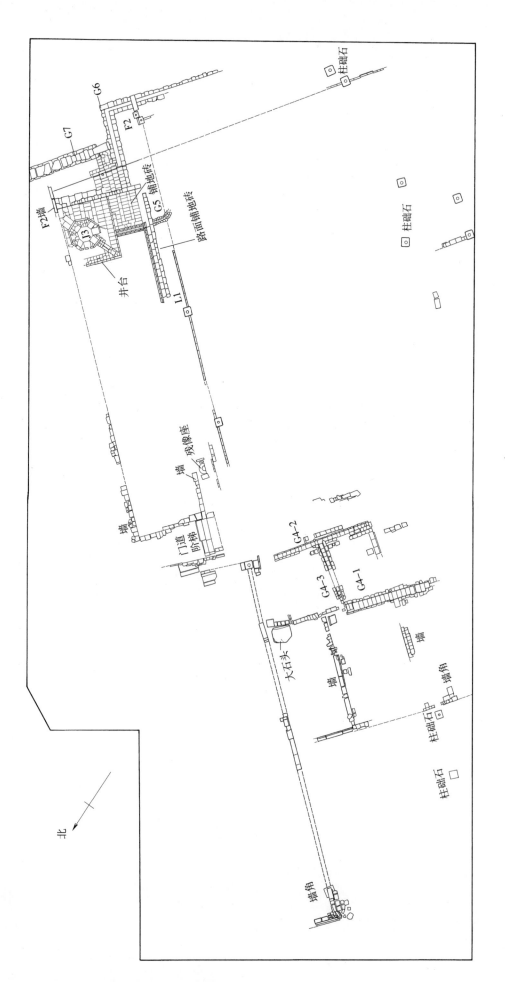

图二三 F2 平面图

0 1 2 3米

分，有的柱础石可能已被移位（图二三、二四）。

在ⅠT1003内发现有门道，门道系叠压在房基垫土之上（图二五）。最初用石条修砌，后来经过两次修补。最初的门道只剩下中间一道斜坡，方向210°，坡度7°，阶梯已无存。第一次修补，在最初修成的门道上填土，将门道坡度增加到15°，方向、位置和宽窄度不变，在斜坡上用石板铺砌阶梯和修砌垂带，铺砌阶梯和修砌垂带的石板边缘均有铆口。第二次修补，是在门道下方第一次修补的铺底石板上和垂带上铺青砖，形成一个平面，最厚处铺砖达五层，然后在平面上用同样的青砖修砌成两级台阶。修成后门道宽度、方向不变，宽148～150厘米，第一级台阶高16厘米，第二级台阶高12厘米。从现存遗迹看，从西南侧经门道向上进入屋内，门道外东南侧有青砖铺砌的踏道（L1）。踏道宽90厘米，两则用小青砖立砌，中间用稍大的青砖平铺，有的立砌青砖还与柱础石相连，铺地砖几乎无存。柱础石方形，中间有圆孔，边长45厘米，孔径20厘米。

门道外西南侧有排水沟（G4）通向西南方向低地，系这组建筑的主要排水设施之一（图二六）。G4由三条水沟组成，位于ⅠT0901～ⅠT0902，ⅠT1001～ⅠT1002四个探方中，三条沟平面布局呈H形，修筑方法基本相同，均是在地面上先挖出沟，然后在沟内三面砌砖，分别用G4-1、G4-2、G4-3表示。G4-1为主沟，残，是三条沟中保存最长的一条，现存部分长6.6米，沟内宽0.25米，深0.12米，从东北流向西南面低地。沟体砌完三壁后，在沟面上盖砖，形成封闭式排水沟。沟内为褐色淤土，夹有螺壳。盖砖规格长34、宽19、厚8厘米。底砖与壁砖长28、宽18、厚4厘米。G4-1与G4-2平行，流向一致，G4-2残长4.6、内宽0.12、深0.15米。G4-3横向联通G4-1与G4-2，长2.8米，宽、深与G4-2同。G4-2、G4-3与G4-1砌法完全相同，沟内填土亦相同，无盖板。所用底砖长20、宽12、厚5厘米，壁砖长20、宽14、厚5厘米。从周围同一层位均是建筑遗迹来看，三条沟系建筑物内外排水系统。

与F2同一层面的还有G5～G7，J3的第一期使用面（见下文其他遗迹之J3）。

G5、G6现在全为明沟。G5叠压于④a层下，与J3第一期使面南侧相接，从东北向西南顺地势再转向南流。用残砖砌成，沟底平铺一层砖，在沟底砖两侧边缘再各平铺一层残砖，形成浅沟，沟内侧一面平整。沟平面略呈L形，长约1、内侧宽0.17、深0.04～0.05米。G6呈曲尺形，与J3井台东侧相接，从西北向东南

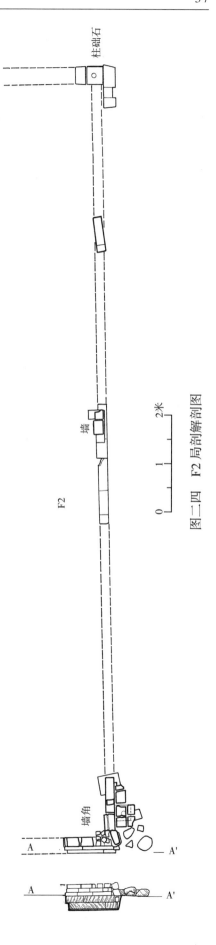

图二四　F2局剖解剖图

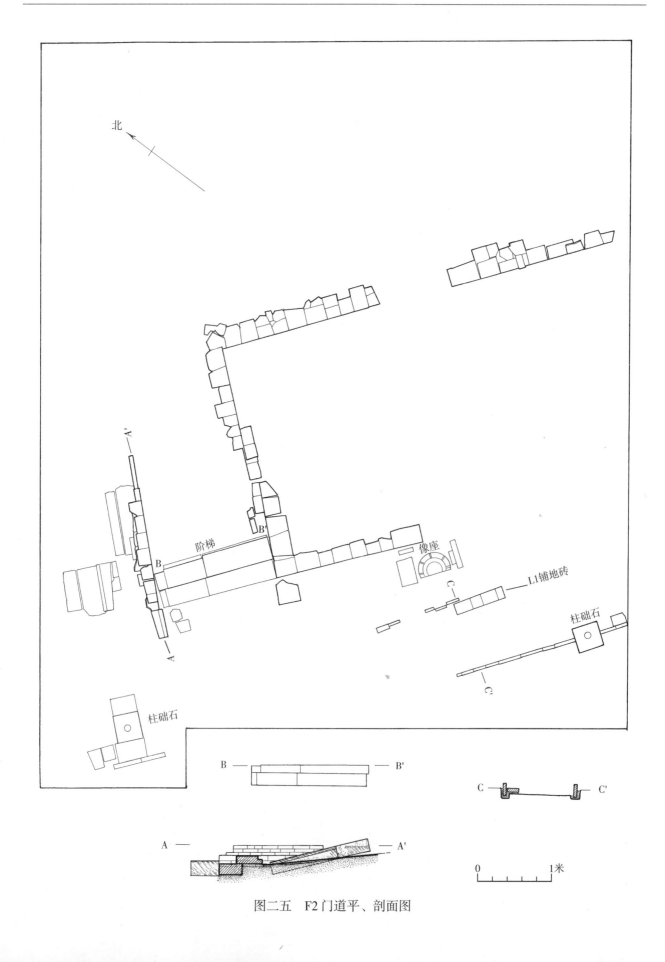

北

阶梯

像座

L1铺地砖

柱础石

柱础石

图二五 F2门道平、剖面图

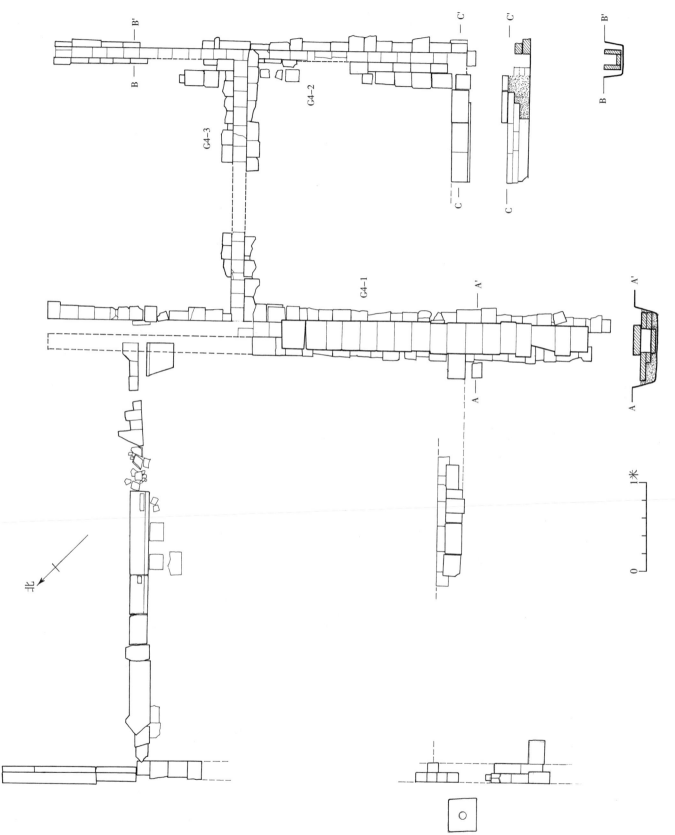

图二六　F2局部 G4 平、剖面图

流，然后顺地势转流向西南。用残砖砌成，沟内侧一面平齐，无铺底砖，沟壁砌法与G5相同。沟内侧宽18厘米，西北—东南流向部分长2.5米，东北—西南流向部分残长5.5米。一块与F2基础相连的石条压在G6上方，似乎作为盖板。沟内填土均与④a层同。G7叠压在④a层下，从北向南流，叠压在与J3使用面相连的铺地砖上面，应为晚于G5、G6的遗迹，用残砖砌成，也有残砖和石块作盖，仅揭露一部分。揭露部分长3.5米，宽、深与G6同。G5～G7用砖与G4相同（图二三；图版一）。

5. F4　砖砌残墙一段，位于ⅠT1403～ⅠT1405号探方中，叠压在第③层下，建在④a层（即F2的垮塌堆积）上，部分叠压在F10的垮塌堆积层之上（④e层）。北偏东约35°。坡地高处直接叠压在地表土下，距现在地表仅几厘米深，残长10.4、宽0.4米。系用青砖和汉代菱形纹砖等多种残砖平铺砌成，残墙靠G2一侧修砌，外侧齐整，内侧因多为残砖而不齐整，内侧土层为建筑垫土，最厚处有五层砖。因此，应是建筑台基外侧包壁与散水处，散水部分（G2）砖已无存（图二七）。

四　F10、F11、F12、F13

建筑残基，主要位于ⅠT1402～T2408区域（图九），它们之间有直接或间接叠压打破关系，从早到晚的顺序是F10、F13→F12→F11等，因此从早到晚一并介绍。

1. F10　砖砌残建筑遗迹，主要位于ⅠT1405、1505、1605、1606等内，仅残存基础东南角部分基址边缘的包壁砖及散水，现存散水长边为西北东南向，东南端转向东北方向（图二八）。叠压在④e层下，建在⑤a层上（此处缺人工填筑第⑤b、⑤c层），基础西南转角处位于ⅠT1605与ⅠT1606交界位置，距地表深0.8～1米。散水边缘竖砌两排立砖作为散水包边，其内则平铺一排砖形成散水沟，建筑基础边缘紧贴散水斜铺一列砖，然后叠涩向台基上内收平铺一列砖，形成台基包边，包边砖仅存一列。西北面包边砖墙及散水残长13.8米，东南面包边墙长4.9米，残高0.1米。基础内填土为黄色沙土，含少量瓷片，厚约0.25米，原范围已不清，现在仅存靠近包边砖墙内侧部分区域。砖墙残存部分因其上有大量瓦砾（④e层）叠压而保存下来，其余多被后代破坏无存（图版二）。

2. F13　砖砌残建筑遗迹，位于ⅠT2005～ⅠT2006中（图二九）。叠压在④e层之下，建在⑤a层之上，砌法与F3、F10相同。位于F10以南，与F10为同时期修建的遗迹。应为建筑基址边缘的包壁和散水的一部分，略呈西北—东南向，残存部分距地表深约0.8～1、长4.28、宽0.4米。用竖砖长25～30、宽18～20、厚4～5厘米；平砖长32～36、宽18～20、厚4～7厘米；包壁砖长34～36厘、宽18～20、厚8～10厘米。该遗迹修建在人工填筑的夯土层上，夯土层（第⑤层）随地势呈斜坡状堆积，东北部薄，西南部厚。基础外侧夯土层以卵石夹泥为主（⑤c层），基础内侧垫土呈灰黑色，夹卵石和瓦砾，可分为两层，上层（⑤a层）含沙重，瓦砾少，下层（⑤b层）含瓦砾、卵石多。

在这一区域ⅠT1707～1808内，与F10、F13同一层位的还有四个残破的碌墩，编号S1～S4。S1位于ⅠT1808与T1908之间，S2位于ⅠT1808内，S3位于ⅠT1707与T1708之间，S4位于ⅠT1708内。四个碌墩均叠压在④e层下，系在人工垫土层（⑤a层）上挖一个圆形小坑，圆坑内填含有大量卵石或碎砖的沙土形成，碌墩上放置方形红砂石柱础。S1、S2、S4上面的柱础石仍存，S1、S2上面的柱础石方形，中间有圆孔，边长20厘米，孔径2厘米。S4上面的柱础石方形，无孔，边长14厘米。四个碌墩结构和大小相同，深22厘米左右，直径50厘米左右。它们位于F10东侧，F13北侧，属同一层位，虽然不能直接联系在一起，但应是同一层面之建筑，从位置上看，很可能为F13之碌墩（图三〇）。

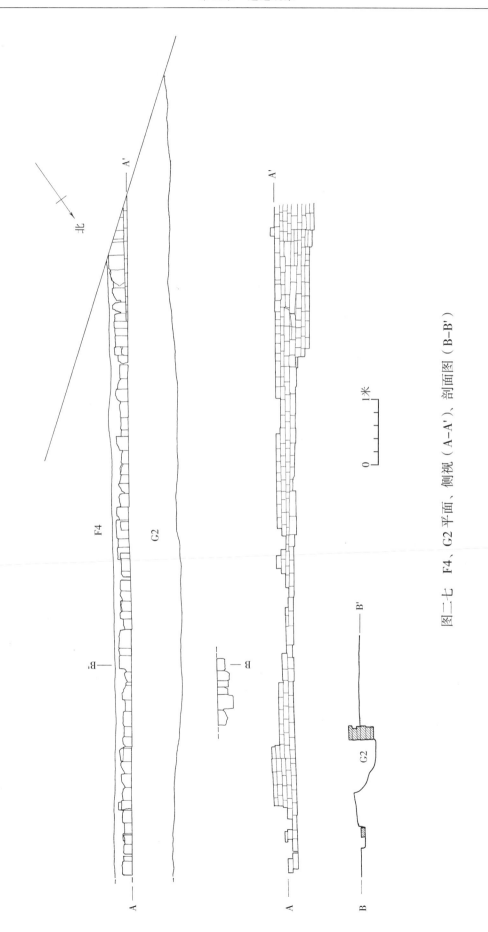

图二七 F4、G2平面、侧视（A–A'）、剖面图（B–B'）

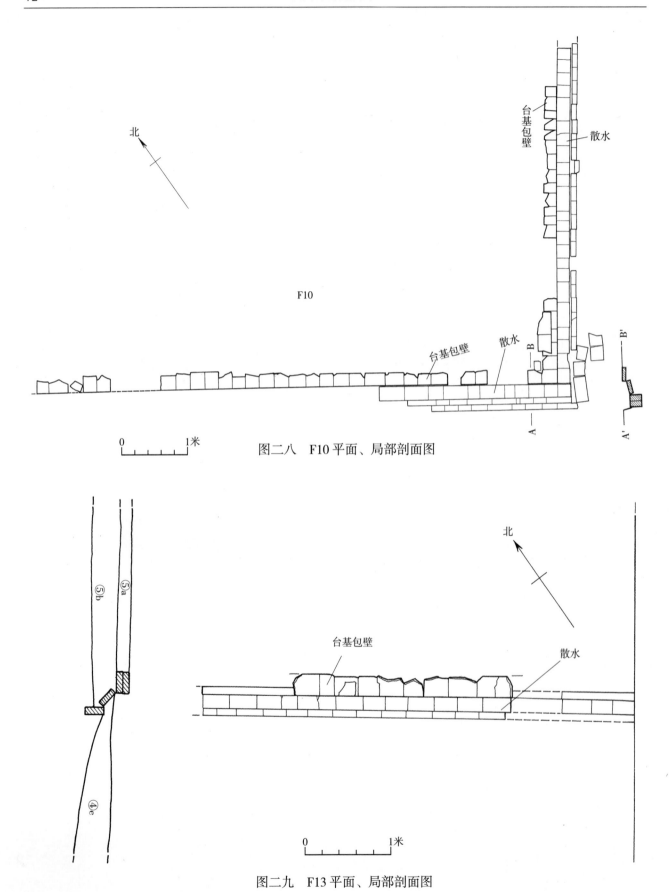

北

台基包壁

散水

F10

台基包壁

散水

B

B'

A

A'

0　　　　　　　1米

图二八　F10平面、局部剖面图

⑤b

⑤a

④e

北

台基包壁

散水

0　　　　　　　1米

图二九　F13平面、局部剖面图

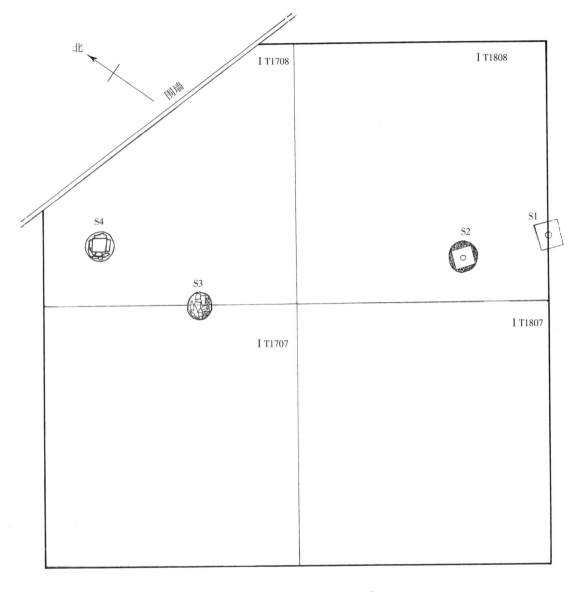

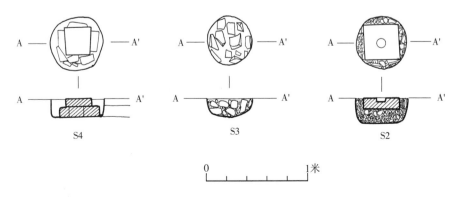

图三〇　S1～S4平面分布及结构图

3. F12 砖砌残建筑遗迹，位于ⅠT2107和ⅠT2108中，叠压在F11垫土层之下，修建在F13垮塌堆积层（④e层）之上，仅存东南一角残墙基和基础转角石，看不出形状和结构。应为在F11与F10、F13两个层面之间的建筑遗迹。墙基转角石为方形，直径70厘米。墙基内西北部残存铺地砖，基础外东南方向有一个方形柱础石。柱础石方座，座上有覆莲形覆盆，覆盆上有三道方形榫槽，三道榫槽形成丁字形结构，证明系三面墙头交界处所用柱石，可能已移位，柱底径64厘米。墙基距地表深约0.4米，系在垫土上挖出基槽后用五层青砖重叠平铺砌成，墙体也系平铺砌成，基础部分高0.4米，墙体部分残高0.38米。西南面墙残长7米，东南面墙残长0.9米。残基由两种砖平铺修砌成，一种小青砖，规格长33、宽17、厚3厘米，一种残砖，厚8厘米。在东南面墙体内侧有一条排水暗沟，排水暗沟与墙体方向大致相同，从西北流向东南，在接近墙角处转向东北方向从墙基之内流向外侧低地。暗沟由残砖和残石板构成，现存部分长6.2米，内宽0.12～0.2米，内深0.12米（图三一）。

4. F11 一组建筑残基，现存部分主要位于ⅠT2007～T2307，ⅠT2008～T2308中，现存部分由多段残墙基、排水沟和两个天井组成，现存最长的墙基略呈西北—东南向，两个天井也为东北—西南向排列。在第③层下露头，有的地方直接叠压在现代建筑之下，距现在地表仅几厘米，修建在F12的废弃堆积层上（④c层），被现代建筑严重破坏。从发掘情况看，仅现存部分东西长15米，南北宽约11.5米，现存部分仅是这组建筑的一角，其结构与F9相似，由石板和石条构建基础，并有方形红砂石柱础（图三二）。

建筑内现在可以看到的墙基只有东南角一段，大致呈西北东南向，现存残基墙体由三层残砖平砌成，局部地方夹有残红砂石板，残长6.1、残高0.2、宽0.2～0.4米。

两个天井均仅存雨水池部分，雨水池略呈长方形，由红砂石板构成，均残。西北侧的2号天井雨水池位于ⅠT2008中，保存稍好，池壁高30厘米，每壁均由两块高10～15、厚8厘米的石板砌成，口部以厚5厘米的薄石板平铺作边，底部铺设石板厚8厘米，宽40厘米，长40～60厘米。东南侧的1号天井雨水池位于ⅠT2108～T2208中，从现存部分看，与2号天井雨水池结构和大小相同，平面略呈长方形，大半被现代粪坑破坏，大小不详。两个天井雨水池之间有一条西北—东南向的暗沟相通（G18），西北东南向暗沟中间又向西南开一条暗沟（G19），两条沟构成丁字形，G19流向屋外西南侧。1号天井雨水池东南侧又开一条弧形暗沟（G16）从墙南角流出。G16、G19分别将天井中水排出流向屋外低处。排水沟均以残砖和不规则的石板混合砌成，G19有一段系直接用红砂石凿成沟槽与砖砌沟拼接而成。保存完整的砖长36、宽16厘米，厚4厘米、8厘米等几种规格。G16总长约10米，内宽0.16、外宽0.24米，深0.12米。G18长4.2米，外宽0.24、内宽0.16、深0.14米；G19长4.6米，沟口内侧宽0.11、内侧底宽0.14、深0.16米。

从两个天井以外西南侧遗迹结构看，滴水到屋面墙体之间有阶檐[15]，现在仅存小部分阶檐和其内侧柱础石，阶檐以红砂石板铺设地面，并以红砂石条框边。石板宽约60、长150、厚约15厘米，石条长约110、宽约20、厚约20厘米。残墙上还有四块柱础石，其中三块为方形，中间有圆孔，边长28厘米，孔径8厘米。一块为方座圆础，座边长28厘米，圆础直径24厘米。砖墙残损严重，因此柱础之间关系不清楚，位置可能也被移动过。

这组建筑外东南侧和西南侧为低地，从整个工地勘探的情况看，它与西南面的F9之间有一条河沟，两组建筑的排水沟均流向这条河沟（图七）。

---

[15] 民房屋檐下滴水沟与外墙之间的地面当地称阶檐，阶檐面上铺地石板叫阶面石。

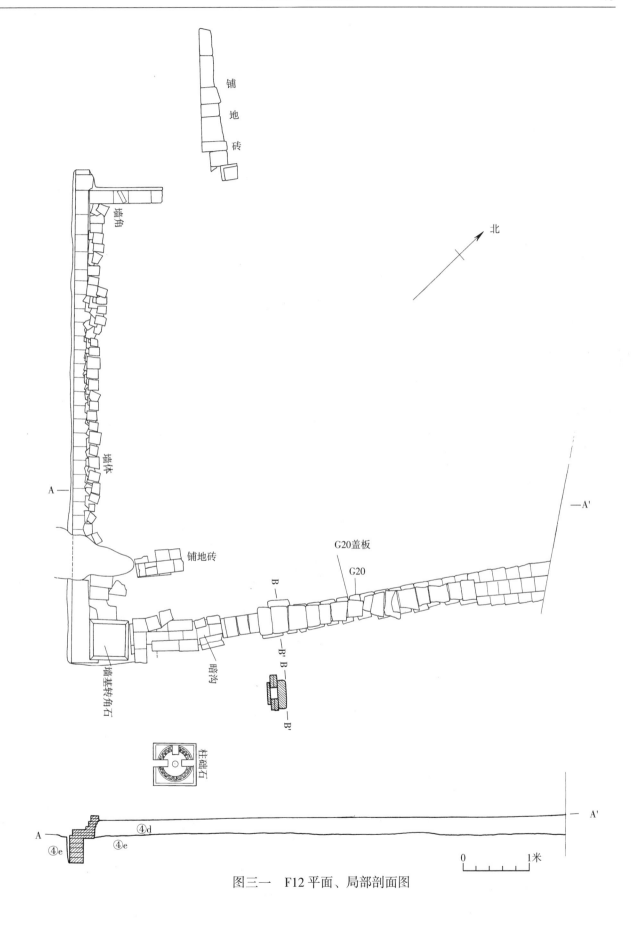

图三一 F12 平面、局部剖面图

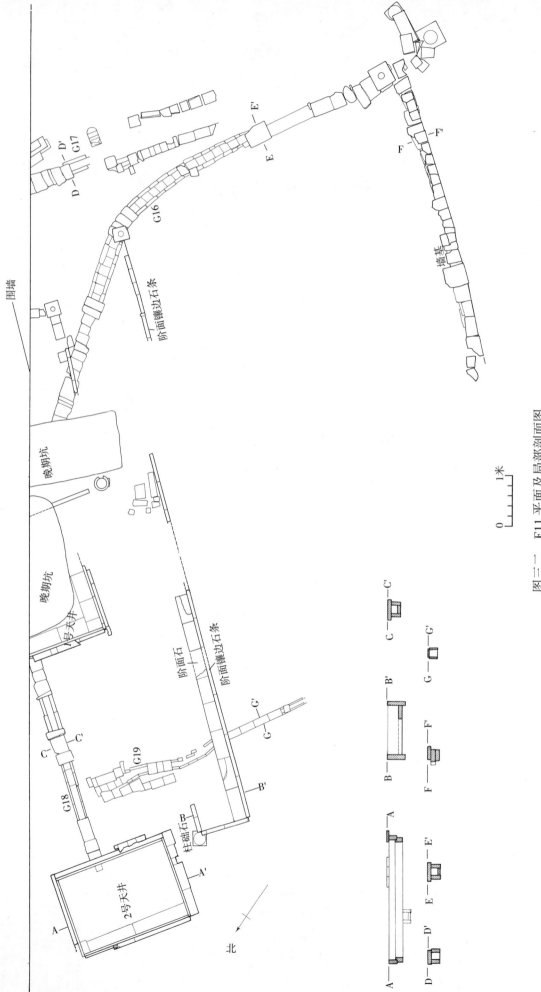

图三二 F11 平面及局部剖面图

围墙

D'
G17
D

E'
E

G16

阶面镶边石条

墙基

F'
F

2号天井

A

晚期坑

晚期坑

1号天井

阶面石

阶面镶边石条

C'
C

G19

G18

柱础石

B'
B

北

A——A'
D'
E'
D——E

B——B'
F'
F——F'

C——C'
G'
G——G'

0   1米

五　F1（罗汉殿）

夯土殿基，系在低地上筑台修建，主要分布在ⅡT0301～T0908区域。基址大致坐南朝北，平面略呈凸字形，若以凸出部分为正前面，殿基北偏东略20°。现存主体部分由人工夯土台基和磉墩遗迹组成，其周围有垮塌堆积、活动面、排水沟等，距现在地表最浅处不足0.2米（图三三、三四）。

垮塌堆积　这一区域的第④层即为罗汉殿废弃后垮塌过程中形成的堆积，只分布于罗汉殿殿基四周，殿基上部及殿周以外的其他探方中无此层。含有大量筒瓦、板瓦、瓦当，动物模型、鸱尾等琉璃构件。绝大部分集中在殿周1米之内，有的地方远达7米（殿基北侧），殿基西侧几乎不见，南、北、东三面垮塌堆积较厚，其中东侧最厚，北侧最宽，可分为三个亚层。④a层，以灰陶板瓦、筒瓦、瓦当、滴水残块为主，其次为琉璃瓦、琉璃建筑构件、灰烬、石灰颗粒，并有残红砂石条、石板等，厚约0～45厘米，呈斜坡状分布于殿基四周约65～200厘米范围之内。所含红砂石板残宽30～45、厚5、残长50～70厘米；石条宽13～17、厚18～23、残长20～110厘米，石条有2～3厘米宽的边框，均为殿基包壁石。④b层，杂色淤土，夹杂瓦砾较少，有少量碗、壶、盏等生活用残器，只分布于殿基东侧和南侧，呈斜坡状分布，厚约0～25厘米。④c层，以大量瓦块堆积为主，也有红砂石条和石板，与④a层的土质、土色及包含物接近，有较多残砖，残砖有宋代素面砖，也有带菱形纹的汉砖，呈斜坡状分布于罗汉殿殿基周围，厚约0～25厘米。罗汉殿东面和南面此层下有排水沟，编号G24。

在垮塌的瓦砾堆积中发现有铁钉、宋代钱币等遗物，许多琉璃瓦上印有"官"字，许多青色筒瓦和青色板瓦上有"×××造罗汉殿"、"××施"等模印铭文。

活动面与散水　这里的第⑤层即为罗汉殿周人工垫筑的活动面和散水，由碎瓷片、碎瓦块铺筑成，呈斜坡状，有散水作用。其中殿基北面和西面此层相对平缓，表面有薄薄的一层板结的黄黏土，证明地表可能曾用黄黏土处理。西面正中位置活动面较厚，推测有门道。南面和东面坡度较大。厚5～10厘米，北面和西面最宽处约200厘米，东面和南面宽约50～60厘米，高差10厘米。东侧和南侧活动面以外是排水沟（编号G24）。排水沟从Ⅰ、Ⅱ区交界处坡地西南侧开始，沿罗汉殿东侧向西南流，再转向南侧向西流入西河。沟口与罗汉殿活动面平齐，打破第⑥层，口宽底窄，宽50～60、深25厘米。沟内填土分两层，上层为垮塌堆积，即④c层；下层为深褐色土，含有木炭、田螺壳等物，并伴出"崇宁重宝"铜钱。

夯筑台基　台基主体由黄色沙土筑成，周边现存五层红砂石条包边，东壁局部地方残存六层，北壁和南壁多处包边石无存。南北边长27.75、东西边宽21.5～22.85米，在距北边约4.5米处，东、西两边内收约0.65米，残高1.2米。包边红砂石条宽13～17、厚18～23、长110厘米。殿基北面靠东一角有一条通道与东北面台地相通，通道由黄色土填筑，宽约0.7、残长0.6米。表面残存铺地红砂石板。殿基修成之后，在原Ⅰ、Ⅱ区之间斜坡的西南方向开G24，高地所有排水沟（如原外侧的排水沟）均流向此沟。距殿基东北角4米左右有一堆废弃的琉璃瓦，推测应为罗汉殿前部用瓦。琉璃瓦均为筒瓦，规格为长30、宽14、厚1厘米。板瓦规格长34、宽26、厚1厘米。殿基垫土可分为四层，F1①层，夯筑垫土，黄沙土，较纯净。F1②层，夯筑垫土，褐色土，卵石夹沙，含少量瓷片。F1③层，夯筑垫土，黄沙土，含少量瓷片。F1④层，夯筑垫土，褐色土，卵石夹沙，含少量瓷片。

磉墩　基础地面部分已无，仅存夯筑磉墩和垫土。磉墩为方形或圆形，使用卵石和黄土相间夯筑而成，直径0.8～1.5米不等，共25个，东西分四排，东侧第一排7个，其余三排减柱为6个。解剖的磉墩最深

1.2米，由六层黄沙土与七层碎卵石相间夯筑而成（彩版一〇、一一）。

六　F9（四合院）

　　四合院建筑基址一组，位于ⅠT3101～ⅠT3503，ⅡT3101～T3202内，揭露部分为一组院落的最后一重，基础呈长方形，距现存地表深约2.6米，最宽处13.8米，最长处25米，总面积345平方米。清理的这部分系整组建筑的最后面一重院落，其主体建筑包括中堂一间、侧室4间（用1～4号侧室表示）和天井一个，厨房一间。这组建筑前面（东南面）还可以看到一个天井，但因压在公路之下（西环路），未能揭露。以屋内流向河沟的排水沟方向为建筑的后面，两个天井正中连线方向略呈西北—东南向。房基叠压在垮塌积层之下，主要包括人工夯土台基和石砌墙基两部分，石砌墙基建筑在人工夯筑土台上（图三五、三六）。

　　垮塌堆积　这里的第④层即为F9的垮塌堆积，主要是红瓦块、红烧土，底部有竹篾炭痕，出土少量瓷罐、瓷碗、铜壶、铜杯、钱币等生活器。只分布于F9基础上和其外周边缘，厚20～40厘米。

　　活动面　这里第⑤层即为F9使用时期在其周围形成的活动面，可分为两个亚层。⑤a层，人工铺垫的第一层活动面，褐色土，为碎瓦块铺筑，夹杂小卵石，呈斜坡状，有散水作用，厚10～30厘米，分布于F9外周南、北、西三面，东面没有揭露，约宽100厘米的范围，在南侧门道处宽约250厘米。⑤b层，第二层活动面，褐色土，含碎瓦砾、炭粒等物，厚约30～40厘米，分布在F9外周南、北、西三面，约宽220厘米，南面门道处宽约320厘米。

　　房基与结构　屋基建在黄沙土夯筑的台基上，夯筑台基从上到下可分为三层。F9①层，人工夯筑屋内垫土层，黄沙土，较紧密，仅存在于石砌墙基以内，厚约20厘米。F9②层，人工夯筑台基垫土，含大量灰瓦砾、铁渣，厚约25厘米，延伸至墙基外逐渐变薄以至消失。石砌墙基在这层夯筑层上挖槽修成。F9③层，台基垫土层，黄沙土，延至墙外变薄，约在墙基之外1米范围内渐渐消失，包含物少，厚约40厘米。

　　垫土台基之上修建石砌墙基，墙基之上立墙。墙基由红砂石条与红砂石柱础石相连构成，建在第二层垫土之上（图版四，4）。柱础石除厨房部分和与之相连的门厅（4号侧室）外，其余均为方座圆础。厨房及与之相连的4号侧室部分以方形石板为柱础石。整座院落在墙基外围有石板铺设的阶檐[16]，阶檐外周为碎石铺设的斜坡状活动面，有散水作用。F9②、F9③两层垫土延至阶檐以外，散水以内。石板规格长80～150、宽48、厚8厘米。两种柱础石的直径均在28～34厘米之间，高出地表约15厘米。房基表面叠压大量红烧土和灰瓦块，并有木炭、竹篾炭等包含物，因此推测其为竹篾夹墙，木梁，瓦顶。从基础结构看，4号侧室与厨房系主体建筑西侧的附属设施，所用柱础与其余房间不同，但它们与主体建筑连为一体，外侧厨房中有两个并列的残灶遗迹（Z5、Z6）。

　　中堂略坐西北向东南，平面呈长方形，面阔5.2、进深5.8米，后面有长1.8米、宽与房间相同的后廊。后廊有门道通向天井，房基在门道处不砌石条，留出门道位置，门道结构不详。

　　天井略呈长方形，用红砂石板砌成，长2.6、宽22、深0.6米。天井中间有石板砌成的雨水池，水池长1.1、宽0.7、深0.5米，水池口部低于天井口部0.2米。水池西北角有排水孔将池中雨水通过暗沟排到屋后（图版三，2）。天井和暗沟均修建于F9③层黄色垫土之上，叠压在F9②层铁渣、碎瓦垫土之下，排水沟砖石混砌，上盖石板，形成暗沟，流出屋外后呈90°转向东北流入低处，屋外部分盖板石已被取掉。沟

---

[16]当地居民称屋檐下滴水沟以内至房屋外墙之间的位置为阶檐，阶檐上的铺地石板即阶面石。

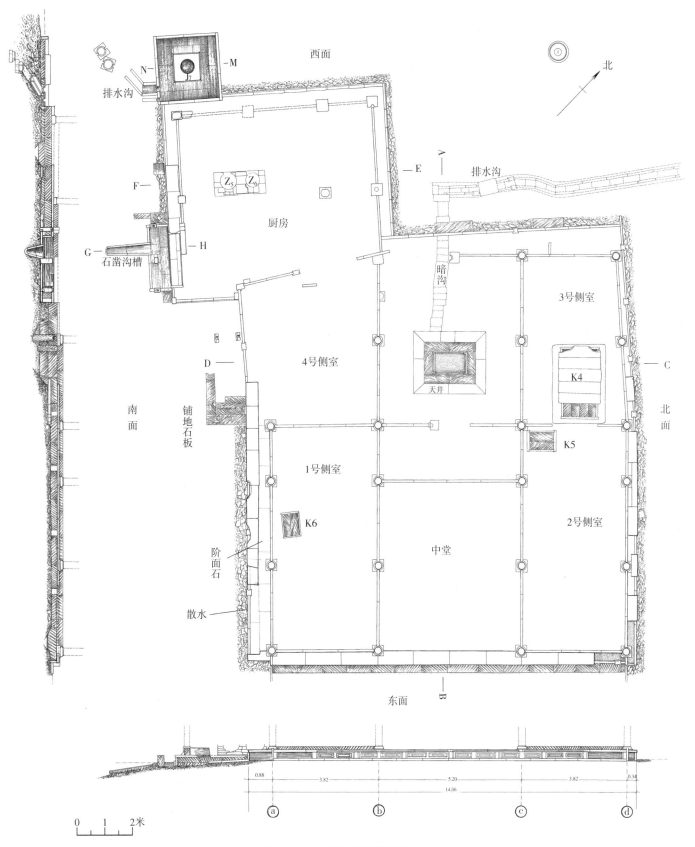

西面

北

排水沟

N—

—M

排水沟 A—

—E

F—

Z_5 Z_6

暗沟

3号侧室

厨房

G—
石凿沟槽 —H

—C

D—

4号侧室

天井

K4

北面

铺地石板

K5

南面

1号侧室

K6

中堂

2号侧室

阶面石

散水

东面 —B

0.88 3.82 5.20 3.82 0.34
14.06

ⓐ ⓑ ⓒ ⓓ

0 1 2米

图三五 F9平面及侧视图

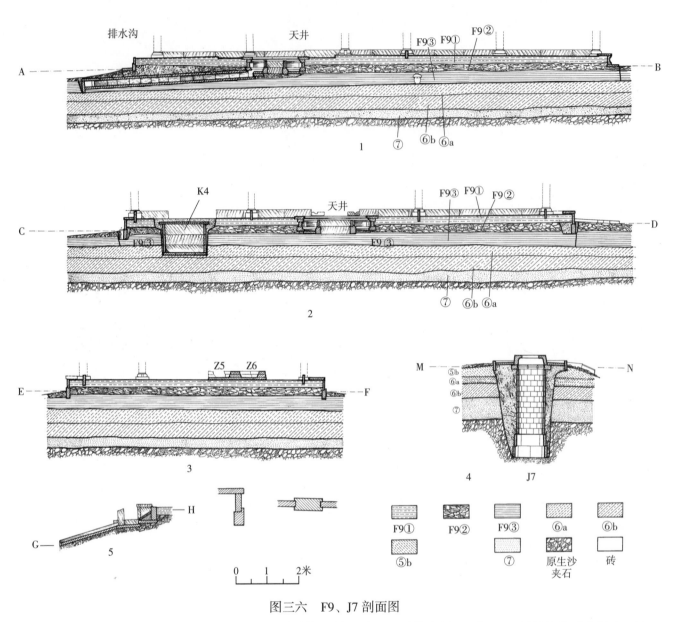

图三六　F9、J7 剖面图

1. F9 纵剖图（A–B）　2. F9 横剖图（C–D）　3. F9 局部剖视图（E–F）　4. J7 剖视图（M–N）　5. F9 局部结构示意图（G–H）

内深0.16、内宽0.16米，两段总长12米（图版三，1）。

　　2、3号侧室位于主体建筑东北侧，前后相连。2号侧室位于中堂东北侧，西北—东南向长7.6米，东北—西南向宽3.8米。3号侧室位于2号侧室后面，天井东北侧，东北—西南向长5.8米，前壁与2号侧室后壁有门道相通，前部宽与2号侧室同，后部宽3.4米，门道宽1.1米，门道结构不清，墙基门道处不砌石条，留出门道位置。1号侧室位于中堂西南侧，长方形，面阔3.8、进深7.6米。4号侧室位于天井西南侧，1号侧室后面，实为南侧门厅，平面呈不规则四边形，北壁长6米，南壁长4.8米，西壁长5米，东壁长4.8米。其南侧阶面石外散水上残存铺地石板，从散水向外铺砌范围宽1.5、残长1.8米。厨房位于整个建筑西侧南端，平面呈方形，与4号侧室相连，边长7米，西壁为与4号侧室的隔墙，从保存下来的遗迹看，被改成与南、北二壁不垂直的墙基，原来垂直的墙基被拆除，但在4号侧室北壁墙基下还露出一个原来的柱础石。

1~3号侧室内各有一个红砂石砌小方坑，当为屋内窖室，编号K4、K5、K6。K6位于1号侧室靠近西南墙中部，用红砂石板砌成，长方形，内长0.8、宽0.5、深0.5米，上面盖板石无存（图版四，3）。K5位于2号侧室西北角，长方形，内长0.8、宽0.6、深0.5米，盖板石无存。K4是三个窖室中最大的一个，位于3号侧室南部，内长1.52、宽1.2、深1米，上面原有6块盖板石，现存4块半（图版四，2）。

厨房内中间有砖砌长方形灶台，灶台长1.8、宽0.8、残高0.24米。用残青砖和石板混合平砌成，残存四层，最大的石板长40、宽30、厚8厘米。灶台上两个圆形灶坑Z5、Z6略呈东北—西南向并列，与灶台一体砌成，圆形、弧壁、平底。现存部分口径30、底径24、残深15厘米。厨房外有水井（J7）和排污沟槽等遗迹。水井位于厨房外西南角，用砖石混砌，圆口，上部有一块红砂石雕成的井盖，井盖长方形，中间为圆形井口，底部挖空为长方形，盖底刻字："壬午歲本家自修井面/六月初四日"（拓片一）。井深2.8、内径0.8米，井内淤沙封填，填土纯净（图版四，1）。厨房外东南角阶面石外散水上用石板铺出长3、宽0.6米的地面，其上用石板修砌类似水池的遗迹，其南侧有一石条凿出的沟槽与池相连，沟槽倾斜朝向屋外（图版三，3）。池内长21、宽0.6米，壁厚0.08米，残深0.16米，池的东、西壁上各残存有半节石立柱，石立柱方形，厚0.5、残高1.2米（彩版一二、一三）。

0 _____ 10厘米

拓片一　J7井盖底铭文（J7：1）

F9整体结构紧密，设计合理，各类设施浑然一体，是少有的宋代建筑遗迹。这一重院落前方还有一个天井，此天井仅露出一边，大部分没有揭露。该天井中发现一个大莲花座。由于其南侧是公路和现代建筑物，不能进行清理，因此该建筑前部情况不清楚。从现在清理的情况看，前面院落略低于最后一重院落，其上部②b、②c和第③层堆积很厚，推测前面院落保存情况应当很好。两重院落之间高差0.4米。两重院落连结处阶基正面石板上刻回形图案。

七　与建筑相关的遗迹

主要指与房屋建筑相关的井、灶、水沟、堡坎等遗迹，从位置和所处层位可以推知它们与那些建筑处于同一时期，但因破坏严重，不能明确其属于哪一组建筑，因此单列介绍。

1. 灶　Z1~Z3，位于ⅠT1203中部，与F7、F12同一层位，叠压于④b层之下，修建在④d层上（此处缺④e~④g、⑤a层）。虽不能确定Z1~Z3与F7、F12等的关系，但与二者属于同一层位，它们应是同一时期的遗迹。三个灶一组，平形排列，均用青砖修砌，结构和大小相同，Z1、Z2保存较好，Z3破坏严重，仅存一个近似椭圆形的坑，坑中残存被破坏掉的灶砖。以Z1为例：

Z1　仅存圆形火膛和长方形烟道底部，灶台已无存。烟道长方形，底部呈斜坡状，长44厘米，外宽

44、内宽32厘米。火膛呈圆形，以一块方形砖为中心，用残砖环中心砖铺砌成，中间呈锅底状，残存三层砖。内径51厘米，外径81厘米。火膛内填土与④c层相同，夹有少量瓷片、红烧土粒、炭粒等，包含物少（图三七；图版五，1）。

从J3平面上的遗迹看，灶（Z1～Z3）叠压在与J3井台相连的第一层青砖平面踏道之下（即F2的活动面④b层之下）。

Z4　位于ⅠT1604号探方内，叠压于④f层下，修建在第⑤a层上。圆形砖灶，中间火膛呈锅底状下凹，周边为灶台，已残，灶前部有一个外凸的方形火道，中间火膛内有使用时烟火烧烤痕迹。火膛内径长80厘米，烟道长35、宽36厘米，火膛残深14厘米。Z4距离F3、F10稍远，但它们系同一时期的遗迹（图八）。

2. 井　遗址上共发现了7口井，除J2被破坏外，清理了其余6口井，它们多位于房屋旁，有的甚至与房基连为一体，明显系其附属设施，与房屋同时修建，同时废弃，如J7与F9，因此将其作为建筑的一部分与房屋建筑一同介绍。其他5口井虽然都位于建筑旁，但并没有明显与建筑基础相连，有的井旁建筑经过多次重建，井台也经过重修，因此单列介绍。

J1　圆形砖井，位于F16北侧，ⅠT0209中部。叠压第③层下，打破第④层，保存较完好。多用残砖修砌，井口用11块砖丁砌一周，井壁错缝丁砌。井壁中部有修补痕迹，修补处用残砖和红砂石块平砌（图三八）。砖砌井口径0.94、深2.16米。砖壁外有井圹，井圹口径1.52米，底部略小。井壁用弧形青砖砌成，砖长26、宽19、厚4厘米。增补部分用汉代花纹残砖、宋代素面砖等多种规格的砖修砌，砖长度不清，宽有26、15、18、23厘米等几种，厚有7、12、4、5厘米等多种。井内填土可分6层，第①层，为卵石和灰色泥土，井废弃后人工有意填筑于井口之上。第②层，为灰褐色土，包含红砂石块、青釉碎瓷片、灰色砖瓦残块、琉璃瓦残片等物，有的琉璃瓦上模印"官"字，其中一块青瓦上模印"众屠行食店户舍度/生钱造瓦盖罗汉殿"，为附近建筑物废弃后填入。第③层，灰黄色土，此层填土边缘的井壁有红砂石修补痕迹，砖缝内有用石灰浆的痕迹，为井及附近建筑物废弃后填入。第④层，以红砂石块、大卵石、灰色砖瓦残块为主，有残陶建筑构件、灰烬、红烧土粒等，井及附近建筑物废弃时填土。第⑤层，褐色土，填土中有供养人残石像、力士残石像、菩萨残石像、铭文瓦、碗、罐、省油灯、盘等遗物，井及附近建筑物废弃时填土。第⑥层，灰黑色淤泥，厚0.12米，包含物少，有瓷盘、双耳罐等遗物，井使用期间形成（图版五，2）。

J2　圆形砖井，位于ⅠT0403内，F16南侧，结构和用砖与J1下部相同，仅存底部。残存部分内径90、深25厘米。

J3　砖井，位于ⅠT1204和ⅠT1304两个探方中，灶（Z1～Z3）的东侧方向，井台平面叠压于④a层下，建在④d层上（此处缺④c层，④b层与J3第一期井台平面相连）。砖井上部经过多次修补，明显可分早晚两期（图三九）。第一期（早期），井口用八块方砖砌成，井口内径68厘米，向下用契形砖丁砌16层，并逐渐增大，内径96厘米，深352厘米。井口周围有方形砖砌井台，井台建在④d层上，与④b层平齐。第二期（晚期）是在早期的井口上进行修补，修补时用长方形残断青砖向上平砌5层，修补后的井口为圆形，内径96厘米。井口外侧有圆形井圹，井口壁至圹边宽约22厘米。晚期井口周围有残砖砌成的方形井台，仍有零星平铺的碎砖。F2残存的活动面（L1）与井台第一期平面相连。第二期井口上部又有残砖修补。

井圹从上到下，表层铺砖，第②层为较紧密的沙土层，第③层为砂夹石层，含较多瓦砾，第④层为砂夹石层。井内填土从上到下可分六层，第①层，黄色土，土质松散，厚约30厘米。第②层，褐色土，

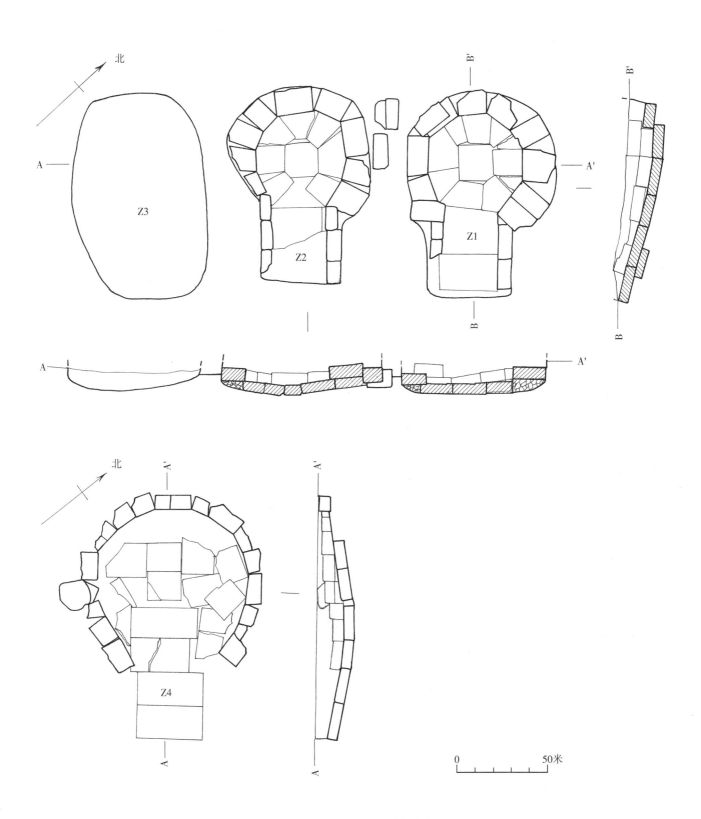

图三七　Z1~Z4 平、剖面图

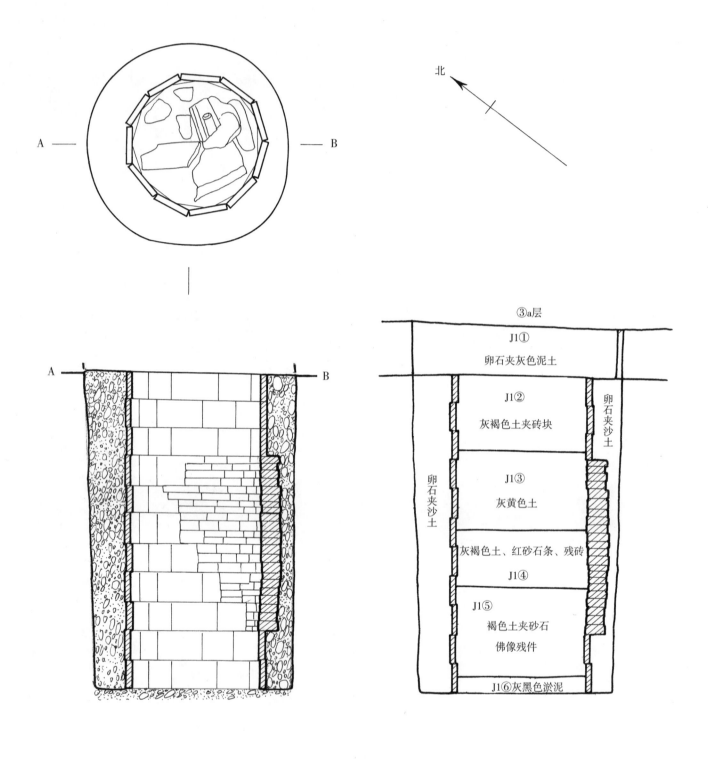

图三八　J1平、剖面图及井内填土情况

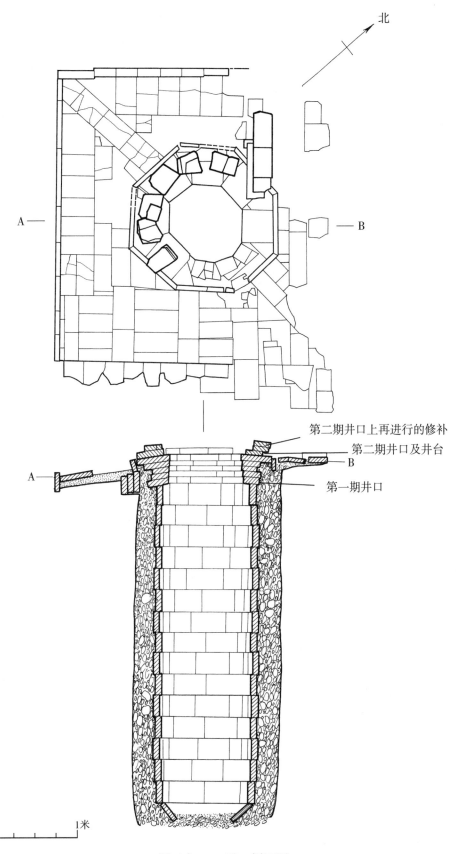

北

第二期井口上再进行的修补

第二期井口及井台

第一期井口

0　　　　　　1米

图三九　J3平、剖面图

包含物少，厚约20厘米。第③层，褐色土，土质松散，夹有残砖、瓷器残片，厚约30厘米。第④层，黄褐色土，土质松散，含大量残砖。夹有琉璃构件、残石块、瓷器残片等遗物，厚约30厘米。第⑤层，黄褐色土，含泥重，夹少量瓷器残片，有两块残石，可以拼接，似为圆形井盖板，盖板厚约7厘米，填土厚约70厘米。第⑥层，砂夹石层，有少量包含物，上部出土一个红砂石莲座，已破为八块，厚约156厘米。以下为纯净的砂夹石层，与生土层一致。井内壁西面和南面磨损严重，可能两面取水频繁。

J4　圆形砖井，位于ⅠT1503和ⅠT1403探方内，叠压于第③层下。可分为先后两个使用期。第一期，使用面位于④e层瓦砾堆积之下，井口周围有砖砌方形平面（井台），井口外有井圹，井圹宽大。第二期，将原来井口向上补接了80厘米，叠压于第③层之下，仍然为圆形井口，井口一侧有砖砌水沟与之相连。井内填土情况与J3相似，井底部有大量红砂石残块，并出土了铜勺、黑瓷碗、青瓷杯等生活用品（图四〇；图版五，3）。

J5　圆形砖井，位于ⅠT2105号探方内，叠压在第③层之下，八角形砖井，井口残存砖砌井台（即使用平面），先后有两期使用平面，结构与J4相似。第一期所在位置原来地势低，砖砌井台叠压在④c层之下，井台边缘与④d层相连。第二次使用平面是在原井口上用砖向上接了约60厘米，再在井口外平铺井台（使用面），叠压在④a层下，井外井圹宽大。发掘深度270厘米，因下部进入砂石层，考虑安全原因，加上这里要回填保护，因此没有挖到井底（图四一）。

J6　圆形砖井，位于ⅡT0305内南部，紧邻罗汉殿西侧。明显经过两次修砌，两次修砌用砖和砌法不同。砖井外有井圹，井圹上宽下窄，圹边与井外壁相距15～50厘米。两次修砌共深286厘米。下层井口平面（开始时的井口）叠压在第⑤层（罗汉殿的活动面）下，直径96厘米，表层立砌扇形砖一周，口部以下井壁用残汉代墓砖错缝平砌成，井壁底部平铺一周云纹墓砖垫底，井底部为沙卵石层。上层井口（第二次修筑）略小，直径88厘米，高出下层井口（第一次修筑）约64厘米，叠压在第③层下（此处缺罗汉殿的废弃堆积层第④层），仍用残砖修砌，残砖均很薄，与当地普遍使用的宋代墓砖相似。井口外周为F1使用时铺筑的活动面（第⑤层）。井内上层填土与第③层同，下层填土中含卵石、残砖、F1基础周的包边石等，接近底部的填土中有玉璧底碗、碟等残器。可见F1废弃时，此井同时废弃（图四二）。

3. 储物坑　均为砖、石或砖石混砌的小方室，应为建筑物内的遗迹，除K4～K6明确属于F9外，其余三个（K1～K3）不清楚所属建筑。

K1　砖石混砌小窖室，位于T1西部，叠压在第③层下，打破了H5。用汉代残墓砖和石块砌成，长方形，顶部残，底部铺砖，内长4.78、宽2.24米，现存壁高约0.7米，壁厚0.2米。小室内上部填土与第③层土同，底部有0.3米厚的淤泥。填土中夹有瓷器残片，可看出器形的有青釉盘口壶、饼足碗等，与这一区域的F4、G21位于同一层位（图四三）。

K2　位于ⅠT1708～ⅠT1808交界处，叠压在第③层下，建在④c层上。平面呈方形，由残砖和石块修砌成，还有旧扇形砖，用材极不规则。单层平铺，最高处残存四层砖，残留少许铺地砖。边长2.55、内长2.15米，壁厚0.2米，现存高约0.2米。略呈东西向，仅存西北角的一部分。坑内填土与第④a层同。完整的砖长30.5、宽15.5、厚3.5厘米（图四四）。附近同一层位的遗址还有G22（见后揭水沟部分）。

K3　位于ⅠT1302中，长方形平底小窖室，直接叠压在第③层下，打破④d层。小室用大小和厚薄均不同的残砖和红砂石块砌成，口部被明代石室墓破坏，上部残，仅存靠近底部的二、三层砖。小室内填褐色土，土质松散，出土碗、灌、壶、碟等生活用瓷器残片，并有残石经幢两件。小室长186厘米，宽

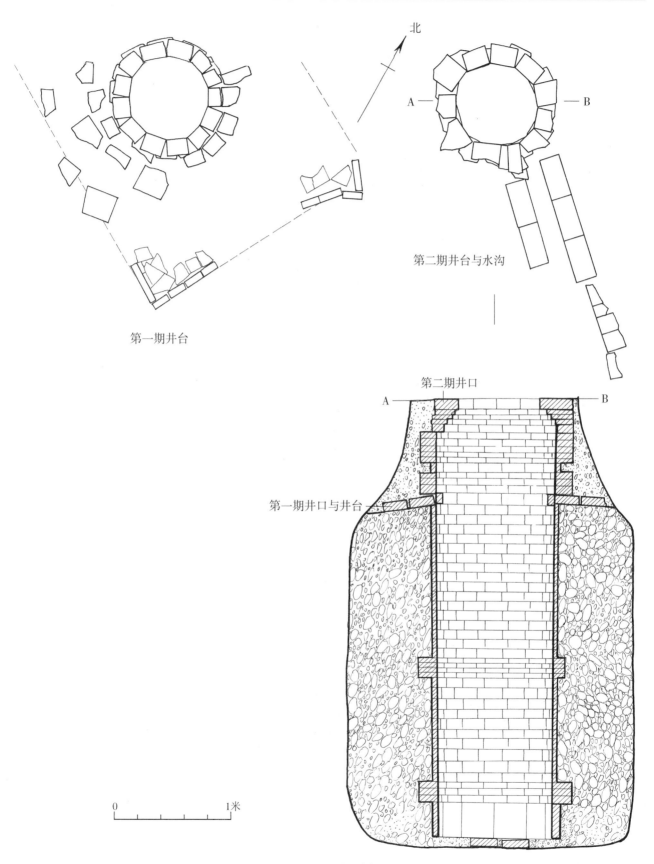

北

第二期井台与水沟

第一期井台

第二期井口

第一期井口与井台

0　　　　　　1米

图四〇　J4 平、剖面图

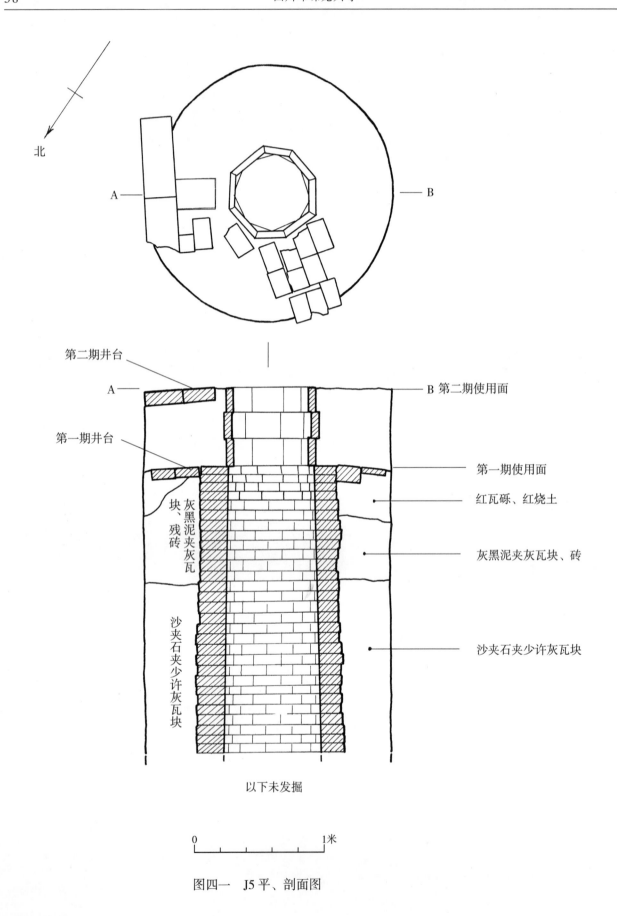

北

第二期井台

第一期井台

A

第二期使用面

B 第二期使用面

第一期使用面

红瓦砾、红烧土

灰黑泥夹灰瓦块、砖

沙夹石夹少许灰瓦块

灰黑泥夹灰瓦块、残砖

沙夹石夹少许灰瓦块

以下未发掘

0　　　　　　　1米

图四一　J5 平、剖面图

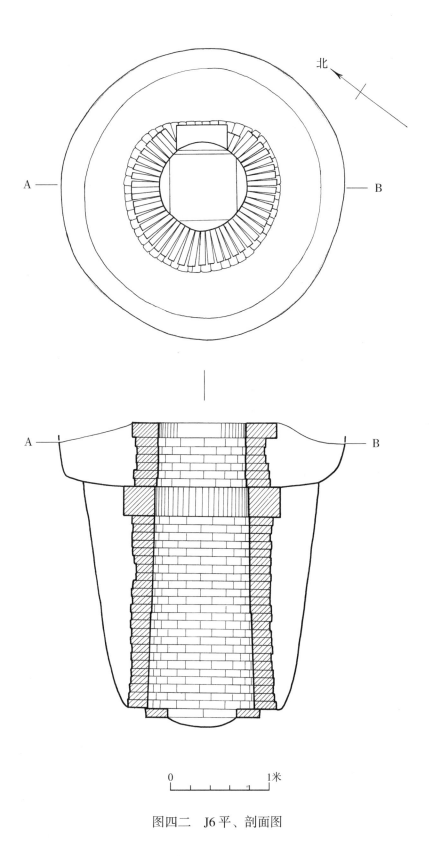

图四二 J6平、剖面图

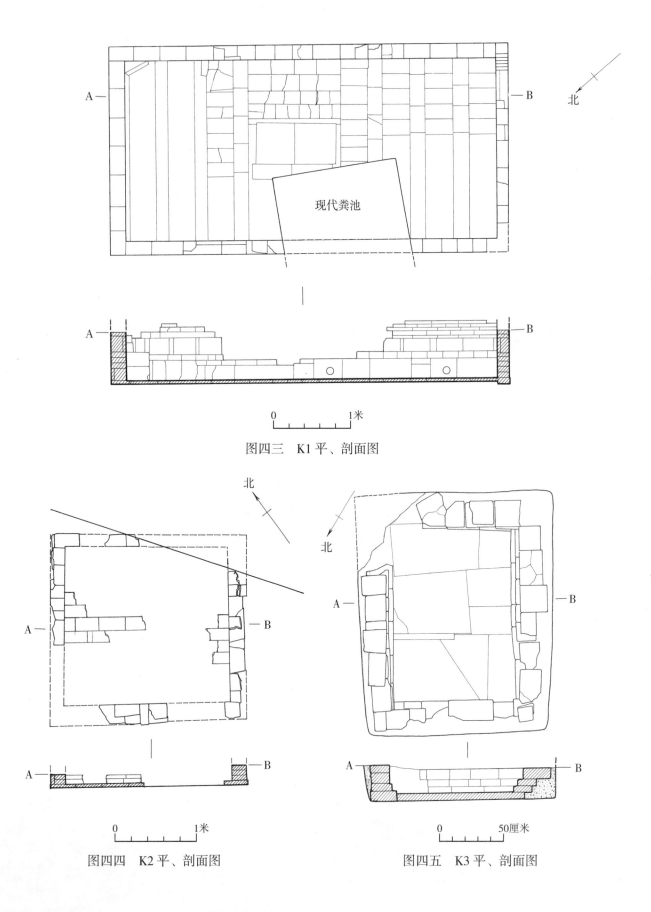

图四三　K1平、剖面图

图四四　K2平、剖面图

图四五　K3平、剖面图

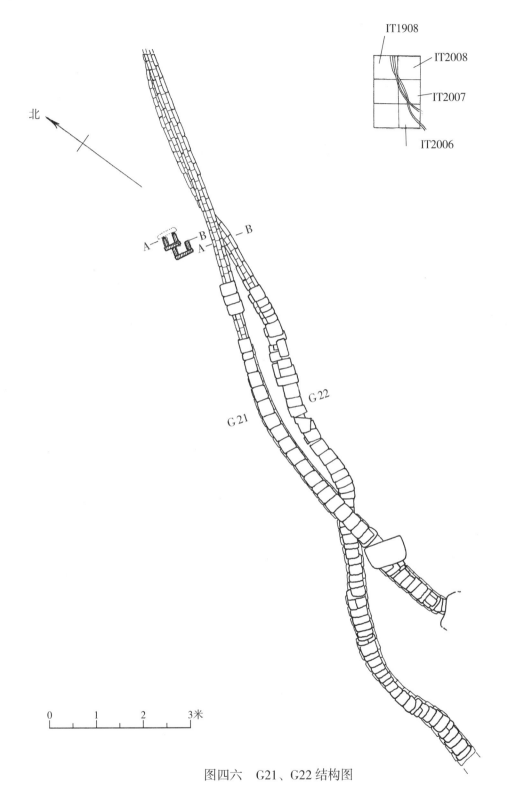

图四六　G21、G22 结构图

145厘米，残深22厘米（图四五；图版五，4）。附近的F4与之处于同一层位。

　　4. **排水沟**　G21、G22与K2处于同一区域，从遗迹分布情况看，它们应当与建筑有关，因残损严重，看不出与现存建筑遗迹的直接关系（图四六）。

G21 残排水沟，位于ⅠT1908东部至ⅠT2006南部，顺北高南低的地势从北流向南，叠压在第③层下，打破了G22。用杂乱的残砖和薄石板混砌而成，有铺底砖，部分保留有盖砖。现存部分长13.5米，沟内宽0.1、深0.2米。所用残砖厚3厘米，石板厚5～8厘米不等。与相邻遗迹K1、F4等处于同一层位。

G22 残排水沟，位于ⅠT1908东部至ⅠT2006东部，顺北高南低的地势向南流，叠压在第③层下，打破④c层，上部叠压着G21。用残砖和小石板构成，其中一段为1米的红砂石条凿成的沟槽，沟上有盖。现存部分长16、内宽0.2、深0.2米，残砖厚3厘米，石板厚5～8厘米不等。与相邻遗迹F2、F11、K2等为同一层位。

第三节 护坡墙（堡坎）及其他遗迹

在Ⅰ、Ⅱ区之间的坡地边缘曾多次修筑护坡墙（堡坎），房屋修建区域内有大量灰坑，还有一座窑址、一个拌料池等遗迹，它们虽不是某一个或某一组建筑的组成部分，但与建筑的修建或使用有关。

一 护坡墙（堡坎）

在Ⅰ、Ⅱ区之间的坡地边缘曾多次修筑过护坡墙（堡坎），我们这次发掘时发现了三次，三次护坡墙（堡坎）大致平行，其中第三次还经过修补。三道护坡墙（堡坎）均沿坡地边缘，大致呈东—西走向，每次再修时均向坡地下方平移，将墙内侧填平，扩大高地的范围，以增加高地上可供使用的面积。护坡墙（堡坎）分布在ⅠT1701、ⅠT1801、ⅠT1802、ⅠT1901、ⅠT1902、ⅠT1903、ⅠT2003、ⅠT2104、ⅠT2105等区域，三次护坡墙因中间有一道南北向的坎（编号G9），各被分成东、西两段，从坡地边缘向内依次编号Q1～Q6（图四七、四八；彩版一四；彩版一五，1）。

1. Q5、Q6 第一次堡坎，也是发现最早的一次，略呈西北—东南向。Q5位于东侧，南北向坎的低处，叠压在④e层以下，建在⑥层之上，内侧填土为⑤b、⑤c层，略紧，同样是使用建筑废弃土填筑。填土外侧用青砖一层，错缝平铺包边，包边砖外侧齐整。斜向分布在ⅠT2003至ⅠT2104号探方中，包边残高约0.5、长8.75、宽约0.09米。用砖有长25～30、宽18～20、厚4～5厘米；长32～36、宽18～20、厚4～7厘米；长34～36、宽18～20、厚8～10厘米等多种。Q6位于西侧，所处位置稍高，建在⑤c层上，内侧为人工填筑的⑤a、⑤b层，残长2米，高0.3米。Q5、Q6外侧为Q1、Q4的内侧夯土，可分为三层，从上到下分别为：第一层，灰黑色沙土层，夹灰烬；第二层，褐色土夹红色瓦砾和卵石层；这两层为Q5堡坎倒塌时及废弃后形成的堆积，同时被用作第二次堡坎Q4的内侧填土。第三层，灰色沙土，夹有白色颗粒和灰烬，为堡坎倒塌前的堆积，即④f层。Q5、Q6之间实为一道坎，坎东侧形成一道南北向的冲沟，因此以沟编号（G9）。

坡地一侧高处与Q5、Q6同期的遗迹主要是F3、F10和F13。

2. Q1、Q4 第二次的两段护坡墙（堡坎），东、西相连，连接处有一道坎（编号G9）。Q4部分位于东侧坎下，与Q5基本平行，修建在Q5外侧，Q1部分位于西侧，建在坎上，东端与Q4相接。两段均叠压在第③层之下，修建在第④f层之上。内侧用Q5倒塌堆积夯筑作为填土，斜向分布在ⅠT1802～T2104等号探方中。填土上部中含有灰烬，底部含大量红色瓦砾和卵石。填土外侧用青砖一层错缝平铺包边，包边砖外侧齐整，两端用残砖石和匣钵进行过修补。Q4主体部分包边残高0.8、长17、宽0.17米。内侧地表有的地方还残存铺地砖。两段共长33.4米。砖的规格有多种，多数砖长33、宽17、厚3厘米，一种残砖厚8厘米，也有略

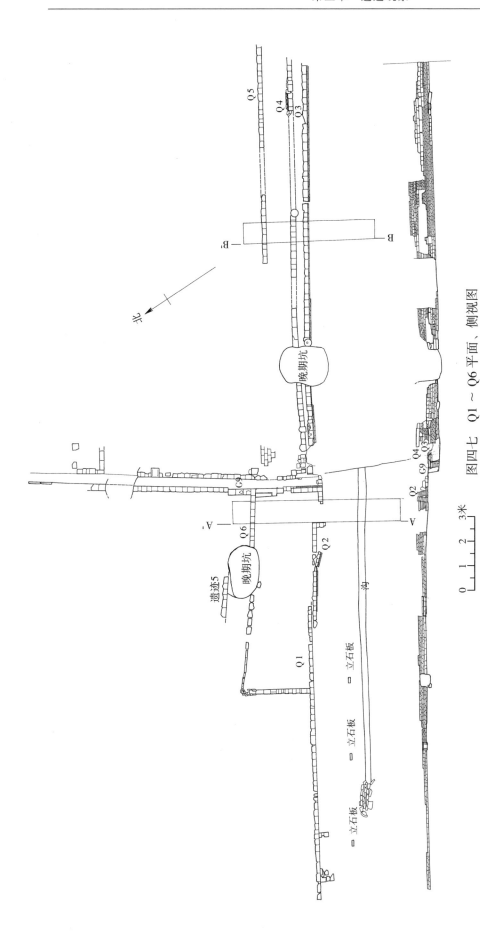

图四七 Q1~Q6平面、侧视图

比砖大的石块。

坡地一侧高处与Q1、Q4同期的遗迹主要是F7、F12。

3. Q2、Q3 第三次护坡墙（堡坎），由Q2、Q3两部分组成，与第二次堡坎相同，两段堡坎相接处有一道坎（G9），Q2位于西侧坎上，Q3位于东侧坎下。叠压在第③层之下，Q2打破了⑤c层，Q3打破了④f层，内侧填夯土。斜向分布在ⅠT1601到ⅠT2104号探方中，与Q1、Q4基本平行，修建在Q1、Q4外侧。其内侧与Q1、Q4之间填褐色黏土，含有红色染料，土质紧密，宽0.30米。填土外侧用青砖一层错缝平铺包边，包边砖外侧齐整。东段Q3所处位置略低，包边墙残高0.28~0.47米，残长16.5米，多数砖宽18~19厘米，厚3~4厘米。中部和东部上部包边曾用红砂石板和红砂石建筑废料修补过，修补部分与原建部分略有错位。西段Q2位于稍高处，现存部分长约5.5米，残存最高处0.45米。两段总长22米。

Q2东端有转角，并经过修补。转角在两段护坡墙（堡坎）之间自然形成

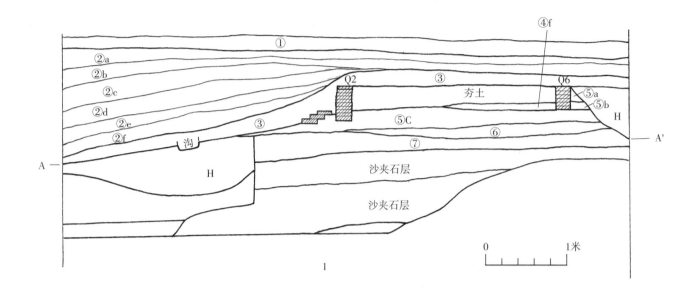

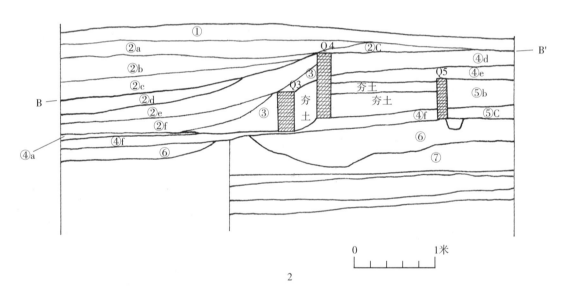

图四八　Q1 ～ Q6 地层关系图

1. Q1、Q2、Q6 地层关系图　2. Q3 ～ Q5 地层关系图

一个东北—西南向的窄小巷道，巷道与护坡墙约垂直，也可从堡坎上方高地将水排到坡地下方低处，因此巷道内有淤土，并包含有大量碗、盘、壶等生活用瓷器，即清理时编号G9的冲沟（图版六，1）。距Q2外侧约1.4米有三块小立石，立石宽25、厚10厘米，相间约3米，立石与护坡墙之间地面局部地方残存有铺地砖。

在Q2外侧还有一片残砖堆积，叠压在第③层之下，第④a层之上，斜向分布在ⅠT1601号探方中，与Q2基本平行，多数砖厚6～7厘米，少数砖厚4厘米。从东段垮掉部分可以看出，应为Q2的垮塌堆积。

坡地高处一侧与Q2、Q3同期的遗迹主要是F2、F11。

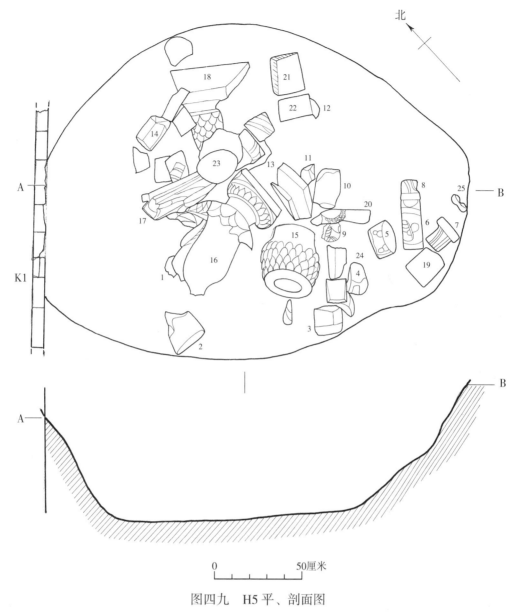

图四九　H5平、剖面图

1. 佛头　2. 菩萨头残块　3. 罗汉头　4. 佛身　5. 天王残块　6. 台座　7. 天王残像　8. 观音像（残）　9. 菩萨残身　10. 罗汉头　11. 菩萨残身　12. 菩萨腿部　13. 台坐残块　14. 立佛残块　15. 半跏趺坐佛残像　16. 结跏趺坐佛残像（可与1拼接）　17. 观音残像　18. 倚坐菩萨像　19. 力士残像　20. 佛身　21. 观音立像　22. 结跏趺坐佛像（残）　23. 佛身（可与3拼接）　24. 瓷碗　25. 造像残石

二　灰坑

遗址上发现了大量灰坑，主要分两类，一类是建筑废弃后形成的瓦砾堆积坑，一类是埋藏废弃物的遗物坑。遗物坑主要是佛像埋藏坑和一般生活用器物坑两种。

1. 佛像埋藏坑　以埋藏残佛像为主的灰坑，主要有H5、H27、H28、H35等。

H5　位于遗址中间，T1西北部，坑口被一砖石混砌小窖室（K1）破坏，平面近似椭圆形，斜壁，坑底较平，打破了M7。坑内填浅褐色沙土，沙土中夹块状红烧土和灰烬，坑口处有一层黄色黏土。坑内出

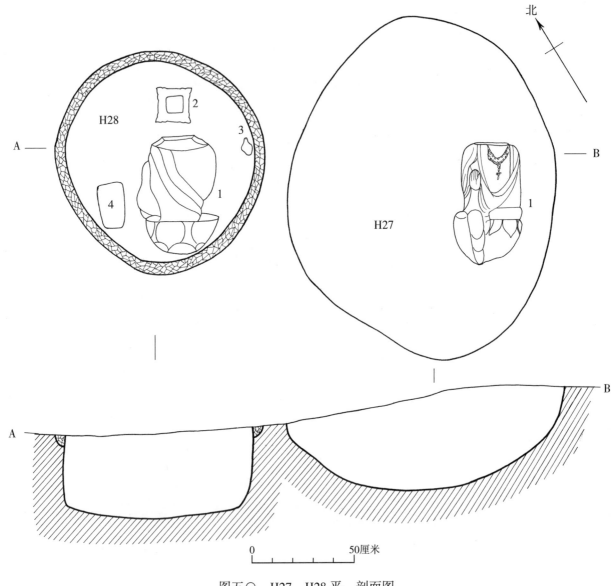

图五〇　H27、H28 平、剖面图

H27：1.菩萨坐像（残）

H28：1.半跏趺坐像　2.经幢座　3.菩萨头像　4.青砖

土了一件红砂石佛头像、大量佛及菩萨像残躯、少量瓷器等遗物。H5和M7打破第④层，第④层为浅褐色沙层，含有红烧土和灰烬，其下为纯净灰色沙层（图四九；图版六，3）。现存部分坑口距地表约1.2、长径2.5、短径1.9、深0.65米。

　　H27、H28　两个坑并排位于ⅠT1404东部，叠压在④e层下（F3的废弃堆积），打破⑤b层，坑口距地表约1米。H27平面近于椭圆形，深圆弧形底，坑内填松散的黄褐色土，含较多炭粒和少量瓷片，土中有水浸渍，坑口上沿有一周黄色黏土。坑内出土残石雕舒像坐像一尊。坑口长径1.6、短径1.3、深0.46米。H28平面近于圆形，平底，坑口内沿有一圈红烧土壁，坑内填土与H27相同，出土残红砂石造像一尊。坑口内径0.9、深0.2米；红烧土壁厚4厘米，深4~5厘米（图五〇；图版六，2）。

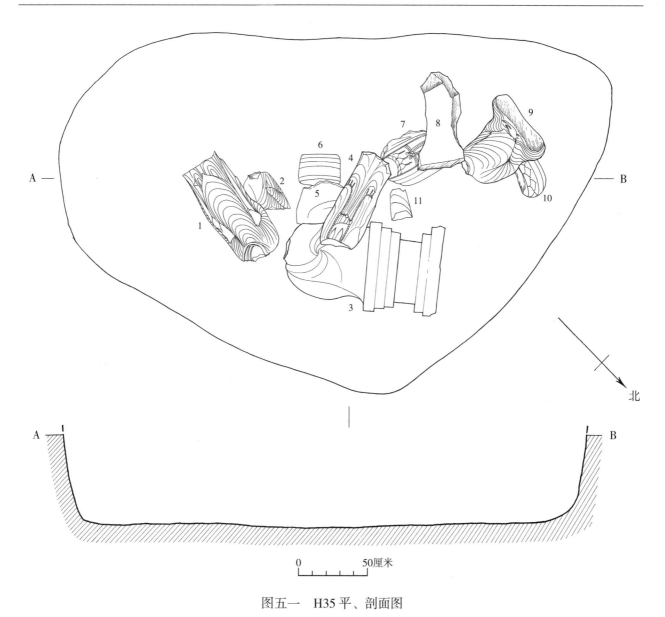

图五一　H35 平、剖面图

1. 立佛　2. 佛像残段　3. 坐佛　4. 立菩萨（残）　5. 佛像残段　6. 造像残石　7. 菩萨残段　8. 立菩萨残段　9. 坐佛
10. 莲花座　11. 造像残石

H35　在塔基附近有许多家农家乐，2006年6月曾在一农家乐内发现刻有"新建藏经楼碑"的石刻碑首（拓片2）。2006年7月拆掉了塔周的一些农家乐，在啤酒厂扩建区之外原农家乐内，从啤酒厂老厂区向围城西路方向挖沟埋排水管道时又挖出大批佛像，邛崃市文物管理所工作人员闻讯后赶去对造像出土地点进行了清理。造像出土地点位于老厂区与西环线之间，出于一土坑中，属发掘Ⅰ区，距Ⅰ、Ⅱ区分界线约200米，工作人员赶到时仅存坑底部，大部分造像已被取出。坑底部呈不太规则的椭圆形，残深0.2米，残坑口短径2.56、长径4米，坑底距现代地表深1.65米。坑之下为沙层，坑周为黄色土层，坑内填土与周围地层土质相近，较松散。出土了66块残石，分红砂石和黄砂石两种材质，主要是佛、菩萨造像残块，也有罗汉像、莲座、狮子、柱础石等残件（图五一；彩版一五，2）。

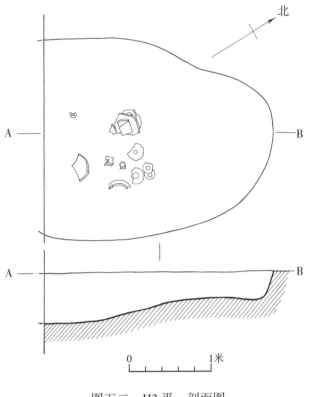

图五二　H3 平、剖面图

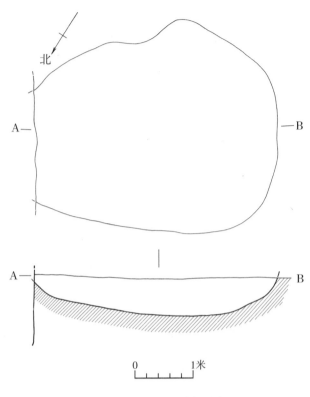

图五三　H8 平、剖面图

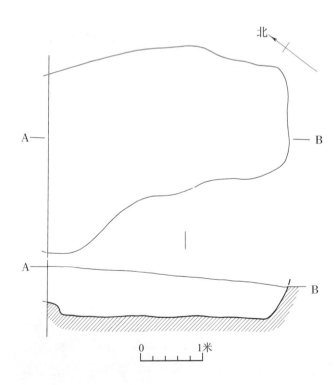

图五四　H12 平、剖面图

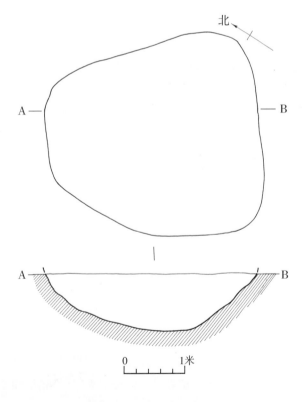

图五五　H20 平、剖面图

2. 其他灰坑　遗址范围以F16所在区域灰坑最多，F16废弃之后地面坑坑洼洼，形成了大量灰坑，清理时共有大大小小20多个坑，除H3、H12等少数几个以瓷器为主的器物坑埋藏坑外，其他坑内堆积了大量碎瓦砾等建筑废弃物，实为建筑废弃堆积。其他区域有少量器物坑。以H3、H8、H12、H26、H20为代表。

H3　位于ⅠT0101南部，叠压在第③层下，打破沙层。口部平面略呈椭圆形，底部较平，壁略斜，部分被西河河堤破坏。清理时由于基建破坏了表土，坑口已暴露于地表，现存部分长径2.6、短径2.36、最深0.6米。坑内填褐色土，夹大量瓦砾，少量生活用瓷器残片（图五二）。

H8　位于紧邻西河故道张公堰堤岸边，在Ⅰ区T0111、T0112、

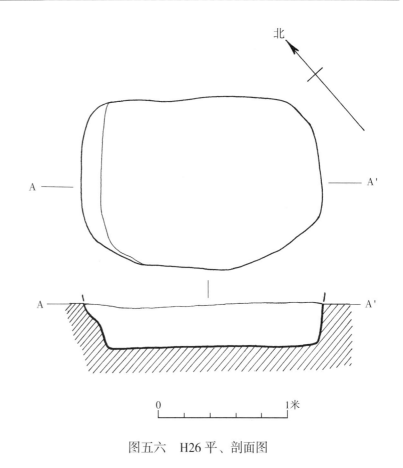

北

图五六　H26平、剖面图

T0211、T0212之间，第③层下。平面呈不规则椭圆形，坑口一侧被现代坑破坏，清理时由于基建破坏了表土，坑口已暴露于地表，最大径4.18、最小径1.86米，斜壁，呈锅底状，最深0.6米。坑内填褐色土和砂石，夹大量瓦砾，底部砂夹卵石中有红烧土碎屑。填土中出土有青釉瓷器碎片、"胡闰师施"铭文青瓦、陶建筑构件、残红砂石人像、残红砂石像座及其他红砂石雕刻物残件等遗物（图五三）。

H12　位于张公堰堤岸边，ⅠT0501西北部，开口于第③层下，坑西北部被张公堰堤破坏，坑口距地表约0.2米。现存部分坑口平面略呈长方形，斜壁，底部浅平。坑口长3.96、宽2.3、最深0.66米。填土略呈灰色，坑中出土大量生活用瓷器，主要有瓷碗、碟、双流壶等器型，碗、碟最多，釉色有青釉、米黄釉、酱色釉等几种（图五四）。

H20　位于ⅠT0106、ⅠT0206、ⅠT0207交界处，叠压在F16的垫土层下，打破纯沙层。坑口平面接近椭圆形，坑口距地表约0.25米，长径3.5、短径3.1、深0.92米。坑内填褐色土，土质松散，夹有红烧土粒、灰烬、红砂石刻残像、一件四系罐、大量瓦砾，瓦砾主要是灰色筒瓦和板瓦残块（图五五）。

H26　位于ⅠT1203中部，④f层下，打破第⑤层。平面略呈椭圆形，斜壁，底部较平，现存部分坑口距地表深1米，长径1.85、短径1.28、深0.4米。坑内填松散的褐色土，含大量生活用瓷器碎片，能看出器型的有碗、四系罐、盆、盏等（图五六）。

三　其他遗迹

1. Y1　小型窑，位于ⅡT0302和ⅡT0402北部，叠压于F1外活动面之下（即这一区域的第⑤层下）。

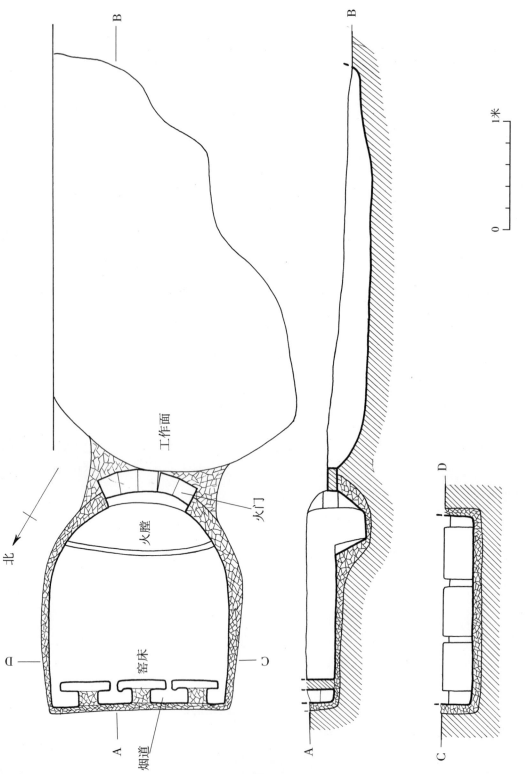

北

工作面

火膛

火门

窑床

烟道

D

A

C

B

1米

0

图五七　Y1平、剖面图

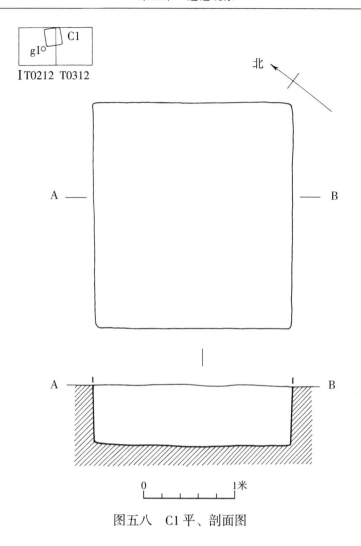

图五八 C1 平、剖面图

现存窑址上部距地表深1.2米，形状基本保存完好，平面呈马蹄形，由烟道、窑床、火膛、窑壁、火门、工作面组成（图五七；图版七）。

烟道：4个，方形，由挡火土坯砖在窑床后壁上方砌出，宽0.2、残深0.2米。

窑床、火膛与窑壁：在斜坡上挖坑，形成近似椭圆形的窑床和火膛，两部分实为一体，共宽1.56～1.7米。窑床部分平底，残深0.26米。火膛部分低于窑床0.28米，斜坡状底。窑床内填土呈褐色，夹大量琉璃瓦和从窑壁上垮塌下来的红烧土块，在火膛填土中夹有较多木炭灰。窑床内窑壁被烧烤成红色，火膛处被烤成青灰色，厚0.03～0.15米，火膛处壁面烧结土最厚，烟道处最薄。

火门：位于火膛正前方，青砖修砌，仅存门坎位置，宽0.68米，从火门宽度及残留的木炭灰烬可推知此窑以柴为燃料。

工作面：位于火门前方，为一个近似椭圆形的坑，斜壁，长3.86、宽1.6、深0.1～0.28米。坑内填黑褐色粉状土，坑底有木炭灰。

2. C1 拌料池，位于F16东北方向的ⅠT0212和ⅠT0312中，叠压在第③层下，生土层上。池口距地表约30厘米，形状为一个规则的长方形坑，长2.4、宽2.2、深0.66米。直壁平底，坑壁规整，坑中填土呈褐黄色，并夹白膏泥土块，纯净。整个工地范围内地层中均没有白膏泥，因此应为外地运来。白膏泥常用作烧制瓷器或砌砖时的黏合剂，附近没有窑址，在这里可能为砌墙或其他修建时的黏合剂，方池为修建时的拌料池。池旁置有一个大陶缸（g1），陶缸为泥质灰陶，仅存腹部以下残片，现存部分腹径106厘米，底径34厘米，残高30厘米，应为拌料时的蓄水缸（图五八）。

第四节　墓葬

在遗址西部，罗汉殿西南方，ⅡT1114、ⅡT1214、ⅡT1215等范围内，第④层下发现了两排6座略呈南北向排列的墓葬。6座墓葬均用青砖砌成，残损严重，仅存底部，保存部分上部距现在地表深约80～120厘米，结构、方向、用砖基本一致。编号M1～M6（图五九、六〇；图版八，1）。

M1　位于ⅡT1114东部，叠压在第④层下。方形砖室墓，顶残，方向26°。残长0.7～1.18、宽1.63、残深0.26米。东边被H41打破，素面青砖砌成，砖宽18、长35、厚4厘米。墓壁为纵砖平铺，封门墙不明显，无墓道，底砖为横砖平铺一层。有砖砌腰坑，位于墓底正中，残损殆尽，深18厘米。褐色填土，填土中出有青釉碗、壶、罐、盏等器物残片。

M2　位于ⅡT1114东南部，第④层下。方形砖室墓，顶残，方向22°，墓室长1.64、残深0.3米。素面青砖修砌，青砖规格为宽18、长35、厚4厘米。墓墙四周为二平一丁砌法，底部为纵砖横砌，墓门不明显，无墓道。褐色填土，填土中出青釉瓷器残片。

M3　位于ⅡT1214西北角，叠压在第④层下。长方形砖室墓，顶部残，方向28°。墓室长1.5、宽1.35、残深0.3米。青砖规格为宽17、长35、厚4厘米。四周墓墙为二平一丁砌法，底部为横砖纵砌，无墓道，封门不详。墓内填褐色土，填土中出土零散瓷片，与第④层出土物相同。

M4　位于ⅡT1214西部，叠压在第④层下。长方形砖室墓，方向19°，顶部残。墓室长1.42、宽1.22、残深26厘米。墓砖规格为宽17、长35、厚4.5厘米。墓墙四周为一平一丁砌法，封门不明显，底部内西部是纵砖纵砌，东部是横砖纵砌一层，墓内填土与第④层相同，填土中夹有零星瓷片，不像墓内器物残片。

M5　位于ⅡT1214西南部，叠压在第④层下。长方形砖室墓，顶部残，方向18°。墓室长1.58、宽1.17、残深30厘米。墓砖规格为宽17、长35、厚4厘米。墓墙四周为二平一丁砌法，底部单层纵砖横砌间隔单行纵砖纵砌平铺，墓内填深褐色土，填土中夹有零碎瓷片。

M6　位于ⅡT1215西北部，叠压在第④层下，方形砖室墓，方向18°。顶部残。墓室边长为1.58、残深34厘米。所用砖宽18、长35、厚4厘米。墓墙四周为二平一丁砌法，封门墙不明显，无墓道，底部为横砖纵砌间隔单行纵砖纵砌一层，墓内填深褐色土，填土中夹有零碎瓷片。

M7　位于T1西北部，叠压在第③层下，被H5打破。长方形土坑墓，墓坑直壁平底，坑底头部稍高，坑上部被H5破坏。坑口最高处距地表深1.2米，墓坑长1.92、宽0.46～0.54、深0.1～0.4米。坑内填黑褐色沙土，夹少量红烧土。墓内有人骨架一具，仰身直肢，头向南偏西30°。不见葬具，但体侧有多枚铁钉，应为棺钉，棺木已朽。人骨架左侧头上方置淡黄色釉直领双耳罐一件（图六一；图版八，2）。

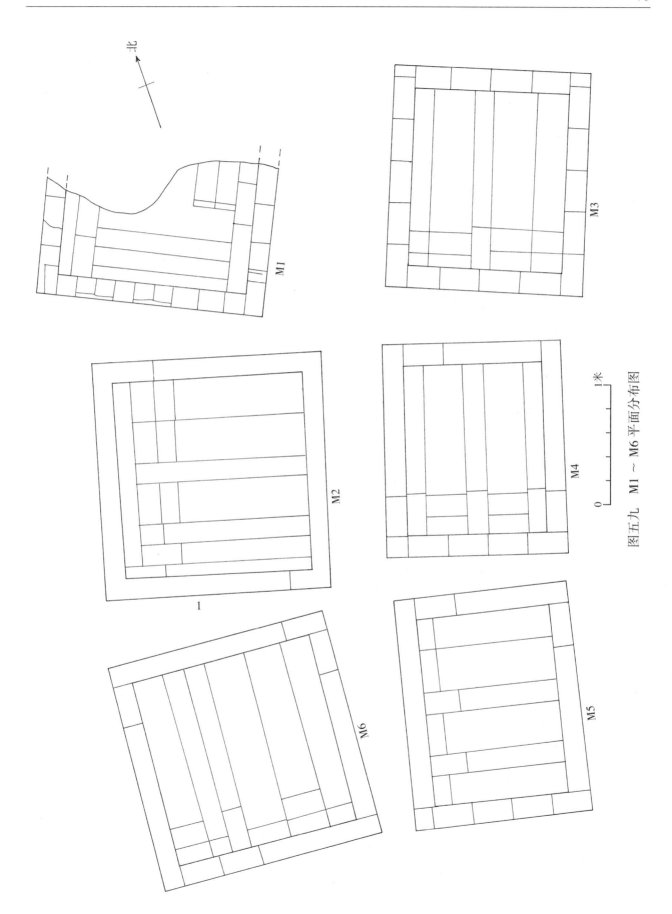

图五九 M1～M6平面分布图

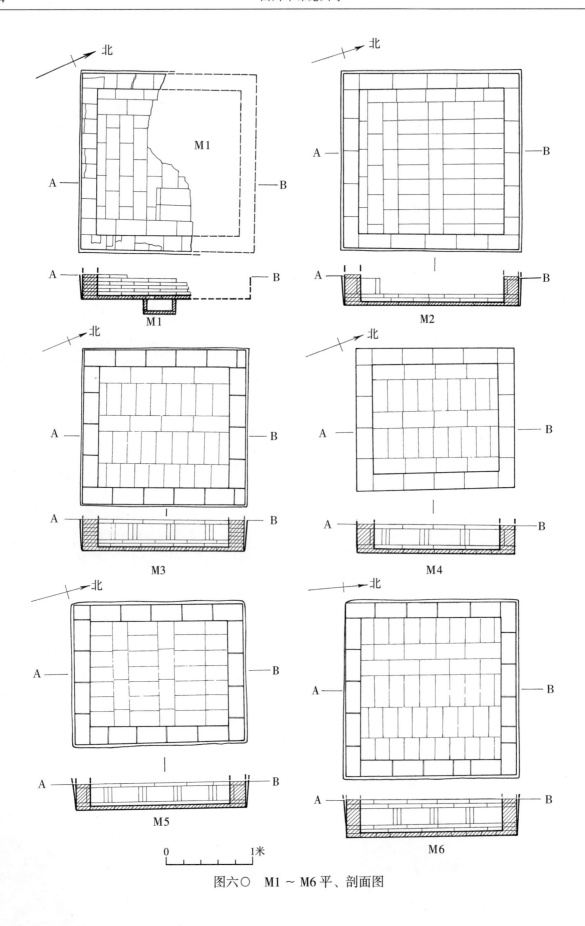

图六〇　M1～M6平、剖面图

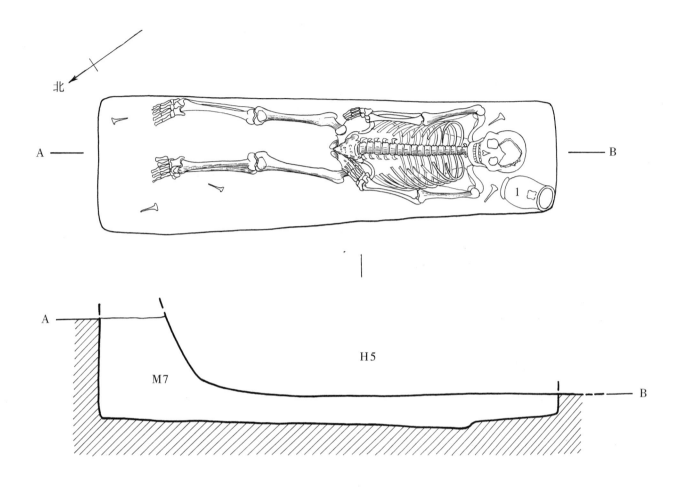

北

A

B

A

M7

H5

B

0　　　　　　　　50厘米

图六一　M7平、剖面图
1. 双耳罐　余为棺钉

第四章　出土遗物（一）
——佛教造像类

　　邛崃龙兴寺遗址自1947年被发现时便以出土的石刻造像轰动学术界，此次经过考古勘探和发掘，又出土了大量石刻造像及残件，主要为唐代雕凿，有少量宋及以后的作品，内容丰富，有佛、菩萨、地藏、罗汉、伎乐、供养人等造像，还有大量陀罗尼经幢、经版、莲花台座、柱础石等，此外还发现少量陶瓷造像。

　　石刻造像以红砂石为主，有少量青砂石和黄砂石，本章中所有未注明材质的遗物，均采用红砂石雕凿，恕不赘述。个别石雕造像表面保留有白膏泥和贴金，造像均有不同程度的破损和风化。遗物以圆雕像为主，有少量为浮雕和造像碑。有些造像石质疏松，石色泛灰白，表面施绿釉等装饰，这一现象尚为国内首见。

　　本文将出土造像分为大、中、小三型，三型之下再分类别介绍。大型造像即造像形体大于真人。中型造像，即造像形体基本等同于真人或者略小于真人，整尊像高度在50厘米以上。小型造像，即造像高度低于50厘米，有的类别无大型或中型造像。由于出土石刻造像大都残损严重，在分式时，采用的标准根据造像保存情况不同而有所区别。

第一节　佛、弟子类造像

　　共40件。

一　小型佛、弟子类立像

　　共5件。按服饰样式不同分为二型。

　　A型　3件。外着双领下垂式袈裟，内着袒右僧祇支。标本H5：14，黄砂石佛、弟子类立像[17]，头颈残无存，袈裟风化较多，腹微鼓，左臂下垂持一锡杖，右臂向前屈肘上举。背部残痕较平整。残高19厘米（图六二，3；彩版一六，1）。标本ⅠT1404④e：4，佛、弟子类立像，头颈残无存，内着圆领衫，外着双领下垂式袈裟，右衽衣领，左手于胸前抱一长方形经匣，右臂下垂。身体右后侧有一长条形残痕。石质疏松，像身有裂隙，风化较重。残高5.5厘米（图六二，4；图版九，1、2）。

　　B型　2件。着交领袈裟。标本ⅠT1404④f：1，佛、弟子类立像，头颈残无存，内着圆领衫，外层袈裟宽袖，袈裟一角搭于左肩。双手于胸前合持一莲茎，莲茎顶部伸至左肩上侧。石质疏松，裂隙较多。残高11厘米（图六二，1；彩版一六，3、4）。标本ⅠT2408③：1，佛、弟子类立像，头颈残无存，袈

---

[17] 文中以"左右"描述造像时，均指描述对象之左右。

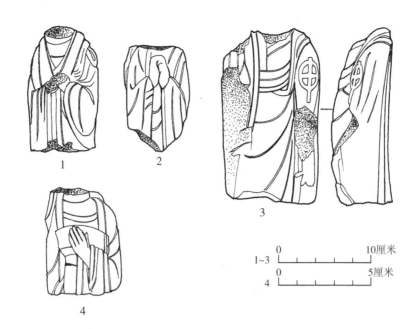

图六二 小型佛、弟子类立像

1、2.B 型（ⅠT1404④f：1、ⅠT2408③：1） 3、4.A 型（H5：14、ⅠT1404④e：4）

袈风化较重，双手于胸腹前抱拳作供养状，衣袖宽大下垂，背部右侧残余少许背屏。石质较疏松，有裂隙。残高11厘米（图六二，2；彩版一六，2）。

二 中型佛、弟子类立像

共2件。按服饰不同分为二型。

A型 1件。着低胸圆领通肩袈裟。标本H35：40，佛、弟子类立像，头部残，颈部有蚕节纹，两臂屈肘，均残。体前衣纹呈"U"形，排列密集，外层袈裟在体前呈倒尖拱形下垂至膝下，内层袈裟垂至脚面。腹部微鼓，胯部略左扭，脚面圆润，赤足立于带短茎的仰莲台上，雕刻精美。三层仰莲圆台下有长方形台基。颈部有少量金箔残片。像残高98厘米，座高32、座宽33.5厘米（图六三；彩版一七，1、2）。

B型 1件。着袒右肩袈裟。标本H35：47，黄砂石佛、弟子类立像，头颈残无存，胸前戴璎珞式项圈，左肩上袈裟衣领外翻，右肩上似覆有偏衫，覆盖右臂及手腕处。左臂屈肘，左手食指与拇指下垂，其他手指微屈，提袈裟一角。右臂屈肘，已残断。外层袈裟下摆呈"U"形垂及膝下，内衫衣摆垂覆台座上，双脚残。背屏素面，两面经磨光，仅余左侧少许，残损严重。长方形底座与背屏相接。像残高70.2厘米，座高6、残宽34.5厘米（图六四；彩版一七，3、4）。

三 大型佛、弟子类立像

1件。造像残损严重，胸部以上残损不存。标本H35：65，胸以上残无存，似着袒右肩袈裟，胸前有衣角塞入右衽衣领内。袈裟衣角经身体右侧前绕搭于左肩，下摆垂覆脚面，双脚残损。立于一方形双层

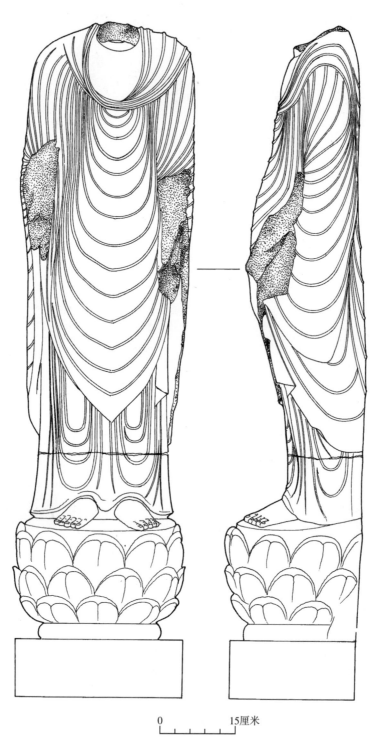

0 ├─────┤ 15厘米

图六三　中型佛、弟子类立像（A 型 H35：40）

仰莲台座上，仰莲莲瓣立于台座面上。台座底部中空，内凹处布满凿痕。像残高108、座高18厘米（图
六五；彩版一八）。

0　　　　　　　　　　　　15厘米

图六四　中型佛、弟子类立像（B 型 H35 ： 47）

四　小型佛、弟子类坐像

共15件。绝大多数像为结跏趺坐，以双手姿势不同分为七型。

A型　6件。双手施禅定印，依据像身下的台座形状不同分为三式。

Ⅰ式　3件。方形台座。标本ⅠT1404④e：7，佛、弟子类坐像，头颈残无存。内着双层交领衫，外披袒右肩袈裟，右肩覆巾，衣袖宽大，双手略有残损。台座上覆巾下垂较多，胸前衣纹呈“U”形，衣着厚重，衣纹密集。方形台座两侧及前侧刻壶门。像高15.7厘米，座高4.3、长18、宽12厘米（图六六，1；彩版一九，1～3）。标本ⅠT1603④f：7，佛、弟子类坐像，头颈残无存，左手置于右手上。方形台座前

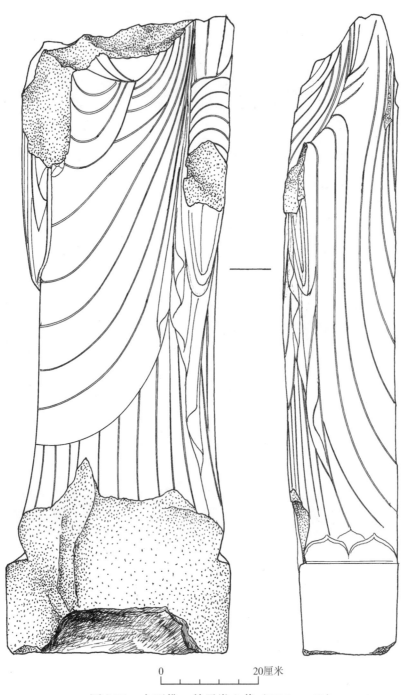

0　　　　　　　20厘米

图六五　大型佛、弟子类立像（H35：65）

　　侧垂下少许覆巾。像残高5厘米，座高3.4、长15厘米（图六六，4；图版九，3）。标本ⅠT0112④a：6，佛、弟子类坐像，腰以上残无存，方形台座，袈裟下摆垂覆于台座上。造像衣缝中残留有白膏泥，推测原有装彩或施釉。台座背面略残，底部中间内凹，布满凿痕。石质较疏松，表面颜色泛黑，断面石色偏灰。像残高4厘米，座高3.5、宽13.5、长13厘米（图六六，5；图版九，4、5）。

　　Ⅱ式　1件。八角形束腰叠涩座。标本H35：43，佛、弟子类坐像，上半身残无存，双手于腹前结禅定印，右手置于左手上，不露双足。袈裟衣袖宽大，下摆覆盖双膝，腹前衣纹上残存有白膏泥。半圆形束腰叠涩座，前侧平直，后侧为半弧形，台面上覆巾，褶皱繁复，垂覆于台座上层。座底中部布满凿痕。像残高7.5、座高15厘米（图六六，3；彩版二〇，1、2）。

Ⅲ式　2件。圆形台座。标本ⅠT1204②a：2，绿釉陶佛、弟子类坐像，高肉髻，肉髻前侧有三个半圆形凸出物围绕头部半周，面部残损，着双层袈裟，外层为双领下垂式，内层不清。身光和头光重叠呈葫芦形，身光背部微弧，未见装饰。台座残损严重。砖红胎，绿釉。像高8.7、座残宽4.5厘米（图六八，2；彩版二二，1）。标本H23：1，绿釉陶佛、弟子类坐像，头部不存，衣着厚重，内穿交领衫，衣领处有圆点装饰，外部袈裟分两层，内层袈裟似为交领式，左胸前露出少许衣领边缘。外层着袒右肩式袈裟，袈裟下摆垂于椭圆形台座下。台座前侧有莲苞，台座背面刻划有两道弦纹。内层袈裟施黄釉，外层袈裟施绿釉。衣纹表现技法分两种，衣领及袖口厚重处采用贴塑，其他采用刻划。黄胎，胎色较浅，釉色以绿釉为主，像身中空。像残高28厘米，座高10.6、胎厚1厘米（图六八，3；彩版一九，4~6）。

B型　1件。双手藏于腹前袖中。标本ⅠT1405④e：2，佛、弟子类坐像，头颈不存，右肩残，着圆领通肩袈裟，胸前衣纹呈"U"形，袈裟衣角搭于左肩上。左腿残。衣纹线条僵直。方座低矮，残损较多，底座下内凹，布满凿痕。像身表面残余有白膏泥。像残高14.2、座高1.8厘米（图六六，2；彩版二〇，3）。

C型　2件。双手于腹前结弥陀印。标本采集：145，黄砂石佛、弟子类坐像，头部残无存，颈部有蚕节纹，着袒右肩袈裟，双手于腹前结印，双腿间衣纹呈弧形交错。双层仰莲圆台座，莲瓣宽大扁平，座前覆巾垂纹呈U形，座底有一圆形残痕。石质较疏松，表面有多条裂隙。像残高13厘米，座高7、宽16厘米（图六六，6；彩版二〇，4、5）。标本H5：36，佛、弟子类坐像，背部无衣纹。双手于腹前结印，体前衣纹呈"U"形。像底部内凹，布满凿痕。残高7厘米（图六六，7；彩版二〇，6）。

D型　3件。捧钵坐像，按台座形状不同分为二式。

Ⅰ式　2件。方形台座。标本H5：34，佛、弟子类坐像，腹部以上不存，着袒右肩袈裟，左手于腹前托住钵底，右手覆钵口上。长方形束腰高座，座前侧、后侧、左侧均残，台座前侧中部垂下少许覆巾，座底平，有凿痕数道。像残高9厘米，座高12、残宽14.5厘米（图六七，1；彩版二一，1、2）。标本H5：52，佛、弟子类坐像，头颈残无存，内着袒右僧祇支，外着双领下垂式袈裟，右肩外覆偏衫，双手于腹前托圆钵，钵口有数圈同心圆，右手叠置于左手上。左侧残余椭圆形身光少许。覆巾垂于台座前，座下有矮台基，台座残损较多。像残高26.6厘米，座高11.2、残宽20厘米（图六七，2；彩版二一，3、4）。

Ⅱ式　1件。圆形仰莲台座。标本ⅠT1907③：5，青砂石质佛、弟子类坐像，颈部以上不存。着通肩袈裟，衣纹刻划洗练，袈裟贴体，双手于腹前交叉握住钵腹。背光边缘刻出宽条状装饰。三层仰莲圆台座的花柄上饰有一周联珠纹及花瓣。像残高11厘米，座高11.5、背光残宽9厘米（图六七，4；彩版二二，2~4）。

E型　1件。左臂屈肘向上，右手平置腹前，掌心向上。标本H5：50，佛、弟子类坐像，头颈残无存。内着宽领袒右僧祇支，胸下系带，衣带末端垂于衣领内。外着袒右袈裟，袈裟左侧衣领下垂，右侧衣领搭于左臂肘处，身侧及背后磨光，右臂肘内侧刻数道衣纹。腿部残损。圆形双层仰莲台座前侧及底部残损较多。像残高18厘米，座残高7、残宽20厘米（图六七，3；彩版二三，1、2）。

图六六　小型佛、弟子类坐像

1、4、5.AI式（ⅠT1404④e：7、ⅠT1603④f：7、ⅠT0112④a：6）2.B型（ⅠT1405④e：2）
3.AⅡ式（H35：43）6、7.C型（采集：145、H5：36）

　　F型　1件。左手举胸前，右手抚膝。标本采集：150，绿釉陶佛、弟子类坐像，头部不存，颈部筋脉暴出，内着交领衫，外着袒右肩袈裟，双腿盘膝，背部残，腿部残损较多。身体上侧多用浅黄褐釉，余处用绿釉，釉色鲜艳。像身中空，浅砖红胎。残高14.5厘米（图六八，1）。

　　G型　1件。右臂向内屈肘于体侧。标本采集：151，绿釉陶佛、弟子类坐像，仅余右半身少许，中空。着袒右肩袈裟，右肩外覆披巾，胸前露乳，左膝残余少许，似为盘膝。浅砖红胎，以绿釉为主，辅以黄褐色釉。残高12.5厘米。

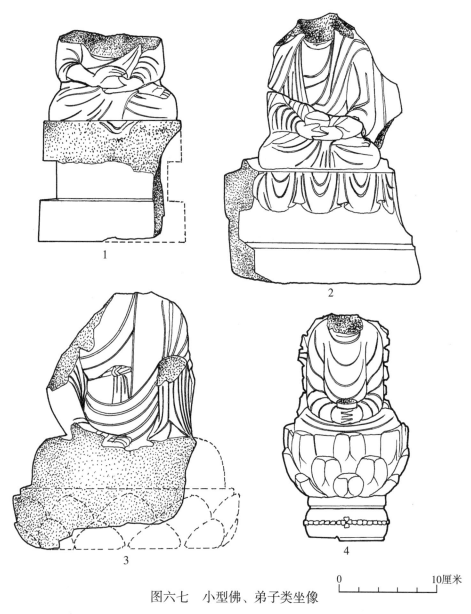

图六七　小型佛、弟子类坐像

1、2. DI式（H5：34、H5：52）3. E型（H5：50）4. DII式（ⅠT1907③：5）

五　中型佛、弟子类坐像

共9件。按坐姿不同分为三型。

A型　5件。结跏趺坐像，按有无台座分为二式。

Ⅰ式　3件。无台座。标本H35：29，佛、弟子类坐像，头颈不存。通肩袈裟衣纹密集，两条衣纹间断面呈弧形，右臂屈肘上举，手残，左臂不存，赤足，腿部衣纹贴体，左腿膝部残。背部刻出衣纹，较平，像身下侧布满凿痕，中心处微凹。残高60厘米（图六九，1；彩版二三，3～5）。标本H35：48，黄

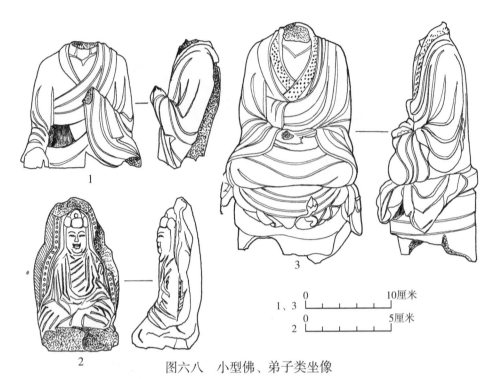

1、3　　　0　　　　　　　10厘米
　　　　　0　　　　5厘米
2

图六八　小型佛、弟子类坐像

1.F型（采集：150）　2、3.A Ⅲ式（Ⅰ T1204②a：2、H23：1）

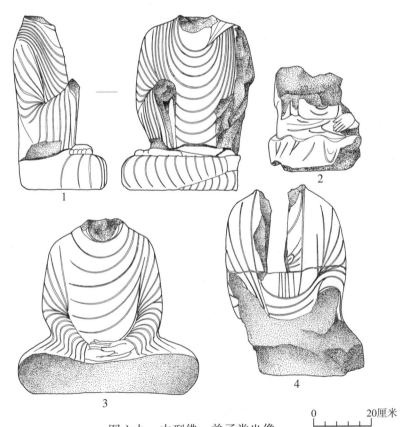

0　　　　　　　20厘米

图六九　中型佛、弟子类坐像

1、3、4.AI式（H35：29、H35：48、H35：22）　2.A Ⅱ式（H35：12）

图七〇 中型佛、弟子类坐像（A Ⅱ 式 H5：16）

砂石佛、弟子类坐像，头部残不存。着通肩袈裟，衣着贴体。双手于腹前施禅定印，左手置于右手上。不露脚，双腿前侧略残，像底部中心处内凹，布满凿痕。衣纹较厚重，胸前阴刻粗线。背部磨平，未刻出衣纹。残高59.8厘米（图六九，3；图版一〇，1、2）。标本H35：22，黄砂石佛、弟子类坐像，头颈残佚，内着袒右僧祇支，胸下系带，外着双领下垂袈裟。僧祇支系带末端塞入衣领内，外层袈裟右侧衣领经腹前绕向左臂，衣纹呈阶梯状。从残痕看，双臂下垂，于腹前似作禅定印。残高64.8厘米（图六九，4；图版一〇，3、4）。

Ⅱ式 2件。有台座。标本H35：12，佛、弟子类坐像，保存较差。上半身前侧崩残殆尽，着袈裟，左手抚膝，右臂屈肘上举胸前。背部衣纹简练，圆形台座保存差，底部崩残，座上覆巾垂于座前。残高35.7厘米（图六九，2）。标本H5：16，佛、弟子类坐像，螺髻较高，双目微敛，嘴角微翘。颈部有三道蚕节纹，着通肩袈裟，肩部圆润，双臂屈于胸前，双手皆残不存，不露脚。像身残留有少许白膏泥，头部残留有贴金。桃形头光装饰华丽，由内向外依次为太阳纹、联珠纹以及火焰纹，头光尖部及右下侧残损。椭圆形身光右侧残损，内外两层装饰，内层饰以联珠纹及宝珠，外周饰火焰纹。座上覆巾呈波浪形垂于束腰仰覆莲圆座周围，覆巾厚重。台座上层为三层仰莲，下层为单层覆莲，覆莲下侧饰一周联珠纹和一周由团花和联珠相间隔的装饰带。莲座下有长方形基座。通高109厘米，座高36厘米，长方形基座高9、长37、宽32厘米（图七〇；彩版二四，1、2）。

B型 2件。右腿下垂式舒像坐像，按胸前有无项圈分为二式。

Ⅰ式 1件。无项圈装饰。标本H5：15，佛、弟子类坐像，头颈残无存，内着袒右僧祇支，外着双领下垂式袈裟，腹前袈裟衣褶呈"U"形阶梯状，衣褶密集，略为厚重。左臂上

0　　　15厘米

图七一　中型佛、弟子类坐像（B型）
1. Ⅰ式（H5：15）2. Ⅱ式（H27：2）

举，残，右手平托摩尼宝珠置右膝上。造像坐于四层仰莲圆台座上，座上覆巾垂于台座前侧较多，袈裟下摆垂覆台座前侧少许。左脚稍压右腿，脚尖向外，右脚踩于圆形四层小仰莲台上，小莲台下有莲柄。坐像残高74.7厘米，小莲座残高18.6、大莲座残高18.3厘米（图七一，1；图版一一，1、2）。

　　Ⅱ式　1件。有项圈装饰。标本H27：2，佛、弟子类坐像，头不存。内着袒右僧祇支，胸前系带打结，外着双领下垂式袈裟，袈裟衣角从右腋下绕两道后搭于左肩，右肩外覆偏衫。胸部微鼓，小腹前凸，左手置于膝上，手腕处戴佛珠一串，右臂屈肘于前。左腿盘膝置台座上，脚心侧向上，右腿略向外分开下垂。袈裟下摆垂至台座前，衣纹较厚重，刻划流畅。三层仰莲台座，莲瓣大且饱满，莲台下侧有束茎。像残高62.7、座高36厘米（图七一，2；彩版二四，3、4）。

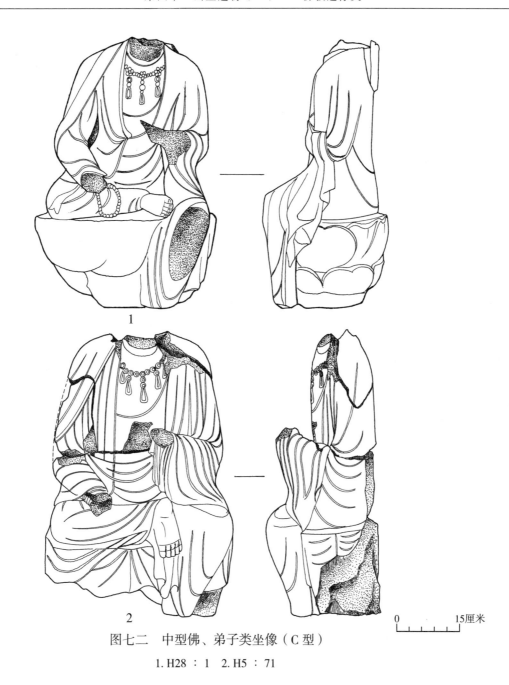

图七二　中型佛、弟子类坐像（C型）

1. H28：1　2. H5：71

　　C型　2件。左腿下垂，颈部有蚕节纹，内着袒右僧祇支，外着双领下垂式袈裟，右肩外覆偏衫。胸前戴项圈及璎珞，左臂屈肘于胸前，右手置于右腿上，赤足。标本H28：1，佛、弟子类坐像，头颈无存，项圈下缘分三支璎珞下垂。右手提一串佛珠。袈裟左领经腹前绕向右腋，右侧衣领末端塞在左领内。右脚尖抵住左膝侧，脚心向内。三层仰莲圆座上覆巾垂于前侧，莲瓣饱满，台座底部残。造像衣纹呈阶梯状。像残高58.8、座残高18.9厘米（图七二，1；彩版二五，1、2）。标本H5：71，佛、弟子类坐像，头残失。袈裟右侧衣领下垂覆于左领外。手腕戴一串佛珠。右脚脚心向外，脚尖于台座前下垂。半圆形三层仰莲台座，台座下部残，莲瓣瓣尖上翘，花瓣饱满。台座前侧较平，座上覆巾垂于前侧较多。像残高65.1、座残高18.6厘米（图七二，2；彩版二五，3、4）。

0   20厘米

图七三 大型佛、弟子类坐像（H35：42）

六 大型佛、弟子类坐像

共1件。倚坐。标本H35：42，头佚。颈部有三道蚕节纹，内衫仅余右领处少许，与最外层袒右袈裟衣领呈"V"形交错，衣纹厚重，袈裟衣角右衽，衣角塞入背后袈裟内，右肩上覆偏衫。从后背看，偏衫介于袈裟和内衫之间，背部从袒右袈裟衣缘处翻出衣角。袈裟衣纹在腹前呈阶梯状，下摆垂至脚踝处。右臂屈肘置腿上，左侧残损较严重。赤足，仅存右脚少许。长方形束腰叠涩台座，台座前面残损严重。坐像残高105、台座高54厘米（图七三；彩版二六）。

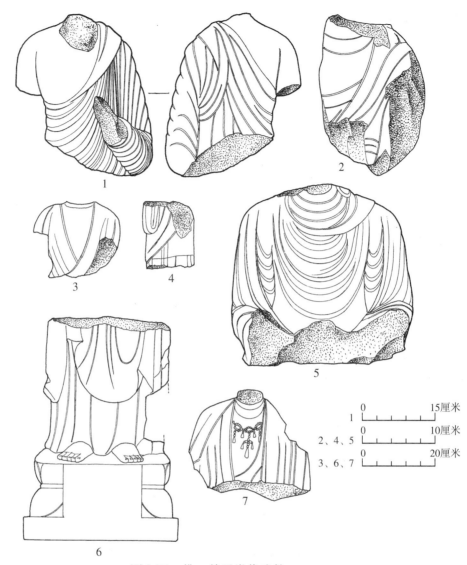

图七四　佛、弟子类像残件

1.中型上半身 A 型（H35：41）　2、7.中型上半身 B 型（H35：63、H5：76）　3.中型上半身 C 型（H35：32）
4.小型残件（ⅠT1303④f：1）　5.中型上半身 D 型（H5：1）　6.大型下半身残件（H35：31）

七　佛、弟子类像残件

共9件，均残损严重。

1. **小型残件**　3件。标本ⅠT1303④f：1，佛、弟子类像残件，袈裟右袖下垂较长，残损严重。残高9厘米（图七四，4；图版一二，1、2）。标本H5：58，佛、弟子类像上半身残件，头颈残无存，双臂残断。背部刻出“U”形衣纹，袈裟衣角搭向左肩。石质疏松，风化严重。残高16厘米（图版一二，3、4）。标本H5：33，佛、弟子类像上半身残件，头颈残无存，着圆领通肩袈裟，胸前衣纹呈“U”形，双臂屈肘于体前。身光背面磨平，左侧边缘保存较好。石色偏黄，较疏松。像残高13厘米，背屏残高16、残宽15.5、厚2.8厘米（图版一二，5、6）。

2. 中型佛、弟子类造像上半身残件　5件。按造像服饰不同分为四型。

A型　1件。着袒右肩袈裟。标本H35：41，黄砂石佛、弟子类造像残件，头颈残无存，左肩衣领外翻少许，右腋下绕出袈裟衣角。左臂屈肘举于胸前，衣袖紧束手臂。右上臂残余少许。衣纹密集，断面呈阶梯状。像残高33厘米（图七四，1；彩版二七，1、2）。

B型　2件。内着袒右僧祇支，外着双领下垂式袈裟。标本H35：63，佛、弟子类造像残件，仅余左侧上半身，袈裟仅余右侧衣领少许，颈部刻蚕节纹。从背部衣纹看袈裟衣角搭于左肩后下垂，从左侧残痕看，左臂似屈肘上举。像残高32厘米（图七四，2）。标本H5：76，佛、弟子类造像残件，头佚，颈部有蚕节纹，胸前戴璎珞式项圈，饰以珠花、吊坠等。右肩外覆偏衫，衣纹呈阶梯状。颈后有一处残痕，断面呈方形，据双肩靠近颈部的现有残痕推测，此残痕或为双耳垂肩或为头上有物垂至双肩上。后背平直，衣纹较少。残高29.2厘米（图七四，7；图版一三，4）。

C型　1件。着交领袈裟。标本H35：32，佛、弟子类造像残件，仅存上半身少许，头颈不存，右衽交领衫，衣纹简练，双臂残损严重。残高20厘米（图七四，3；图版一三，3）。

D型　1件。着通肩袈裟。标本H5：1，佛、弟子类造像残件，头及腰部以下不存，颈部有三道蚕节纹，双臂向腹前屈肘，袈裟一角搭左肩上，衣角垂于后背。袈裟衣纹密集，较厚重。残高23.5厘米（图七四，5；彩版二七，3~5）。

3. 大型佛、弟子类造像下半身残件　1件。标本H35：31，仅余腿及脚部，着双层衣衫，内衫下摆垂覆脚面，外层袈裟前侧下摆呈尖拱形，衣纹较细，背部刻出单层衣纹。造像赤足立于仰覆莲台上，莲瓣呈圆拱形，宽平，台座前面中部刻出方形碑面，未见字迹。像及台座均残。残件通高59厘米，座高20、宽42厘米（图七四，6；图版一三，1）。

第二节　着菩萨装像

共41件。此类像全身佩戴华丽的装饰，梳发髻，戴宝冠，多数佩璎珞、项圈，双肩有披帛垂下，下着长裙，束腰带，裙腰外翻，赤足立于或坐于莲台上。

一　小型着菩萨装立像

共8件。按造像身上有无璎珞装饰分为二型。

A型　4件。身上无璎珞装饰。标本H35：14，黄砂石着菩萨装像，头残无存，上身袒裸，右肩上残存有发丝，胸前戴璎珞式项圈，饰以联珠纹及吊坠等，左肩斜披络腋，胸前有络腋末端翻出。双臂残，从残痕推测，左臂屈肘垂于体侧，右臂屈肘前举。鼓腹，下着长裙，裙腰外翻下垂。像背后与一长方形石板相连接，石板正面及背面磨光，无装饰。像残高12.3厘米，背后石板残高12、宽7.5、厚3厘米（图七五，3；彩版二八，1）。标本J1⑤：4，着菩萨装像，像雕刻于石建筑构件侧面，构件呈不规则形，为边框装饰，正面凿出长方形边槽，槽内浅浮雕立像。像身风化较多，头残，似有桃形项圈，双手于胸前合十，帛带绕双臂后下垂。下着裙，帛带似在腿前绕过。构件边框右侧断面斜直，左侧及上下断面均残。构件残长64、残宽32厘米，浮雕立像残高25.6厘米（图七五，4；图版一三，2）。标本H35：

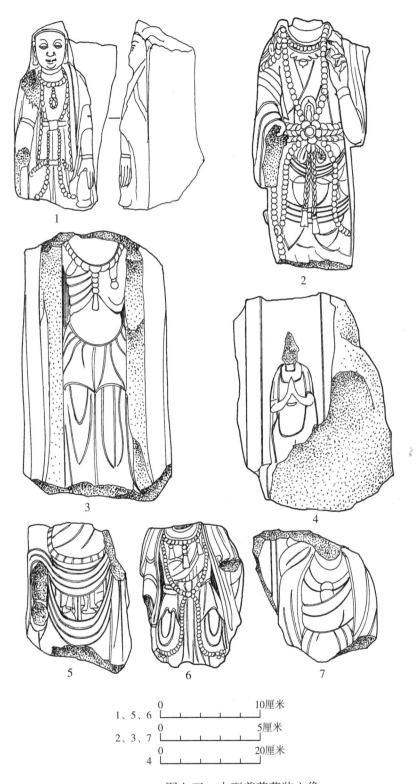

图七五　小型着菩萨装立像

1、2、6.B 型（H5：27、H35：37、ⅠT1502④a：24）3～5、7.A 型（H35：14、J1⑤：4、
H35：39、ⅠT1605④e：3）

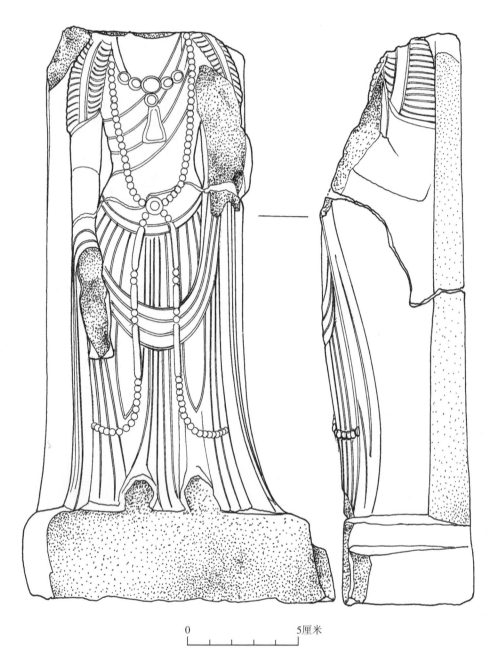

0   5厘米

图七六　小型着菩萨装立像（B型 H35∶55）

39，着菩萨装像，胸以上不存，上身衣衫贴体，阴线刻出衣纹。右臂微屈肘下垂提一物。下着长裙，裙腰外翻，褶皱密集，腰带束于裙腰外，上侧露出少许褶皱。腰和膝之间横绕两道帛带，帛带右端搭于右臂，左侧帛带上绕后垂于体侧。膝部以下不存。像残高14.8厘米（图七五，5；彩版二八，3）。标本ⅠT1605④e∶3，着菩萨装像，头不存，颈部有蚕节纹，胸前戴项圈，双肩有帛带和络腋装饰，右肩有缯带垂下，双臂残断，裙腰外翻少许。身后左侧刻出衣纹，右背上披有发丝，略有风化。像右侧与一长条状石板相接，石板正面及右侧面磨光，背面残断无凿痕。像残高7厘米（图七五，7；图版一三，5）。

B型 4件。身上装饰璎珞。标本H5：27，着菩萨装像，头戴宝冠，两侧有缯带下垂，细长目，直鼻，嘴角微翘，两颊圆润，双耳垂肩，颈部有蚕节纹。上身袒裸，双肩覆披帛，左臂下垂，左手拇指和食指夹持净瓶口，余三指下伸，右臂下垂。下着长裙，膝以下残。造像表面残有白膏泥，砂石呈浅灰色。像左后侧残有小块石壁，石壁背面弧鼓。像残高18.5厘米，石壁残长16.4、残宽10.8厘米（图七五，1；彩版二八，4）。标本H35：37，着菩萨装像，头不存，颈部有蚕节纹，右肩上有发丝垂下，颈戴璎珞式项圈，帛带绕双臂后垂于体侧。左臂戴手镯，屈肘举物于胸前。右臂屈肘体侧。璎珞从双肩垂下，在腹前交于一团花后分两支垂及膝下并绕向腿侧，团花下侧花穗系结后垂于双腿间。上身似着有衣衫，风化不清。帛带在腿前绕两道。石质疏松，布满裂隙。残高12.3厘米（图七五，2；彩版二八，2）。标本ⅠT1502④a：24，着菩萨装像，头颈不存，右背残损少许。颈部有蚕节纹，戴璎珞式大项圈，璎珞在胸前分三支下垂，上身着袒右僧祇支，胸前衣带外翻。双肩披帛覆至肘部，左侧帛带绕臂后下垂，左臂残。右臂下垂，帛带垂于体测。璎珞于腹前交叉于宝珠后分两支，各垂及膝部后绕向体侧。裙腰外翻，膝部以下残。石色泛黄白，像身表面施绿釉，大部分已剥落。残高14厘米（图七五，6；彩版三〇，4）。标本H35：55，着菩萨装像，头颈不存，双肩覆发丝，左肩斜披络腋，腹略鼓，裙摆覆脚面，平面阴刻衣纹，膝上有帛带上绕，两端搭于手腕后下垂至台面上。左臂上举胸前，右手下垂持净瓶。像背后有舟形身光，素面，背面磨平。台座形状不规则，右侧直角方正，左侧分上下两层，上层弧形，下层多出一斜面转角。座底平，有排列整齐的凿痕。像身侧面磨平。像残高21、座高4厘米（图七六；彩版二九，1、2）。

二 大型着菩萨装立像

共2件。双臂均残损，下着长裙，裙腰外翻悬垂较多，腰带呈节状束于翻折裙腰之外，赤足立于台座上。按服饰可分为二型。

A型 1件。内着低胸圆领衫。标本H35：46，着菩萨装像，头颈残，双肩有发丝垂覆，披帛宽大，自肩部下垂，装饰华丽，饰以数股联珠纹。璎珞于胸前分四串下垂，中间两串于腹前交于团花后又分为两串下垂及小腿处。另两串垂及膝上部。胸下系带紧束内衫。右臂屈肘。后背凿出帛带覆双肩，衣纹呈带状下垂。台座转角呈弧形，形状接近方形，素面。台座正面刻有一方形碑面，磨平，未见题记。像残高128厘米，座高25.2、宽38.8厘米（图七七；彩版三〇，1、2）。

B型 1件。内着背心式内衫，外披帛巾，右肩露出背心系带。标本H35：20，着菩萨装像，头颈残不存，双肩外垂覆两层细密发丝，发丝上有宝缯垂下。胸前佩戴璎珞式项圈，项圈内层为窄带，外缘饰以联珠纹、回形饰、吊坠等。璎珞分叉为三串，饰以团花、宝珠等，左右两串垂至大腿中部，中间一支较长，垂于膝下。帛带在腹前打结。右手置于腿侧，似持物。左臂腋下有一圆形残痕，断面中部凿有方形榫孔，背部刻出衣纹。像残高118厘米，座高17.2、宽49.2厘米（图七八；彩版三〇，3）。

三 小型着菩萨装坐像

共6件。按坐姿不同分为三型。

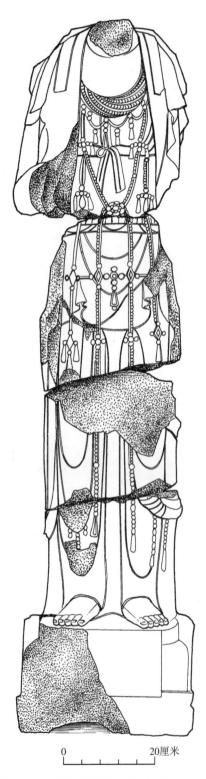

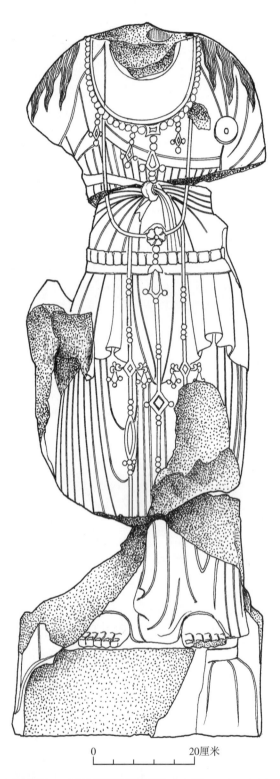

0   20厘米

0   20厘米

图七七　大型着菩萨装立像（A 型 H35：46） 图七八　大型着菩萨装立像（B 型 H35：20）

A型 共3件。右腿下垂式舒像坐，下着长裙。按造像身下有无坐骑分为二式。

I式 1件。造像身下的莲花座置于象背上。标本 I T1505④e：9，着菩萨装像，残损严重，腰部以上不存，左腿屈膝置台座上，右脚踩一仰莲台座，右膝处装饰有璎珞。披帛自腹前垂及台座，菩萨坐于三层仰莲圆台上，台座束腰处有壶门，台座与象背连接处有一周莲瓣，象背上覆有长毯，雕刻精美，象四足残断。右侧高浮雕一象奴，有头巾装饰，面部略有风化，嘴角微微上扬，面部表情喜悦。颈部有蚕节纹，上身袒露，右肩斜披帛带，胸厚臂壮，腹部隆起，右手握一棒，左臂屈肘，戴手镯，手背紧贴象身，手心向外，做引导状。下着长裙，大腿以下不存，衣纹缝隙中残存金箔。残件通高13、长18厘米（图七九；彩版三一，1~3）。

II式 2件。造像坐于圆形仰莲圆台座上。标本 I T1503④f：4，着菩萨装像，腹部以上不存，璎珞在腹前相交于团花后分两串下垂绕膝。右手抚膝，臂上绕帛带。像左侧有帛带残段下垂，裙腰外翻，身光残损。双层仰莲圆台下有一圆形残痕。像残高9厘米，座高4.5、宽10厘米（图八○，2；彩版二九，3）。标本 I T1202④f：1，青砂石着菩萨装像，残损严重，腰以上不存，帛带在腹前交叉，末端垂于台座左侧及前面。左腿置于束腰仰莲台座上，不露足。右足残损不存，膝下有璎珞绕过，衣纹密集。双层仰莲束腰台座，束腰较高，腰部饰有三道凹弦纹，束腰下有一方形台基，素面，台基面上刻有许多密集的弧形凸棱。像残高6、台座高11厘米（图八○，3；彩版二九，4）。

B型 1件。左腿下垂式舒像坐。标本 I T1703④e：2，着菩萨装像，下着长裙，双手抱右膝，左手手腕处戴镯，右脚搭于左腿上，赤足。半圆形高台座，座上有覆巾垂于前面。台座下伸出二小平台，像左足踏于小平台上。平台下有方形矮基，矮基正面刻两条横向阴线，两侧垂有帛带残段，底部平整。像残高8.5厘米，座高7、宽7.5厘米，矮基高2、宽10.5厘米（图八○，4；图版一四，3）。

C型 2件。结跏趺坐像。标本 I T1404④f：9，着菩萨装像，上半身残，两侧有帛带绕臂下垂，似着袒右肩内衫，璎珞交叉于腹前。双手在腹前托一宝珠，宝珠外周有桃形火焰状光芒。下着长裙，裙腰外翻下垂。双层仰莲座上覆巾垂于座前，座有残损。莲座与兽背之间有一周覆莲瓣和一件椭圆形垂毯。坐兽仅余后半身，两足残断，尾端分三叉卷曲，臀部有系带绕过。菩萨身光残损。像残高5.5、座高3.5厘米，坐骑残高8、体残长11厘米（图八○，1；图版一四，1、2）。标本采集：159，着菩萨装像，头不存，风化较多，颈戴璎珞式项圈，璎珞下端分叉后绕双腿。双肩有披帛垂下，绕臂后垂于台座两侧。双手捧一圆柱状物于胸前，右手托底部。下着长裙，结跏趺坐于圆形双层仰莲座上。座前有覆巾垂下，圆座下有柄。像身后有椭圆形身光，正面饰联珠纹，背面磨光，身光残损较多。像残高15.2厘米，座高4.8、宽14厘米（图八○，5；彩版三一，4）。

四 中型着菩萨装倚坐像

共1件。标本H5：18，着菩萨装倚坐像，颈部以上不存。颈部有蚕节纹，上身袒裸，胸前戴项圈及璎珞，璎珞在腹前交叉于圆璧，下端垂至膝部后上绕。圆璧呈莲花状，中间凸起，周围绕一周联珠纹。双肩披帛带，帛带两端经腹前交叉后分别搭于双臂。右臂屈肘上举，手腕内翻，持柳枝。左臂屈肘置左膝上，戴镯，手部不存。双腿下垂，下着长裙，裙摆垂覆脚面。束腰仰覆莲台下有方形基座，束腰处饰有莲瓣，覆莲及方形座基均有残损。背部和腰部刻划出衣纹。颈后部有一凸起残痕，中间有一方孔，形状与腰部方孔相似，应是插背光及头光所用。腰腹及腿上有少量金箔残片。像残高73、仰覆莲束腰圆台座高36厘米（图八一；彩版三二、三三）。

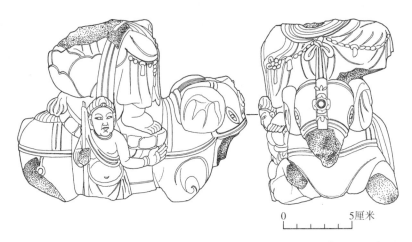

图七九　小型着菩萨装坐像（AI 式 Ⅰ T1505 ④ e：9）

图八〇　小型着菩萨装坐像

1、5. C 型（Ⅰ T1404 ④ f：9、采集：159）　2、3. AII 式（Ⅰ T1503 ④ f：4、Ⅰ T1202 ④ f：1）　4. B 型（Ⅰ T1703 ④ e：2）

0   15厘米

图八一 中型着菩萨装倚坐像（H5：18）

五　着菩萨装像残件

共22件。主要包括着菩萨装像身体各部位残件。按造像残损部位不同及造像原件大小不同分别介绍。

1. 小型着菩萨装像上半身残件　共5件。头颈、双臂及腰腹以下不存，按上身装饰不同分为二型。

A型　3件。有璎珞装饰。标本H5：11，着菩萨装像残件，头颈残不存，戴项圈，上身袒露，左肩斜披络腋，胸前翻出衣角。右侧残余有帛带。残高11厘米（图八二，1；图版一四，4）。标本H5：25，着菩萨装像残件，上身袒露，胸前佩戴项圈，项圈两侧垂下两串璎珞。左肩斜披络腋，左臂戴臂钏。披帛自双肩下，双臂均残。残高16厘米（图八二，2；彩版三四，1、2）。标本H35：16，着菩萨装像残件，头颈不存，上身袒露，左肩斜披络腋。胸前佩项圈，双肩及后背均有发丝垂下，双臂残，璎珞上端与项圈相连，在腰际交叉后分三串下垂。鼓腹，裙腰外翻。后背双肩之间有两条弧带。残高15厘米（图八二，3；彩版三四，3、4）。

B型　2件。无璎珞装饰。标本ⅠT3103④a：1，着菩萨装像残件，颈部有蚕节纹，双肩垂覆发带，帛带自双肩垂下后绕臂，上身袒露，左肩斜披络腋，胸前翻出衣角。右肩斜披一细长带于腹前穿一圆璧，圆璧内外分四层。衣纹线条略显僵直。残高15厘米（图八二，4；彩版三四，5、6）。

2. 中型着菩萨装像上半身残件　共4件。颈部戴璎珞式项圈。按服饰不同分为二型。

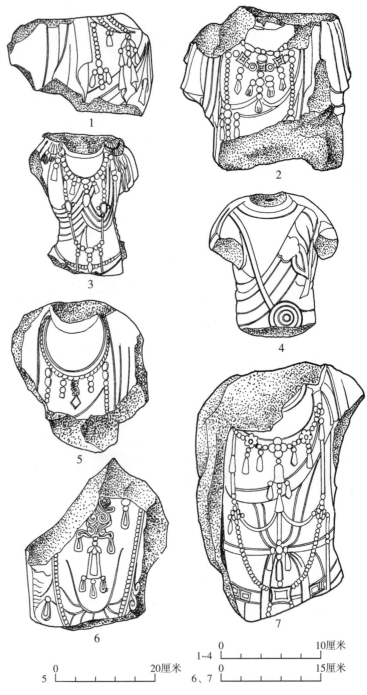

图八二　着菩萨装像上半身残件

1、2、3. 小型A型（H5：11、H5：25、H35：16）　4. 小型B型（ⅠT3103④a：1）　5～7. 中型B型（H35：33、ⅠT1104④c：5、H35：25）

0　　　　　　　　　10厘米

图八三　中型着菩萨装像上半身残件（A 型 H5：8）

　　A型　1件。上身着袒露，左肩斜披络腋。标本H5：8，着菩萨装像残件，腰腹以下不存。束高髻，髻前中部立一尊化佛，双目微微下视，高鼻，面颊圆润，颈部有三道蚕节纹，披帛自双肩下垂于胸前两侧，璎珞自胸前两侧垂下。右臂屈肘上举，肘以下不存，左臂垂体侧，肘部以下不存。背部有头光残痕。残高37厘米（图八三；彩版三五）。

　　B型　3件。上身着袒右僧祇支。标本H35：33，着菩萨装像残件，头颈残佚，颈部有蚕节纹，胸前戴项圈，珠串附于项圈带上，璎珞与项圈连为一体，分两串下垂。肩上有缯带垂下。背后披帛下缘较厚，与后背形成阶梯状。背部衣纹上残留有白膏泥。残高31厘米（图八二，5；图版一五，1）。标本ⅠT1104④c：5，着菩萨装像残件，头颈残佚，佩戴华丽繁缛的项圈、璎珞，璎珞珠串细小，嵌于细带上，并饰以云纹。像背部残。残高25.2厘米（图八二，6；图版一五，2）。标本H35：25，着菩萨装像残件，头颈不存，璎珞与项圈连为一体，饰以宝珠、团花、华绳及吊坠等。三串璎珞交于腹前"回"形扣后分两支下垂，僧祇支胸下系窄带。腰带饰以连续的"回"形纹，双臂均残。背部帛带下缘与后背形成阶梯状。残高42厘米（图八二，7；图版一五，3、4）。

　　3. 小型着菩萨装像下半身残件　共3件。腰部以上不存，下着长裙。按装饰不同分为两型。

　　A型　2件。无璎珞装饰。标本J1⑤：9，青砂石着菩萨装像残件，裙腰外层束宽带，腹前打结，裙腰外翻下垂较多。胯部两侧帛带贴体，左腿在后，右腿在前，略屈双膝，姿态婀娜。衣纹采用阴线刻，皱褶繁多，雕凿精细。残高19.8厘米（图八四，1；彩版三六，1、2）。标本H5：45，着菩萨装像残件，裙腰外翻，左手

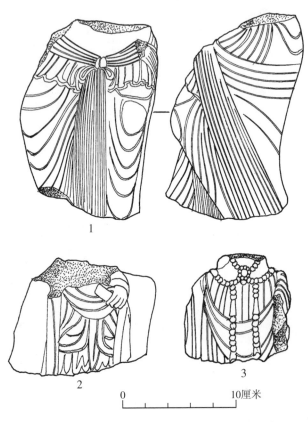

图八四　小型着菩萨装像下半身残件

1、2. A 型（J1⑤：9、H5：45）3. B 型（H35：19）

下垂握一长条状物，衣纹线条僵硬。身后与长条形石板连为一体。石板宽度略大于像身，正面磨平，背面略有弧度，表面磨平，石板残损较多。残高11.5厘米（图八四，2；图版一四，5）。

B型　1件。有璎珞装饰。标本H35：19，着菩萨装像残件，左臂下垂，似持物，璎珞在腹部交叉于圆结后分两串垂于腿前。裙腰外翻，吊带在腿前呈"U"形。残高9厘米（图八四，3；彩版三七，1）。

4. 中型着菩萨装像下半身残件　共9件。按服饰不同可分为二型。

A型　2件。腿前有吊带绕过。标本ⅠT1803④a：1，着菩萨装像残件，仅余腿部一段，左右两串璎珞分别在膝部分叉上绕，璎珞上饰以云纹、珠串、吊坠、团花等。左膝微屈，身体向右扭。背部残痕平直，衣着华丽，装饰繁缛。残高15厘米（图八六，2；彩版三七，5）。标本H35：3，着菩萨装像残件，仅余腿部一段，下着长裙，衣纹密集，裙腰外翻下垂较长，吊带在膝上侧绕两道，线条较为生硬。体前璎珞垂下三串，左右两串分别在膝部上绕，璎珞珠串较大，均为双环形。背部刻出衣纹及璎珞。残高34.5厘米（图八六，5；彩版三六，3、4）。

B型　7件。腿前无吊带绕过。标本H5：21，着菩萨装像残件，胸部以上不存。上身似着内衫，腹部系带打结。雕刻精致，胯部微向左侧耸起，右膝略屈，使身体呈"S"形。披帛垂至膝部后向上绕小臂，末端垂于体侧。左臂不存，右臂戴手镯，四指并拢与拇指夹持净瓶，瓶腹有一周细凸棱装饰。璎珞在腹前交于一宝珠后上绕，其分叉部分下垂至小腿后上绕，璎珞由联珠和吊坠组成。下着长裙，裙腰外翻垂至膝

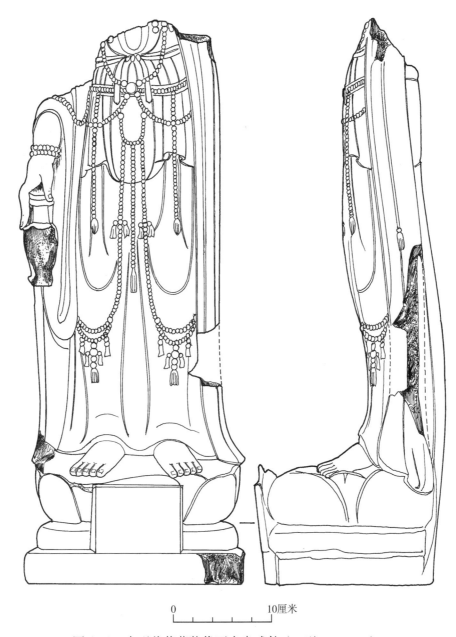

图八五　中型着菩萨装像下半身残件（B 型 H5：21）

上。裙摆垂至脚面，赤足立于圆形双层仰莲台座上，仰莲下有圆柄和长方形台基。仰莲正面有一长方形
碑面，表面磨平。像残高44厘米，台座通高12厘米，长方形台基长22.5、宽18厘米，碑面长8.5、宽7厘米
（图八五；彩版三八，2）。标本H5：55，着菩萨装像残件，仅余腰部以下一段，上身袒裸，璎珞在腹前
垂下四串，腰两侧有帛带垂下，腰带束于垂折的裙腰外，带端在右侧腰后翻出垂下。双层裙腰呈扭股状
向外翻。左右外侧两串璎珞上饰云纹，雕凿精美。残高28.8厘米（图八六，1；彩版三七，2、3）。标本
ⅠT1104④c：9，着菩萨装像残件，仅余左腿部一段。装饰华丽，璎珞下垂于膝部后上绕，双腿间垂下璎
珞一支，璎珞上有云纹、蕉叶纹、珠花、吊坠等多种装饰。下着长裙，裙腰外翻较长。残高28.2厘米（图

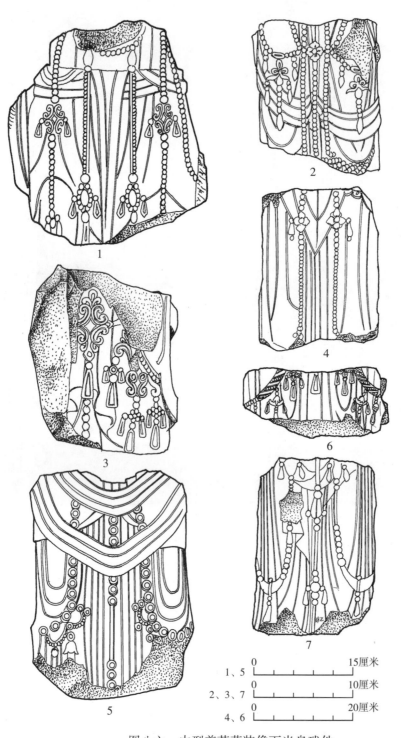

图八六　中型着菩萨装像下半身残件

1、3、4、6、7.B型（H5∶55、ⅠT1104④c∶9、H35∶26、H35∶64、H35∶15）

2、5.A型（ⅠT1803④a∶1、H35∶3）

八六，3；彩版三七，4）。标本H35：26，着菩萨
装像残件，残余膝盖上部一段，向外翻折的裙腰
下缘呈倒三角形，两串璎珞垂于双腿前内侧，并
于膝下向上绕。长裙外垂璎珞，璎珞以珠花、串
珠、吊坠等组成。双腿间衣纹较密集，右膝略屈。
背部刻出长裙纵向衣纹。残高32.4厘米（图八六，
4；图版一六，2）。标本H35：64，着菩萨装像残
件，仅余下半身膝部一段。着长裙，璎珞在膝部上
绕，璎珞装饰华丽，饰以珠串、吊坠、华绳等，华
绳表面饰以联珠纹，背部刻条形衣裙皱褶。残高12
厘米（图八六，6）。标本H35：15，着菩萨装像
残件，仅存腿部一段，腿后侧残。璎珞下部分成三
串，左右两串分别绕双腿膝部，中间一串垂于双
腿间。璎珞以宝珠、华绳、吊坠等组成。下着长
裙，裙腰外翻。残高17.4厘米（图八六，7；图版
一六，1）。标本H35：44，着菩萨装像残件，仅
余下半身残段，着长裙，膝部残有璎珞珠串、吊坠
等装饰。残高22厘米。

5. 大型着菩萨装像下半身残件　1件。标本
H35：21，着菩萨装像残件。着长裙，裙摆垂及小
腿上侧，内衫下摆覆至脚面，赤足立于莲台上。右
膝略屈，两侧帛带垂至台座下，裙腰外翻较多，璎
珞下垂及膝后向体侧绕去。长裙衣纹呈阶梯状，身
后衣纹较简单。双层仰莲台座，莲瓣呈尖拱形，束
腰下有方形台基。像残高76.4厘米，莲座通高28、
方形基座高8厘米（图八七；图版一六，3、4）。

六　卷发菩萨装造像石残件

　　共2件。残块实为长方形石板，石板正面开一圆拱形龛，龛内浮雕一结跏趺坐像，石板背面及四个
侧面有排列整齐的凿痕，推测为建筑上镶嵌用石。龛内坐像颈戴圆形璎珞式项圈，项圈装饰华丽。左
臂戴手镯，上身斜披络腋，下着长裙，裙腰外翻呈粗带状。石块背面布满凿痕。标本H30：3，龛内
造着菩萨装造像石残件，石块破损较多，龛内造像保存较好，头戴云纹宝冠，方脸，双耳垂肩，杏核
状双目圆睁，鼻略残，嘴角上翘，双颊丰润。左手置于膝上，右臂屈肘侧举，肘下残不存，造像神态安
然，比例协调。像高23.6厘米，石板长29、残宽24、厚10.4厘米（图八八，1；彩版三八，3、4）。标本
ＩT1907③：3，龛内着菩萨装造像石残件，正面龛内造像头部残失，左手置于腿上，手心向上，五指微
拢，右臂屈肘上举，龛右壁垂一物，似为右手所持。微鼓腹，衣纹雕刻略直。像残高14.4厘米，石板残高

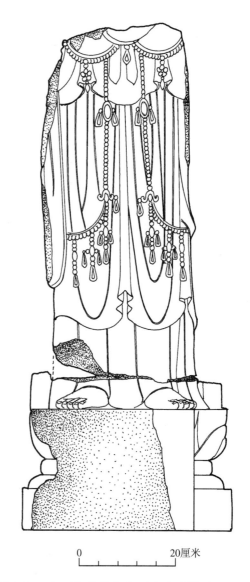

图八七　大型着菩萨装像下半身残件（H35：21）

0　　　　　　　　20厘米

图八八　着菩萨装造像石残件

1. H30：3　2.ⅠT1907③：3

18、残宽30.8、厚10厘米（图八八，2；彩版三八，1）。

第三节　护法及其他造像

护法造像包括两类：一类为着铠甲装武士像，共17件。戴头盔，上身着铠甲，双肩披巾于颈下打结。多数铠甲外系以宽带，带面上有多种纹饰装饰。鼓腹，下身着裙，裙腰束带，着靴。个别手持兵器，披有帛带。另一类为着力士装像，共11件。头均残失，上身袒露，双肩披帛带，下身着裙，腰束带，赤足，肌肉发达，形象威猛。其他造像是指出土的世俗装像、石雕狮子像等，数量较少。

一　小型着铠甲装立像

共2件。均为圆雕像。标本H5：7，造像头部残无存，上身着背心式铠甲，胸前系带，左右两胸前饰团花，肘部衣袖外翻翘角，手部残，下着战裙及膝，系腰带，腰下垂花边裙，内着长裙，双手于腹前持一兵器。帛带垂至两腿侧，着椭圆头靴，立于覆莲圆台座上，像上半身采用圆雕，背部刻出铠甲，下半身采用高浮雕，脚后两侧表面浮雕帛带，背面磨平。表面石色泛灰，局部残有烧结气泡，推测经过施釉并烧制。像残高28厘米，台座高4、宽15厘米（图八九，3；彩版三九，1、2）。标本H5：19，造像头颈佚，上身着铠甲，右肩上覆有披巾。左臂残，从残痕看为向上屈肘，右臂握一剑柄（？）于胸前，剑尖斜向左肩头。胸部发达，腰带垂于腿前呈"U"形，下着双层战裙及膝，内着长裙，裙褶细密。石质表面残有白膏泥、青黑釉残片，釉层剥落较多，石色浅灰，可能经过烧制。像残高31.5厘米（图八九，4；彩版三九，3、4）。

二　小型着铠甲装坐像

共7件。此类坐像多为组合式像，像旁有夜叉或地神。按坐姿不同可分三型。

A型　共3件。倚坐像，上身着铠甲，下身着裙，脚着靴。双脚下地神浮出半身举双手托武士像。按服饰装饰不同可分二式。

Ⅰ式　共2件。无璎珞装饰。标本ⅠT1505④e：5，着铠甲装武士像，腰以上不存，右手抚膝，五指分开，刚劲有力，长裙及脚踝，帛带于腿前绕一道，两端垂于体侧，着靴，脚下有两个半身地神托举双脚。地神面部风化较重，头戴帻巾，帻巾在两侧打结。右侧夜叉保存完好，戴圆帽，帽缘上翻，怒目圆睁，左侧夜叉头上部残。长方形台座正面阴刻铭文："大中九年三月□三日弟子□□敬造因□"，右上角略残，铭文风化漫漶。台座前有云头装饰。像残高14厘米，座长17、宽12、高3厘米（图八九，1；拓片二；彩版四〇）。标本ⅠT1404④e：45，着铠甲装武士像，上半身残，双手于胸前握剑柄，上身着铠甲，风化严重，下着战裙，着椭圆头靴。半圆形台座下有椭圆形云头基座。像残高14厘米（图八九，2；图版一八，1、2）。

Ⅱ式　1件。裙外垂挂璎珞等装饰。标本ⅠT1405②a：2，着铠甲装武士像，上身残，腹前似有宽带绕过，鼓腹，左腿残，战裙外饰璎珞，裙摆覆脚面，腰带垂及右侧台座上，着靴。腿前云头上涌出地神半身像，双腿两侧各涌出一个半身夜叉像。地神上身着衣，面部风化不清，双手托武士双足。左侧夜叉面向前方，双臂于胸前交叉，右侧夜叉同左侧，双目圆睁，身体略向右侧，双手似握一物。残件通高12.5厘米（图八九，5；彩版四一，1、2）。

B型　4件。舒像坐像，按坐姿不同分为二式。

Ⅰ式　3件。左腿下垂、右腿盘膝。标本ⅠT1705④e：1，着铠甲装武士像，上半身残。腰束带，腰带在身前呈U形下垂，下着战裙，腰带两端垂于腿侧，着靴。右腿屈膝置于右侧一夜叉背上。像坐于一半圆形山石座上。左侧夜叉上半身残，左腿屈膝平置台基上，身体向左侧倾斜，

0　　　　4厘米

拓片二　着铠甲装武士像台座
铭文（ⅠT1505④e：5）

图八九　小型着铠甲装像

1、2.坐像 AI式（Ⅰ T1505④e：5、Ⅰ T1404④e：45）　3、4.立像（H5：7、H5：19）　5.坐像 AⅡ式（Ⅰ T1405②a：2）

左手握拳撑台基上。右侧夜叉面向前，双膝跪地，双手握拳于两侧撑台座上，头发向后扬，怒目圆睁，咬牙现凶相，肌肉发达。山石座下有椭圆形台基，武士像左脚垂及台基上，二夜叉跪于台基两侧，台基侧面刻出山形纹。座底下有数道凿痕。武士像残高8、左侧夜叉残高4.5、右侧夜叉高5.5厘米，座高7.3、宽11.5厘米（图九〇，1；彩版四一，3～5）。标本H5：51，黄砂石着铠甲装武士像，上身残无存，右手按腿，右腿平屈置于夜叉背上，左腿下垂。外着短裙，内着长裙，帛带在腿前呈"U"形下垂，下着靴。

腿两侧各跪坐一夜叉，左侧夜叉身体紧贴武士像腿左侧，头向左略歪，面向前侧。头发向后扬，圆睁双目，嘴角向下，上身袒露，左手按台座面上支撑身体，下着长裤，系腰带。右侧夜叉身体向右侧身，头略向左扭，头发向后扬，怒目圆睁，上身袒露，肌肉发达，左臂略屈肘，握拳支撑在台面上，右臂屈肘，小臂平置台座面上，手伸开。武士坐于半圆形高台座上，台座前有低台阶，二夜叉及武士双腿置于其上。武士像残高14厘米，座宽20、高8.5厘米，台阶高3厘米（图九〇，2；彩版四二，1、2）。标本ⅠT1404④f∶10，着铠甲装武士像，仅存腰部以下。腰束带，两端垂于体前，下着战裙。右脚脚尖下垂，着靴。武士像臀下及两侧各有一夜叉，臀下的夜叉面朝后跪坐于台上，头较大，略残，左目圆睁，嘴大唇厚，嘴角向下，上身袒露，胸部发达，左臂屈肘侧托武士右腿膝部，右臂屈肘握拳按于台基上，腹部略鼓，下着短裙，双腿分开跪坐。左侧夜叉被右侧夜叉挡住大半，头大，面部略向左侧，浓眉大目，嘴角咧开，双腿跪坐。右侧夜叉面部残，上身袒露，肌肉发达，左臂屈肘握拳置于膝上，左手承托武士右脚，右臂上举托武士右膝，此臂和武士臀下夜叉的左臂合为一臂，左腿盘膝平置台座上，右膝抬高，右脚置台座上。台座侧面残余有凿痕，座底平，布满凿痕。石质较疏松，表面有裂隙。武士像残高14厘米，背后夜叉高14.5、左侧夜叉高12、右侧夜叉高13厘米，台座高4、宽23厘米（图九〇，4；图版一七，1~3）。

Ⅱ式　1件。左腿盘膝、右腿下垂式。标本ⅠT2006④d∶4，着铠甲装武士像，腰以上不存，像两侧各跪坐一小夜叉像。武士右手抚膝，左手残损不存。外着短裙，裙前侧分为两片，裙边及膝。帛带呈"U"形垂于腿前。长裙覆及脚面，着靴。右脚垂于一低台上，左腿屈膝，斜放在左侧夜叉右肩上。左侧夜叉呈胡跪姿式，双腿分开，左腿跪地，头发向后扬，怒目咧嘴，满脸凶相，上身袒，肌肉发达，双手抚膝，身体向左倾斜，耸右肩，腰部刻划粗糙，赤足。右侧夜叉跪于武士右腿外侧，头靠武士膝部，皱眉，怒目，嘴角拉长下弯，表情夸张，上身袒露，肌肉发达，右臂下垂，左侧身，胸部靠在武士腿侧，右腿跪地，下身风化残损较多。半圆形台座前有低坛，坛正面平直，后部呈弧形，素面。夜叉跪于坛上，坛右前侧有矮基，武士右足踏基座上。武士像残高12厘米，座通高11.5、宽17厘米（图九〇，3；彩版四二，3）。

三　着铠甲装像残件

共8件。按造像保存部位及像身大小不同分别介绍。

1. 小型着铠甲装像上半身残件　5件。按不同的雕刻形式分为二型。

A型　3件。圆雕造像，按像身所着服饰不同分为二式。

Ⅰ式　1件。背心式系带铠甲。标本H5∶49，着铠甲装武士像，头颈不存，胸前有护镜，铠甲外束带，带面装饰圆珠、弦纹和方格纹等。鼓腹，腹部以下残。石质较疏松，表面残余有金箔。残高12厘米（图九一，3；彩版四二，4、5）。

Ⅱ式　2件。铠甲外系披巾，腹部有圆护。标本ⅠT1605④e∶8，着铠甲装武士像，头颈不存，铠甲左右两侧装饰联珠纹和云纹，腹前圆护表面有团花装饰。石质较疏松。残高13厘米（图九一，4；图版一八，3、4）。标本采集∶118，着铠甲装武士像，头及双臂残。腹部圆护素面，后背刻出披巾和铠甲衣纹。像身残损较多，风化严重。残高10.5厘米（图九一，5；图版一七，4、5）。

B型　2件。浮雕造像。标本J1⑤∶6，着铠甲装武士像，造像雕于基座转角处的台面上，残损严重，后背朝外，着背心式铠甲，袖口下摆束带后垂于两侧。台座高5.8、像残高6.2厘米（图九一，1）。标本

图九〇　小型着铠甲装坐像（B 型）

1、2、4. I 式（I T1705 ④ e：1、H 5：51、I T1404 ④ f：10）　3. Ⅱ式（I T2006 ④ d：4）

H8：20，着铠甲装武士像，造像雕于红砂石基座侧面，头残，胸前垂满胡须，胸前饰圆形护镜，胸前束带较宽，左侧残留有莲瓣。基座中部有穿孔，侧面布满凿痕，下部残。残件高18厘米（图版一九，1）。

2. **小型圆雕着铠甲装像下半身残件**　1件。标本ⅡT0405③：2，着铠甲装像，腰部以上残损严重，似为倚坐式，下着战裙，裙褶较密。腿前垂下两道"U"形帛带，腹前装饰云纹。残件高7.9厘米（图九一，2；图版一九，3）。

3. **中型着铠甲装像上半身残件**　共2件。按服饰不同可分为二型。

A型　1件。颈部无系巾。标本F3：16，着铠甲装武士像，头顶梳高髻，戴冠，两侧发辫垂肩，皱眉，怒目圆睁，面部有残损，头略向右侧，微微扬起。颈部青筋突起，内着圆领衫，背心式铠甲外系带，带上装饰有兽面、扉棱及"回"形纹，胸前两侧铠甲吊带以扣系住，腹部饰花叶纹。束腰带，左臂肘以下残，袖口外翻，右手置胸前。背部刻出衣纹。残高27厘米（彩版四三，4、5）。

B型　1件。颈部系巾。标本H5：30，黄砂石着铠甲装武士像，头戴三珠冠，冠下露出发线，头两侧有宝缯垂下，皱眉，双目圆睁，高鼻，双唇紧闭。颈部以团花扣住系巾两端，铠甲外系带，带上装饰"回"形纹及扉棱，腹部外有圆弧。左臂屈肘，手握锤形器。右臂下垂，仅余少许。造像为高浮雕，两臂与身体之间的空隙未凿空，像背面为磨光弧面。残高20.5厘米（图九一，6；彩版四三，1～3）。

四　小型着力士装像

共5件。均为立式，无一完整，按雕刻形式不同分为二型。

A型　3件。圆雕着力士装像，颈戴项圈。依据姿势不同分为二式。

Ⅰ式　2件。胯部左耸，裙角向右飘。标本ⅠT1505④e：8，力士像，头部已不存，帛带自双肩下垂后绕双臂，已残断。左臂不存，右臂戴手镯，屈肘握金刚杵柄部，杵头斜伸至腰侧。胸肌发达，系腰带，裙腰外翻较多。双腿残。造型生动。像残高16厘米（图九二，1；彩版四四，1～3）。标本ⅠT1505④e：6，力士像，颈部以上及手臂不存，披帛绕双臂后垂两侧，从腰部残痕看，左臂叉腰。上身肌肉发达，裙腰外翻后垂至膝上部。山形台座分上下两层，上层中部内凹，下层长方形基座四角抹切。像残高22、座高5厘米（图九二，3；彩版四四，4；彩版四五，1、2）。

Ⅱ式　1件。胯部右耸，裙角向左飘。标本ⅠT1605④e：3，力士像，头不存，颈部筋脉凸出，双臂残，右臂上有帛带残痕，胸部肌肉发达。裙腰外翻垂下较多，系腰带，裙摆垂及膝下。像赤足立于山石上，造型生动。右脚侧有帛带残段。据腰两侧残痕推测，力士右臂上举，帛带绕右臂后下垂经腰部垂于地，左臂屈肘叉腰。脚下山石分上下两层，上层为两个椭圆形低台相连，侧面装饰三棱纹饰，力士各置一足于其上。下层为长方形低台。像残高16厘米，低台长9、宽7、高1.6厘米（图九二，2；彩版四五，3、4）。

B型　2件。浮雕着力士装像，依据雕凿情况不同，可以分为两种。一种是单体半浮雕，造像凿于长条形石板前，石板略宽于像体宽度。另一种是背屏式组合像的残块，或者是某个石雕建筑装饰的一部分。

单体半浮雕像　1件。标本J1⑤：8，力士立像，面部残损，上衣衣领低至腹前，袒胸露肚，双臂下垂，宽袖，双手残，似束腰，上衣衣摆前短后长，腿上有横向衣纹。腹胯部较宽，身后接一石板残块，石板前后磨光，背面中部有一长方形榫孔。石质较好，像身及石板前后残余有白膏泥。像残高26厘米，背后石板残高21、残宽19厘米，榫孔长4.5、宽4～6厘米（图九四，2；图版一九，5、6）。

背屏式组合像局部残件　1件。仅余台座前侧少许壁面，造像立于台基前侧，像左侧台阶上置两个圆

图九一　着铠甲装像残件

1.小型上半身 B 型（J1 ⑤：6）　2.小型下半身（Ⅱ T0405 ③：2）　3.小型上半身 AI 式（H5：49）

4、5.小型上半身 A Ⅱ式 （Ⅰ T1605 ④ e：8、采集：118）　6.中型 B 型（H5：30）

形仰莲台。标本Ⅰ T1803④a：2，力士像，左臂握拳下垂体侧，右臂残。左侧有帛带垂下。肌肉发达，胯部向右扭。下着裙，裙摆及膝，向左侧扬起，赤足立于山石上。石板背面及右侧磨平，左侧残。石板厚13厘米，像残高27厘米（图九三，4）。

图九二　小型着力士装像

1、3.AI式（I T1505 ④ e：8、I T1505 ④ e：6）2.A II式（I T1605 ④ e：3）

4.下半身残件（H35：66）5.上半身残件（I T1501 ④ e：5）

五 小型着力士装像残件

共6件。按现存部位不同分别介绍。

上半身残件 2件。标本ⅠT1501④e：5，力士像残件，颈部筋脉凸出，戴璎珞式项圈，左臂残余一小段，披帛绕臂，肌肉发达，呈块状突起。残高7厘米（图九二，5；图版一九，2）。标本H5：19，力士像残件，仅存上半身少许，肩部系巾，左臂上举，残损。右臂屈肘垂于腹前。胸肌突起，鼓腹。残高16.5厘米。

下半身残件 4件。标本H35：66，力士像残件，赤足立于山形座上，帛带垂于台座右侧，左脚略向前伸出，双脚呈"八"字形站立，裤脚覆至脚面。山形座底平整，布满凿痕。残高9厘米（图九二，4；图版一九，4）。标本H5：2，力士像残件，赤足立于山石座上，身后有长条形石板，脚下山石台面不平，呈斜坡状，前侧刻出山形纹。座底凿平。石质较疏松，表面有裂隙。像残高12厘米，台座高5~8、宽15厘米（图九三，1；图版二〇，2）。标本H10：3，黄砂石力士像残件，小腹以上不存，裙腰外翻垂至腿上部，裙摆向右扬，胯部左扭，身体右侧垂下一物，残损不清。石板背面经过磨平，底座呈半椭圆形，前侧低，后侧略高。底座下凿平后留有规整的凿痕。像残高15厘米，座高4.5、残宽14厘米（图九三，2；图版二〇，1）。标本J1⑤：15，力士像残件，裙摆向左扬起。像高25.8厘米（图九三，3；图版二〇，3）。

六 圆雕卷发跪坐像残件

2件。造像头部均残，发丝披于双肩，着圆领衣，前胸似为开襟。下着长裤，腰上系宽带，双手抚膝，手臂残损。双脚脚尖向下，着靴，裤脚裹入靴口内。衣纹简略，两件像造型一致。标本ⅠT0701④a：7，圆领，领边较宽，呈扭股状。双肩及后背覆有发丝，臂上有阴线斜刻衣纹。胸前自领口开始向下有一道纵向阴线，位置略偏右胸一侧，似为开襟衣缝，背上对称位置也有一道纵向阴刻线。臀左侧垂有腰带末端。像残高32厘米（图九四，1；彩版四六，1、2）。

七 着世俗装像

共11件。依据形体大小分为小、中、大三类。

1. 小型着世俗装像 共4件。按服饰和姿势不同分为四型。

A型 1件。着宽袖大衣，似舒像坐。标本H5：32，着世俗装像，头残，左臂屈肘搭在一圆墩上，右手搭于左臂。左腿盘膝置于方形台座上，脚尖下垂，膝上置圆墩。右腿似下垂台座前侧，右脚残。背部刻出衣纹，身下有长方形矮座，座底较平，布满凿痕。像残高13厘米，台座高2、宽14.5、残长5.5厘米（图九五，6；彩版四七，1）。

B型 1件。裸体倚坐。标本H35：56，青砂石男性裸体像，头颈及四肢残佚，像坐于一低台上，身体丰满圆润，胸部肌肉发达。低台底部略内凹，有细凿痕。残高14厘米（图九五，5；彩版四六，3、4）。

C型 1件。上身袒露，左肩斜披络腋。标本J1⑤：1，浮雕世俗装像，造像为基座前侧壶门装饰。残块呈半圆形，造像位于左侧，头部不存，颈戴项圈。双臂在身体两侧向上屈肘，帛带绕臂，左侧向外翻飞，右侧下垂。下着长裤，双腿屈膝，左腿在前呈半跪姿势，右脚着地，呈舞蹈状。残块背面略呈弧形，磨平。伎乐像残高15厘米，残块高21、宽37、厚11厘米（图九五，2；彩版四七，3）。

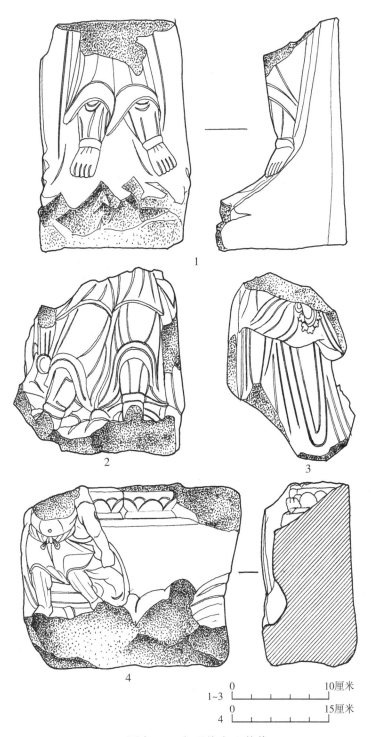

图九三 小型着力士装像

1～3.下半身残件（H5∶2、H10∶3、J1⑤∶15） 4.立像 B 型（ⅠT1803④a∶2）

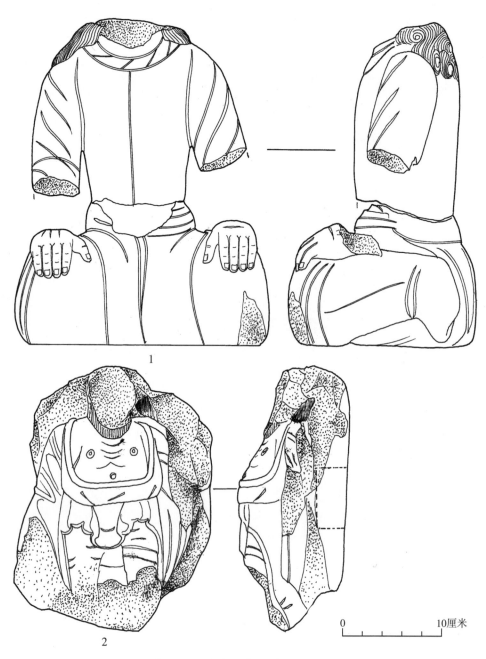

图九四　圆雕跪坐像及着力士装立像

1. 卷发跪坐人像（Ⅰ T0701④a：7）　2. 小型着力士装立像B型（J1⑤：8）

　　D型　1件。侧身跪坐，上身着交领衫，下身似着长裤，外层罩短裙。标本Ⅰ T0901④b：1，浮雕世俗装像残件，造像位于一壶门残块内，残块近长方形，正面有弧形壶门，造像双膝向左侧半屈，头上有发髻，面部风化较多，五官不清。着交领衫，双臂在头两侧屈肘上举，长袖飘扬，帛带绕双臂，呈"U"形垂于后腰处，末端飘于两侧。腰束带，衣摆裹足，身姿优美。残块背面不平整，四侧均有残痕。残块高13、宽16.5、厚7厘米，像高9厘米（图九五，4；彩版四七，2）。

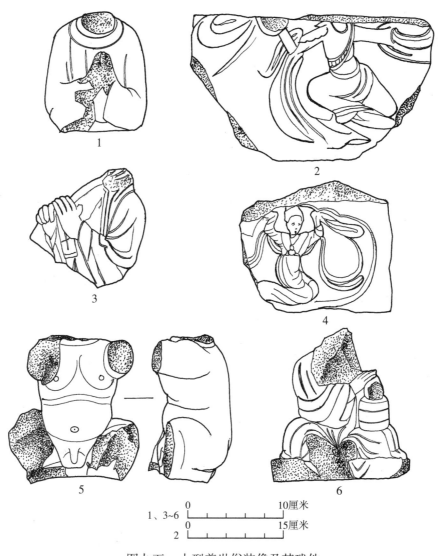

图九五　小型着世俗装像及其残件

1、3.残件（ⅠT1404④f：7、ⅠT1204③：5）2.C型（J1⑤：1）4.D型（ⅠT0901④b：1）

5.B型（H35：56）6.A型（H5：32）

2. 中型着世俗装像　共3件。按雕刻技法不同分为二型。

A型　2件。圆雕像，造像立于长方形石座上。标本ⅠT1404④f：2，着世俗装像，头部不存，身体向右侧立，双手捧一物于胸前。衣袖宽大，袖摆垂至膝下。内着长裙，覆至脚面，着鞋，风化不清。像残高76厘米，台座长47、宽17、高11.5厘米（图九六；图版二〇，4、5）。标本ⅠT1404④f：1，着世俗装双身组合残像，两身像头均残佚，一前一后身体向右侧立，着交领长袍，双手抄于胸前作供养状，衣袖宽大，袖摆垂至膝下，背后衣摆拖曳。前面一身形体较大，着云头履。后面一身形体较小，双脚藏于裙摆中。前一尊像残高36厘米，后一尊像残高33厘米，台座长47、宽16、高25厘米（图九七；彩版四七，4、5）。

0　　　　　　　15厘米

图九六　中型着世俗装像（A型Ⅰ T1404④f：2）

B型　1件。线刻浮雕像。标本F5：1，着世俗装像，造像刻于长方形石条上，正面阴线刻出上半身，头戴冠，五官较为写意，似着圆领衣，双臂屈肘，似于腹前提一物。石板表面有较多小窝点，制作较粗糙，左、上、下侧面有修整凿痕。石板长40、宽28.3、厚12厘米，像高34.5厘米（图九八，1；彩版四八，3）。

3. 大型着世俗装像　共1件。标本H35：30，着世俗装像，右肩不存，左肩覆半衫，胸腹裸露，腹部鼓凸，刻圆形肚脐，雕刻较为生硬，保存较差。像残高43厘米（图九八，2；图版二一，4、5）。

4. 小型着世俗装像残件　共3件。标本Ⅰ T1404④f：7，造像着圆领衫，双手残损较多，似在胸前合十，手部残损较多，袖口下垂。衣纹线条简练，腰以下残，从背后看似束有腰带。残高11.5厘米（图九五，1；图版二一，3）。标本Ⅰ T1204③：5，像保存较差，头颈及腰部以下不存，似着交领衫，袖摆

0　　　　　　　　15厘米

图九七　中型着世俗装像（A 型Ⅰ T1404④f：1）

宽大。身体向右侧，双手握长箫演奏。红纱石胎表面施青绿色釉，釉面多处已剥落。像残高11.6厘米（图九五，3）。

八　背屏式组合造像

共2件。标本H35：57，造像残损严重，仅余台座及造像下半部少许，从残痕推测为一佛四胁侍五尊像组合。造像分别立于三层台阶上，台阶下有一长方形台基。像身仅凿出坯形，未完工。从上而下第一层，中间为主尊，结跏趺坐，上半身残，左手于腹前结禅定印，右手抚膝。覆巾垂于方形束腰台座前侧。左右二胁侍立于第二层台阶上，赤足。最外侧两尊胁侍立于第三层台阶上，身体向外侧身。右侧一尊似着短裙，赤足。背屏背面经过磨光。造像组合残件高25.7、宽40.7厘米（图九八，3；图版二一，1、2）。标本H35：9-1，黄砂石质背屏式造像组合残件。造像自上而下分为三层，第一层正面高浮雕莲蕾、莲梗等，背部呈弧形，磨平。第二层方形基座正面和第一层连在一起，右侧与后面略低于第一层台阶。第三层方形基座左上角雕有一狮子，狮子向右侧身蹲卧，头部残，背部刻出细密毛发，尾巴上翘。基座底部

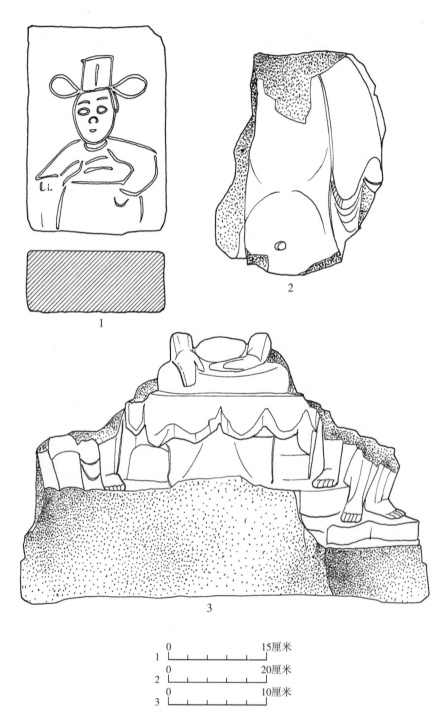

图九八　着世俗装像及背屏式组合造像

1. 中型着世俗装像 B 型（F5 ： 1）　2. 大型着世俗装像（H35 ： 30）　3. 背屏式组合造像（H35 ： 57）

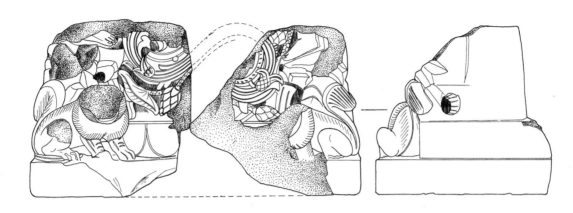

图九九　背屏式组合造像残件（H35：9）

0　　　　　　　　10厘米

内凹。残块宽26.5、高39厘米。标本H35：9-2，上层内容同9-1，仅图像布局略有变化。上层台座上残存造像足部，赤足。从上往下第二层正面刻一排覆莲，莲瓣呈尖拱形。第三层右上角雕刻蹲狮一身，左侧身，头及胸部残损，咧嘴，头侧有毛发，面向前侧身而卧，后二足蹲地，前右足半屈，前左足略向前伸展，支撑上身。残块宽28.3、高39.2厘米（图九九；彩版四八，1、2）。

九　石雕狮子像

共11件。按雕刻形式不同分为圆雕和浮雕二型。

A型　8件。圆雕狮子残像。按狮子姿势不同分为四式。

Ⅰ式　4件。蹲坐式，后两腿蹲坐，前两腿立于台座上，尾部下垂。标本ⅠT2005④c：1，狮子立于长方形台座上，台座正面及左右两侧饰云纹。狮了前半身残损，台面上仅余两只前爪，雕刻较精细，台座底部较平，中心略内凹，布满凿痕。残高13厘米（图一〇〇，1；图版二二，3）。标本ⅠT1404④e：16，狮子残件，头向左侧扭转，双目圆睁，吻部较长，咧嘴露出牙齿，吻下有胡须，头部两侧及头顶有卷毛，颈上挂铃铛，腿侧刻出毛发。椭圆形台座。狮子高57厘米，台座长37、宽34、高9厘米（图一〇〇，2；彩版四九，1、2）。标本ⅠT1806④e：1，狮子残件，右胸及头部残损，狮子头转向左侧，蹲坐于方形仰莲台上，面部残，眼睛为线刻，腹前有一圆孔，疑为后来所凿，背部有长条状的凹沟，沟内磨平。台座残损严重。石色泛黄，风化严重。狮子残高15.5厘米，座高2.5、宽8厘米（图一〇一，3；图版二二，5）。标本ⅠT1401④e：2，狮子残件，残损较多，仅余左半身。蹲坐于圆形覆莲台上，腿部粗壮有力，狮尾末端呈椭圆形，前腿外侧刻有毛发，五爪骨节凸出。前后腿之间透雕，台面磨平，覆莲雕刻较为简单，呈双层圆拱形，莲台下有圆形台基。狮子残高10.2厘米，座高3.1、宽12.8厘米（图一〇一，4；图版二二，1、2）。

Ⅱ式　1件。俯卧式。标本ⅠT1123②a：2，狮子残件，面部两侧刻出毛发，仅余左侧少许，狮子向左侧身，俯卧于圆形仰莲台上，扭头面向台座前，背部残损。身后有台座残痕，仰莲座下有短茎。狮子

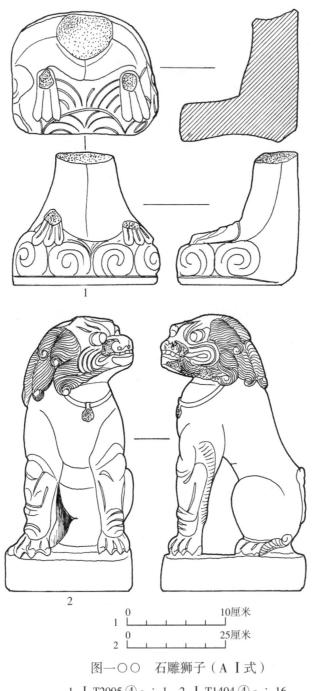

图一〇〇　石雕狮子（AⅠ式）

1. ⅠT2005④c：1　2. ⅠT1404④e：16

高11、体长20厘米，座高7、宽19厘米（图一〇二，2；图版二二，4）。

　　Ⅲ式　2件。立式。标本H5：26，圆雕狮子残件，仅余头部和前半身少许，雕刻较为精致。卷曲毛发集中于头两侧，双耳生于头顶，粗条状眉毛上扬，眉中有长条状凸棱穿至头顶，内眼角上翘，椭圆形双目凸出，鼻残，嘴部呈长方形凸出，咧嘴咬牙，颈部系一铃铛。背部残，左侧垂下椭圆形长毯，狮身右侧有凸起残痕。狮子残高20、残长25厘米（图一〇一，1；彩版四九，3、4）。标本H5：38，青砂石狮子

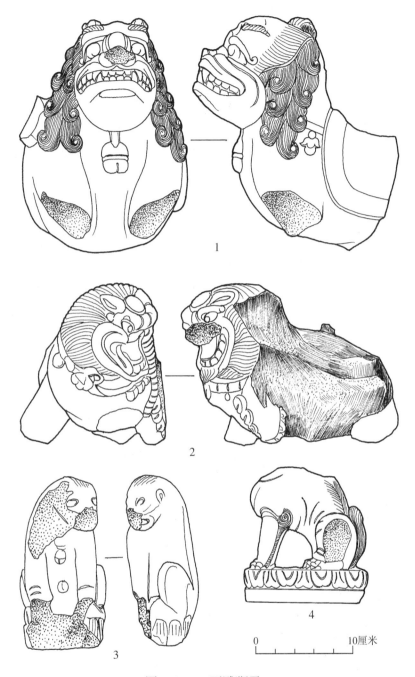

图一〇一　石雕狮子

1、2. A Ⅲ式（H5：26，H5：38）3、4. A Ⅰ式（Ⅰ T1806 ④ e：1、Ⅰ T1401 ④ e：2）

残件，狮身背部破损较多，左半身几乎不存。头向左侧扭，面部残，张口露牙，双目圆睁，头两侧毛发张开，颈下有项圈。右侧残有椭圆形垂毯，垂毯四周装饰联珠纹。右侧二足残存少许。狮子残长22、残高18厘米（图一〇一，2；彩版四九，5）。

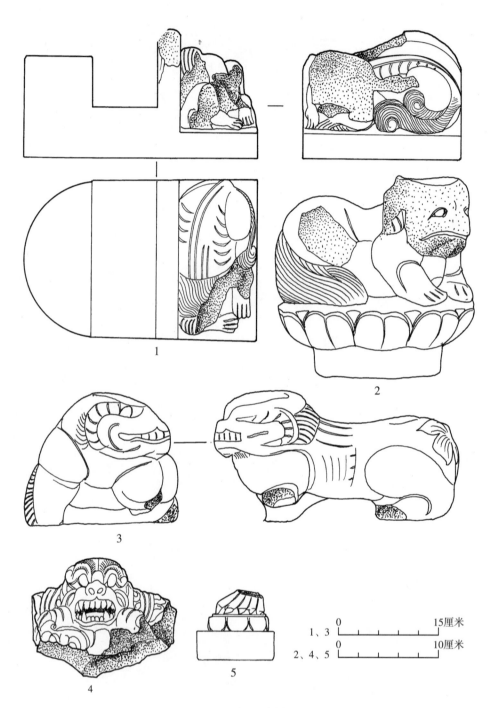

图一〇二　石雕狮子

1、4.B型（Ⅰ T2308③：6、H35：13）　2.AⅡ式（Ⅰ T1123②a：2）

3.AⅣ式（J1⑤：3）　5.狮子残件（H29：4）

Ⅳ式　1件。半蹲式。标本J1⑤：3，石雕狮子，头向左侧微扭，面部风化较多，咧嘴咬牙。四足残损，前右腿微屈，前左腿残，后腿半蹲，尾巴上翘，尾端分叉。狮子残高19.2、体长37.3厘米（图一○二，3；彩版四九，6）。

B型　2件。浮雕狮子残件，多为构件上的装饰。标本ⅠT2308③：6，建筑残件，一侧呈长方形，一侧为半圆形，中部有一道宽槽。半圆形一侧台阶上高浮雕一卧狮，狮头残，头部毛发向后垂，颈后有三道纵线连至尾部，脊背两侧刻出细毛，尾部下垂，平置于身体左侧，前二足前伸着地，头置于右前腿上。构件底部平，布满凿痕，中心略内凹。通长37、宽23厘米，凹槽宽10、深7厘米，狮身长23、高12厘米，底座高4厘米（图一○二，1；图版二三，1~3）。标本H35：13，黄砂石狮子残件，残块正面雕一狮头，粗眉杏目，咧嘴露牙，咬住缠绕的帛带，坐于台座上，尾巴向右侧上绕后下垂。残高17.2厘米（图一○二，4；图版二三，4）。

狮子残块　1件。标本H29：4，圆雕踏莲台狮足残件，五指爪，踏于一圆覆莲台上，莲台下有低台座，右侧面保存有少许莲瓣。狮足残高2、宽4.5厘米，莲座高1.2、直径5厘米，台座高3、残宽6、残长8厘米（图一○二，5）。

第四节　造像残件

主要为造像身体各部位小残块，破损严重。按残块部位不同分别介绍。

一　造像头部残件

共41件。按形状大小分为大、中、小三类分别进行介绍。

1. 小型造像头部残件　共12件。按头部装饰不同可分为五型。

A型　3件。梳有发髻、不戴宝冠像头部残件。据发式不同分为二式。

Ⅰ式　2件。头顶梳双髻。标本ⅠT1705④f：6，头部残件，风化较多。头顶梳双环髻，髻前有半圆形装饰物，额前及两侧刻出刘海，两颊丰润，弯眉如弓，依稀可见双目细长，高直鼻，嘴角上翘。头后残损。残高6.5厘米（图一○四，2；图版二三，5）。标本ⅠT0901④a：5，头部残件，梳双髻，髻下系带，带上饰宝珠。面相方圆，两颊圆润，眉部凸起，眼睛大，鼻残，嘴角上翘，鬓发遮耳。残高5.5厘米（图一○四，3；彩版五○，6）。

Ⅱ式　1件。单发髻。标本ⅠT1705④b：2，半浮雕梳高发髻女性头部残件，发髻较高，髻根部束发带，面相清秀，弯眉细目，高鼻，嘴角微翘。头像雕于一石板侧面，石板残损较多。石板残高9.2、残宽14.8厘米，像残高8.8厘米（图一○四，4；图版二三，7）。

B型　3件。戴宝冠、梳发髻头部残件。标本H5：28，头部残块，长耳下垂，弓眉细目，面部残损，有椭圆形头光和舟形身光，头光内有装饰，残损不清。像残高8厘米，身光残高11厘米（图一○三，4；图版二四，1）。标本H35：17，头部残件，发髻较高，两侧有缯带垂于肩上，两鬓发丝从耳中部绕过，眉弓微凸，细目微敛，高鼻，嘴角上翘，嘴下刻"U"形下颌线。双耳垂肩，颈部刻有三道蚕节纹。双肩披帛带。椭圆形头光外周素面，内周饰联珠纹。像残高8厘米，头光高8.5厘米（图一○三，5；彩版

图一〇三　头部残件

1、2. 中型 B Ⅰ 式（ⅠT1225⑥a：2、H5：31）　3. 中型 B Ⅱ 式（H35：59）　4、5. 小型 B 型（H5：28、H35：17）

五〇，1）。标本ⅠT1402④e：2，绿釉陶头部残件，高发髻，冠形不清，有桃形头光，面相方圆，双耳垂肩。磨损严重。浅砖红色胎，正面釉色接近浅绿色，已剥落。残高5.5厘米，头高2.5厘米（图一〇六，7）。

C型　1件。戴宝冠、无发髻。标本ⅠT0902④b：1，陶头部残件，宝冠平顶，宝冠中间有一颗半圆形宝珠，冠两侧各饰有一团花。面相圆润，双目圆睁，高鼻，双唇紧闭，下巴略尖。头部中空，耳侧有系带。浅砖红色胎，胎质粗糙，表面施绿釉，大部分已经脱落，露出灰色胎面。残高6厘米（图一〇六，5）。

D型　3件。仅有高肉髻。标本ⅠT1404③：1　绿釉陶像头部残件，高肉髻，发髻表面呈小方块状，高鼻，面部模糊不清，颈以下残。釉面光泽度好。绿釉，浅米黄色胎。残高2.5厘米（图一〇六，3）。标本ⅠT1404②a：1，绿釉陶像头部残件，有肉髻，肉髻与额头之间有制胎时留下的缝隙。五官模糊，高鼻，

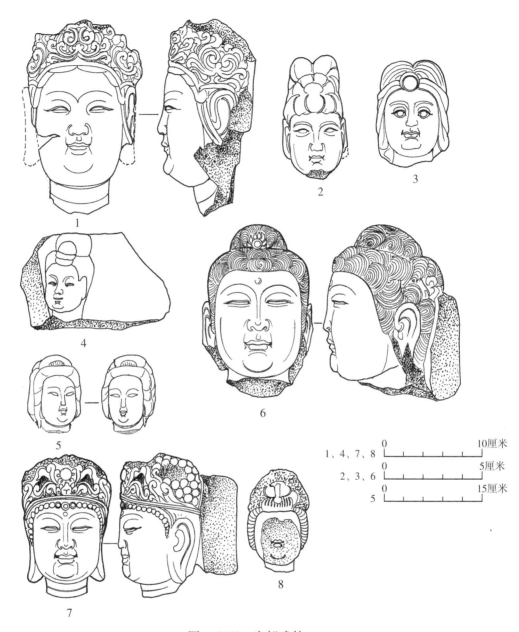

图一〇四　头部残件

1. 中型 B I 式（I T1104④a：3）　2、3. 小型 A I 式（I T1705④f：6、I T0901④a：5）　4. 小型 A II 式（I T1705④b：2）　5、8. 中型 C 型（I T1604④c：1、H28：3）　6. 中型 A I 式（I T1907③：2）　7. 中型 A II 式（II T1604④c：1）

颈以下残。绿釉，浅黄色胎。残高1.8厘米（图一〇六，4；彩版五〇，7）。标本 I T1808③：4，绿釉陶像头部残件，高肉髻，肉髻前饰一宝珠。双耳垂肩，细目，直鼻。桃形头光外层饰有条纹光芒，内层为两周凸弦纹和一周联珠纹。背光后部平弧。绿釉，灰白胎。残高（含头光）4.4厘米（图一〇六，6）。

E型　1件。罗汉头。标本采集：128，陶像头部残件，面部五官不清，制作模糊。脸型略长，弯眉，眼线

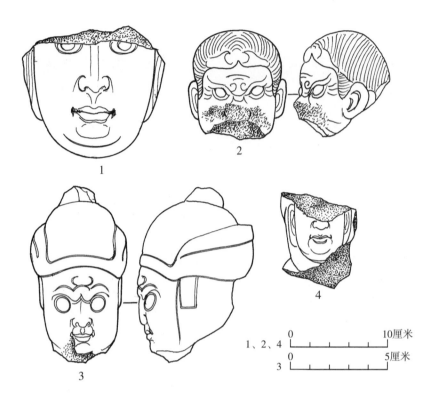

图一〇五　头部残件

1、4. 中型残块（采集：149、TJ1⑤：13）　2. 中型 E 型（Ⅰ T1405④e：1）　3. 中型 D 型（采集：110）

较平，嘴角微翘，脸颊饱满。颈部以下残。浅黄胎，黄釉。残高2.2厘米（图一〇六，2；图版二三，6）。

此外还有一件陶质短发像头部残件，头左侧残，耳后垂下短发，光头。双目大而眼角上翘，高鼻，嘴角凹翘，双下巴，面相丰腴，颈以下残。标本Ⅰ T1225③：1，浅砖红胎，釉层剥落。残高3.5厘米。

2. 中型造像头部残件　共15件。按装饰不同分为六型。

A型　2件。肉髻像头部残件。按头顶装饰不同分为二式。

Ⅰ式　1件。不戴宝冠。标本Ⅰ T1907③：2，青砂石质高肉髻头部残件，涡纹肉髻宽大略低平，正面刻一火焰纹，中有一颗宝珠。面部略有残损，阴线刻眉，双目细长，嘴角上翘，面相丰润，双耳下端残损。头后有一长条状凸起，下部残损。残高9厘米（图一〇四，6；彩版五〇，2、3）。

Ⅱ式　1件。头戴宝冠。标本Ⅱ T1604④c：1，宝冠佛头部残件，螺髻低平，头戴镂空花蔓冠，面部风化较多，弯眉细目，嘴角上翘，两颊丰润，双下巴线平直，颈部有蚕节纹，额中部有阴线刻白毫。头后有头光或背屏，惜残余小块不清。残高13厘米（图一〇四，7；彩版五〇，4、5）。

B型　4件。戴花宝冠像头部残块，按宝冠、发髻装饰不同分为二式。

Ⅰ式　3件。忍冬纹叶等卷草纹装饰宝冠，华丽繁缛，冠沿下刻出发丝细部。标本Ⅰ T1225⑥a：2，头部残件，有头光，残损严重，形状不清。戴高冠，冠侧有带垂下，面部风化不清。头光背面略弧，素面磨平。像残高13、头光残高16厘米（图一〇三，1；图版二四，2）。标本H5：31，头部残件，头戴

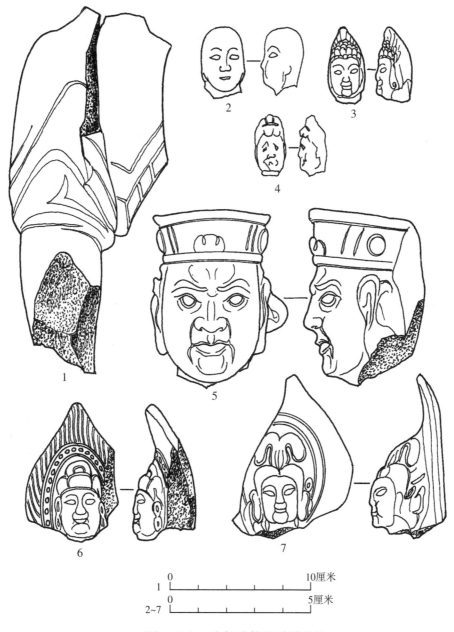

图一〇六 头部残件及手臂残件

1. 手臂残件 A Ⅱ式（Ⅰ T0703③：1） 2. 小型头部 E 型（采集：128） 3、4、6. 小型头部 D 型（Ⅰ T1404③：1、Ⅰ T1
404②a：1、Ⅰ T1808③：4） 5. 小型头部 C 型（Ⅰ T0902④b：1） 7. 小型头部 B 型（Ⅰ T1 402④e：2）

花蔓冠，梳高发髻，两侧有缯带垂下。椭圆形素面头光。鹅蛋脸，弯眉细目，高鼻，嘴角上翘，双耳细长。面部残留有白膏泥。残块高21厘米，头像残高17厘米（图一〇三，2；彩版五一，1、2）。标本Ⅰ T1104④a：3，头部残件，戴花蔓冠，顶部残，冠下露出发际线，左侧头发从耳中部拦过。双目弯细，嘴角微翘，两颊丰润，面目清秀，颈部有蚕节纹。头后侧残损严重。表面施釉，釉层多已剥落，面部右侧石色微黄。像残高18厘米（图一〇四，1；彩版五一，3、4）。

Ⅱ式　1件。宝冠装饰简单，仅冠中部饰有一宝珠。标本H35：59，头部残件，高发髻，冠中部嵌有一圆珠，冠缘下露出发丝。面部丰满圆润，弓形眉，细长目，高直鼻，鼻翼略宽，嘴较大，嘴角上翘内凹。颈部平滑，双耳雕刻简练，耳垂长。颈戴项圈，珠串不规整，与璎珞相连，上身袒露，双肩上有帛带。右侧残余少许头光，头部发髻部分磨光，未见发丝痕迹。像残高11.2厘米（图一〇三，3；彩版五二，1）。

C型　2件。无宝冠装饰、仅梳发髻像头部残件。标本ⅠT1604④c：1，头部残件，面相方圆饱满，发髻前插一梳子，眉目细弯，鼻翼窄，嘴角微翘，鬓角发丝遮住双耳。残高11.3厘米（图一〇四，5；彩版五二，2）。标本H28：3，头部残件，面部破损较多，梳高髻，髻前插簪饰和梳子，双耳隐于鬓发中，嘴角微上翘，面部较丰满圆润。残高9.5厘米（图一〇四，8；图版二四，3、4）。

D型　1件。戴折檐帽。标本采集：110，黄砂石头部残件，帽子后檐向上折翻。椭圆形脸，皱眉，双目圆睁，鼻残。双唇紧闭，嘴角内凹。脸颊丰润，鬓角垂细带。残高13.8厘米（图一〇五，3；彩版五二，3、4）。

E型　1件。无冠，头发卷曲，较短。标本ⅠT1405④e：1，头部残件，头向上扬，短发向后披散，额右侧发缕上翻微卷，怒目圆睁，眼球凸出，皱眉，双耳较小，鼻下残，面部有明显的异域人特征。残高9厘米（图一〇五，2；图版二四，5、6）。

F型　3件。罗汉头。标本H35：18，头部残件，头后部残，仅余面部，雕刻精美，弯眉细目，高直鼻，小嘴，嘴角内凹上翘，面相丰润，鼻翼窄。面部残余有较多白膏泥，石质疏松，风化裂隙多。残高16厘米（图一〇七，2；彩版五四，3）。标本H5：64，头部残件，面部不存，耳部雕刻精致写实，颈部有三道蚕节纹。残高17厘米（图一〇七，4）。标本ⅠT1503④e：3，红砂石（偏黄）头部残件，保存差，额部、右脸颊均残。眼睑下垂，细长目，鼻残，小嘴，嘴角内凹上翘，双耳较大，长耳垂。颈部残余少许。头后部断面较直。残高12厘米（图一〇七，5；图版二五，1）。

另有两件头顶残损、看不出发饰样式的头部残块。标本采集：149，黄砂石质头部残件，残损严重。眼睛上部不存，双耳宽大，椭圆形脸，双颊略平。双眼较大，高鼻，嘴角上翘，薄唇，刻有双下巴线，残高13厘米（图一〇五，1；图版二五，2、3）。标本TJ1⑤：13，头部残件，头上半部分残损已不存，抿嘴，嘴角微翘，双耳下垂较大，颈部以下不存。残高9.2厘米（图一〇五，4）。

3. 大型造像头部残件　共14件。残块多保存差，仅余发髻、宝冠或者局部小残块，已无法判断造像面部全貌。按头部装饰不同分为三型。

A型　10件。戴宝冠、梳发髻残件。按宝冠装饰不同分为三式。

Ⅰ式　3件。宝冠上装饰忍冬叶、卷草等花草纹。标本H5：2，黄砂石质头部残件，发髻风化不清，额以下面部均不存，头戴花蔓冠，装饰以忍冬纹，宝冠顶部有一尖拱形凸起，似为发髻，磨光。石质疏松。残高20厘米（图一〇八，1；图版二五，4、5）。标本ⅠT1703④e：1，头部残件，花蔓宝冠中部刻菊花纹，两侧雕枝蔓。残高10厘米（图一〇八，2；彩版五三，2、3）。标本ⅠT1104④a：6，头部残件，仅余宝冠上端，冠两侧花蔓较长，中间正面花蔓内勾，较为繁复，宝冠背部刻有圆球状凸起。残高12厘米（图一〇八，3；图版二六，1、2）。

Ⅱ式　1件。宝冠顶部梳双髻。标本H5：9，头部残件，残损严重，仅余发髻少许，梳双髻，戴宝冠，头左侧残余少许宝冠的宽带状下缘，宝冠上饰有联珠纹和宝相花。表面施有青绿釉，破损严重。宝

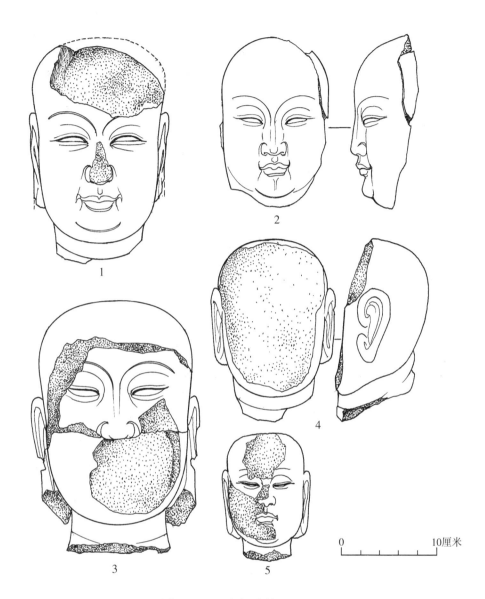

图一〇七　头部残件

1、3. 大型头像 C 型（H5：10，H5：3）　2、4、5. 中型头像 F 型（H35：18、H5：64、Ⅰ T1503④e：3）

冠、发丝以及左耳上均保留有釉层。残高28厘米（图一〇八，5；图版二六，5）。

Ⅲ式　3件。宝冠顶部梳单髻。标本G6：32，头部残件，仅余头顶少许，髻上饰有两颗宝珠，髻尾向两侧下卷。冠背后刻有一圆弧形鼓凸，素面磨光。残高9厘米（图一〇八，4；图版二六，3）。标本Ⅰ T1104④a：3，头部残件，表面贴有金箔残片，头戴花宝冠，冠上饰有"U"形云纹，雕刻精致，宝冠后部残。残高13厘米（图一〇八，6；彩版五三，4）。标本Ⅰ T1707④e：2，头部残件，仅余宝冠尖部，宝冠残损多，局部饰有方格纹带。以珠串束发髻根部，髻尾向两侧下卷。残高7、残宽10.5厘米（图一〇八，7；图版二六，4）。

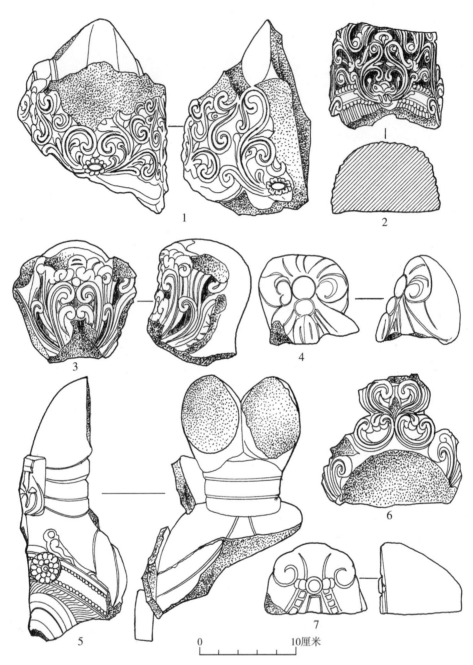

图一〇八　大型造像头部残件

1～3. A Ⅰ式（H5：2、Ⅰ T1703④e：1、Ⅰ T1104④a：6）4、6、7. A Ⅲ式（G6：32、Ⅰ T1104④a：3、
Ⅰ T1707④e：2）5. A Ⅱ式（H5：9）

　　另有三件头像发髻残件，仅存宝冠边缘少许，残损极为严重。宝冠边缘为宽带状，带面装饰宝珠、
联珠纹以及宝相花等，冠缘下露出发际少许。标本H5：20，头部残件，残断成三块。宝冠下缘正中有
一团花，两侧对称各有一联珠纹装饰的宝相花。宝冠下缘宽带上饰联珠纹和宝珠。冠缘下发际呈花瓣状

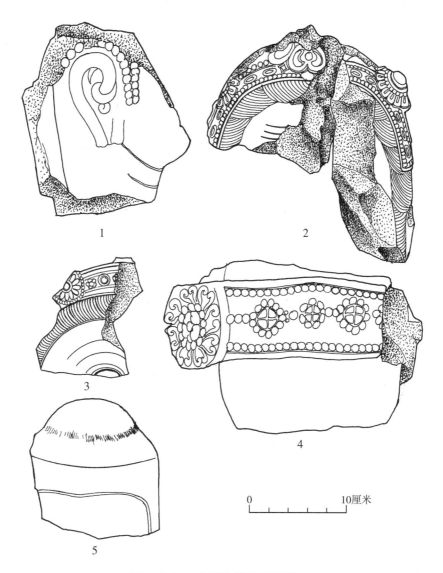

图一〇九　大型造像头部残件

1、5.B 型（H35：54、H35：53）2～4.残块（H5：20、H5：61、H5：54）

重叠，鬓角发丝经耳中部向后绕。宝冠顶部有剑头形状的装饰（线图中未绘出此部分），其边缘饰有一周联珠纹，正面中部凸起一条扉棱，雕刻精致细腻。残高22、宽23厘米（图一〇九，2；图版二六，6、7）。标本H5：61，黄砂石质头部残件，宝冠下缘发丝细密，冠上饰小联珠、团花等，面部残余少许，弯眉弓目。表面施青釉。残高11、残宽9.5厘米（图一〇九，3；彩版五三，1）。标本H5：54，头部残件，戴宝冠，冠缘上饰宝相花、联珠纹等，装饰华丽。残高15、残宽26厘米（图一〇九，4；彩版五三，5）。

　　B型　2件。有肉髻、无宝冠。标本H35：54，头部残件，右鬓角残余少量螺髻，右耳圆润厚重，颈部刻三道蚕节纹。残余少许头光，头光背部平整，素面，残高18.8厘米（图一〇九，1；彩版五四，4）。标本H35：53，头部残件，肉髻低平较宽，素面磨光，弧形发际线，额头残余有白膏泥，头后部残痕平直。残高14厘米（图一〇九，5；图版二七，5）。

C型　2件。光头。标本H5：10，头部残件，额头以上残损，双目向下弯曲呈月牙状，嘴角微翘，双颊圆润，面部表情生动，颈部残有蚕节纹。表面施绿釉。残高21厘米（图一〇七，1；彩版五四，1、2）。标本H5：3，头部残件，残为三块，面部残损，双眼细长，眼睑微合，眼线较平直，高直鼻，两颊圆润，双耳较长，头部后面残失。表面施青绿釉经烧制，釉下施有一层白膏泥。保存较差。残高25厘米（图一〇七，3；图版二七，4）。

二　手及手臂残件

共24件。按形体大小不同分为三型。

A型　5件。小型造像手臂残件，按姿势及装饰不同分为四式。

Ⅰ式　1件。手臂外伸，舞袖。标本ⅠT0702④a：6，手臂残件，刻于石板上，长帛带绕臂，衣袖翻飞，手藏于袖中，雕刻生动。石板正面磨光，背面凿平，布满凿痕。石板残高17、残宽19、厚4厘米（图一一〇，6；图版二七，1）。

Ⅱ式　2件。手臂下垂，着半袖。标本ⅠT0703③：1，绿釉陶手臂残件，着半袖，袖口至肘部。手臂下垂，手臂内侧饰有方块状衣纹。浅黄色胎。残长25厘米（图一〇六，1；图版二七，3）。标本H4：16，圆雕左手臂残件，屈肘着半袖，袖口下沿外翻上翘。残高7厘米（图一一〇，2；图版二七，2）。

Ⅲ式　1件。左手抚右足上。标本H5：75，圆雕左手残件，残损严重，左手手心向下，右足赤足置于台座上。台座上有覆巾垂于座前侧。残件高12.8厘米（图一一〇，1）。

Ⅳ式　1件。手臂上装饰有臂钏等。标本H5：25，圆雕手臂残件，臂肘微内屈，帛带垂绕手臂，帛带外饰有吊坠等璎珞装饰。残块长9厘米（图一一〇，3；图版二七，6）。

B型　5件。中型造像手臂残件。按姿势不同分为五式。

Ⅰ式　1件。手持莲茎。标本ⅠT1907③：1，圆雕持莲茎菩萨手残件，仅余右手，戴联珠纹手镯，拇指、食指和中指拈持莲茎，余二指微屈，手指娇小纤长，姿势优美写实。石色泛灰黄，石层有剥落，根据痕迹推测曾施釉并经烧制。残长8厘米（图一一〇，5；彩版五五，1、2）。

Ⅱ式　1件。右手向下抚膝。标本ⅠT1304④a：2，圆雕手臂残件，右手掌心向下抚膝，似为结跏趺坐于台座上，座上覆巾下垂较多。残件高23厘米（图一一一，7；彩版五五，5）。

Ⅲ式　1件。双手捧钵。标本H5：69，圆雕手臂残件，左手重叠于右手上，钵口有数道圆环。残高9.8厘米（图一一一，5；图版二八，1）。

Ⅳ式　1件。手抓帛带，帛带上装饰璎珞等。标本H5：78，圆雕手臂残件，手掌微拢。残件长11.5厘米（图一一〇，4；彩版五五，3、4）。

Ⅴ式　1件。手持净瓶。标本ⅠT1907③：6，浮雕提净瓶右手残件，右手食指、拇指残，手指夹持净瓶口，手心向内。净瓶盘口，长束颈，鼓腹，平底。帛带垂于右手外侧，帛带外饰有联珠纹璎珞。残件高22、宽14厘米，净瓶高16厘米（图一一一，3；彩版五五，6）。

C型　14件。大型造像手臂残件。按持物及手臂装饰不同分为五式。

Ⅰ式　7件。手持莲茎。标本H5：79，圆雕持莲茎手臂残件，披帛覆右臂，帛带垂于右臂内侧，披帛外饰有璎珞，右臂下垂，戴手镯，拇指与中指夹持一莲茎，余三指下垂，莲茎中部一节有数瓣叶片。残长29.7厘米（图一一一，1；图版二八，3、4）。

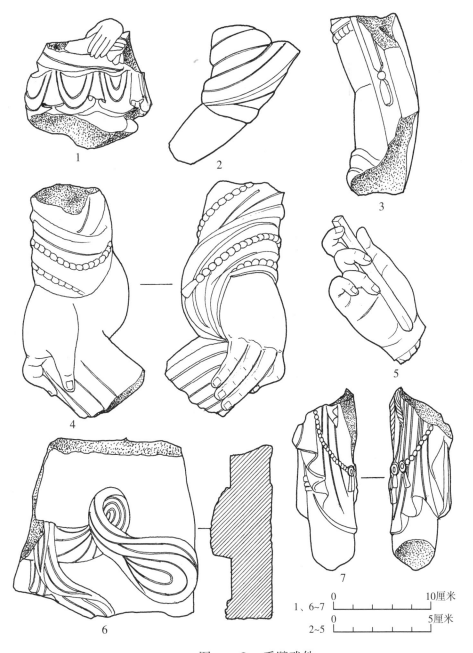

图一一〇 手臂残件

1. A Ⅲ式（H5：75） 2. A Ⅱ式（H4：16） 3. A Ⅳ式（H5：25） 4. B Ⅳ式（H5：78） 5. B Ⅰ式（Ⅰ T1907③：1）
6. A Ⅰ式（Ⅰ T 0702④a：6） 7. C Ⅱ式（Ⅰ T1906④a：8）

Ⅱ式 2件。手臂上饰有臂钏、帛带及璎珞等装饰。标本Ⅰ T1906④a：8，圆雕手臂残件，雕刻精致细腻，上部残留有发丝，臂上有璎珞珠串呈"U"形垂下，披帛衣纹线条柔和，戴臂钏，手臂略向内屈肘，丰满圆润。残高16厘米（图一一〇，7；彩版五六，1、2）。标本Ⅰ T1104④a：7，圆雕黄绿釉红砂

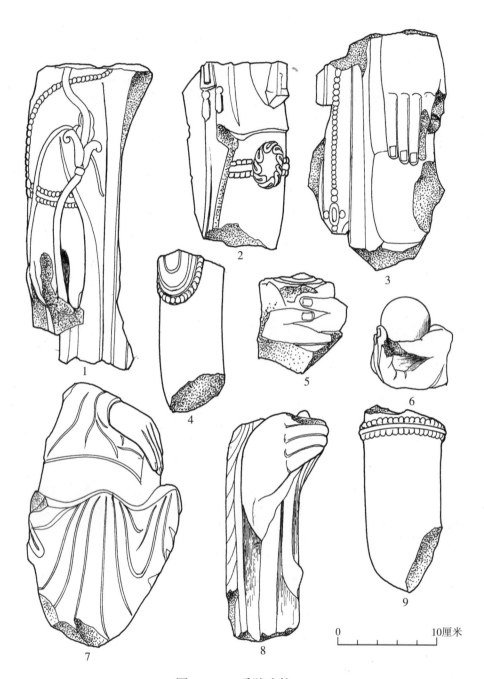

图一一一 手臂残件

1. C I 式（H5：79） 2. C II 式（I T1104④a：7） 3. B V 式（I T1907③：6） 4、9. C III 式（H5：39、H5：42） 5. B III 式（H5：69） 6. C V 式（H5：46） 7. B II 式（I T1304④a：2） 8. C IV 式（H35：36）

石胎手臂残件，残余左上臂少许。左肩上披帛带，帛带垂至上臂，臂钏上装饰有火焰纹和联珠纹等。披帛下露出的左臂及臂钏上残余大片黄绿釉层，釉层中夹有小气泡。釉层外有少量金箔残片。残高18厘米（图一一一，2；彩版五六，3）。

Ⅲ式　2件。手臂上仅有臂钏装饰。标本H5：39，圆雕青砂石手臂残件，戴臂钏，臂钏由内向外分三层，内部两层为素面，外层饰串珠等。石质较好。残高16、直径6～7厘米（图一一一，4；图版二八，2）。标本H5：42，圆雕绿釉红砂石胎手臂残件，屈肘，臂钏由双排串珠夹一细带构成。表面绿釉层均匀。手臂直径8～9、残高20厘米（图一一一，9；彩版五六，4）。

Ⅳ式　1件。手臂上无璎珞装饰，手持物。标本H35：36，圆雕右手残块，手心向内，五指夹持一细圆柱状物，残损不清。衣袖外侧有阴刻斜线纹，宽袖下垂。残高21厘米（图一一一，8；图版二八，5）。

Ⅴ式　2件。手臂上无璎珞装饰，手中持宝珠。标本H5：46，圆雕左手持珠残件，宝珠置于掌心，拇指与食指相触，其余三指抵住宝珠，手指细长，手背肌肉圆润。手部残长8.3、宝珠直径5厘米（图一一一，6；彩版五六，5）。标本H5：66，手臂残件，左臂屈肘，手指捏持一颗宝珠，手臂圆润丰满，雕刻细腻。残高24.5厘米（图一一二，4；彩版五七，1）。

三　大型造像腿部残件

共5件。按腿部装饰不同分为二型。

A型　1件。无璎珞等装饰。标本J1⑤：2，圆雕腿部残件，下着长裤，束口。残长66.2厘米（图一一二，1；图版二八，6）。

B型　2件。裙外饰有璎珞等装饰。标本H5：12，圆雕腿部残件，腿部三道衣纹呈"U"型，雕刻精美，红砂石胎，表面施绿釉。残高24、宽12厘米（图一一二，2；彩版五六，6）。标本ⅠT1705④e：3，腿部残件，衣纹下垂，璎珞上饰云纹等。红砂石胎，表面施青绿色釉，釉层有少许剥落。残高13、宽14厘米（图一一二，3；彩版五七，3）。

此外还有一些衣纹残件，保存较差。标本ⅠT1806④c：1，衣纹残件，似为菩萨装像裙腰外翻后下垂部位，裙褶一侧有少许璎珞下垂。红砂石表面有绿釉，釉层外有墨线勾勒衣纹。残宽13、残高13.5厘米（彩版五七，2）。标本H5：43，衣纹残件，衣纹褶皱下垂，外侧装饰有璎珞。残高8.4、残宽10.5厘米（图版二九，1）。

四　头光、背光残件

共11件。残件上的装饰图像以莲花纹、联珠纹及火焰纹为主，其中火焰纹背光、头光残件数量所占比例最大。按装饰纹样不同分为三型。

A型　6件。火焰纹头（背）光残件，按火焰纹内层装饰纹饰不同分为四式。

Ⅰ式　1件。外周为火焰纹，内层饰莲花纹、联珠纹等。标本H5：72，头（背）光残件，头光由内向外分为三层，内层为一周莲瓣纹，莲瓣中心有一椭圆形残痕。莲瓣外周饰一周联珠纹和一周小莲瓣，最外层饰以高浮雕火焰纹。火焰纹顶部饰有宝相花。残块表面有白膏泥，背面弧，磨平。残高26.4、残宽27.2厘米（图一一三，1）。

Ⅱ式　1件。外层为火焰纹，内层饰以卷草花卉纹。标本ⅠT1304④f：1，桃形头（背）光顶部残件，背面经过细磨加工，弧面。残高12、残宽10厘米（图一一三，2；图版二九，4）。

Ⅲ式　2件。外层火焰纹，内层饰以双周联珠纹。标本H5：48，黄砂石头（背）光残件，内层饰以

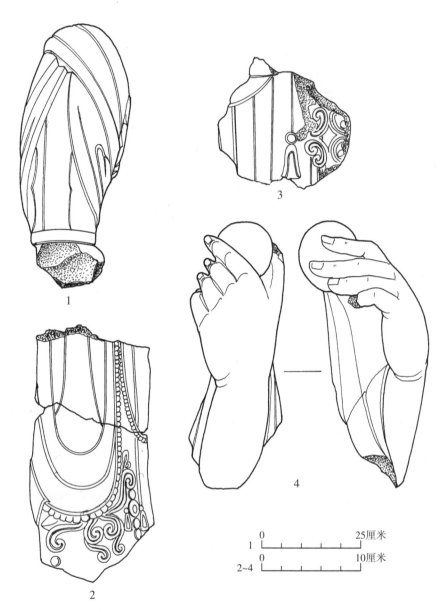

图一一二　手臂及腿部残件

1.腿部残件 A 型（J1⑤：2）　2、3.腿部残件 B 型（H5：12、Ⅰ T1705④e：3）　4.手臂残件 C Ⅴ式（H5：66）

两周联珠，联珠纹之间有一道窄带，带上嵌有宝珠，外层为变形火焰纹。背光表面残余有白膏泥，石质较紧密，背部平整，未经细磨。残高26、残宽8厘米（图一一三，5；图版二九，2）。标本Ⅰ T1805④b：1，头（背）光残件，背光边缘有一周简化的火焰纹，内层有两道联珠纹，联珠近方形，内层联珠纹平面较外层联珠纹平面高。背面略呈弧形。残高15.6、残宽11厘米（图一一三，6；图版二九，3）。

　　Ⅳ式　2件。仅有火焰纹装饰。　标本H5：63，黄砂石桃形贴金火焰纹背光，残件接近背光顶部，正面磨平，背光周边镂空雕火焰纹。火焰边缘有一周浅浮雕轮廓。背部有一纵向凸棱，将背光分为两半，

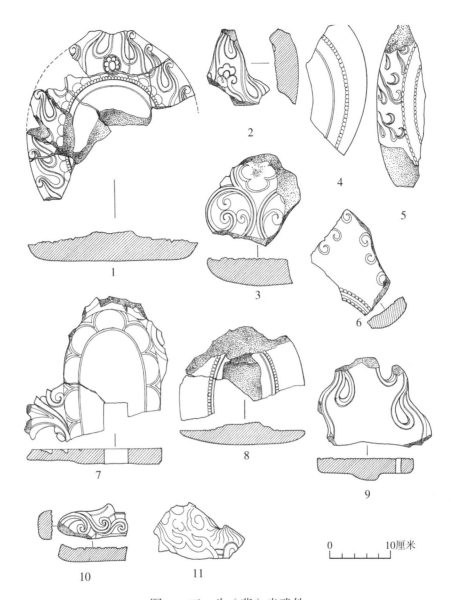

图一一三　头（背）光残件

1. A Ⅰ式（H5：72）2. A Ⅱ式（ⅠT1304④f：1）3、10. C Ⅰ式（ⅠT1203④f：7、H5：60）4、8. B 型（H5：70、
H5：68）5、6. A Ⅲ式（H5：48、ⅠT1805④b：1）7. C Ⅱ式（H5：57）9、11. A Ⅳ式（H5：63、ⅠT1004④a：7）

背面较平整，但未经磨光。表面仍残余有金箔和白膏泥。残高14、残宽19、厚2～4厘米（图一一三，9；
图版二九，5、6）。标本ⅠT1004④a：7，头（背）光残件，背面略弧起，经过磨光。残件高8.8、宽15厘
米（图一一三，11；图版三〇，2）。

　　B型　2件。联珠纹头（背）光残件。标本H5：70，头光残件，外层一周联珠纹，内层一周细凸棱，
纹饰较为简单。残高21、残宽10厘米（图一一三，4；图版三〇，1）。标本H5：68，头光残件，残件
呈椭圆形，外层素面，内层饰一周联珠纹，联珠纹中央有一椭圆形残痕。残高14、宽21、厚2厘米（图
一一三，8；图版三〇，5）。

C型　3件。以卷草纹为装饰，按有无莲瓣装饰分为二式。

Ⅰ式　2件。无莲瓣装饰。标本ⅠT1203④f：7，头（背）光残件，背光边缘浮雕卷草纹。石板背面磨平，边缘逐渐变薄。残高12、残宽16、厚4厘米（图一一三，3；图版三〇，3）。标本H5：60，头（背）光残件，边缘分叉有小弧角外翘。背面微弧近平，经过磨光。残块高5.4、宽11.7厘米（图一一三，10；图版三〇，4）。

Ⅱ式　1件。以卷草纹和莲瓣装饰。标本H5：57，黄砂石头光残件，内层为椭圆形，素面磨平。外层饰一周莲瓣，莲瓣外有一周卷草纹。头光下部有一长方形榫孔，背部未经磨平加工。残高24、残宽24、厚2厘米，榫孔宽4、残长3.5厘米（图一一三，7；图版三〇，6）。

五　像座

共16件。主要是造像像身部分残损严重，仅余下半身少许和台座，造像特征不明显。台座与像连为一体，均为圆雕，具有一定特色，与柱础、基座等有所区别，因此单独列出进行介绍。按装饰不同可分为四型。

A型　3件。单层覆莲瓣，台面高出莲瓣，台下有方形基座。标本ⅠT0308③：5，像座残件，像立于台座上，衣服下摆垂至脚面，双脚风化严重。圆形莲台莲瓣呈弧形，扁平宽大，台座下有一矮基座。残件高10.4厘米（图一一四，2；图版三一，3）。标本J1⑤：9，像座残件，像身残损较多，仅余小腿及脚少许，两侧有帛带垂下，裙摆垂及脚面。赤足立于圆形莲台上，双脚瘦长扁平。莲瓣呈扁平尖拱形。像残高8.6厘米，台座宽30、高9.8厘米（图一一四，6）。标本ⅠT1503④f：5，像座残件，像身赤足立于圆台座上，长裙下摆覆至脚面，背部未见衣纹。台座莲瓣宽平，呈圆拱形。台座背部平。台座下有矮基，底部内凹，布满凿痕。像残高5.8厘米，座高6、宽16厘米（图一一四，7；图版三一，5）。

B型　5件。仰莲瓣台座，按莲瓣层数不同分为三式。

Ⅰ式　1件。单层仰莲瓣。标本H35：65，像座残件，像身着内外双层长裙，内层覆脚面，外层垂及脚踝，赤足，帛带垂于双脚间的台座上，末端分叉。圆形台座，莲瓣扁平，莲台下素面磨光。底层为方形，台座前面有长方形碑面，素面磨平，未见字迹。残高44厘米（图一一五，2）。

Ⅱ式　3件。双层仰莲瓣。标本H35：23，像座残件，像身保存差，仅余长裙下摆少许，长裙覆脚面，衣裙两侧有帛带垂至台面，赤足立于莲台上。双层仰莲圆台莲瓣呈圆拱形，台座前面莲瓣外侧并排刻数道同心圆弧线。后侧莲瓣素面无装饰。莲台前有一莲苞，莲台下残。残高8.2厘米（图一一四，5；图版三一，4）。标本J1⑤：4，黄砂石双层仰莲像座残件，残损严重。造像长裙覆脚面，赤足立于双层仰莲台座上，两侧有帛带垂下。台座莲瓣尖部微翘，座下残。莲座前侧有一长方形碑面，纵排楷书，风化较多，且题记面有残损，从左向右录文："……唐大中……月……/……□藏敬造观……/……自……/……□是大悲愿力……/……起□□覆作……/……□□□……/……□□大□□……"。像残高8、莲台宽42厘米，题记碑面残高13、宽22厘米，字径2.5厘米（图一一五，1；拓片三；彩版五七，5、6）。标本H35：28，像座残件，像仅余双脚及台座。残像着长裙，垂至脚面，赤足立于仰莲台座上，帛带垂至台座两侧，帛带外侧面饰有珠串、吊坠等。像身背后刻有衣纹。尖拱形双层仰莲瓣，座背面未雕刻莲瓣，座下有方形台基。台座前侧有一碑面，纵排楷书，从左向右读："□□观世音/□□清信囡□子黄七□/敬造供养□/存亡获……/天寶七䕡……"残高34厘米（图一一五，3；拓片四；图版三一，1）。

Ⅲ式　1件。三层仰莲像座，莲瓣外翘，莲台下有方形台基。标本H35：7，三层仰莲像座残件，像立

图一一四　像座残件

1. C Ⅱ式（H5：62）　2、6、7. A型（ⅠT0308③：5、J1⑤：9、ⅠT1503④f：5）　3. D型（H5：5）

4. C Ⅰ式（H35：56）　5. B Ⅱ式（H35：23）

0 ⸻ 4厘米

拓片三　像座碑面铭文（J1 ⑤：4）

0 ⸻ 6厘米

拓片四　像座碑面铭文（H35：28）

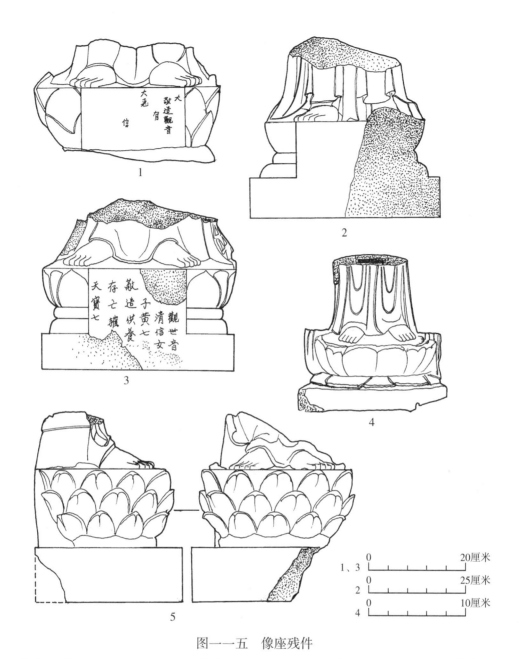

图一一五　像座残件

1、3.BⅡ式（J1⑤：4、H35：28）2.BⅠ式（H35：65）4.CⅠ式（H35：35）5.BⅢ式（H35：7）

于台座上，仅余下半身，裙摆覆脚面，身体两侧各有一段帛带垂于台座面上。莲台与基座之间素面无装饰。残高47.5厘米（图一一五，5；彩版五八，1）。

C型　7件。仰覆莲像座。按台座中间有无束腰可分为二式。

Ⅰ式　4件。仰覆莲台直接叠压，像座中间无束腰。标本ⅠT0902④a：2，陶仰覆莲像座残件，造像赤足立于台座上，长裙覆脚面，双脚之间有帛带垂下。台座莲瓣翘角，顶部超出台座面，单层覆莲莲瓣较扁平。残高9.2、莲座宽11.5厘米（彩版五七，4）。标本H35：56，仰覆莲像座残件，像身赤足，仅余左脚，踏一仰覆莲台，台下有圆形台基，双足后侧台座呈方形叠涩，大部分残损。像座底部有一方坛，后侧磨平，左侧略束腰，正面刻一壶门。底部内凹，布满凿痕。残高14.1厘米（图一一四，4；图版三一，2）。标本H35：35，仰覆莲像座残件，像下着长裙覆脚面，赤足立于仰覆莲圆座上，座下有方形基座。仰莲台两侧有帛带残段，造像上部残痕正中有一长方形榫孔。残像高8厘米，榫孔长2.8、宽1.5、进深3厘米，座高4、宽13.5厘米，方形基座宽15、残长10、高2.5厘米（图一一五，4；彩版五八，2）。标本H5：41，仰覆莲像座残件，像仅余下半身少许，衣摆垂至脚面，赤足立于束腰仰覆莲台座上，座下有矮基。莲座背部残损。像残高2.5厘米，莲座高4、宽11.5厘米，矮基高1.8厘米（图版三二，1）。

Ⅱ式　3件。仰覆莲瓣之间有圆形束腰。标本H5：62，像座残件，像上半身残，着袈裟，左手于腹前结印。右臂屈肘于腹前，结跏趺坐于束腰仰覆莲台座上，座上覆巾下垂于台座前侧。左侧残存有身光，身光上饰一周联珠纹。台座束腰处有四个半圆拱形壶门，壶门内刻花瓣，壶门之间饰一片蕉叶。台座下有素面方形台基，底部内凹，布满凿痕。像残高9、座高18厘米（图一一四，1；彩版五八，3、4）。标本ⅠT1104④a：13，仰覆莲像座残件，像仅余下半身少许，赤足立于圆台上，长裙覆脚面，两侧帛带粗大，帛带末端垂于台座上。莲瓣呈圆拱形，瓣顶部超出台面少许，束腰较短，覆莲瓣较仰莲瓣略小。台座下有方形台基。像身残高8.5厘米，莲台宽22、高12厘米。

D型　1件。山石台座。标本H5：5，像座残件，造像残损严重，仅余足部少许，着靴，衣摆垂覆至脚面。台座分三层。残件高14、台座宽21.6厘米（图一一四，3；图版三二，2）。

第五节　碑、幢及经版

经幢和经版多为红砂石雕刻。幢以圆雕为主，保存较差，残件从结构上可以分为基座、幢身、华盖三部分。经版均为残件，石板薄厚不均，石板正面磨平后纵排刻文字，背面凿痕略粗，侧面凿痕细，一些经版刻字中残存有少量金箔碎片。

一　碑

共4件。

1. 碑体残件　2件。标本ⅠT1705④c：1，碑残件，文字分碑名和内容两部分，纵刻，行书，从左向右录文："……樹立记……/……都典座臨壇大德□……/……金剛經會道……"残长13、残宽11、残厚5.5厘米，其中"樹立记"三字字径2.1厘米，其余字径1.6厘米（拓片五）。标本F11：1，红砂石碑残件，仅余下段少许。字体行楷，纵排，从左向右录文如下："……題四州小刹/……只自知/……強題詩/……闚美寺/……早着枝/……困/……圝證立石/"。宽75、残高21、厚5.5厘米（拓片六；图版三二，4）。

2. 蟠龙碑首残件　1件。标本采集：156，蟠龙碑首残件[18]，碑首质地为红砂石，分正反两面。正面雕两条蟠龙，双首相背位于碑侧，头部均有风化，头后一只爪伸出，压在碑首下缘，双尾盘曲拱起，

---

[18] 2006年6月，田野工作结束后，由邛崃文物局在配合龙兴寺保护区内民房拆迁过程中发现，埋藏点距离地表较浅，现藏于邛崃市博物馆库房内。

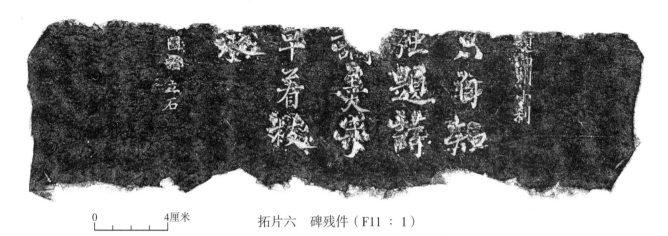

0　　　　4厘米

拓片六　碑残件（F11：1）

0　　　　4厘米

拓片五　碑残件（ⅠT1705④c：1）

0　　　　6厘米

拓片七　蟠龙碑首残件（采集：156）

呈半圆弧状。碑首中部为长方形碑面，纵排从左向右篆书"新建藏/经楼碑"六字，长方形碑面两侧饰以变形忍冬纹。左侧龙尾盘曲后蜿蜒于碑首铭文的右侧，尾端垂至碑首下缘。右侧龙尾与之相对称。龙身刻满菱形鳞片。背面基本同正面，但中部长方形碑面大部分残毁，仅余右下角一块，表面磨平，未见任何文字或雕饰。碑首残高53.5、残宽108、厚25厘米（图一一六，1；拓片七；彩版五九，1）。

　　3. 造像碑　1件。正面浮雕一尊着袈裟装结跏趺坐像，背面阴刻文字。标本H22：1，造像碑残件，正面高浮雕坐像，像头部残损，颈部有蚕节纹，着通肩袈裟，腹部上侧有一道下弧衣纹。左手于腹前托圆钵，钵内盛物，右臂贴体下垂。平面阴刻衣纹，较为简练。仰莲台座底部略上弧，莲瓣宽大扁平，瓣尖圆弧。背面刻文字为楷书，纵排七行，从左向右读为："……□讀無明界乃/……無無明盡乃至無□/……□集滅道無智亦無得以/……殿若波□羅蜜多故心/……□圀怖遠離顛倒夢想/……波羅蜜多故得/……圀多/"。碑体残高28、残宽20、厚8.5厘米，像残高16、座高6厘米，字径2厘米（图一一六，2；拓片八；彩版五九，2、3）。

拓片八　造像碑背面经文（H22∶1）

二　幢

共24件。按幢的部位不同分别介绍。

1. 基座残件

7件。按结构和装饰不同分为三型。

A型　1件。基座为单层，八角形，每面各浮雕一尊武士像。标本H8∶1，八角形幢基座残件，侧面高浮雕八身像立于云头上，仅有一尊头部未残，但风化严重，以此尊为第一尊，从其左侧向右依次描述：第一尊，面部风化严重，胡须浓密，头侧发带飘扬，左手举至颈部，风化不清，右手抓握腰带，着宽袖大衣，腰束带，衣摆覆至脚面，体侧有帛带垂下，着靴。第二尊，头部残，两侧有带飘扬，上身风化不清，双臂上有帛带垂下，左侧有宽带绕胸，左臂侧举一物于肩上。右臂屈肘于胸前，下着长裙，裙腰外翻，呈"U"形垂于腹前，着鞋。第三尊，头部残损，两侧有带子向上飘扬。双肩披巾在颈下系结，上着铠甲，胸前系带，鼓腹，腹前垂"U"形带，左臂屈肘叉腰，右臂于胸前似持一物，帛带绕双臂后垂体侧。下着短裙及膝，内着长裤，着靴。第四尊，头残，两侧有带向上飘扬，上身着铠甲，胸前系倒"T"形带，鼓腹，左手于腰处握兵器柄，兵器另一端着地，右手叉腰，双袖下沿外翻，下着长裙及脚面，裙腰外翻，腰下有"U"形带绕于腹前。腰两侧有腰带垂及地，着靴。第五尊，头残，有带飘于两侧，保存较差，上身着铠甲，双手于腹前握剑柄，剑尖触地，下着长裙覆鞋面，裙腰外翻，腰下有"U"字形带绕于腹前，腰两侧长带系结后垂地，两只衣袖袖口束结并向身后绕去，着靴。第六尊，头部残，着铠甲，胸前有倒"T"形束带，下着及膝短裙，内着长裙至脚面，上身略向右扭动，双手握持一长柄锤状物（或为斧头），袖摆束结，左袖残损，腰束带，两侧有带垂及地，腰下有"U"形带绕于腹前，着短靴。第七尊，头部残，头侧有带向上扬，肩上披风垂至脚部，并于颈下系结，上身着铠甲，胸前系倒"T"形带，双手于腹前握一长柄锤的锤部，柄部着地，宽袖垂至膝上，着短靴。第八尊，头残，头两侧有发带飘出，双肩上有披巾，上身着铠甲，胸部系带，帛带绕臂后垂于体侧，双手握金鞭柄部，鞭体向下，尖部着地，下着短裙，有护腰，束腰带，内着长裤，着短靴。基座残高24.5、边长11.3厘米（图一一七；彩版六〇，1~4）。

B型　3件。幢基座从下向上依次为第一层方形，第二至四层为八角形。第二层每面壶门内雕异兽，第三层每面壶门内均雕伎乐天人，第四层每面开龛，龛内造结跏趺坐像。按基座装饰不同分为二式。

Ⅰ式　1件。第四层八角形，每面开方形龛，龛内造结跏趺坐像。标本ⅠT1503④e∶1，幢基座残件，残件从下向上分为四层，呈阶梯状。第一层，方形基座面上饰以覆莲瓣，座底中部略凹，布满凿痕。层高4.2厘米。第二层，残余五面，仅中间一面保存较好，此面壶门内雕一兽，呈奔跑状，前二足着地，后二足腾空，背部鬃毛扬起。左右两面壶门内高浮雕之物残损不清。层高2.6厘米。第三层，残存三面，每面壶门内均雕一结跏趺坐伎乐像。中间壶门内伎乐双手于右肩侧举托一物，上半身略向右侧身，左侧壶门内伎乐置一古筝于腿上，双手抚筝作演奏状，右侧壶门内伎乐双臂垂于胸前，风化不清。层高2.1厘米。第四层，残存三面，仅中间一面保存较多，中部开一个方形龛，龛内凿一尊结跏趺坐像，施禅定印，头部残。层残高3.8厘米。砂石表面颜色泛灰白，局部呈黑色，推测原有装彩或施釉。基座残高12.7厘米（图一一八，2；彩版六〇，5）。

Ⅱ式　1件。第四层造像龛为圆拱形，龛内造像呈螺丝状，雕凿简单。标本采集∶143，青砂石幢基座残件，从下向上第一层，方形基座仅余一角，此角上高浮雕一尊像，风化不清。基座底部中心内凹，布满凿痕。层高3、残宽20、浮雕像高2厘米。第二层，八面，仅四面壶门内雕出异兽，其余四面壶门中部被第一层浮雕像遮挡。层高3厘米。第三层，伎乐形象相同，均为结跏趺坐，双手高举头侧，衣袖向两侧翻飞，握拳，细部风化不清。层高3.5、像高2.5厘米。第四层，近圆柱状，八个圆形龛内各凿一尊结跏趺坐像，造像双臂于腹上部相交，上身躯干呈半椭圆形螺丝状。层底饰以一周覆莲瓣。层高4厘米。第五层，为一仰覆莲圆台，莲台下有四边形的台基，台基四面雕长方形框，框内饰卷草纹，台基四角上各雕一尊天王像坐于半圆形台座上，现仅存三尊。自残缺处开始按逆时针方向第一尊，倚坐式，头颈风化不清，上身着铠甲，胸前有圆护，左手抚膝上，右臂残损，据残痕看，手置于腰间，鼓腹，腰系带，腿前垂有"U"形帛带，下着战裙，覆至脚面，着靴。像高7、座高1.5厘米。第二尊，左舒像坐式，头部残，双臂均有残损，双手似各抚一膝上。右腿盘膝，左脚下垂踏台基面，服饰同第一尊。像残高7、座高1.5厘米。第三尊，倚坐式，头部残损严重，双手于胸前握剑柄，剑尖向下，下似着裙。像残高6.5、座残高1厘米。束腰莲座上层为双层仰莲，束腰处饰以四朵莲花，下层为单层覆莲。莲台顶部有一圆形残痕，残痕周围刻许多小圆圈。层高9、残痕直径8.5厘米。幢基座残高22厘米（图一一九，2；彩版六一，2）。

此外，还有一件幢基座残件，上部造像层已残损，无法了解龛形，结构上属于B型。标本ⅠT1403④b∶7，幢基座残件，第一层台基四角各雕一尊半身浮雕武士像承托幢底座，现残余两身，风化

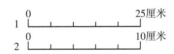

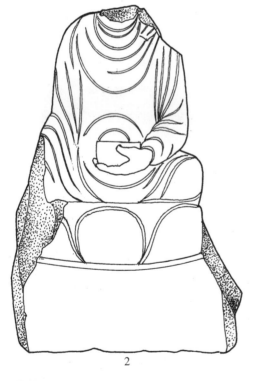

图一一六　出土造像碑及碑首

1.碑首（采集：156）

2.造像碑（H22：1）

图一一七 幢基座残件（A型 H8：1）

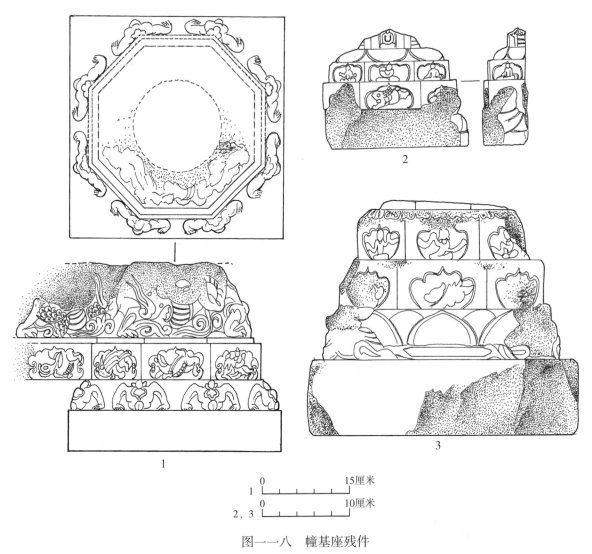

图一一八　幢基座残件

1. C型（ⅠT1704④c：2）　2. BⅠ式（ⅠT1503④e：1）　3. B型残件（ⅠT1403④b：7）

严重，似为面向基座，双手伸开托起台基边缘，袖口向身后翻飞。方形台基与奔兽层之间饰以一周双层仰莲瓣，幢底部布满凿痕。层高（不含莲瓣）8.3、宽30.7厘米。第二层残余四面，壶门内异兽呈右侧身奔跑状，前二足着地，后二足腾空，背部有扬起的鬃毛，风化严重。层高5.2厘米。第三层残余三面，壶门内伎乐结跏趺坐，姿态各异，身侧有帛带飞扬。层高5.3厘米。第四层仅残余底部少许，在三、四层之间饰有一周小覆莲瓣。通高25.8厘米（图一一八，3；彩版六〇，6）。

C型　2件。束腰蟠龙基座残件。标本ⅠT1704④c：2，幢基座残件，由下而上第一层，长方形基座座底内凹，布满凿痕。基座上涌出八尊半身像，上身袒露，双手撑地，肌肉发达，以背部托承上层台基的八个角。第二层八角形台基，侧面壶门内雕异兽呈奔跑状，壶门为尖拱形，饰以帷帐。台基上为蟠龙束腰，其间有云纹装饰。束腰上部为圆台，残损较多。残件通高33厘米，方座边长36.3厘米（图一一八，1；彩版六一，1）。标本G2：2，红砂石幢基座残件，第一层长方形台基，四面各雕一壶门，四角被切成

图一一九　幢基座残件

1.残块（H5：6）　2.B Ⅱ式（采集：143）

四个小长方形侧面。第二、三层为八角形，侧面壶门内分别浮雕异兽及伎乐，风化严重。第三层上部为高浮雕的蟠龙束腰。第四层为方形台座，四角上各雕一尊天王倚坐像，仅残存一尊，天王头部残失，上身穿铠甲，肩系披巾，右手于胸前下握剑首，左手按在身体左侧的夜叉头上，下穿战裙，腹部隆起。腿两侧及两腿之间共有三尊小夜叉像，左侧小夜叉似为坐姿，左手撑地，右侧小夜叉崩毁不存，天王双腿之间的小夜叉仅雕出上半身，风化不清。方形台座上为双层仰莲圆台，台面中部有圆形残痕。幢残件通高40、圆形台座上残痕直径17.5厘米（图一二〇；彩版六一，3、4）。

另有一件基座残件残损严重，看不出结构。标本H5：6，幢基座残件，八角形，仅余三面，每面雕有

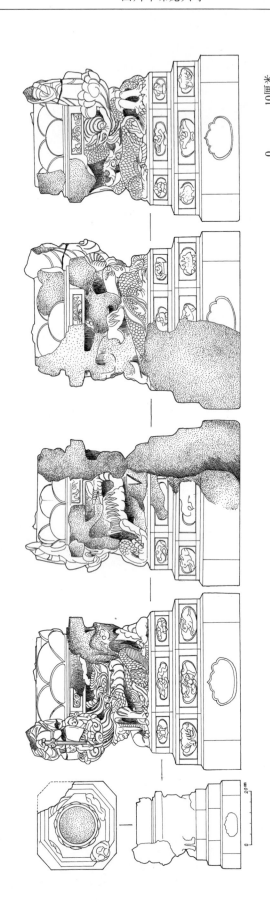

图一二〇 幢基座残件（C型 G2 : 2）

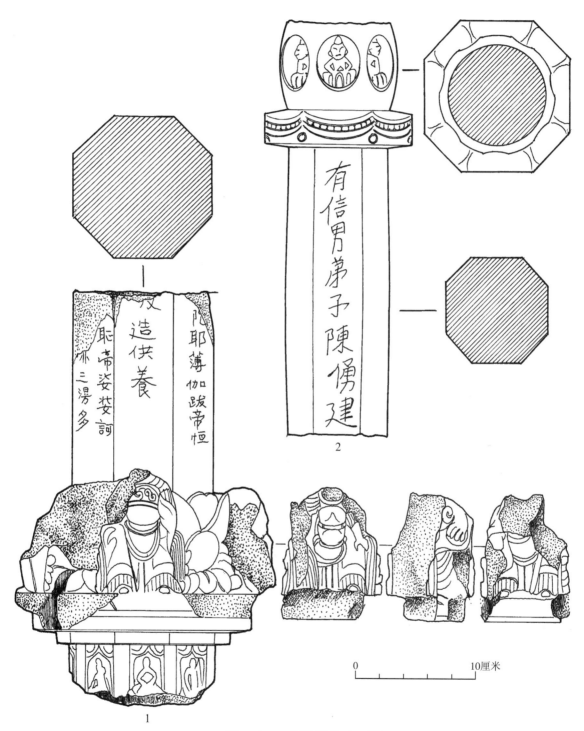

图一二一 幢体残件（A 型）

1. Ⅰ T1201 ③：2 2. H22：56

方形壶门，正中壶门内伎乐头上束发髻，双肩后及身体两侧有帛带飞扬，左手抚笛。左右两侧壶门内伎乐仅余头部少许，束发髻，面相清秀。基座残件残高14.8厘米（图一一九，1；彩版六二，1）。

2. **幢体残件**　7件。幢柱体部分为八面体，铭文多为楷书，纵排阴刻。按幢体保存情况不同可分为二型。

A型　2件。保存有基座或华盖部分。标本ⅠT1201③：2，幢体残件，残件可分为基座和幢体两部分。基座上层为仰覆莲圆台，下层为八面柱体。上层莲台有双层仰莲瓣和单层覆莲瓣，莲台四周各坐一天王像，均为倚坐式，各持兵器。上身着铠甲，下身着战裙，着鞋，腿前垂下“U”形腰带，腰带两端从腰侧垂至地面。下层柱体为八面，每面开一垂帐拱形龛，龛内各凿一尊像，风化不清。幢体八面，其上纵排楷书，从上到下逆时针方向刻文：“……敬造供養/……陁耶薄迦跋帝怛/……□/……/……是/……□他/……/……秫提毗薩普咤/……□地遏地瑟耻多秫/……□特薩婆/……□多/……□三漫多/……耻帝娑婆訶”。幢体残高18厘米，字径1.5厘米（图一二一，1，拓片九，1；图版三二，3）。标本H22：56，青砂石质幢体残件，幢体有四个大面，削去四角后又形成四个小侧面，共八面，均刻文字，经文与发愿文字径大小不同，其中发愿文字径约2.5厘米，共两行：“清信男弟子陳勇建/發心造尊胜壹身供養”。经文字径0.6厘米，风化较多，字迹大多模糊不清，但仍可辨出所刻为《佛顶尊胜陀罗尼经》。上部华盖分八面，侧面线刻垂帐，顶部翘角起棱。华盖上部为圆柱形，略鼓腹，柱身开七个椭圆形龛，龛内各凿一像，雕刻粗糙，仅成坯形，似为坐式。柱体顶部有圆形残痕。残高33、幢体直径8.5厘米（图一二一，2；拓片九，2；彩版六二，2）。

B型　5件。仅余幢体。标本ⅠT0502③：4，幢体残件，仅保存幢体纵剖后的一半柱体，残余三个完整面和两个残面，剖面中部有一圆形榫槽。断面平整，经过磨光。残件每面纵排三行字，从上到下逆时针方向刻文：“那毗秫提烏瑟尼沙毗……/囉喝囉濕弭珊珠地啼……/瑟咤那頞地恥啼慕嵯□……/僧訶多那秫提薩婆伐羅……/鉢羅底你伐怛耶阿瑜□……/瑟恥帝末你末你怛闥□……/秫提毗薩普吒勃地秫□……/耶毗□耶薩末羅薩末囉……/多秫提跋折利跋折囉揭……/伐都麼麼薩婆薩埵寫□……/薩婆揭底鉢利秫提薩□……/摩濕婆娑遏地瑟恥帝□……”。通高18厘米，字径1.5厘米，榫孔直径9、深1.5厘米（拓片一○，1；彩版六二，3）。标本ⅠT1604④e：1，幢体残件，下端中部有半圆形榫头，用于和幢基座相接。从上至下逆时针方向刻文：“……也二钵囉底尾始瑟吒野三/……□□野尾□馱/…………瑟咤□……/……□曩尾秫第□□薩縛縛□……/……□□多野阿□……”幢残高28、宽13厘米，字径1.5厘米（拓片一一）。标本ⅠT1204③：4，幢体残件，仅余二面。从上至下逆时针方向刻文：“……妻息乎三……/……有無生法在聲……/……□四寶峯為館……/……高此面住冰……”。残高20厘米，字径2厘米（拓片一○，2）。标本ⅠT1204②a：3，幢体残件，保存差，仅余两个残面，其中一个面上残有三个字，另一面残损严重，仅余少许。从上至下逆时针方向刻文：“若有……/在□……/……”残件通高8.5、残宽7.5厘米，字径2厘米（拓片一○，3）。标本ⅠT0311④a：1，幢体残件，残余五个面，纵排楷书。从保存有字的五个面左侧开始，从上到下逆时针方向刻文：“……尊勝靈驗陁羅尼……/……縛帝……/……/□怛他薩……/母捺嚕二十七縛日羅迦野……/拏三□波耶囡栗揭底……/秫□三十二三麽野地瑟□……/多□多三十五句知跛哩秫罣……/惹□三十八尾惹野尾惹野□……/瑟耻多秫第四十□縛日嚕縛□……/摩四十□舍利□薩縛薩□……/縛誐底波哩秫第四十六薩……/繽覩四十八薩縛怛他孽多……/野設地野五十一尾冒馱……/薩□怛他孽多頡哩……/母□嚕娑縛賀五十六……/大……/”残高25厘米，字径1.5厘米（拓片一二）。

3. **华盖残件**　共10件。按华盖上是否有造像分为二型。

1

2

0   4厘米

拓片九　幢体铭文（一）

1. ⅠT1201③：2　2. H22：56

A型　3件。华盖上有造像。按华盖上开龛与否分为二式。

Ⅰ式　2件。华盖上开龛，龛内造像。标本ⅠT0701④b：2，经幢华盖残件，石质疏松，表面有裂隙，顶部为八面坡式仿木屋檐，有瓦垅，挑檐角，檐下有八个斗拱，斗拱下立柱，其中四面以垂帐形成拱形龛，龛内造像，均残，风化不清。与其相间的另四面内刻窗棂。整体雕刻精细。残高9厘米

1

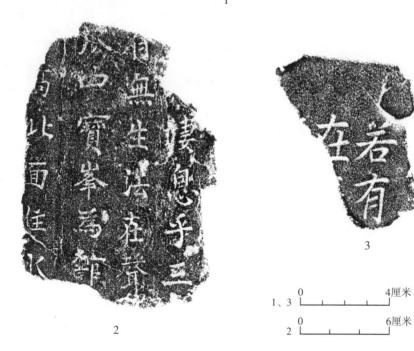

2

3

1、3 ├─┼─┼─┼─┤ 4厘米

2 ├─┼─┼─┤ 6厘米

拓片一〇　幢体铭文（二）

1. ⅠT0502③：4　2. ⅠT1204③：4　3. ⅠT1204②a：3

拓片一一　幢体铭文（ⅠT1604④e∶1）

（图一二二，1；图版三三，4）。标本ⅠT0802④a∶4，青砂石华盖残件，保存较差，华盖分三层，上层即顶部，为四角形仿木建筑，挑檐，檐面有瓦垅，屋脊上有一圆形莲台，莲台上部残。中层分四面，每面上部为长方形龛，龛内似刻坐像，下部是二条互相盘曲的圆条，表面刻出凹槽纹饰。华盖中层四角各刻一尊有舟形身光的像，像似坐在一兽背上。底层即八角华盖，华盖下柱体分四面，每面开一个圆拱形龛，龛内造像，雕刻粗糙。残高31厘米，下层华盖最宽直径15厘米（图一二二，2；彩版六二，5）。

Ⅱ式　1件。华盖的八面柱体部分无龛，有浮雕造像，造像身前有勾栏等装饰。标本ⅠT1806④b∶1，华盖残件，残段分为上下两层，盘龙装饰于八角形宝盖之上，宝盖下柱体分为八个面，其中相对着的

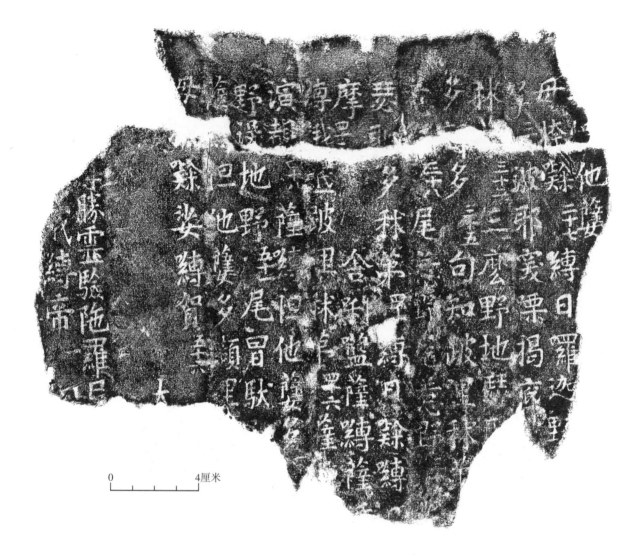

0　　　　4厘米

拓片一二　幢体铭文（Ⅰ T0311 ④ a：1）

四个面有高浮雕勾栏，另四个面浅浮雕一菩萨立于拱桥之上，菩萨姿态各异。勾栏之内立有一尊或三尊像，风化不清，似为菩萨像。拱桥下侧装饰一朵变形菊花。雕刻较为精细。下部残痕直径为9厘米，幢残高28厘米（图一二三，1；彩版六二，4）。

　　B型　5件。华盖上无造像，按结构不同分为二式。

　　Ⅰ式　2件。无仿木结构屋檐。标本H27：2，华盖残件，上层为方形，四角起棱，棱上装饰火焰纹。中间一层有八角挑檐，檐下立方柱，柱中部略鼓。方柱上下四角各有一弧形扁柱相连接，形成镂空壸门。华盖下部为圆形底座，由四瓣蕉叶纹承托。残件通高26厘米（图一二四，1；彩版六三，1）。标本H22：20，黄砂石华盖残件，仅余华盖顶部，风化严重，下部为八角形华盖，华盖之上有华绳相绕，上部为方形仰莲台座，台座四角各伸出一个小方台，侧面刻弦纹装饰，上有一物与莲台面相接，莲台为双层仰莲瓣，台座上风化不清。残高11厘米（图一二四，2；图版三三，2）。

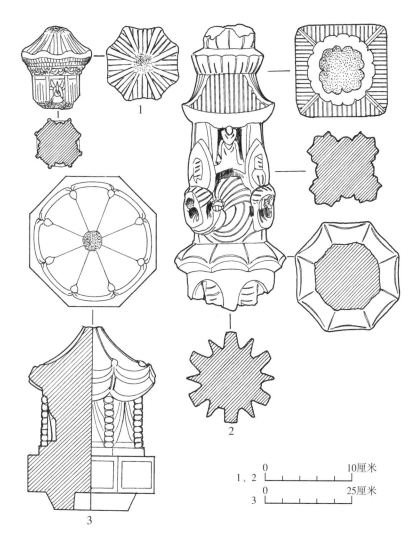

图一二二　幢华盖残件

1、2. A I 式（I T0701④b：2、I T0802④a：4）3. B Ⅱ式（H30：1）

Ⅱ式　3件。华盖上有仿木结构挑檐。标本H30：1，华盖残件，顶部为八角形仿木挑檐，顶部嵌宝珠，檐上饰联珠纹，下有四根立柱，柱体仿珠串，每根上有六颗。檐下垂幔帐，下部八角形台座侧面刻长方形壶门，下侧断面为半圆形榫孔，应该是和幢柱体相接处。目前仅存幢华盖的一半，断面平整，为人工磨平，原件可能为拼装而成。残高50厘米（图一二二，3；彩版六三，2）。标本H36：6，华盖残件，四角形华盖顶，挑檐角，檐下刻出垂帐，盖顶雕三花蕉叶拥簇一颗宝珠，华盖下镂雕四拱柱，雕刻线条较为简洁。残高23厘米（图一二三，2；图版三三，3）。标本I T1607④e：3，华盖残件，八角形，挑檐，每面檐下垂悬帷帐，帐外垂挂吊坠、宝珠等，帐内饰有仰莲瓣。残高12.8厘米（图一二四，3）。

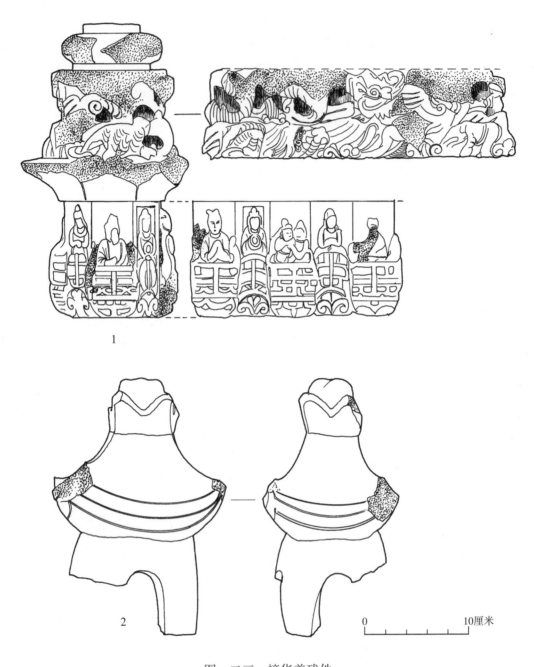

图一二三　幢华盖残件

1. A Ⅱ式（Ⅰ T1806④b：1）　2. B Ⅱ式（H36：6）

　　此外另有两件华盖残件，破损严重，无法判断其结构。标本采集：129，华盖残件，八角形仿木挑檐上承托仰莲圆台，台面中部有圆形榫槽，挑檐下侧残损多，似有造像。华盖残高14、宽26.5厘米（图版三三，1）。标本H30：2，华盖残件，保存较差，仅余八角形仿木挑檐的一侧檐面，侧面装饰有帷帐及联珠纹璎珞。残件宽49厘米（彩版六三，3）。

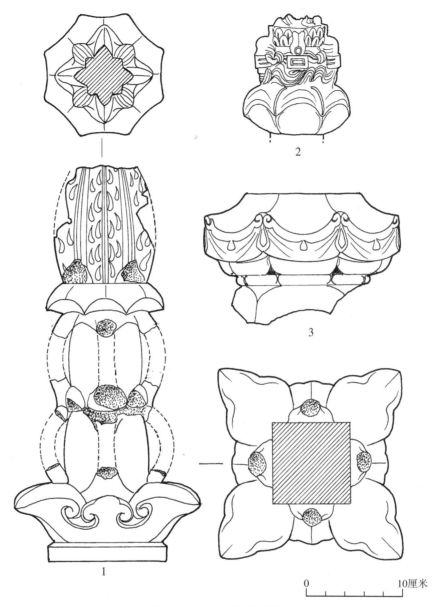

图一二四 幢华盖残件

1、2.BⅠ式（H27：2、H22：20） 3.BⅡ式（ⅠT1607④e：3）

三 经版

共40件。均为红砂石质，正面经磨平后纵排阴刻文字，字体多为楷书，个别为行书，部分刻字上残留有金箔残片。

标本ⅠT1705④e：5，经版残件，行楷字体，纵排，从左向右录文："敬……/復次須菩圍……/此經若爲人□……/惡道以令世人□……/消滅當得阿耨……/提我念過去無……/前得值八百□……/皆供養承□……/□……"。残高21、残宽23、厚4厘米，字径1.8～2.7厘米（拓片一三，1，彩版六三，5）。

标本ⅠT1503④e：1，经版残件，背面有剥落痕迹，较平整。楷书，纵刻，从左向右录文："……□

内……/……□經典□……/……□四天王……/□未曾得聞……/心生悲喜涕泗……/……得無量不可思……/摩訶曼陁羅華……/……等供養佛□復□……/自有五百鬼神常……/護/□□□□□神品……”。残高22、残宽24、残厚2.5厘米，字径1.6～2.2厘米（拓片一三，2，彩版六三，4）。

标本ⅠT1404②a：1，经版残件，残存右下角一块，右、下侧及背面为原经版边，布满凿痕。纵刻，

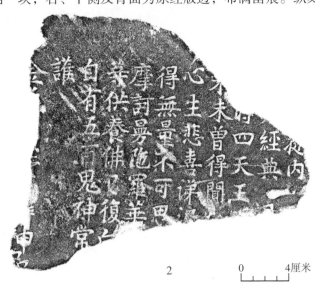

0　　　4厘米

1

2

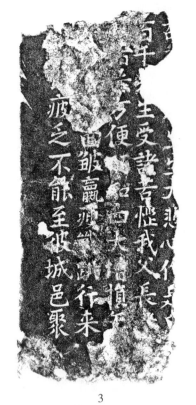

3

拓片一三　经版残件（一）

1. ⅠT1705④e：5　2. ⅠT1503④e：1

3. ⅠT1404②a：1

楷书，字距较密，从左向右录文：“……生大悲心作是□/……百千萬生受諸苦惱我父長圉/……□□方便□知四大增損□/……圖皺羸瘦圈跳行來/……□疲乏不能至彼城邑聚/”。经版残长31、残宽13.5、厚5厘米，字径1.8～2.6厘米（拓片一三，3，彩版六四，2）。

标本Q1：1，经版残件，风化较重，下侧存有原边，上、左、右均残。纵刻，楷书，从左向右录文：“……□此章句能生信心□/……是人不抡一佛二佛三/……□種善根已抡無量千/……圈根聞是章句乃至一/……圊菩提如來悉知悉見/……□是無量福德何以故/……□相人相眾生相□/……法相……”。残高23.8、残宽23、厚5厘米（拓片一四，1，彩版六四，5）。

标本ⅠT1304④a：1，经版残件，正反面均刻有文字，纵刻，楷书，正面从左向右录文：“……□……/……圌帝　伊□……/……□耶　薩呵……/……□帝　波羅……/……□呯……”。背面从左向右录文：“……/……塞優婆夷……/……羅聞佛□……”。残高13、残宽11、厚3厘米，字径2×2.3厘米（拓片一四，2）。

标本H29：2，经版残件，经版背后似有造像，仅能看到两腿残迹，腿右侧为经版边缘，似饰有卷草纹。正面残余9个字，纵刻，楷书，从左向右录文：“……金剛　□/圉何□……/……圛蜜□……/……圌提□……”。残高6、残宽13、厚6厘米，字径2.3×2

厘米（拓片一四，3）。

标本G15：1，经版残件，保留有经版底边少许，侧面布满凿痕。纵刻，行楷，从左向右录文："……⊡缘得生於……/……扵阎浮提内堕/……□我等水及以/……⊡缘并稱寶/……得生此□"。残高18、残宽12.5、厚3厘米，字径2厘米左右（拓片一四，4）。

标本ⅠT1501④e：1，经版残件，背部未见人工痕迹，较平整。纵刻，楷书，从左向右录文："……故□……/云何佛……/尊如来……/……□……/"。残高11.5、残宽10.5、厚1.5厘米，字径1.8厘米（拓片一四，5）。

标本ⅠT2207④b：15，经版残件，背部平直，有凿痕。纵刻，楷书，从左向右录文："……□樂……/……□□七重圍……/……□帀圍繞是……/……□樂國土……/……□□□……"。残高13、残宽17、厚7.5厘米，字径1.5～2厘米（拓片一四，6）。

标本ⅠT1504④e：9，经版残件，正面刻经，右侧面一段保存完好，背部残痕似为自然剥落，无凿痕，侧面经过凿平，残余有小块白膏泥。纵刻，楷书，字距较疏，从左向右录文："……□……/……見如来□……/……□来何以故……"。残高18、残宽10.5、残厚4厘米，字径1.5厘米（拓片一五，1）。

标本ⅠT1801④a：2，经版残件，纵刻，楷书，从左向右录文："……智想……/……母想圓……/……□□……"。残高10、残宽8、残厚2.5厘米，字径1.8厘米（拓片一五，2）。

标本ⅠT1602④e：1，残余经版下半部分少许，残块呈长方形，行书，纵排，从左向右录文："……□家国邦之□……/……□惟平圖赋而駈□……/……□有益之人用福扵/……遠行越生融經論精而義海……/……/"。残高40、残宽15、厚7厘米，字径2厘米（拓片一五，3；彩版六四，1）。

标本采集：117，经版残件，纵刻，楷书，从左向右录文："……羅尼□/……□烏瑟/……羅失/……地瑟咤/……羅迦耶/……□輪提八十/……□耶/……部多/……□提廿"。残高13、残宽22、厚5厘米，字径2厘米（拓片一五，4）。

标本ⅠT1706④c：6　经版残件，纵刻，楷书，从左向右录文："……□往昔⊡緣……/……現/……□品□……/"。残高12、残宽7、厚3.5厘米，字径2厘米（拓片一五，5）。

标本采集：136，经版残件，纵刻，楷书，从左向右录文："……圍/……喜/……□意/……上道/……□敬礼/……圖/"。残高9、残宽20、厚7厘米，字径1.8厘米（拓片一五，6）。

标本ⅠT1404④e：14，经版残件，纵刻，楷书，从左向右录文："□惱……/……"。残高4.5、残宽3.7、厚3.5厘米，字径1.8厘米（拓片一五，7）。

标本ⅠT1601④a：1，经版残件，正面刻经，背面平整，有稀疏凿痕。纵刻，楷书，从左向右录文："……□□……/一佛二佛……/根□□□……/闻是□……/……提□……/……"。残高13、残宽13、厚8厘米，字径2厘米（拓片一五，8）。

标本F9②：6，经版残件，上侧面及左侧面有平行的凿痕，背面平整，有少量凿痕。纵刻，楷书，从左向右录文："……情生死流　□……/……依妙法藏　二……/……徒□调顺　□……/"。石板高23、残宽12、厚6厘米，字径2.1厘米（拓片一五，9）。

标本ⅠT1604④e：12，经版残件，残损严重。楷书，录文如下："……金……"。残高8.2、残宽8、厚6厘米，字径3.2厘米（拓片一五，10）。

标本ⅠT0113③：3，经版残件，保存四个字。纵排，楷书，字距适中，从左向右录文："……

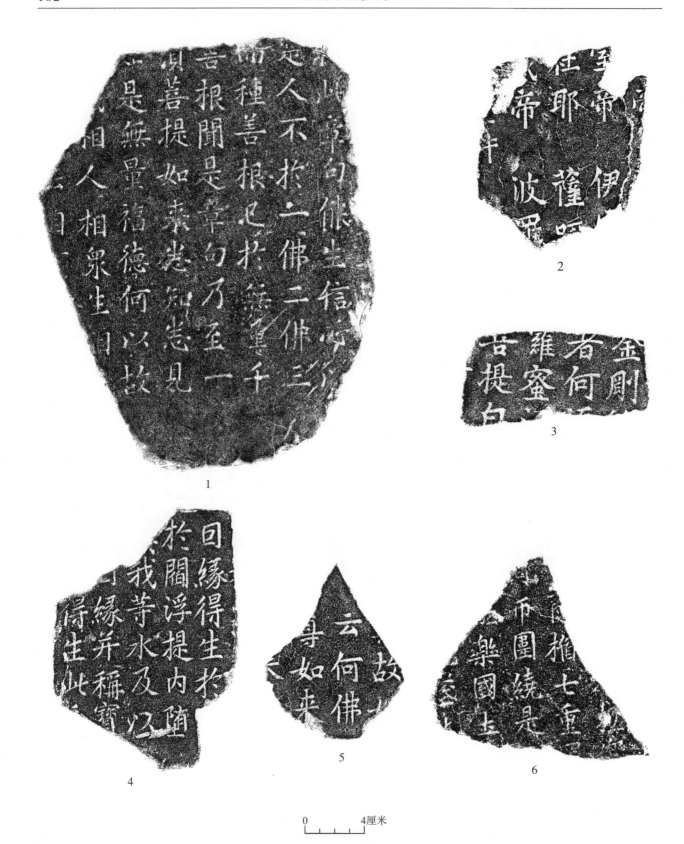

拓片一四　经版残件（二）

1. Q1：1　2. ⅠT1304④a：1　3. H29：2　4. G15：1　5. ⅠT1501④e：1　6. ⅠT2207④b：15

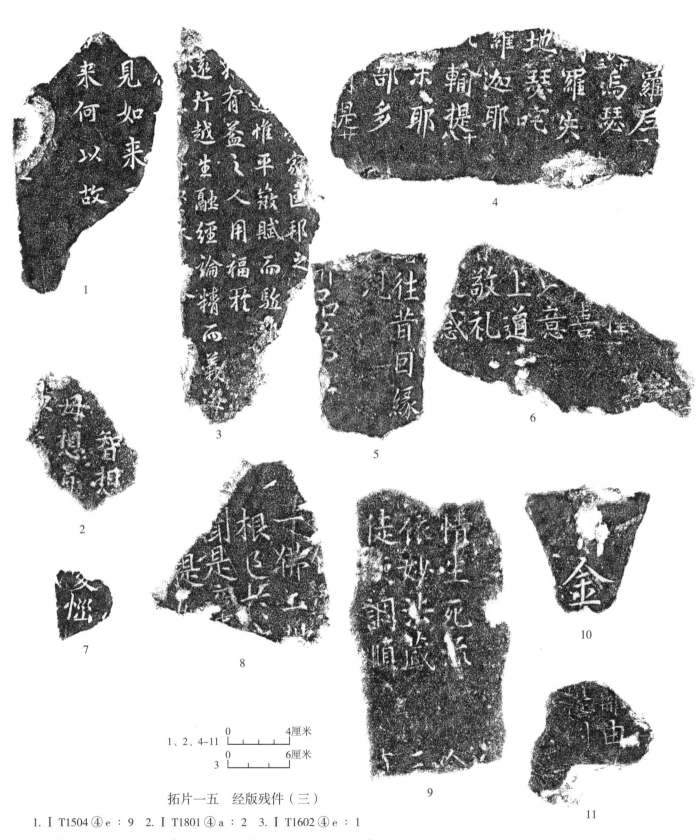

拓片一五　经版残件（三）

1. ⅠT1504④e：9　2. ⅠT1801④a：2　3. ⅠT1602④e：1

4. 采集：117　5. ⅠT1706④c：6　6. 采集：136　7. ⅠT1404④e：14

8. ⅠT1601④a：1　9. F9②：6　10. ⅠT1604④e：12　11. ⅠT0113③：3

圙由……/……提同……"。残高9、残宽8、残厚6厘米,字径1.6厘米(拓片一五,11)。

标本ⅠT1806④b:12,刻经残件,右侧保留少许经版原边。纵排,楷书,从左向右录文:"……□舍□……/……□非圌圐……/……佛國□……/……□土眾□……/……處其數□……/……邊阿僧祇……/"。残高14、残宽16、厚4厘米,字径1.5厘米(拓片一六,1)。

标本ⅠT1806④c:4,经版残件,残损严重,纵排,楷书,从左向右录文:"……則……/……□香……/……子善囙……/……圐人……/"。残高6、残宽11.4、厚4厘米,字径2厘米(拓片一六,2)。

标本G6:30,经版残件,共有三块,未能拼接,依据石板厚度、雕刻字体,推测三者为一件经版的残块。三块残件依次编号G6:30-1、G6:30-2、G6:30-3,三件残块上铭文均为纵排,楷书,录文均按从左向右顺序记录。石板厚4厘米,字径2厘米(拓片一六,3~6)。

三块残件录文及保存情况分别介绍如下:

G6:30-1,"……□多……/……須菩……/……不□……/"。残块高7.3、宽9.5厘米。

G6:30-2,"……圛是□……/……了圙目……/……□使我身……/"。残块高8.5、宽6.8厘米。

G6:30-3,"……□動神……/……即從坐起……/……圗……/"。残块高8.4、宽6.3厘米。

标本ⅠT1705④b:6,经版残件,正面刻经文,纵排,楷书,从左向右录文:"……□恩供養/……□至流水長/……□上露卧睡/……瓔珞置其/"。残块高12.5、宽11、厚6厘米,字径1.6~2厘米(拓片一六,7)。

标本ⅠT1705④b:8,经版残件,纵排,楷书,从左向右纵排录文:"……□佛/……光明經/……□□圙/"。残块高9、宽8.2、厚8厘米,字径1.8~2厘米(拓片一六,8)。

标本ⅠT1705④b:9,经版残件,纵排,楷书,从左向右纵排录文:"……故生……/……趣……/……□圙……/"。残件高6、宽8.4、厚8厘米,字径1.8~2厘米(拓片一六,9)。

标本ⅠT1705④b:10,经版残件,纵排,楷书,从左向右纵排录文:"……□□……/……□等/……□……/"。残件高5.4、宽7.5、厚8厘米,字径1.8~2厘米(拓片一六,10)。

标本ⅠT1505④e:1,贴金经版残件,共有五个残块,字缝间有金箔残片。其中三块可以拼接,分别编号如下(拓片一六,11~15)。

ⅠT1505④e:1-1,经版残块,纵排,楷书,从左向右录文:"……□十方無……/……□皆大歡喜囑□……/……□神力扵是無量無……/……眾及信相菩薩金光……/……四天大王十千天子與/……等及一切世間天人阿/……發無上菩提之□……/"。残宽20、残高26、厚3厘米,字径1.6厘米(彩版六四,4)。

ⅠT1505④e:1-2,经版残件,纵排,楷书,从左向右录文:"……弟子張□……/……功德往生/……霜此福……/"。残宽11、残高8.5、厚2.5厘米,字径1.6厘米。

ⅠT1505④e:1-3,经版残件,纵排,楷书,从左向右录文:"……四卷當□……/……□界圙……/……□阿……/"。残宽8、残高6、厚2.5厘米,字径1.6厘米。

标本TJ1⑤:3,贴金经版残件,字面残存有金箔残片,纵排,楷书,从左向右录文如下:"……女贞□……/……親所願□……/……拘系盗圙……/……即得解脱□……/……□讀誦為□……/"。残高11、残宽13、厚2.3厘米(拓片一七,1;彩版六四,3)。

标本ⅠT1224③:5,经版残件,残断为两块,经版背面似为自然剥落,无凿痕。纵刻,从左向右录文:"……圙所圛念圅忽圙……/……母圙問圙云何答□……/……是骸骨□圙何□……/……□□識時□□……

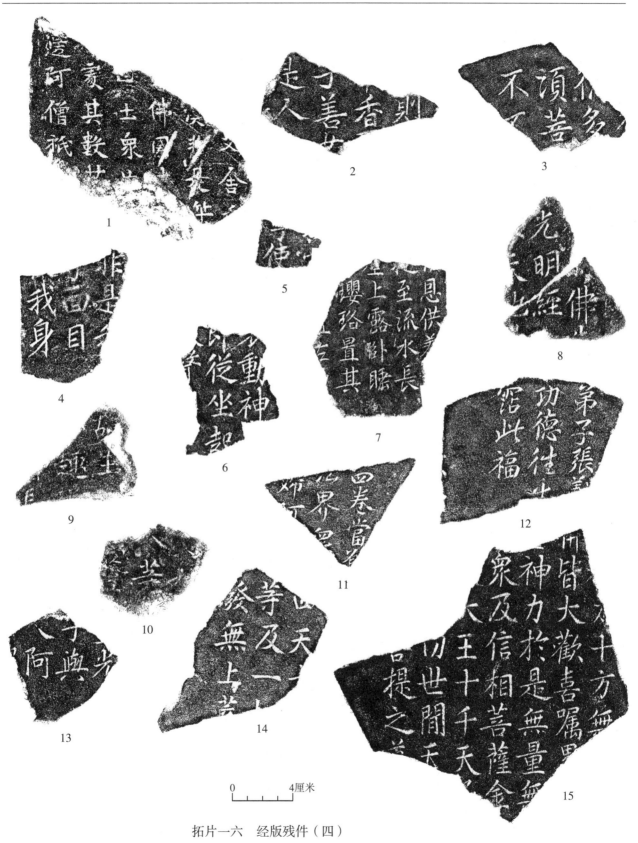

拓片一六　经版残件（四）

1. Ⅰ T1806④b：12　2. Ⅰ T1806④c：4　3~6. G6：30　7. Ⅰ T1705④b：6
8. Ⅰ T1705④b：8　9. Ⅰ T1705④b：9　10. Ⅰ T1705④b：10　11~15. Ⅰ T1505④e：1

/……小王子所將叵從囚……/……者我天為何所面尒町……/……□□□墮落得三……/……囲便□……"。
"便"字右侧残存版面似无刻字。残高24、残宽22、厚5厘米，字径2厘米（拓片一七，2，3）。

标本J1⑤：5，贴金经版残件，残余四块，字体刚劲有力，字缝中仍残留少量金箔，背部平整。纵排，楷书，均按从左向右顺序录文，字径2～2.5厘米。有三块表面有刻文，分别编号J1⑤：5-1、J1⑤：5-2、J1⑤：5-3，依次介绍如下（拓片一七，4～6）。

J1⑤：5-1，经版残块，录文如下："□……/尒□……/以□……/善□……/囫□……/"。残高7、残宽11.5、厚1厘米。J1⑤：5-2，经版残块，录文如下："……樂無□……/……囸薩以為……/……歐喜奉……/"。残高9、残宽10、厚1.5厘米。J1⑤：5-3，经版残块，录文如下："……囙丘……/……世尊囹……/……□常行日……/……見無□……/……囫……/"。残高12、残宽8.5、厚1厘米。

标本TJ1⑤：11，经版残件，较薄，保存较差，残为数块，不可拼接。其中四块表面有刻文，分别编号TJ1⑤：11-1、TJ1⑤：11-2、TJ1⑤：11-3、TJ1⑤：11-4，均为纵排，楷书，依次介绍如下（拓片一七，7～10）。

TJ1⑤：11-1，经版残块，从左向右录文："……□□囡囙□……/……捨其毒意……/……無生□□……/……□淨土……/……□囜……/"。残块高12.5、宽11、厚1厘米，字径2.4～2.8厘米。TJ1⑤：11-2，经版残块，从左向右录文："……□……/……孤獨園……/……人俱尒時……/……利支……/……能……/"。残块高11.3、宽11.5、厚1厘米，字径2.3～2.6厘米。TJ1⑤：11-3，经版残块，从左向右录文："……者/……衆/……中/……□二/……□/"。残块高6.8、宽12.2、厚1厘米，字径2.2～2.7厘米。TJ1⑤：11-4，经版残块，录文为："……囼囵……/"。残块高4.4、宽3.8、厚1厘米，字径2.2厘米。

标本TJ1⑤：12，经版残件，从左向右录文："……囤婆囝……/……□囖……"。残宽4、残高5、厚3.5厘米，字径2.2厘米（拓片一七，11）。

标本TJ1⑤：14，经版残件，经版右侧面密布细凿痕，为其原边，下端侧面亦有凿痕，背部凿痕不平整。纵排，行书，字距较疏，从左向右录文："……□……/……生將恐囷……/……□故貴以賤/……囚侯王自謂……/……本耶非乎/……□如囡落"。残高17、残宽14、残厚7.5厘米，字径2.1厘米（拓片一七，12）。

标本采集：133，经版残件，石板风化较多，字迹漫漶不清。楷书，纵排，从左向右录文："……扵往昔……/……相衆生相□□……/□□念過去□五……/扵尒所世無我相□……/□□者相是故□□□……/□□發阿耨多羅三藐……/……□色生心不應住□……/……□無所住心□……/……□□□……/"。残块高28.2、宽28、厚7厘米，字径2.1～2.5厘米（拓片一八，1）。

标本TJ1⑤：16，经版残件，为经版底部残块，侧面布满规整凿痕，纵排，楷书，从左向右录文："……/……行足善逝世間……/……□世尊國名離囿□□□□□□□……/……因人熾盛琉璃為地有八交道/……□侧其傍各有七寶行樹常/……□三乘教化衆生舍利/……以本願故說三乘法/……□曰大寶庄嚴其國/……菩薩無量無邊不/……佛智力無能/……"。残长38.5、残宽24、厚8厘米，字径2厘米（拓片一八，2）。

标本G15：2，经版残件，纵刻，楷书，从左向右录文："……人發/……云何隆/"。残高11、残宽7、厚4厘米，字径2厘米（拓片一八，3）。

标本ⅠT1503④e：2，经版残件，经版下侧为石板原来的边缘，较为整齐，侧面有平整凿痕。楷书，纵刻，从左向右录文："……世/……三/"。残件高9.8、宽16.6、厚8厘米，字径1.7～2.3厘米（拓片一八，4）。

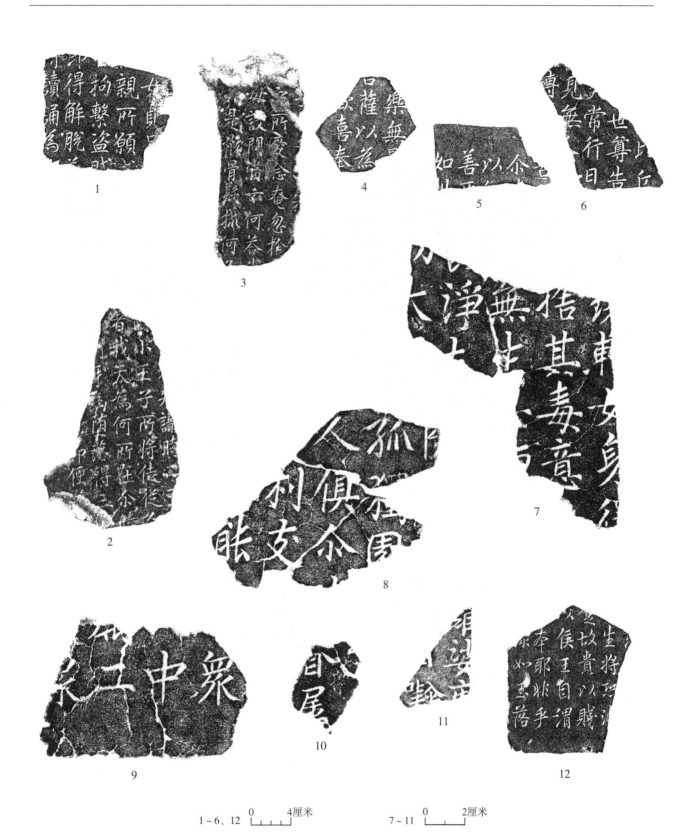

拓片一七　经版残件（五）

1. TJ1⑤：3　　2、3. ⅠT1224③：5　　4～6. J1⑤：5　　7～10. TJ1⑤：11　　11. TJ1⑤：12　　12. TJ1⑤：14

1

2

3

4

拓片一八　经版残件（六）

1. 采集：133　2. TJ1 ⑤：16　3. G15：2　4. Ⅰ T1503 ④ e：2

第五章 出土遗物（二）
——建筑材料及构件

遗址发掘过程中出土了大量建筑材料及构件，主要包括板瓦、筒瓦、瓦当、滴水、鸱尾、脊兽、脊头瓦等用于建筑物上部的材料，材质为素陶和施琉璃类两种。此外，还有少量石质材料，一些为房屋建筑底部使用材料，有的为地面建筑构件。

第一节 陶制建筑材料及构件

陶质建筑材料及构件主要有板瓦、筒瓦、瓦当、滴水、脊兽、脊头瓦、砖等，是建筑材料中出土数量最多的一类。

一 瓦

共142件。分板瓦和筒瓦两类。较多瓦上有印文，因此选择有印文的瓦作为标本。其他没有印文的瓦形制与之相同。

1. **印文板瓦** 共10件。标本ⅡT0803④a：14，板瓦，完整，瓦背上模印楷书阳文"衆屠行食店戶捨度/生錢造瓦盖羅漢殿"，纵排两行，铭文外有长方形边框。板瓦长34、宽25、厚2厘米，题记边框长10.6、宽3.5厘米，字径1.5厘米（图一二五，1；拓片一九，1；彩版六五，1、2）。其他9件形制均同于此件。

2. **印文筒瓦** 共129件。此类筒瓦多由个人出资打造施舍给寺院建寺之用。目前发现的筒瓦均为泥陶，半圆筒形，一端有榫头。有的另一端带有瓦当。印文位于瓦背，模印"×××施"，前面为施主姓名，个别筒瓦上铭文布局略有变化。瓦内侧模印小方格布纹。按铭文模印方式不同，分为两型。

A型 113件。模印阴文筒瓦，共有21位施主姓名，其中一件上模印有两位施主名字。按铭文外周有无边框以及铭文中施主人数不同，分为三式。

Ⅰ式 110件。印文外周无边框，印文竖排，文中仅有一位施主名字。

"蒲司法施"瓦 8件。标本ⅡT0805④c：30，灰黑陶筒瓦残件，印文竖排一行。瓦残长29、宽14、厚1.5厘米，字径1.5厘米（拓片一九，2）。标本ⅡT0805④C：85，灰陶瓦残件，瓦残长29厘米。

"曾推官施"瓦 23件。标本G24：16，灰陶瓦残件，印文竖排一行。瓦残长33.7、宽14.5、厚1.7厘米，字径1.3厘米（拓片一九，3）。

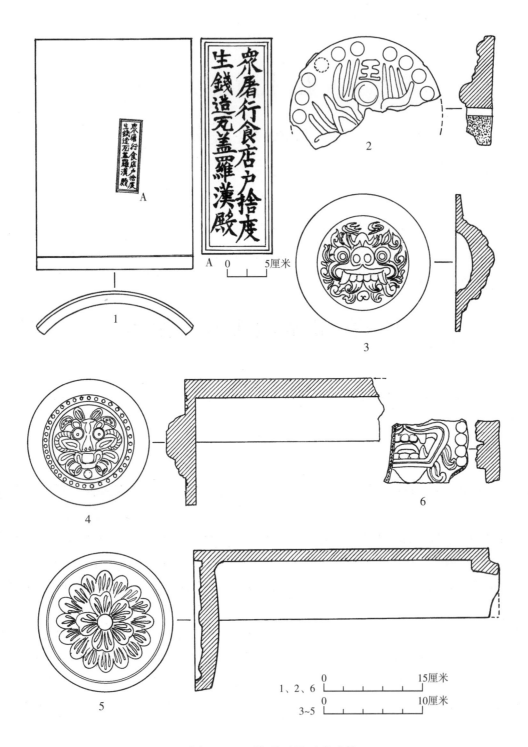

图一二五　陶质瓦及瓦当残件

1.印文板瓦（Ⅱ T0803 ④ a ∶ 14）　2、6.兽面瓦当 D 型（Ⅰ T1004 ④ a ∶ 8、Ⅰ T2103 ④ c ∶ 2）　3.兽面瓦当 B Ⅲ式（TJ1 ⑤ ∶

1）　4.兽面瓦当 A Ⅳ式（Ⅰ T1401 ④ a ∶ 9）　5.菊花纹瓦当（Ⅱ T0805 ④ c ∶ 1）

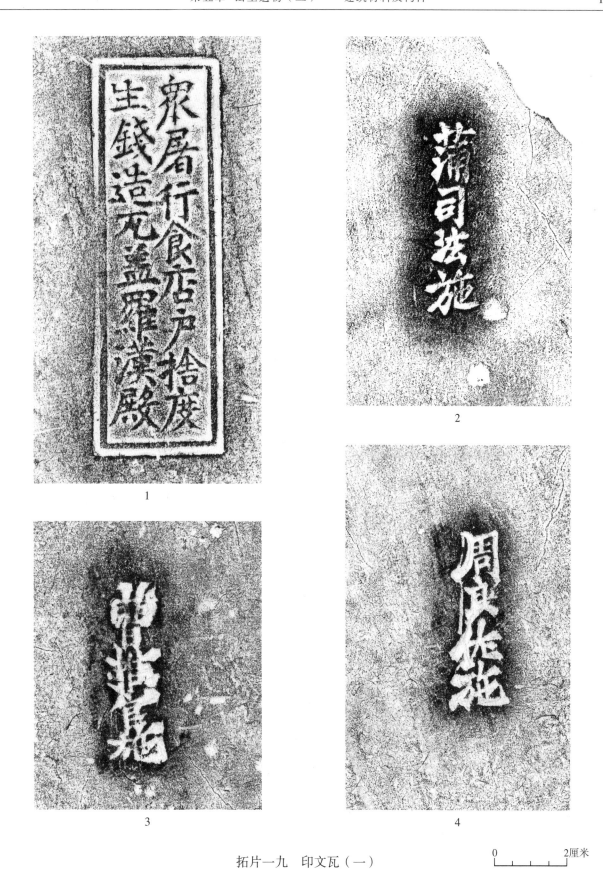

"周良佐施"瓦　20件。标本ⅡT0807④c：11，青灰陶瓦残件，印文竖排一行，字距密。瓦残长29、宽15、厚2厘米，字径1.5厘米（拓片一九，4；图版三四，1、2）。标本ⅡT0806④c：44，铭文同前一件。瓦残长33.5、宽14.5、厚2.4厘米。

"圝叔蘭施"瓦　8件。标本ⅡT0803④a：11，青灰陶瓦残件，印文竖排一行，瓦残长24、宽14、厚1.5厘米，字径1.5厘米（拓片二〇，1）。标本J1⑥：3，印文同前件。瓦长30厘米。

"楊蕴中施"瓦　5件。标本ⅡT0805④c：87，灰陶瓦残件，浅灰色胎，印文竖排一行，字距紧密。瓦通长32、宽14.5、厚2厘米，字径1.5厘米（拓片二〇，2）。

"張宗盛施"瓦　5件。标本ⅡT0404④c：4，青灰色陶瓦残件，印文竖排一行，字距较疏。瓦残长18、宽14.5、厚1.5厘米，字径1.5厘米（拓片二〇，3）。

"将侍郎楊立道施"瓦　4件。标本ⅡT0803④a：9，青灰色陶瓦残件，浅灰胎，印文竖排一行。瓦残长32.5、宽14.5、厚1.4厘米，字径2厘米（拓片二〇，4；图版三四，3、4）。

"王真卿施"瓦　3件。标本ⅡT0807④c：16，灰陶瓦残件，印文竖排一行。瓦通长34、宽24.5、厚1.6厘米，字径1.6厘米（拓片二〇，5）。

"胡侁施"瓦　3件。标本ⅡT0805④c：90，浅灰色陶瓦残件，灰黄色胎，印文竖排一行。瓦残长26、宽14.5、厚1.7厘米，字径1.7厘米（拓片二〇，6）。

"羅普定施"瓦　2件。标本ⅡT0806④c：48，青灰色陶瓦残件，印文竖排一行。瓦残长32、宽14.5、厚1.5厘米，字径1.5厘米（拓片二一，1）。

"白汝霖施"瓦　2件。标本ⅡT0804④c：6，青灰色陶瓦，完整，印文竖排一行。瓦通长34、宽15、厚1.6厘米，字径1.5厘米（拓片二一，2）。

"趙詢仁施"瓦　1件。标本ⅡT0401④a：2，黑灰色陶瓦残件，浅灰色胎，印文竖排一行。瓦通长34、宽14.5、厚2.1厘米，字径1.7厘米（拓片二一，3）。

"文氏程老娘捨施盖/羅漢殿筒瓦壹佰片"瓦　1件。标本ⅡT0803④c：10，灰陶瓦，浅灰色胎，印文竖排一行，字距紧密。瓦通长32.8、宽14、厚1.3厘米，字径1厘米（拓片二一，4；彩版六五，3、4）。

"馬文學施"瓦　1件。标本ⅡT0807④c：17，浅灰色陶筒瓦，印文竖排一行。瓦长34.5、宽14、厚1.5厘米，字径1.5厘米（拓片二一，5）。

"杨會施"瓦　1件。标本ⅡT0803④a：19，青灰色陶瓦残件，印文竖排一行。瓦残长16.5、宽14.7、厚1.5厘米，字径1.3厘米（拓片二二，1）。

"李□五娘施"瓦　1件。标本ⅡT0806④c：47，灰陶瓦残件，印文竖排一行，"五娘"二字略有模糊，压痕较轻。瓦残长20、宽14、厚1.2厘米，字径1.3厘米。

"蒲知縣施"瓦　22件。标本ⅡT0707④c：23，灰陶筒瓦残件，印文竖排一行。瓦残长34、宽14、厚1.5厘米，字径1.5厘米（拓片二二，2；图版三四，5、6）。标本ⅡT0804④a：3，灰陶筒瓦残件，瓦背上共模印三处铭文，内容均为"蒲知縣施"，三处铭文呈"十"字形分布。瓦残长21.5、宽15、厚1.5厘米，字径1.5厘米（拓片二二，3；图版三五，1、2）。

Ⅱ式　1件。瓦背上有两位施主名字，铭文外无边框。标本ⅠT0112④a：1，灰陶瓦残件，印文纵排两行，从左向右录文："胡閏師施/吕□□施"。筒瓦残长18、残宽12、厚1厘米，字径1厘米（拓片二三，1；图版三五，3、4）。

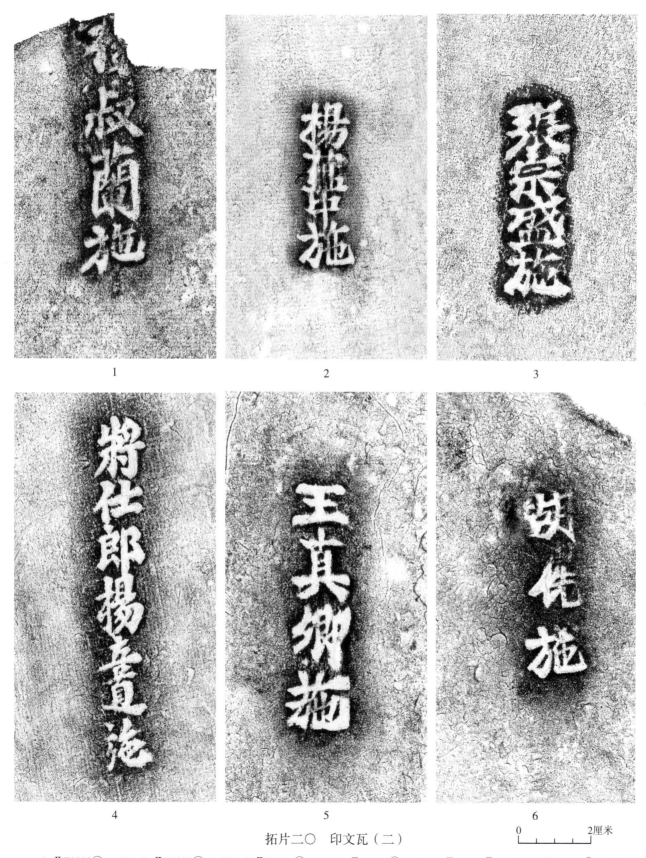

1　　　　　　　　　　2　　　　　　　　　　3

4　　　　　　　　　　5　　　　　　　　　　6

拓片二〇　印文瓦（二）

0　　　　2厘米

1. ⅡT0803④a：11　2. ⅡT0805④c：87　3. ⅡT0404④c：4　4. ⅡT0803④a：9　5. ⅡT0807④c：16　6. ⅡT0805④c：90

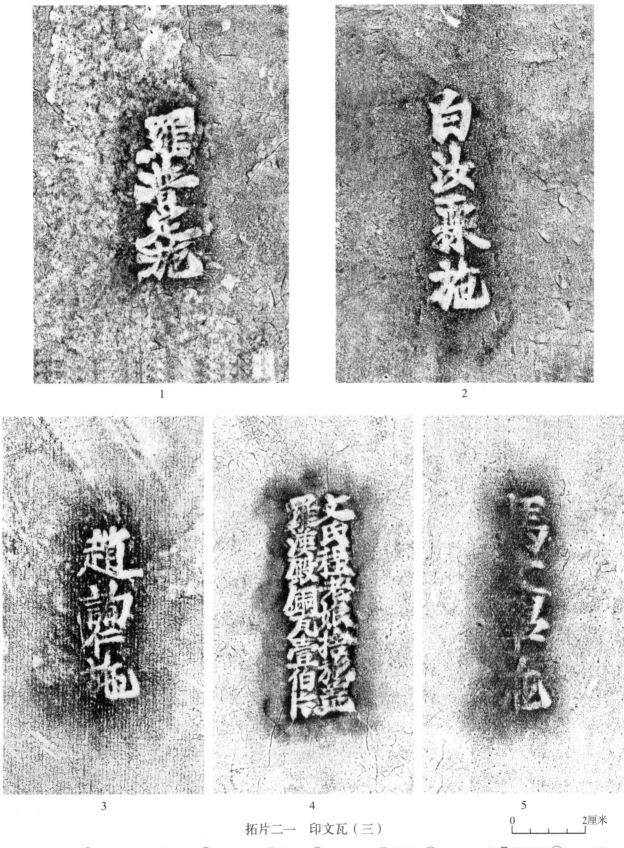

拓片二一　印文瓦（三）

1. Ⅱ T0806 ④ c：48　2. Ⅱ T0804 ④ c：6　3. Ⅱ T0401 ④ a：2　4. Ⅱ T0803 ④ c：10　5. Ⅱ T0807 ④ c：17

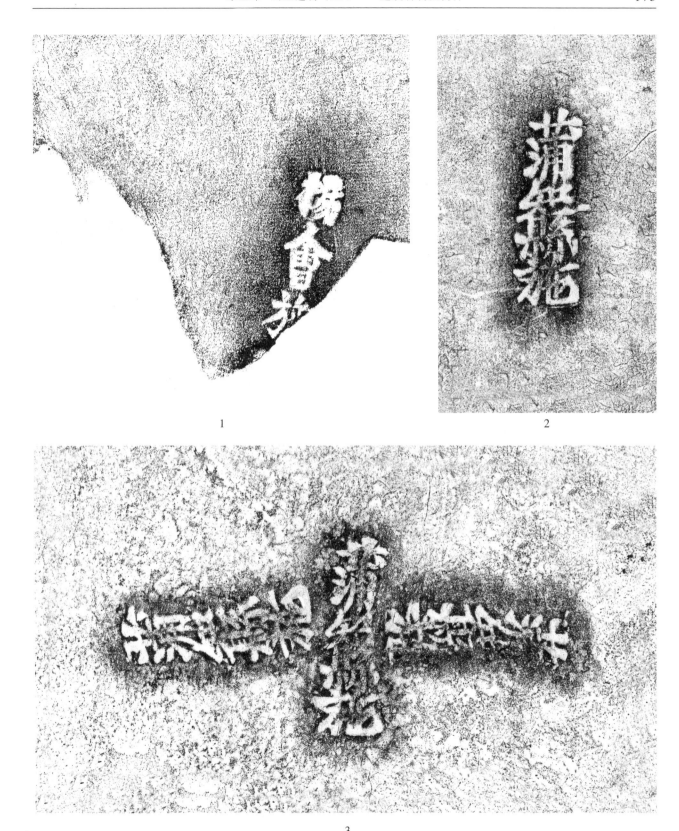

1

2

3

拓片二二 印文瓦（四）

0 2厘米

1. Ⅱ T0803 ④ a：19　2. Ⅱ T0707 ④ c：23　3. Ⅱ T0804 ④ a：3

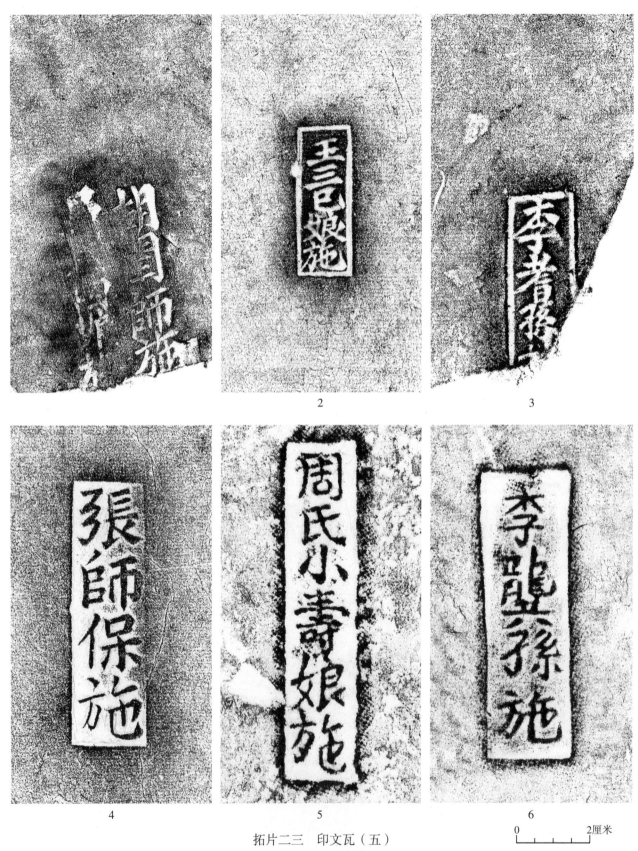

拓片二三　印文瓦（五）

1.ⅠT0112④a：1　2.ⅡT0806④c：36　3.ⅡT0803②a：1　4.ⅡT0803④a：44　5.ⅡT0806④c：50　6.ⅡT0803④a：12

Ⅲ式　2件。瓦背上有一个施主名字，铭文外有边框。

"王三巳娘施"瓦　1件。标本ⅡT0806④c：36，灰陶瓦残件。瓦残长22、宽15、厚1.5厘米，字径1厘米（拓片二三，2；图版三五，5、6）。

"李耆孙施"瓦　1件。标本ⅡT0803②a：1，灰陶瓦残件，字径1.5、瓦残长12.5、残宽9、厚1.2厘米（拓片二三，3）。

B型　共19件。模印阳文铭文筒瓦，印文竖排一行。

"張師保施"瓦　4件。标本ⅡT0803④a：44，青灰色陶瓦残件，字距略疏。瓦残长32、宽14.5、厚2厘米，字径1.7厘米（拓片二三，4）。

"周氏小寿娘施"瓦　1件。标本ⅡT0806④c：50，灰陶筒瓦，青灰胎，前端厚，后端薄。瓦残长32厘米，宽15、厚1.3～2厘米，字径1.5厘米（拓片二三，5）。

"李壨孙施"瓦　2件。标本ⅡT0803④a：12，黑灰色陶瓦，浅灰色胎。瓦残长31、宽14、厚1.5厘米，字径1.5厘米（拓片二三，6）。

"侯仁善施"瓦　1件。标本ⅡT0607④c：11，灰陶瓦，瓦残长31、厚1.5、宽14.5厘米，字径2厘米（拓片二四，1）。

"白承祖施"瓦　1件。标本ⅡT0404④c：14，灰陶瓦残件，瓦残长20.5、残宽12、厚1.8厘米，字径1.6厘米（拓片二四，2）。

"程宗道施"瓦　1件。标本ⅡT0803④a：8，黑灰色陶瓦残件，瓦长31.5、厚1.5厘米，字径1.6厘米（拓片二四，3）。

"胡氏小慶娘施"瓦　4件。标本ⅡT0803④c：9，青灰色陶瓦，完整。瓦长32、宽14.5、厚1.6厘米，字径1.8厘米（拓片二四，4）。

"張氏師姑娘施"瓦　1件。标本ⅡT0807④c：15，青灰色陶瓦残件，瓦残长29、残宽13、厚1.5厘米，字径1.5厘米（拓片二四，5；图版三六，1、2）。

"郭氏四善娘施"瓦　1件。标本ⅡT0806④c：2，灰陶瓦残件，筒瓦靠近榫部（前端）处较厚，尾部略薄。瓦残长24、残宽14.5、厚2厘米，字径1.5厘米（拓片二四，6；图版三六，5）。

"曾氏了娘施"瓦　1件。标本ⅡT0607④c：8，灰陶筒瓦，接近榫头处较厚，尾端薄。瓦残长29、宽15、厚1～2.3厘米，字径2厘米（拓片二五，1；图版三六，3、4）。

"鄧梁孙施"瓦　1件。标本ⅡT0707④a：5，灰陶筒瓦残件，略残，瓦残长29.5、宽14.6、厚1.7厘米，字径2厘米（拓片二五，2）。

"任忠美施"瓦　1件。标本ⅡT0803④c：8，灰陶筒瓦残件，略残，瓦残长32.3、宽15.5、厚2.3厘米，字径1.8厘米（拓片二五，3）。

3. **素面瓦**　出土数量较多，但保存完整者较少。共采集标本3件。标本采集：45，灰陶筒瓦，完整。瓦长31.5、宽12.5、厚1.6厘米。

二　瓦当

共88件。按当面图案不同分为兽面纹和花卉纹两类。

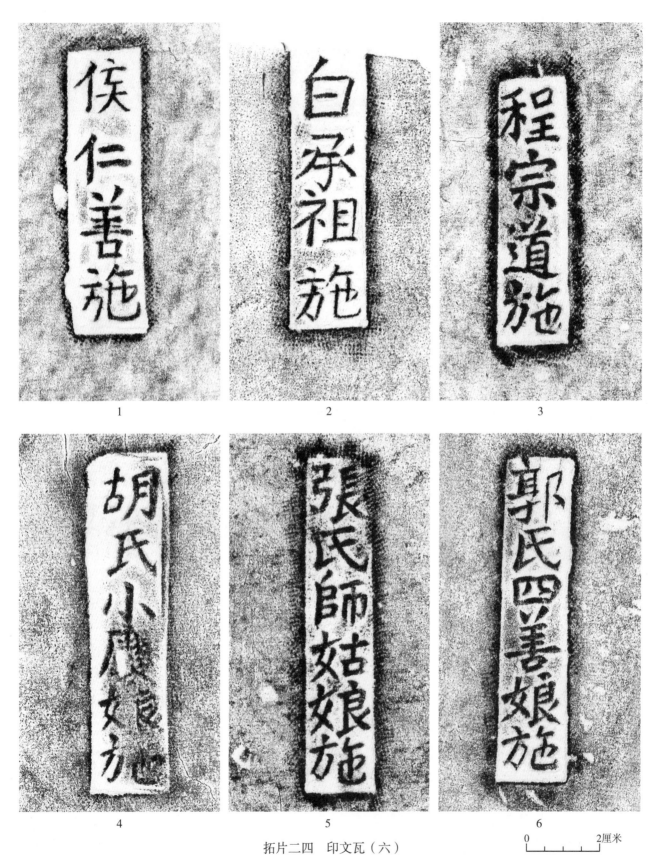

拓片二四　印文瓦（六）

1. Ⅱ T0607④c：11　　2. Ⅱ T0404④c：14　　3. Ⅱ T0803④a：8　　4. Ⅱ T0803④c：9　　5. Ⅱ T0807④c：15　　6. Ⅱ T0806④c：2

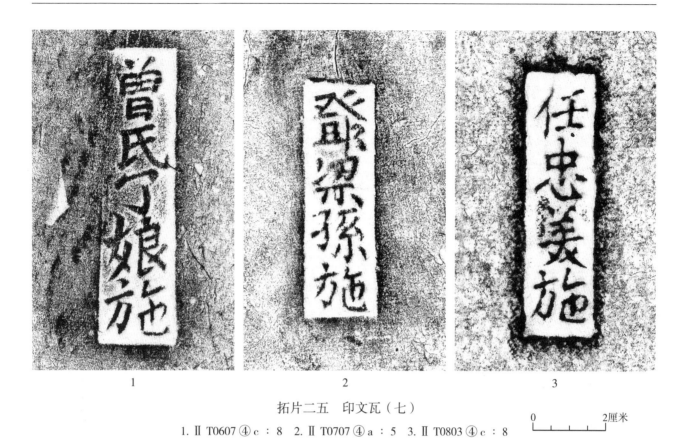

拓片二五　印文瓦（七）

1．Ⅱ T0607④c：8　2．Ⅱ T0707④a：5　3．Ⅱ T0803④c：8

0　　　　　2厘米

1．花卉瓦当　共50件。少数瓦当残存有筒瓦部分。均为青灰色陶，当面为花心、花瓣和素面外廓。多数当面花瓣与外廓之间有一周凸弦纹和一周联珠纹。瓦当中间厚，边缘薄。少数瓦当背面有凹窝，对应瓦当正面中心弧鼓处，有些凹坑内残留有手指用力压制的痕迹。按当面花卉不同分为莲花纹和菊花纹两类，莲花纹瓦当数量较多，变化繁复。

（1）莲花纹瓦当　共15件。按花形不同分为三型。

A型　1件。花心为莲蓬图案，图案较写实。标本ⅠT1204③：3，青灰陶，当面图案分三层，内层为四瓣莲蓬，周围垂须，中心有五颗莲子。中层为一周莲瓣。外层为瓦当边框。背部平整，正面略凸。直径约12.5、内径8.2厘米（拓片二六，1；彩版六五，6）。

B型　2件。花心平矮，呈圆柱状；花瓣呈椭圆形，两朵花瓣之间有三角形凸棱。标本ⅠT1903③：6，瓦当残件，灰陶，花瓣接近椭圆形，外周凸棱较宽，凸棱外周有联珠纹数颗连成一段弧线。瓦当背面平整。正面弧形凸鼓。瓦当残径9、内径6.6厘米（拓片二六，2；图版三七，2）。

C型　12件。花心圆柱较高，花瓣平面呈锥形，花瓣有六片、七片和八片之分，花瓣之间多有"T"形细梗。按圆柱状花心外有无圆环分为二式。

Ⅰ式　6件。花心外周无圆环。标本ⅠT0902③：13，瓦当残件，当面磨损较多，圆凸高细，六瓣锥形花瓣较小，"T"形细梗较粗，其横部两两相接，呈车轮状。莲瓣外层有一周细凸棱，凸棱外侧为一周联珠纹。背面平整。直径12.4、厚1.5厘米（拓片二六，3；图版三七，4）。标本H13：44，瓦当残件，残损较多，细梗横部较粗，六瓣锥形花瓣硕大。联珠纹密集。残长8.3、厚1.5厘米。标本T1③：

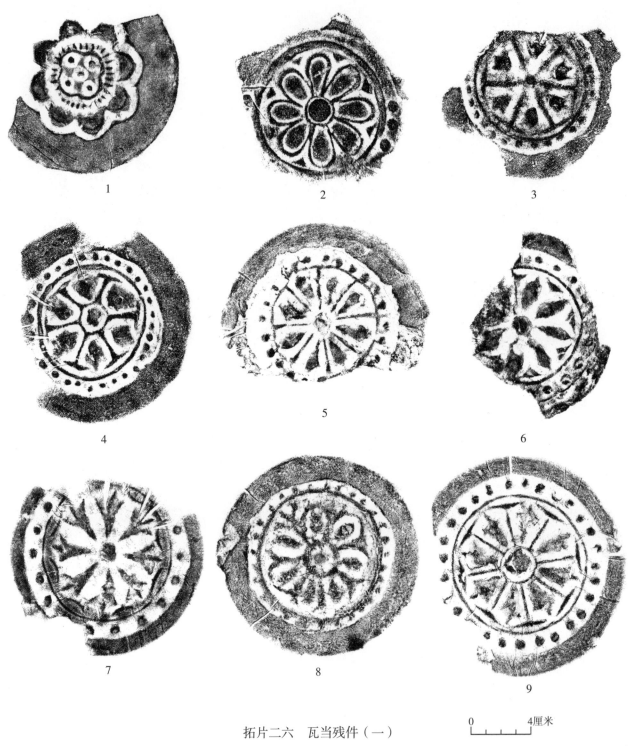

拓片二六　瓦当残件（一）

0　　　4厘米

1. ⅠT1204③：3　2. ⅠT1903③：6　3. ⅠT0902③：13　4. T4③：4　5. T1③：10　6. G6：25

7. ⅠT0208③：5　8. ⅠT1404④e：12　9. ⅠT0208③：1

10，灰陶瓦当残件，花心圆柱较高，莲瓣锥体略低。花瓣之间有细梗向外伸出直接与凸弦纹相交，联珠之间有细柱分隔。瓦当直径13.5、厚1厘米（拓片二六，5；图版三七，3）。标本G6：25，青灰陶瓦当残件，花瓣细长，呈叶片形状，瓣片之间没有细梗，瓣尖之间有鼓起的倒三角形，三角形的底边向内侧下弧，联珠纹较稀疏。瓦当外廓窄平，背面平整。残宽12.1厘米（拓片二六，6；图版三八，2）。标本ⅠT0208③：5，灰陶瓦当残件，花心顶部平整，花瓣高凸，制作精致，"T"形细梗横部上弧，联珠呈小圆柱状，凸弦纹细，背部平整。瓦当直径12.5、厚1.1厘米（拓片二六，7；图版三八，4）。

Ⅱ式　6件。圆柱状花心外有圆环，当面较平。标本T4③：4，灰陶瓦当残件，花心呈半球状，较高。六片锥形花瓣瓣片较饱满，锥状花瓣外侧面接近圆弧形，"T"形纹较粗，横部略向内弧。联珠纹小，呈半球状。瓦当直径12.2、厚1厘米（拓片二六，4；图版三七，1）。标本ⅠT1404④e：12，瓦当残件，当面完整，浅黄色陶，局部呈灰色。七片花瓣，瓣片为椭圆形，圆柱状花心外有圆环。"T"形细梗横部较粗。外廓素面。瓦当直径13.3、厚0.9厘米（拓片二六，8；图版三八，1）。标本ⅠT0208③：1，瓦当残件，花瓣较大，花心及细梗略粗，联珠纹大，背面平整。直径14、厚1.5厘米（拓片二六，9；彩版六五，5）。采集：93，瓦当残件，花瓣轮廓清晰，"T"形细梗横部较细。直径12.8、厚1厘米（拓片二七，1）。标本ⅠT0114④c：1，瓦当残件，瓣片细长，较矮，"T"形细梗横部较粗。直径约12.5、厚8厘米（拓片二七，2；图版三八，5）。标本ⅠT0309③：2，灰陶瓦当残件，花瓣间"T"形细棱的横部略内弧。联珠纹分布较疏。背面平整。瓦当残宽10.3、外廓宽1.2～1.5厘米（拓片二七，3）。

（2）菊花纹瓦当　共35件，形制相同。标本ⅡT0805④c：1，瓦当残件，当面较平，花心为一圆点，内外有三层小花瓣，边框窄而略高。灰陶，瓦当背面平整。瓦当所带筒瓦残长30.5、当面直径13厘米（图一二五，5；拓片二七，4；图版三八，3）。

2. 兽面纹瓦当　共38件。按兽面布局不同分为四型。

A型　15件。当面从内向外依次为兽面、凸弦纹、联珠纹、瓦当边框等。标本TJ1③：1，瓦当残件，残余兽面下半部分，圆形眼眶，直鼻，咧嘴，露出上下牙齿和四颗獠牙，未见髭须。联珠纹细小稀疏。残宽9、厚0.9厘米（拓片二七，5）。按兽面装饰不同分为四式。

Ⅰ式　2件。兽面额头有"王"字，颌下垂有铃铛。标本ⅠT0802③：17，瓦当残件，兽面完整，立耳位于额头，"王"字夹在双眉之间，圆形眼眶，眼球中间有小凹窝，左右六簇髭须对称，下颌两簇胡须间垂有一铃铛。瓦当背面平整。当面直径12.5、厚0.8厘米（拓片二七，6；图版三九，3）。

Ⅱ式　5件。兽面额头有"王"字，颌下无铃铛装饰。标本ⅠT1504④a：1，瓦当残件，兽面鼻孔略向下，眼球中间有小凹窝，咧嘴，六颗上牙细长，排列较密。颌下有"八"字形胡须，两颊有六簇卷曲髭须。瓦当背面平整。残宽8、残厚1厘米（拓片二七，7；图版三九，1）。标本ⅠT1304④f：2，瓦当残件，仅余兽面部分，兽面鼻翼下勾，眼球中间有小凹窝，咧嘴露出六颗上牙，吐舌尖。瓦当背面平整。残宽7.5、厚1.3厘米（拓片二七，8）。标本ⅠT0108④a：1，瓦当残件，圆凸状眼球，鼻孔为圆形凹坑，吐舌尖，咧嘴露出上下牙齿。兽面外周凸弦纹较细。残宽9.2、厚0.8厘米（拓片二七，9）。标本ⅠT1201③：12，瓦当残件，兽面较小，图案模糊，咧嘴露出六颗上牙，排列较细密。兽面外周凸弦纹较细，联珠纹略粗大。瓦当背面平整。残宽8.6、厚1.1厘米（拓片二八，1）。标本ⅠT0206④c：12，瓦当残件，仅余兽面部分，六颗牙齿较细密。八字形胡须，两颊有六簇卷曲髭须，兽面外周联珠纹分布较密。瓦当背面平整。残宽12.3、厚0.8厘米（拓片二八，2；图版三九，4）。

Ⅲ式　6件。无"王"字和铃铛等装饰。标本H41：4，瓦当残件，兽面额头有纵向鼓起的皱纹，圆

拓片二七　瓦当残件（二）

0　　　　　4厘米

1.采集：93　2. Ⅰ T0114④c：1　3. Ⅰ T0309③：2　4. Ⅱ T0805④c：1　5. TJ1③：1
6.标本Ⅰ T0802③：17　7. Ⅰ T1504④a：1　8. Ⅰ T1304④f：2　9. Ⅰ T0108④a：1

形眼眶，眼球中心有小凹窝，咧嘴露牙。兽面外周的联珠纹和凸弦纹较粗大。瓦当背面平整。残宽10.6、
厚0.8厘米（拓片二八，3；图版三九，2）。标本Ⅰ T1223④a：9，瓦当残件，兽面皱眉，两侧髭须向外张

开，吐舌，不露牙。兽面外周联珠纹较密。直径12.4、厚1.5厘米（拓片二八，4；图版四〇，3）。标本采集：91，瓦当残件，兽面上唇外翻向上与鼻子相接，鼻位于双眉之间，双耳位于眼尾，嘴角外侧有鸭蹼状髭须，舌尖上挑。瓦当背面平整。残宽13、厚0.8厘米（拓片二八，5；图版四〇，4）。标本H22：36，瓦当残件，兽面小，图案简单，圆形眼眶，双眼紧靠，咧嘴，上下牙细长，兽面周围有细丝状髭须。残宽12、厚1厘米（拓片二八，6；彩版六五，8）。

Ⅳ式　2件。兽面额头无"王"字，颌下有铃铛装饰。标本ⅠT1401④a：9，瓦当残件，灰陶，兽面圆眼，张口吐舌。瓦当所附带筒瓦残长19.5、当面直径12.4厘米（图一二五，4；图版四〇，1）。

B型　15件。外周无联珠纹等装饰，兽面多直接与外廓相连。按当面装饰不同分为三式。

Ⅰ式　2件。兽面中心微凸鼓，边廓平斜，粗绳状眉，有外眼眶，眼球外有圆环。上嘴唇外翻，与鼻相连，上下露四颗獠牙及八颗牙齿，吐舌尖，眼外侧各有一尖耳，嘴角两侧各有一撮髭须呈鸭蹼状张开，嘴下侧有三簇髭须，不卷曲。标本H8：15，瓦当残件，仅余兽面部分，瓦当背面平整。残宽11、厚0.9厘米（拓片二八，7；图版四〇，2）。标本ⅠT0501②a：2，瓦当残件，瓦当背面平。残宽8、边廓残宽1.1、厚1厘米（拓片二八，8）。

Ⅱ式　7件。兽面周围有散布的细丝状髭须，嘴下左右各有一撮微卷髭须，鼻翼下勾，多数额头有"王"字装饰，眼尾有尖耳，当面较平。标本ⅠT1102④a：25，瓦当，完整，眼球外有圆环，嘴下有两卷髭须，卷曲明显，不吐舌，牙齿细密，左下侧髭须伸至瓦当边缘。瓦当背面平整，窄边框。直径12.2、厚1厘米（拓片二八，9；彩版六五，7）。标本ⅠT1602④a：6，瓦当残件，边框略宽，兽面眼球外有圆环，鼻头粗大。瓦当背面平整。残宽15.7、厚1.5厘米（拓片二九，1；图版四〇，5）。标本ⅠT1001④c：5，瓦当残件，兽面眼球外有圆环，鼻上侧残，造型接近标本ⅠT1602④a：6，有两颗獠牙、四颗门牙，牙齿宽大，咧嘴吐舌，嘴下两簇须毛呈"八"字形分开，髭须中间有细丝状毛。残宽11、厚1.6厘米。标本ⅠT0605③：12，瓦当残件，兽面小眼球，双眼间有纵向三道皱纹，无"王"字。眼球外无圆环，眉上挑，圆形鼻孔，咧嘴露出七颗上牙，牙齿排列细密，舌头细长，向下伸至嘴外侧，嘴下有"八"字形髭须，两颊及额头散布细丝状毛。瓦当背面平整。残宽9.3、厚0.9厘米（拓片二九，3）。标本ⅠT1223④a：12，瓦当残件，兽面圆柱状眼球，眼球外无圆环，两道下弧形上眼眶，"王"字位于眉间，下勾鼻翼，吐舌，有獠牙。瓦当背面平整。残宽11.8、厚1.2厘米（拓片二九，2；彩版六六，1）。标本ⅠT1101③：4，瓦当残件，兽面眉间有"王"字，圆凸眼珠，眼球外无圆环，粗绳状眉，下勾鼻翼，獠牙外露，吐舌，牙齿较细密，边框较宽。残宽10、厚1厘米（拓片二九，4；彩版六六，3）。

Ⅲ式　6件。兽面周围的髭须呈卷曲状，当面凸出。标本TJ1⑤：1，瓦当，当面保存较好，兽面周围装饰毛发，圆眼，瞳孔呈凹窝状，鼻孔向外，咧嘴露出上牙，嘴下侧有两缕胡须左右对称，中间垂挂铃铛。兽面边缘略低于外廓。当面直径13.5厘米（图一二五，3；拓片二九，7；彩版六六，2）。标本TJ1②：1，瓦当残件，仅残余兽面部分，额部有四条皱纹凸起，鼻孔向下，眼眶近似梯形，咧嘴不吐舌，露出上下牙齿，牙齿粗大。残宽7.5厘米（拓片二九，5；图版四一，1）。标本ⅠT0508④c：4，瓦当残件，兽面双耳位于额部，椭圆形眼眶，眼尾细长，圆形鼻孔，上下牙齿中间吐舌，两颊及嘴下侧有卷曲的髭须。兽面外周有一周凹槽，瓦当背面平。残宽9、厚0.8厘米（拓片二九，6）。标本F12①：17，瓦当残件，兽面眼珠外有圆环，眉上侧左右向内有细丝状毛发，两颊有六簇卷毛，上侧有两颗獠牙和四颗

拓片二八　瓦当残件（三）

1. Ⅰ T1201③：12　2. Ⅰ T0206④c：12　3. H41：4　4. Ⅰ T1223④a：9　5. 采集：91

6. H22：36　7. H8：15　8. Ⅰ T0501②a：2　9. Ⅰ T1102④a：25

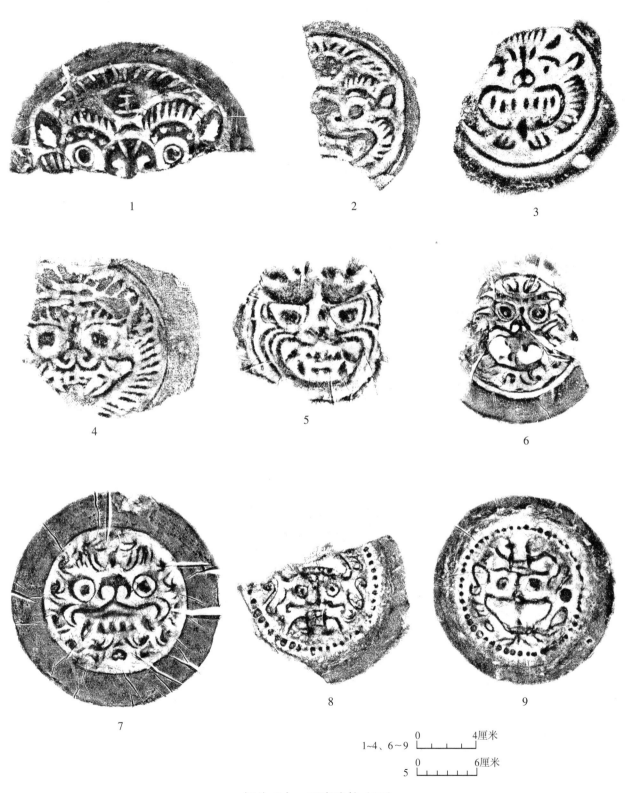

拓片二九　瓦当残件（四）

1. Ⅰ T1602④a：6　2. Ⅰ T1223④a：12　3. Ⅰ T0605③：12　4. Ⅰ T1101③：4　5.TJ1②：1

6. Ⅰ T0508④c：4　7. TJ1⑤：1　8. H9：11　9. Ⅰ T1907③：10

门牙，嘴下有"八"字形卷曲的髭须，中间垂一圆形铃铛。宽边框，瓦当背面平整。与标本TJ1⑤：1基本相同。直径13.3、厚0.5、边框宽2.2厘米（图版四一，2）。

C型　6件。当面有兽面、联珠纹及外廓。兽面外周联珠纹密且小，头顶两只角，角中间为"王"字，眼球外有圆形眼眶，鼻孔向上，咧嘴，吐舌，舌尖上挑，面部外周有卷曲的髭须。标本H9：11，瓦当残件，青灰胎，外廓较宽，眼珠细小。瓦当背面平整。直径11、厚1厘米（拓片二九，8）。标本ⅠT1907③：10，瓦当，完整，灰胎。基本与标本H9：11相同，嘴下有胡须。直径12、胎厚1.5厘米（拓片二九，9；图版四一，3）。标本ⅠT0102④c：2，瓦当残件，兽面大眼球，额头有"王"字，"王"字上侧有三道皱纹，眉尾有尖耳，鼻梁上有两道皱纹，鼻翼下勾，獠牙粗大，嘴角各有一缕胡须朝上。当面较大，边廓窄。直径12、厚0.8厘米（拓片三〇，1；图版四一，5）。标本ⅡT0303③：6，瓦当残件，兽面略模糊，与标本ⅠT0102④c：2相似，嘴下侧贴近联珠纹，仅有少量髭须痕迹。联珠纹处于边廓面上，背面平整。直径12、厚1.4厘米（拓片三〇，2；图版四一，4）。标本ⅡT0801④b：6，瓦当残件，灰胎。兽面略模糊，较平，咬牙咧嘴，不吐舌，嘴下髭须呈"八"字形，联珠纹紧贴兽面，嘴下侧联珠纹位于"八"字形髭须间。残宽11、厚1.3厘米（拓片三〇，3）。

D型　2件。当面装饰有兽面、联珠纹，无外廓。标本ⅠT1004④a：8，瓦当残件，灰陶，兽面眼尾上翘较长，眉毛粗且向上分叉，双眉之间"王"字较大。兽面周围有一周硕大的联珠纹。当面直径23.4厘米（图一二五，2；图版四一，6）。标本ⅠT2103④c：2，瓦当残件，灰胎，兽面周围有一周乳钉，排列紧密，兽面咧嘴，露出上下牙齿及舌。兽嘴左下角有两缕胡须上卷。残高9.3、残宽12.6、厚1.2厘米（图

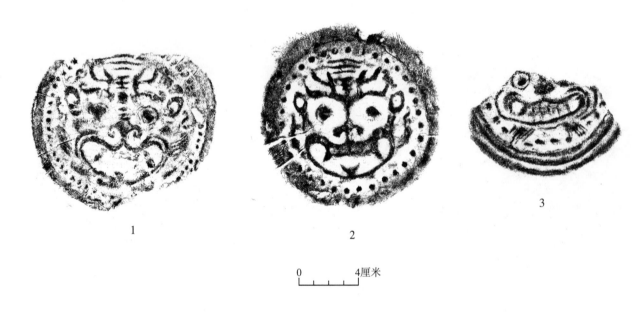

1　　　　　　　　　　2

0　　　　4厘米

拓片三〇　瓦当残件（五）

1. ⅠT0102④c：2　2. ⅡT0303③：6　3. ⅡT0801④b：6

一二五，6；图版四二，1）。

三　滴水类

共34件。均为灰陶，与板瓦相连，滴水面呈月牙形状。板瓦为素面，滴水正面有装饰。按滴水面装饰纹饰不同分为二型。

A型　18件。缠枝菊花纹，按菊花数量不同分为二式。

Ⅰ式　11件。五朵菊花。标本ⅡT0404④c：8，灰陶滴水残件，与板瓦相连，滴水面呈半月形，滴水面外周有边框。框内正面模印凸起的缠枝菊花，枝上花朵有七瓣和八瓣两种，缠枝上印出细长的叶片。板瓦残长16、宽23.5、厚1.1厘米，半月形滴水高6厘米（图一二六，1；拓片三一，1；图版四二，2）。

Ⅱ式　7件。四朵菊花。标本ⅡT0803④a：5，灰陶滴水残件，滴面模印缠枝菊花纹，周围有边框。四朵菊花相连，左右对称，右侧第一朵为七瓣，其余三朵为八瓣，左右第二朵各有一瓣伸长至滴水两端，无叶片。板瓦残长14、宽24、厚1.5厘米，半月形滴水高6厘米（图一二六，2；拓片三一，2；彩版六六，5）。

B型　16件。卷草纹滴水，与板瓦相连，滴水呈月牙状。标本ⅡT0806④c：20，灰陶滴水残件，模印卷草纹，左右对称。板瓦残长16、宽23.5、厚1厘米，半月形滴水高5.5厘米（拓片三一，3）。标本ⅡT0805④c：3，灰陶滴水残件，卷草纹左右对称。板瓦残长18.7、宽21.5厘米，半月形滴水高6.9厘米（图一二六，3；图版四二，4）。

四　脊头瓦

共4件。正面堆塑兽面，下部有方形底座承托，底座上有钻孔。按兽面形状不同分为三型。

A型　1件。无犄角，尖耳位于眼睛外侧，圆眼外凸，瞳孔为圆形凹坑，嘴大，未表现出舌头。标本ⅠT1302④a：2，脊头瓦残件，兽面堆塑于长方形底座上，鼻孔朝外，大嘴张开，上排牙齿排列整齐，嘴下侧残。兽面凸出较高。残长24、宽18厘米（图一二七，1；彩版六六，6）。

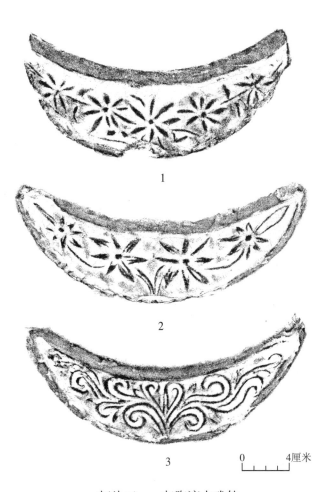

拓片三一　灰陶滴水残件

1. ⅡT0404④c：8　2. ⅡT0803④a：5
3. ⅡT0806④c：20

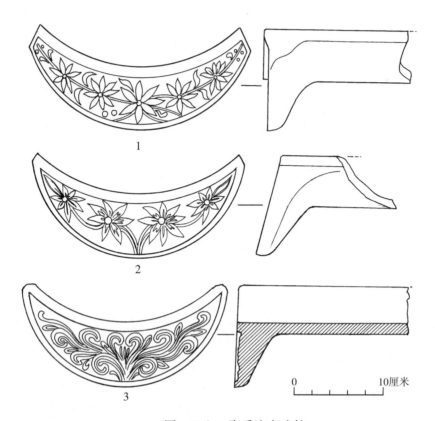

图一二六　陶质滴水残件

1. A Ⅰ式（Ⅱ T0404④c：8）　2. A Ⅱ式（Ⅱ T0803④a：5）　3. B 型（Ⅱ T0805④c：3）

图一二七　陶质脊头瓦残件

1. A 型（Ⅰ T1302④a：2）　2、4. C 型（Ⅰ T1505④e：4、Ⅰ T1404④e：6）　3. B 型（Ⅰ T1301④b：4）

B型 1件。夹砂灰陶，兽面双眉呈犄角状，圆眼大睁，鼻孔朝外，嘴大张，吐舌露牙，面孔凶恶，面部两侧有卷曲状毛发。标本ⅠT1301④b：4，脊头瓦残件，底座接近方形，上部残，四角呈圆弧形。兽面与底座为整体模印而成。残件长29.5、宽26厘米（图一二七，3；彩版六六，4）。

C型 2件。兽面头上有两只犄角，圆弧形耳，咧嘴，双眼呈圆柱形向外凸出，嘴略小，吐舌，上下各有獠牙。标本ⅠT1505④e：4，脊头瓦残件，夹砂红陶，方形底座上部正中有小孔，犄角剥落，耳部仅余少许，鼻头略呈圆弧形，鼻以下残。底座残长18、残宽19.5、高2厘米（图一二七，2；图版四二，3）。标本ⅠT1404④e：6，脊头瓦，夹砂红陶，面部两侧塑有双耳，耳内刻斜纹。粗条状眉毛，双眼为同心圆，瞳孔深凹，尖鼻头，张嘴露出上牙及獠牙，嘴部右侧残损。兽面各部位连接处可见有缝隙和手工捏制痕迹，方形底座上部有一穿孔，穿孔正面大，背面小，边缘不见磨损痕迹。长23、残宽22、高2厘米（图一二七，4；彩版六六，7）。

五 鸱尾残件

共46块。标本ⅠT1807④c：1，鸱尾尾部残件，中空，腹部左右对称，侧面饰满点状装饰，腹部一端伸出一长角状物，其侧面有耳。残块高19.5厘米（图一二八，1；图版四二，5、6）。标本ⅠT1807④e：2，鸱尾眼部残件，弧形眼尾，眼球较大，贴近内眼角。眉毛粗大，眼眶上侧饰有三个花瓣形纹饰。眼睛后侧为弧形耳，耳廓内刻数道纵排细纹装饰。残块高20.4、宽26厘米（图一二八，2；图版四三，2）。标本ⅠT1503④e：5，鸱尾残件，断面呈"十"字形，侧面呈弧形下弯。残件长20厘米（图一二八，3；图版四三，4、5）。标本ⅠT1302④c：4，鸱尾眼部残件，残损严重，眼眶外侧布满小卷曲状和月牙状的刻划纹，眼眶尾部尖，圆形眼球。残件高16.4厘米（图一二八，4；图版四三，3）。标本ⅠT1401④e：23，鸱尾残件，夹砂灰陶。表面装饰羽片，尾部向下勾。下端向外的一侧装饰有牙齿状纹饰。残件高23.7厘米（图一二八，1；图版四三，1）。标本ⅠT1404④c：1，鸱尾残件，眼眶为双圆环，瞳孔为圆孔，眼眶上侧有眉毛。残块宽13.3、高10.5厘米（图版四四，1）。标本ⅠT1707④e：1，鸱尾残件，夹砂灰陶，尾部用硬物刻划出纹饰。高24厘米。

六 脊兽残件

共3件。均为残件。按形状不同分为三型。

A型 1件。虫节状兽头。标本ⅠT1125④c：1，兽头残件，夹砂灰陶。兽头呈扁平状，一端残，两只圆形鼻翼上凸，鼻孔凹陷。残高11.4、残长24.9、宽15厘米（图一二九，4；彩版六七，1）。

B型 1件。尖嘴，圆眼，头两侧有双耳，额头有皱纹。标本ⅠT1706④c：1，兽头残件，砖红色胎，表面施白膏泥。后颈部有泥条堆塑系带，脑后有一圆孔，为锥状物所钻，孔壁光洁。头部中空，头颈之间有粘接的痕迹。残高8.5厘米（图一二九，6；彩版六七，2、3）。

C型 1件。双眼圆鼓，泥条状双眉上扬，眉毛弯曲，较粗。鼻梁上有三道皱褶，鼻尖下勾。标本ⅠT1201③：9，禽鸟头残件，夹粗砂陶。嘴紧闭，下巴饰数道横皱褶。残高13.2、头部宽13.8厘米（图一二九，5；图版四四，2）。

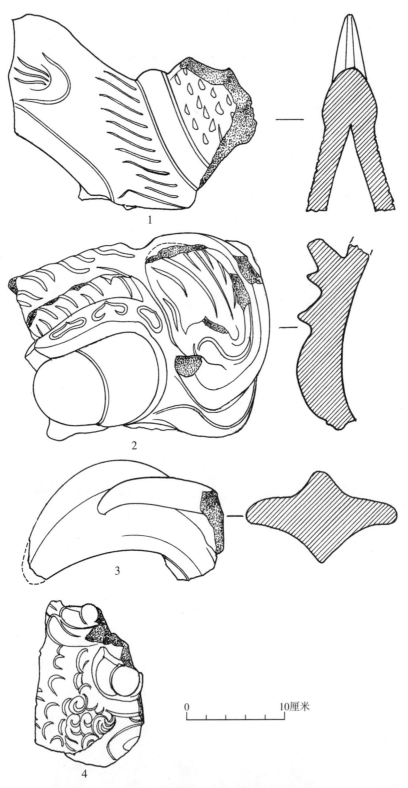

图一二八　陶鸱尾残件

1. ⅠT1807④c：1　2. ⅠT1807④e：2　3. ⅠT1503④e：5　4. ⅠT1302④c：4

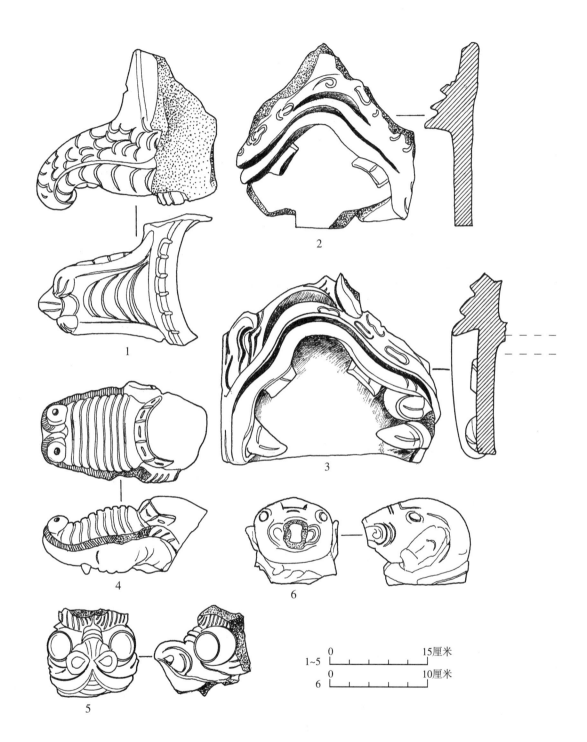

图一二九 陶质建筑构件及装饰材料残件

1.鸱尾残件（ⅠT1401④e：23） 2、3.兽嘴形瓦饰（H29：3、ⅠT1404④e：18） 4.脊兽A型（ⅠT1125④c：1）

5.脊兽C型（ⅠT1201③：9） 6.脊兽B型（ⅠT1706④c：1）

七　云纹装饰构件残件

共1件。标本ⅠT1905④b：2，残件由三朵并排的云纹组成。灰白色胎，胎质细腻。残高5.7厘米（图一三一，4）。

八　莲花基座

2件。标本ⅠT1223④a：7，灰陶莲花基座残件，内腹呈碗形，敛口，弧腹，内壁光滑。外腹饰三层仰莲瓣，瓣片饱满，最上层莲瓣尖高过口沿，座底残损。残高8.8、口径16厘米（图一三一，7；图版四四，6）。标本ⅠT1223④a：6，莲座残件，莲座呈方形，底部中空，基座周围饰有一周变形莲瓣。莲座边长21、残高18厘米（图版四四，4）。

九　其他瓦饰残件

共30件。按形状不同分别介绍。

1. **兽嘴形瓦饰残件**　共2件。标本H29：3，瓦饰残件，底座较平，上面堆塑兽嘴，咧嘴，露出牙齿。嘴角外侧装饰有一排云纹。夹砂灰陶。残件高27、宽27厘米（图一二九，2；图版四四，5）。标本ⅠT1404④e：18，瓦饰残件，形状接近标本H29：3，嘴内有上下獠牙，嘴角外侧装饰数个椭圆形纹饰。底座背面凸出一道凸棱，残断。残件高27.5、宽33.5厘米（图一二九，3；图版四四，3）。

2. **脊残件**　25件。按正面装饰图案不同分为三型。

A型　16件。云纹，按云纹形状不同分为四式。

Ⅰ式　3件。单头椭圆形云纹。标本G6：22，灰陶脊残件，正面模印两组图案，中间间隔一排凸棱。凸棱外侧为并排纵向弧线，内侧靠近凸棱处残余两朵云纹，云纹接近椭圆形，两端向内卷曲。云纹下方纹饰残损严重，不可辨识。残块高19.6、宽13厘米（图一三〇，1；图版四五，1）。

Ⅱ式　6件。长尾状圆头云纹。标本G6：27，灰陶脊残件，残损严重，残件高18、宽13.5厘米（图一三〇，4；图版四五，5）。标本H7：1，脊残件，云纹上的云丝较为密集。残件高27、宽11.4厘米（图一三〇，5；图版四五，6）。

Ⅲ式　6件。如意云纹。标本G6：20，灰陶脊残件，云尾细，弯曲较长。残块高13、宽14.2厘米（图一三〇，7；图版四五，4）。

Ⅳ式　1件。两朵云纹向左右两侧分开。标本H3：23，灰陶脊残件，云纹由细线构成，残损严重。残高17.5、残宽19.6厘米（图一三一，5；图版四五，2）。

B型　3件。花草纹。标本ⅠT2207④b：6，脊残件，残块上下分为两段，上段平面模印带枝花草，叶片细小，呈柳叶状。上下段之间有凸棱相间。下段装饰数道斜排弧线。残块高17.5、宽11.5厘米（图一三〇，6；图版四五，3）。

C型　6件。兽纹。标本采集：36，灰陶脊残件，残损严重，正面残余一只弧形兽耳，耳廓内侧有数道细密的毛发。残块高23、宽17.5厘米（图一三〇，2；图版四六，3）。标本H5：2，灰陶脊残件，仅余兽耳部分，耳部呈扇形180度打开。残块高13.5厘米（图一三〇，3；图版四六，1）。标本采集：37，灰陶脊残件，残块呈三角形，下侧有一只兽目，眼眶上侧有横条状眉，眉上侧为细丝状并排的毛

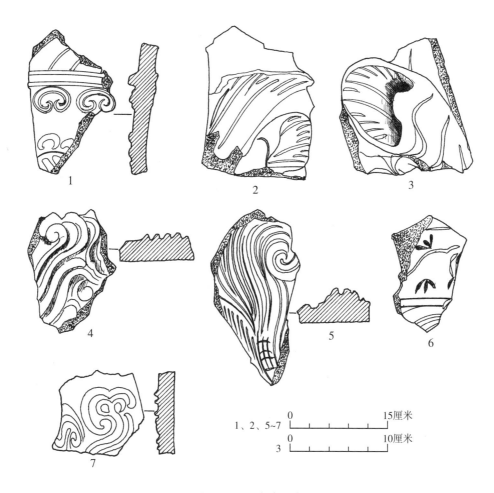

图一三〇　陶脊残件

1. 脊 A Ⅰ 式（G6∶22）　2、3. 脊 C 型（采集∶36、H5∶2）　4、5. 脊 A Ⅱ 式（G6∶27、H7∶1）

6. 脊 B 型（Ⅰ T2207④b∶6）　7. 脊 A Ⅲ 式（G6∶20）

发。残高28.5、残宽22厘米（图一三一，1；图版四六，5）。标本G6∶21，灰陶脊残件，残损严重，正面仅余兽嘴少许，咧嘴，有三颗上牙，嘴上侧有卷毛。残块长14.5、宽10.2厘米（图一三一，2；图版四六，4）。标本G6∶19，灰陶脊残件，残件正面左侧有一只兽目，眼尾长，眼眶下侧有卷曲状毛发，兽目尾部并排有数条细丝状毛。残长20.2、残宽17厘米（图一三一，6；图版四六，6）。标本采集∶87，脊类残件，残损严重，正面仅余眼眶上部少许，眼眶、眉毛凸出，瞳孔部位中空，眉弓突出，正面刻细密的眉毛，眉上侧似有一角状物，残损不清，背面平。残高15、残宽14.5厘米（图一三一，8；图版四六，7）。

3. 瓦饰残件　3件。标本Ⅰ T1302④c∶2，瓦饰残件，呈角状，一端分叉，较长的一支顶端有圆球状物。残高10、残宽21.5厘米（图一三一，3；图版四六，2）。标本Ⅰ T1302④c∶6，瓦饰残件，表面装饰鳞片。残高10.8、残宽13.8厘米（图版四七，4）。标本Ⅰ T1607④e∶3，瓦饰残件，正面浮雕龙形装饰，龙仅余躯体一段，表面饰鳞片。残高13.5、残宽23.2厘米（图版四七，5）。

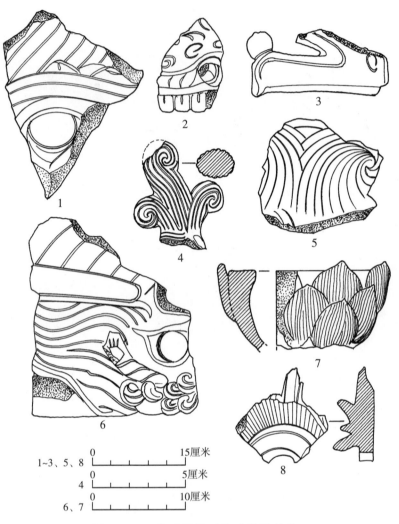

图一三一　陶质脊类瓦饰残件及其他

1、2、6、8. 脊 C 型（采集：37、G6：21、G6：19、采集：87）　3. 瓦饰残件（ⅠT1302④c：2）　4. 云纹装饰构件残件（ⅠT1905④b：2）　5. 脊 A Ⅳ式（H3：23）　7. 莲花基座（ⅠT1223④a：7）

十　陶砖

数量较多，以长方形素面砖为主，也有少量方形砖、楔形砖和弧形砖。

1. 长方形砖　按有无铭文分为二型。

A型　无铭刻砖，出土数量大。砖的大小、薄厚略有差异。标本G2：3，青灰砖残件，一面粘附一层较厚的白灰泥。宽17、残长10、厚3.9厘米。

B型　7件。铭文及刻划图形砖。标本G4：2，"大吉"文残砖，灰色，长方形。侧面模印"大吉"二字，纵排，铭文外有长方形边框。残长23.5、宽18.2、厚4.7厘米（图版四七，2）。标本ⅠT1906③：1，"大吉"文残砖，同G24：2，残长20、残宽15、厚4.7厘米（拓片三二，1）。标本采集：134，"正光元年"砖，灰色，长方形，残损较多，侧面模印"建光元年"四字，纵排，隶书。残长21.5、厚6厘米（拓片三二，2）。

1　　　　　　　　　2　　　　　　　　　3

拓片三二　陶砖铭文

1. Ⅰ T1906 ③：1　2. 采集：134　3. G22：1

0　　　　6厘米

标本F4：1，"吉"文残砖，灰色，长方形，侧面模印"吉"字，铭文外有长方形边框。残长20.5、宽18、厚4.5厘米（图版四七，6）。标本G22：1，铭文砖残件，灰色，长方形。铭文共六行，从左向右录文："十月十九一千/廿一日九千廿三日一千/十一月十四五千/十一回四千/十一月囲六二千/十九一千"。残长21、宽17.4、厚3厘米（拓片三二，3；彩版六七，4）。标本Ⅰ T1706④c：2，长方形灰砖残件，残，砖面中部阴线刻内外三层长方形，三层长方形的四个边、四个角各有线相连。砖残长22、宽19、厚8.6厘米（图版四七，3）。标本Ⅰ T1124④a：1，刻划纹砖残件，正面残余纵向刻线八条、横向刻线四条，形成方格纹后，按方格对角线刻交叉斜线，似为棋盘，刻划较为随意。残长31.5、宽18、厚4.5厘米（图版四七，1）。

2. **方形砖**　7件。标本J3：1，灰色素面方砖。边长30、厚6厘米。

3. **楔形砖**　1件。标本J8：2，青灰色素面楔形砖。长17.8～18.8、宽16、厚3.3厘米。

4. **弧形砖**　砖面微上弧，砖的两端接近楔形砖，主要使用于井壁，J3的修建以此类砖为主。标本J3：2，青灰色素面弧形砖，完整。长28.5～32、宽19、厚5厘米。

第二节　琉璃建筑材料及构件

一　瓦

数量较多，按装饰不同分为瓦背上有模印铭文和瓦背上有动物装饰二型。

A型　数百件。按瓦形制不同分为筒瓦和板瓦二式。

Ⅰ式　数百件。铭文筒瓦，瓦背上模印铭文均为阴文"官"字。在F1北部发现一堆，表面多施绿釉和黄釉，许多瓦面呈黄褐色。标本J1①：1，"官"字铭文瓦残件，砖红色胎，表面施黄褐色釉，内壁无釉，布满

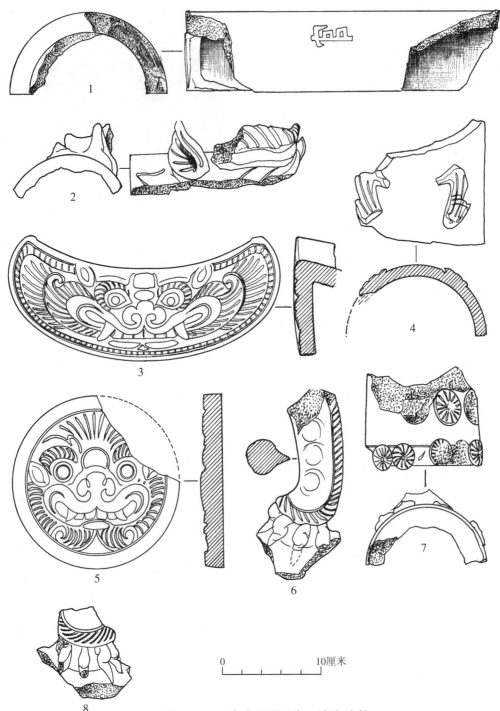

图一三二　琉璃瓦及瓦当、滴水残件

1.瓦A型（J1①：1）　2、4.瓦B Ⅰ式（Ⅱ T0303③：3、Ⅱ T0802③：18）　3.滴水（Ⅱ T0302④a：12）　5.瓦当（Ⅱ T0802③：4）　6、8.瓦B Ⅲ式（Ⅱ T0805④c：40、Ⅱ T0805④c：38）　7.瓦B Ⅱ式（Ⅰ T0902④a：1）

小方格布纹。"官"字位于瓦面一侧，横向模印。瓦残长32、厚2、宽16.2厘米，铭文长4.5、宽3厘米（图一三二，1；拓片三三；彩版六七，5）。标本Ⅱ T0301③：39，"官"字铭文筒瓦，形制同J1①：1，仅"官"

字在字体上与前者略有不同。残长24.5、宽16、厚2.5厘米（图版四八，5）。

Ⅱ式　1件。铭文板瓦。标本ⅡT0701④a∶9，"官"字铭文板瓦残件，釉面脱落，残损严重。残长14.5、残宽11、厚2厘米（图版四八，4）。

B型　8件。瓦背上有动植物装饰，按装饰物形状不同分为三式。

Ⅰ式　2件。装饰兽类动物。标本ⅡT0303③∶3，琉璃筒瓦残件，瓦背上残余一只尖耳，耳侧有一泥条状装饰，表面装饰旋转的刻划纹，末端变细上翘，残损不清。筒瓦残长17.8厘米（图一三二，2；图版四八，2）。标本ⅡT0802③∶18，琉璃筒瓦残件，残瓦背脊上有两只兽足，足为黄胎，以绿釉为主，局部黄釉。残长2、宽14、厚1厘米（图一三二，4；图版四八，3）。

拓片三三　"官"字铭文瓦残件（J1①∶1）

Ⅱ式　2件。装饰花卉植物。标本ⅠT0902④a∶1，琉璃筒瓦残件，瓦背及边缘贴塑圆花。砖红胎，瓦为黄褐釉，花朵为绿釉、黄釉等色。筒瓦残长9.4、残宽11.6、胎厚1.8厘米（图一三二，7；图版四八，3）。

Ⅲ式　4件。装饰禽类动物，爪部分五支，细长尖锐，有长长的指甲，爪部弯曲下勾。标本ⅡT0805④c∶40，琉璃筒瓦残件，筒瓦残余一小块，瓦背上残余一只动物腿部，侧面突出三块骨节。腿后侧装饰茸毛，五只利爪抓住瓦背。残高19厘米（图一三二，6；图版四八，1）。标本ⅡT0805④c∶38，琉璃筒瓦残件，形状与标本ⅡT0805④c∶40接近，仅余足部。残高8.8厘米（图一三二，8；图版四八，6）。

二　瓦当

共8件。多为砖红胎或灰胎，以褐釉、黄褐釉及绿釉为主，有些当面三种釉色均有。纹饰以兽面纹为主。标本ⅡT0802③∶4，瓦当残件，额头扇形毛发向上，鼻翼下勾，圆眼，眼球突出，弧形粗条状眉，两只小尖耳紧贴眉眼后侧。咧嘴露出四颗门牙及两颗獠牙。面部毛发向四周卷曲，下巴上胡须左右分开。兽面略鼓，边框较窄，两者之间有一周凹弦纹相隔。浅砖红胎，黄褐釉。瓦当直径17.2、外廓厚1.8厘米（图一三二，5）。标本ⅡT0605③∶11，瓦当残件，与标本ⅡT0802③∶4基本相同。瓦当直径17.2厘米（彩版六七，6）。

三　滴水

共4件。滴水面呈半月形，微上翘，滴部呈弧形。滴水面装饰兽面和卷草纹。砖红胎，黄褐色釉及绿釉。标本ⅡT0302④a∶12，兽面纹琉璃滴水，滴水后侧接板瓦。兽面额头突出，眉弓环绕椭圆形眼眶，内眼角尖，鼻翼下勾，椭圆形双耳位于眉弓斜上方。咧嘴，露出牙齿，嘴侧毛发分内外两层，均向外卷。兽面外环绕一周带状装饰，带面被密集竖条切割。瓦当外廓较窄。滴水面高9.3、宽27.4、厚14厘米（图一三二，3；彩版六七，8）。标本H43∶5，滴水残件，正面装饰卷草纹。残长15.5、宽8厘米（彩版六八，1、2）。

四　鸱尾残件

共126件。鸱尾残损严重，多为碎片，无一完整，现存残片包括鸱尾不同部位。通过这些残片，我们了解到鸱尾扁体中空，左右两片对称，脊背相接，下侧有颈，颈端似有一排粗壮的牙齿。外貌为凤鸟形，浅黄色胎，胎较厚，绿釉为主要釉色，局部采用黄釉、褐釉装饰，造型抽象变形，突出眼睛、耳朵、翅膀等部位。因残损严重，按照能够辨别的部位分类介绍，如鸱尾残身、眼睛、耳朵、尾部等等。还有一些不能辨别部位，但可确定属于鸱尾残件的未列出。

1. 鸱尾残段　共2件。包括鸱尾身体的大部分。标本ⅡT0701④a：7，鸱尾残件，残余鸱尾的半边。圆弧形眼眶，眼眶内有数条并排弧线。弧形眉毛，眉尾下勾，尖耳位于眉毛上方较远处。眼睛下方为嘴部和颈部，残余数颗牙齿。腹部刻出弧形羽毛线条，翅膀收拢，翅中带状凹槽内饰并排的月牙纹，翅尾似一把蒲扇。残高41、残宽31.4厘米（图一三三，1；彩版六八，3）。标本ⅡT0806④a：13，鸱尾残件，杏核状眼眶，圆条状眉，密集弧线形眉毛，眉尾呈云纹下勾，翅膀尖位于眼睛前下方，似为飞翔状态，尾巴上翘。残高26.4、宽42.4厘米（图一三三，2；彩版六八，4）。

2. 鸱尾眼睛周围残件　共34件。按眼球及眼眶形状不同分为三型。

A型　3件。圆形眼球及眼眶。标本ⅡT0301③：56，鸱尾眼部残件，圆眼，眼球突出，外周有数周圆圈环绕，眼睛上侧有细长皱褶并分叉。残高20厘米（图一三四，1；图版四九，4）。标本ⅠT2108④b：1，眼眶上半部分残，头顶有一矮锥状角，张嘴，露出上牙三颗。嘴下部残。面部后侧有细丝状毛发。残件高15.5厘米（图一三四，7；图版四九，5）。

B型　23件。圆眼突出，眼眶内角尖，眼尾呈圆弧形。标本ⅡT0301③：15，鸱尾眼部残件，眼睛由内向外有四层。瞳孔处内凹，周围有一周凹弦纹。粗条形眉，眉毛斜弯，较疏。尖耳位于眉毛的右上角。砖红胎，绿釉和黄釉装饰，胎内侧较平。残高26.6厘米（图一三六，2；图版四九，2）。标本ⅠT2207④b：5，鸱尾眼部残件，瞳孔凸出，眼内角下方有一排戳印纹。胎内壁眼球处凹陷。残件通高13.5、宽17.4厘米（图一三六，3；图版四九，1）。

C型　8件。眼眶尾部尖，眼球鼓凸。标本ⅡT0806④a：48，鸱尾眼部残件，眉呈鸡冠状，表面刻有纵向细条纹。眼睛前方有箭头形状的羽片装饰。残高17.6厘米（图一三四，4；图版四九，3）。

3. 鸱尾耳部残件　共15件。鸱尾耳部多为桃形兽耳，耳廓前端呈圆形或椭圆形，耳尾较尖。少数耳部形状为扇面状，较宽，耳廓内装饰有戳印纹。砖红胎，表面施米黄色化妆土。釉色有黄、绿、砖红色等，分布无规律，且釉层保存较差，许多釉面脱落殆尽（彩版六七，7）。

标本ⅡT0806④a：6，鸱尾耳部残件，侧耳耳窝不明显，耳前廓外侧面饰有一条细凹弦纹，耳尾较尖，耳廓内扇状戳印纹端有细线相连。残件高9.5厘米（图一三四，2）。标本Ⅰ2408④c：2，鸱尾耳部残件，耳位于眼眶后侧，残余眼眶少许。耳尾呈椭圆形。戳印纹内侧尖窄，外侧较宽，呈倒三角形，饰于耳廓近边缘处，较稀疏。残高10.8厘米（图一三四，3）。标本ⅡT0301②a：5，鸱尾耳部残件，为耳朵正面样式，圆形耳孔凹陷，从耳孔向外有一周密集细长戳印纹。耳朵上侧鸱尾身上饰有数条戳印斜纹。残高12厘米（图一三四，5）。标本采集：3，鸱尾耳部残件，侧耳内戳印纹呈扇状分布。残高7.6、宽9.2厘米（图一三四，6）。标本ⅠT2207④a：8，鸱尾耳部残件，条状戳印纹较粗，从耳廓中心向外呈旋转状。残件其他部分仅残余两道凹弦纹。残高12.6、残宽9厘米（图一三四，8）。标本ⅡT0301③：24，鸱尾耳部残件，耳前端椭圆部分残，较短胖，耳尾尖，耳廓近边缘处戳印纹呈月牙形，较稀疏。残件高8.2厘米（图一三四，9）。标本ⅠT2207④a：10，鸱尾耳部残件，耳部侧面接近扇形，戳印纹呈倒三角锥形。残宽8、高7.4厘米（图一三四，10）。

4. 鸱尾尾部残件　共7件。按残件装饰不同分为四型。

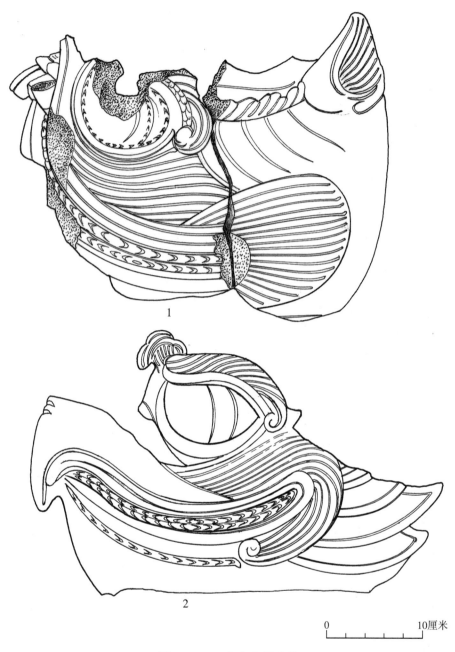

0 　　　　　　　　　10厘米

图一三三　琉璃鸱尾残件

1. Ⅱ T0701 ④ a ：7　2. Ⅱ T0806 ④ a ：13

　　A型　2件。羽片状装饰。标本Ⅱ T0808②c：1，鸱尾残件，从侧面看，鸱尾头部下勾，顶冠为鹰吻形状，眼睛藏于眉弓下侧，顶冠和脊背竖起的羽毛相连。片状羽毛向后重叠。从正面看，双眼紧靠，圆形眼眶内眼球内凹。残高22厘米（图一三五，1；图版五〇，1、2）。标本Ⅰ T2207④b：12，鸱尾残件，仅余尾部少许，中空，表面装饰羽片纹饰，背上有脊。砖红胎，脊上施黄釉，其余施绿釉。残高5厘米（图版五〇，4）。

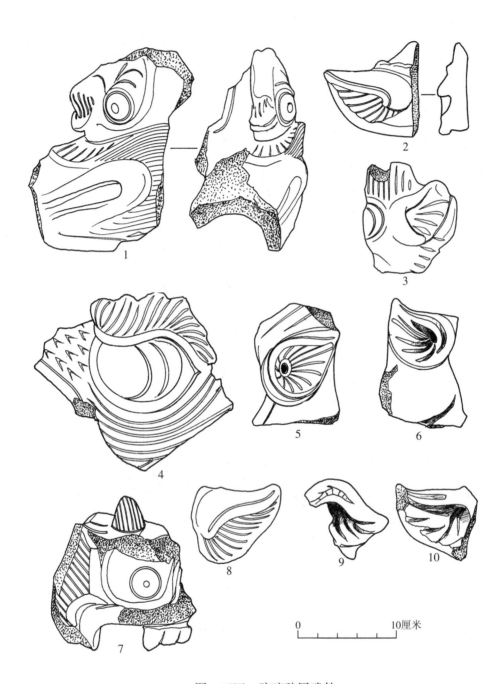

图一三四　琉璃鸱尾残件

1、7.鸱尾眼部残件 A 型（ⅡT0301③：56、ⅠT2108④b：1）2、3、5、6、8~10.鸱尾耳部残件（ⅡT0806④a：6、ⅠT2408④c：2、ⅡT0301②a：5、采集：3、ⅠT2207④a：8、ⅡT0301③：24、ⅠT2207④a：10）4.鸱尾眼部残件 C 型（ⅡT0806④a：48）

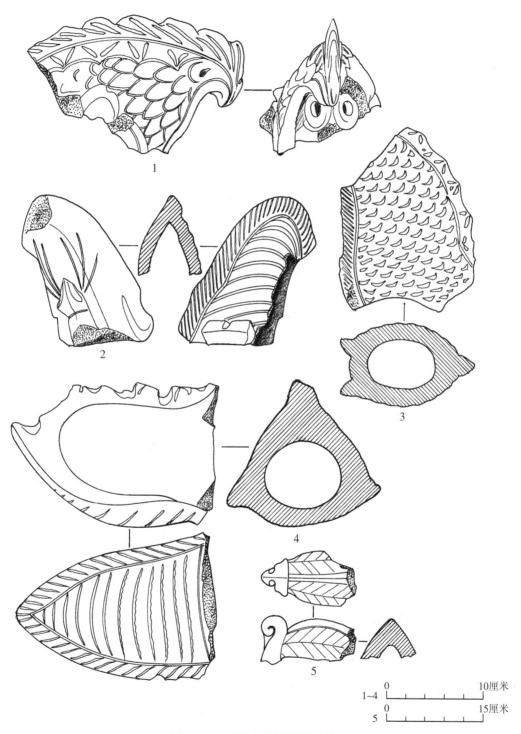

图一三五　琉璃鸱尾尾部残件

1. A 型（Ⅱ T0808 ② c：1）　2、4. C 型（Ⅰ T1404 ④ c：4、Ⅱ T0301 ③：14）

3. B 型（Ⅱ T0803 ② c：3）　5. D 型（Ⅱ T0607 ④ c：19）

B型　2件。月牙纹装饰。标本ⅡT0803②c：3，鸱尾残件，中空，两面图案对称。背上脊凸起，脊上装饰有不规则长点状纹饰，下部有两道凸棱，凸棱外侧面刻并排的斜线。残件高18.5厘米（图一三五，3；图版五〇，5）。

C型　2件。弧线装饰。标本ⅠT1404④c：4，鸱尾残件，中空，背上脊侧面装饰排列的斜线。鸱尾正面装饰多排弧线，背面接近素面，仅有数道刻划痕，风化不清。残件高15.3厘米（图一三五，2；彩版六八，5、6）。标本ⅡT0301③：14，鸱尾残件，中空，断面呈三角形，腹部两侧装饰有弧线，底部为素面。残件高20.3厘米（图一三五，4；图版五一，4、5）。

D型　1件。树枝形装饰。标本ⅡT0607④c：19，鸱尾残件，仅余背部少许，腹部左右对称，侧腹中部有一条横向弧线，上下分出枝杈。鸱尾一端装饰一朵长尾云纹。砖红胎，釉层脱落。残件高14.4厘米（图一三五，5；图版五一，1）。

5. 其他残损严重的鸱尾残件　共68件。残损严重，按形状不同略作介绍。标本ⅡT0806④a：3，鸱尾头部残件，嘴内有门牙及上翘的獠牙，嘴下方有纵向条纹，似表现颈部细毛，施绿、黄等色釉。残高16厘米（图一三六，1；图版五〇，3）。标本ⅠT2207④b：3，鸱尾残件，残损严重，表面略向内弧，残件右侧内凹，呈"U"字形，表面装饰锥状戳印纹，残件右侧戳印纹呈条状。砖红胎，釉面脱落。残件高13.5、宽8.2厘米（图一三六，4；图版五一，2）。标本ⅠT1805④a：1，鸱尾残件，中空，表面装饰鳞片，残损严重。砖红胎，绿釉。残长15、残宽7.5厘米（图版五一，3）。

五　其他琉璃构件

共29件。按形状不同分别介绍。

1. 兽头构件残件　8件。标本ⅡT0806④a：2，兽头残件，双眼圆凸，位于面部两侧，长吻突出，鼻梁上有两道半弧形皱褶，鼻孔朝向两侧。浅砖红胎，施黄、绿色釉。残件高10.4、宽14.4厘米（图一三七，1；图版五二，1）。标本采集：163，兽头残损严重，仅余面部少许。圆眼，弧形双耳位于兽面两侧，咧嘴露牙，嘴上侧有獠牙。砖红胎，施绿釉和酱黄色釉。残件高7.6厘米（图一三七，2；图版五二，3）。标本ⅡT0805④c：34，兽面呈倒三角形，上宽下窄，兽头顶上有两只角，均残断，两角之间有六道纵向刻纹，眉毛较粗，圆眼，鼻孔向外，鼻头上装饰许多小圆点，嘴部露出四颗牙齿，短颈，身上刻有细纹。砖红胎，头上施绿釉及黄釉，鼻头处施黄釉。残高8.5厘米（图一三七，3；彩版六八，7）。标本ⅡT0302④a：10，兽头残件，仅余嘴部少许，嘴上侧有两个矮角状的突起，已残断。砖黄胎，残块表面以黄釉为主，局部施绿釉。残件高4.5厘米（图一三七，4；图版五二，2）。标本ⅡT0805④c：8，兽头嘴部残件，嘴上侧有一道弧形凸棱，嘴内露出上牙数颗。砖红胎，表面施黄釉和绿釉。残件高3.5厘米（图一三七，5；图版五二，4）。标本ⅡT0805④c：9，兽头残件，残损严重，仅余嘴部少许，鼻孔向外，嘴前伸较长，露出上牙一排。砖红胎，主要施黄釉，局部施绿釉。残件高4厘米（图一三七，6；图版五二，6）。标本H1：3，兽头残损严重，仅余眼部少许残块，双眼圆凸，双眼间有一物凸出，已残断。浅黄胎，施绿釉和黄釉。中空，内壁未施釉。残高8厘米（图一三七，7；图版五二，5）。标本ⅡT0302④a：11，兽面残件，圆眼，眼球略凸，眼睛两侧至鼻翼两侧环绕倒三角形细长戳印纹，咧嘴咬牙，下巴呈圆弧形。浅砖红胎，施暗绿色釉，中空，胎较厚。残高5、残宽5.6厘米（图一三七，8；图版五三，4）。

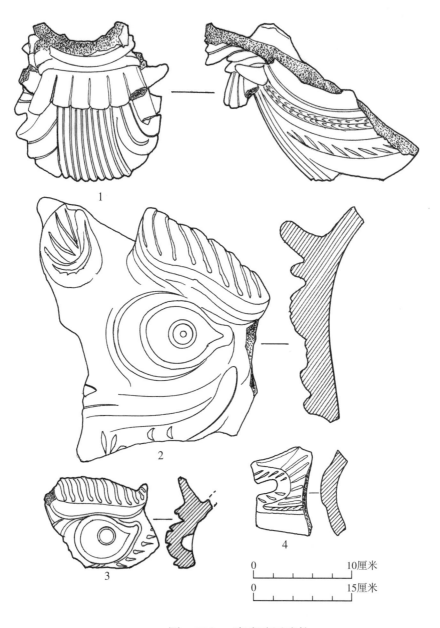

图一三六　琉璃鸱尾残件

1、4.鸱尾残件（Ⅱ T0806 ④ a ∶ 3、Ⅰ T2207 ④ b ∶ 3）　2、3.眼部残件 B 型（Ⅱ T0301 ③ ∶ 15、Ⅰ T2207 ④ b ∶ 5）

2．脊兽类装饰　4件。标本 Ⅰ T0111③∶2，猴形脊兽残件，面部眼眶深凹，鼻孔朝天，龇牙咧嘴，头部两侧塑出双耳，耳孔贯通。双腿屈膝，双手捧桃于胸前，尾巴贴身体向上翘。臀部下侧平，猴体中空。表面施釉，满身饰戳印纹。猴身龟裂，仅头部保存较好，釉面剥蚀严重，以绿釉和红褐釉为主，面部采用绿釉、黄褐釉，眼珠采用黄釉，身上多施绿釉。砖红胎，胎质较粗糙。残高42.6厘米（图一三八；彩版六八，8）。标本 Ⅱ T0301③∶3，脊兽残件，中空，仅余后背及下肢少许，脊兽呈

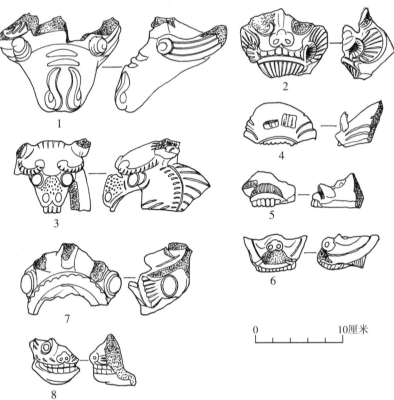

图一三七　琉璃兽头构件残件

1. ⅡT0806④a：2　2. 采集：163　3. ⅡT0805④c：34　4. ⅡT0302④a：10
5. ⅡT0805④c：8　6. ⅡT0805④c：9　7. H1：3　8. ⅡT0302④a：11

图一三八　琉璃猴残件（ⅠT1000③：2）

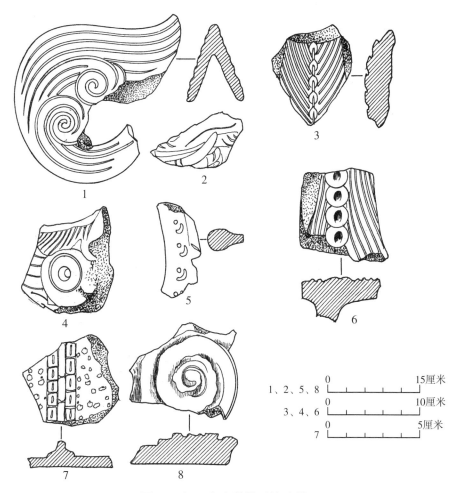

图一三九　琉璃脊类瓦饰残件

1. J1④：1　2. ⅡT1301③：18　3. ⅡT0805④c：34　4. ⅠT1401④c：1

5. ⅠT2207④b：7　6. ⅡT0405③：1　7. ⅠT1501④a：13　8. ⅡT0407④a：2

蹲坐姿势，表面有戳印纹。浅黄胎，黄釉，局部施绿釉。残高17.8厘米（图一四〇，1；图版五三，1~3）。标本ⅡT0701④a：12，脊兽残件，中空，表面有鱼鳞纹，一侧有鱼鳃样。砖红胎，绿釉，鱼鳃处施黄釉。残高12.5、残宽17厘米（图版五三，5）。标本ⅡT0805④c：32，脊兽残件，残损严重，仅余下半身少许，似有足，身上有卷毛装饰。砖红胎，绿釉。残高19.5、残长21厘米（图版五四，1、2）。

3. 脊类瓦饰　13件。标本J1④：1，蕉叶纹脊类瓦饰残件，蕉叶左右略对折后向下卷曲。灰胎，青绿色釉，局部呈酱绿色。残高9.5厘米（图一三九，1）。标本ⅡT1301③：18，脊类瓦饰残件，呈叶片状，一端较尖，一端较宽，表面凸起有数条弯凸棱，残损严重。浅黄胎，施绿釉和黄釉。残高14.7、残宽8.8厘米（图一三九，2；图版五四，4）。标本ⅡT0805④c：34，脊类瓦饰残件，正面以一串小圆环纹分为左右两半，两边为斜线，左右弧线呈"V"字形对称，小圆环之间有穿线，背面残损。黄胎，

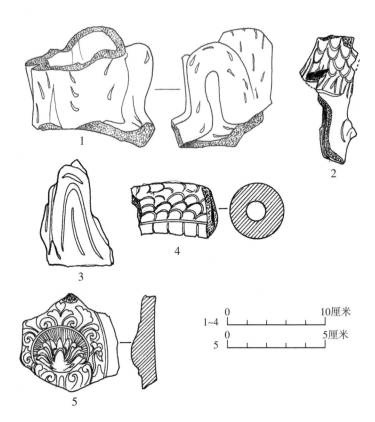

图一四〇　其他琉璃瓦饰类残件及脊兽

1.脊兽（Ⅱ T0301③：3）　3.其他瓦饰 A 型（采集：156）　2、4.其他瓦饰 B 型（Ⅰ T1224④c：8、Ⅰ T2208③：2）

5.其他瓦饰 C 型（J4：1）

绿釉，圆环处施白色釉。残件长13、宽8.4厘米（图一三九，3；图版五四，3）。标本Ⅰ T1401④c：1，脊类瓦饰残件，正面装饰兽面，残损严重，仅余眼部少许，圆形眼眶，眼睛上侧有粗眉，眼眶后侧有数道细线。黄胎，表面施化妆土，绿釉，局部施黄釉及白色釉。残件高11.3、宽9.8厘米（图一三九，4）。标本Ⅰ T2207④b：7，脊类瓦饰残件，呈弯条状，表面饰一排由月牙和圆点构成的图案，弯条内侧表面平滑，外侧变薄后残断。黄胎，施绿釉和黄白色釉。残高14.9、残宽6厘米（图一三九，5）。标本Ⅱ T0405③：1，脊类瓦饰残件，正面饰密集的线条，中间有一串圆环，背面有一条宽棱凸出，残损。黄胎，表面施化妆土，绿釉，圆环处施白色釉。残高10、残宽9.3厘米（图一三九，6；图版五四，5）。标本Ⅰ T1501④a：13，脊类瓦饰残件，正面较平，中部并排有三道凸棱，中间一道凸棱最高，由数根短棒连接而成，左右两道凸棱略矮，表面均饰回形纹，凸棱两侧的平面上布满不规则的点状装饰，残件背面平。黄胎，施绿釉和黄白色釉。残高4.7、残宽5.3厘米（图一三九，7；图版五五，2）。标本Ⅱ T0407④a：2，脊类瓦饰残件，云纹呈盘曲状，由内向外盘绕。砖红胎，黄绿色釉。残件高15.5、宽17厘米（图一三九，8；图版五五，1）。标本Ⅰ T1301④b：3，脊类瓦饰残件，正面装饰弧形条纹，背面平。正面釉面脱落严重，局部残余有绿釉、黄釉及酱色釉，背面无釉，灰胎。残高20.5、残宽19.3厘米

（图版五五，4）。标本ⅡT0301③：7，脊类瓦饰残件，正面中部似有弧形纹饰，上侧有一条纹饰带，以双弦纹为边，带中部有布局规则的斜向交叉线条，背面平。正面釉面脱落较多，局部有黄釉及绿釉残片，背面无釉，灰胎。残高21.5、残宽9.6厘米（图版五五，5）。标本ⅡT0801④a：10，脊类瓦饰残件，正面中部似有一圆环，圆环外周装饰云纹，背面平。圆环内侧施酱黄色釉，外侧施绿釉，浅砖红胎。残高10.5、残宽8.3厘米（图版五六，5）。标本ⅡT0801④a：3，脊类瓦饰残件，正面有弧线装饰，残为两段。釉层较厚，以黄釉和绿釉为主，砖红色胎，胎较厚。残高13、残宽15厘米（图版五五，3）。标本ⅠT1905③：1，脊类瓦饰残件，为脊转角处残块，表面无纹饰。砖红胎，黄釉，釉层厚。残高18.5、残宽27厘米（图版五六，3）。

4. 其他瓦饰类残件　4件。按形状及表面装饰分为三型。

A型　1件。山形。标本采集：153，山形瓦饰类残件，底部平整，中空，背面较平。施酱黄釉，局部釉色呈酱青色，胎较厚，浅灰色胎。残高8.5厘米（图一四〇，3）。

B型　2件。表面装饰鳞片。标本ⅠT1224④c：8，瓦饰类残件，残件呈长条形，一端外侧面装饰鱼鳞状纹饰，另一端残损较多，侧面似有凸出的鼻子。黄胎，施绿釉和黄釉。残高12.6厘米（图一四〇，2；图版五六，2）。标本ⅠT2208③：2，瓦饰类残件，残损严重，呈圆柱状，表面装饰椭圆形鳞片，中空。浅黄胎，绿釉。残高8.8厘米（图一四〇，4；图版五六，4）。

C型　1件。表面装饰花卉。标本J4①：1，瓦饰类残件，正面中部装饰花卉一朵，呈扇形分布，外周为卷草纹装饰。砖红胎，表面施酱黄色釉。残高6、残宽6.2厘米（图一四〇，5；图版五六，1）。

第三节　石质建筑材料及装饰构件[19]

一　椭圆形建筑构件

共7件。此类构件具体使用性质不清，上宽下窄，上部为圆弧形，下部变细窄。构件正面装饰莲花纹和云纹，部分背部有榫孔。多数构件椭圆形一端侧面纹饰保存较好，细窄一端残毁较多，从残痕看此端侧面似无装饰。按正面装饰纹饰不同分为二型。

A型　1件。莲花纹装饰。标本ⅠT0308③：6，莲瓣纹建筑构件残件，正面刻有一周覆莲瓣，莲瓣尖部微上勾，左右对称，瓣形饱满。圆弧形上半部的侧面装饰分为四个区，每区内有并排四条凸棱。构件背面较平，中部有一长方形榫孔，榫孔内有许多凿痕。构件下端残。构件高23、宽20、厚12厘米，底部榫孔长8、宽6、进深残存1厘米（图一四一，2；彩版六九，1）。

B型　6件。云纹装饰，按构件背后有无榫孔分为二式。

Ⅰ式　4件。背后有榫孔。标本ⅠT1201③：4，云纹装饰构件残件，正面高浮雕云纹，四周留出空白边。椭圆形上半部侧面浮雕方格纹，方格内雕饰花卉和交叉线纹饰。下段急收变细，已残损。背部有方形榫孔。构件残高17.5厘米，榫孔宽6.5、残高5厘米（图一四一，1；彩版六九，2）。标本H36：4，云纹建筑构件残件，左右两侧各伸出一长条状耳，其侧面似三角形。构件正面浮雕云纹，椭圆形上半部侧面

[19] 石雕原材料为红砂石的均省略不说明材质。

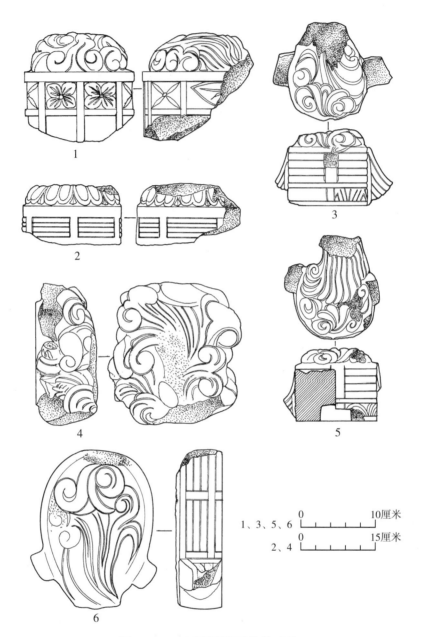

图一四一　石雕椭圆形构件残件

1、3、5.BⅠ式（ⅠT1201③：4、H36：4、ⅠT1101③：1）2.A型（ⅠT0308③：6）

4、6.BⅡ式（ⅠT1203④a：2、ⅠT1501④a：6）

阴刻方格纹和弧形弦纹，双耳下侧未经过细磨。背部平整，中间有一椭圆形榫孔。残件高14、残宽（含双耳）16、厚9厘米，榫孔直径4厘米（图一四一，3；图版五七，5）。标本ⅠT1101③：1，云纹建筑构件残件，正面高浮雕云纹，下侧残断，椭圆形上半部侧面装饰浅浮雕凸棱纹等。构件两侧各有一道凸棱。背部有一个圆形榫孔。，残件高14厘米，榫孔直径3厘米（图一四一，5；图版五七，3、4）。

Ⅱ式　2件。背后无榫孔。标本ⅠT1203④a：2，云纹建筑构件残件，下部残，背面未见榫孔。残件高28、宽26.5厘米（图一四一，4；图版五七，1、2）。标本ⅠT1501④a：6，云纹建筑构件残件，云纹风化严重，两侧各有一耳，均残断。椭圆形上半部侧面纹饰分为四段，每段内有四条凸棱。背面平整，未见榫孔。云纹下部残损。残件高20、宽16、厚6厘米（图一四一，6；图版五七，6）。

二　吻兽

共1件。标本ⅠT0902④b：2，吻部略残，头后毛发扬起，躯干左右对称，脊背上刻有密集斜线，底部磨平，腹底浮雕半个兽面。兽面毛发卷曲，双目圆睁，鼻孔向外，张牙咧嘴。兽面上牙与底部平齐，腹中空。高40厘米（图一四二；彩版六九，3、4）。

三　鼓形石凳

共7件。此类器物残损严重，未见完整者，使用性质不详，从形状上推测，可能为石凳。按残件推测器形为平面，弧鼓腹，中空，腹部以宽带分为数个区，每个区内饰有蕉叶纹、联珠纹、忍冬纹、卷草纹等，雕凿华丽。底部与腹部相通，内壁凿痕粗糙。按腹部形状不同分为二型。

A型　5件。弧鼓腹，腹身装饰有卷草纹等。标本ⅠT1504④e：1，雕花石凳，仅存下半部分，腹部饰忍冬纹、卷草纹，腹部有镂空雕刻，镂空处周饰联珠纹，雕刻精致。残高8.5、残宽27厘米（图一四三，1；彩版六九，5、6）。标本H8：6，雕花石凳，台座面平整，台面中间有一圆穿，圆穿与底部相通。腹部分区，其中一区保存较完好，区内雕植物叶片及联珠纹，叶片尖部相对，有两排联珠纹位于雕花区两侧。残高17、残宽16厘米（图一四三，2；图版五八，2）。标本H9：15，雕花石凳，腹部浮雕花叶纹、联珠纹、卷草纹等，其中卷草纹所在带状区域采用透雕，雕刻精致。残高15、残宽21厘米（图一四三，4；图版五八，3）。

B型　2件。折鼓腹。标本H4：1，石凳残件，腹部呈八面形，腹中部有一周折棱，将腹部分为上下两部分。每面阴刻一方格纹。残高19、残宽24厘米（图一四三，3；图版五八，4）。标本ⅠT1604④e：6，雕花石凳，仅余腹部少许，腹部以宽折棱间隔为数个区域，残损严重。每区内透雕纹饰并以幔帐饰边。残高16、残宽15厘米（图版五八，1）。

四　镶边及装饰类构件

共19件。此类构件一般为板状或条状，纹饰多采用浮雕手法表现，一般有龙纹、云纹、莲花纹以及异兽等内容。按雕刻内容不同分为五型。

A型　1件。浮雕异兽。标本ⅠT1225④a：2，浮雕异兽石板构件，残块呈长方形，上下有边框，中间以阴线将画面分为两部分，其中右侧正面刻壶门，壶门内雕异兽一只，长嘴，嘴前侧凸出一角状物，咧嘴，前二足着地，后二足腾空，腹下及背部均刻有毛发，尾部下垂。左侧有一磨平的长方形平面。石板侧面布满凿痕，下侧残有白膏泥，背部磨平。异兽残长24厘米，石板高20、残长39、厚9厘米（图一四四，3；图版五九，1）。

B型　2件。浮雕云纹。标本F9：1，建筑构件（天井雨水池边栏），长方形，即：建筑构件（天中雨水池边栏），正面磨平后，减地浮雕左右两个壶门。其中石板左侧的壶门内右侧有两支云纹尾部相交，左

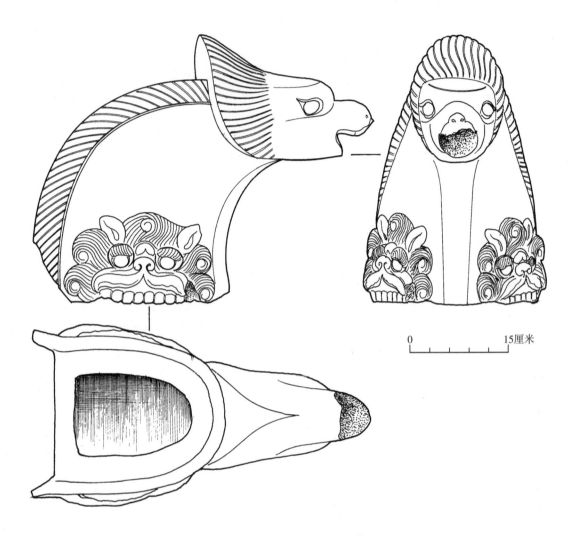

图一四二　石雕吻兽（Ⅰ T0902④b：2）

上角有一支云纹呈弧形向下卷曲。两个壶门内图案左右对称。石板背部布满凿痕。石板高21.5、长92.5、厚5厘米（图一四四，6；图版五九，3）。标本Ⅰ T1401②a：2，装饰构件残件，正面雕刻卷云纹，云纹侧面磨光，推测装饰构件局部有镂空雕刻。残宽14、残高11、厚5厘米（图版五九，2）。

C型　4件。浮雕龙纹。按龙纹雕凿装饰不同分为三式。

Ⅰ式　2件。浅浮雕于石板表面，有弧形鳞片。标本Ⅰ T1401②a：1，龙纹残件，保存较差，头部上扬，张嘴吐舌，头顶有分叉犄角，细长目，小耳，耳后刻出毛发，身躯盘扭。龙身下有高2厘米的边框。边框下侧面有规则的平行凿痕。背面未加修整。构件残高13、残宽18厘米（图一四四，2；彩版七〇，1）。标本Ⅰ T1401②a：3，龙纹残件，仅余石板下半部分一小块，板边有边框，框内雕龙纹，龙爪部勾住边框，背部刻龙鳞。石板背面不平整，石板下侧刻满凿痕。残件高10、宽13.5厘米（图一四四，5；图版五九，4）。

Ⅱ式　1件。高浮雕龙纹，尖状鳞片。标本Ⅰ T1601④a：2，浮雕龙纹建筑装饰残件，残件呈不规

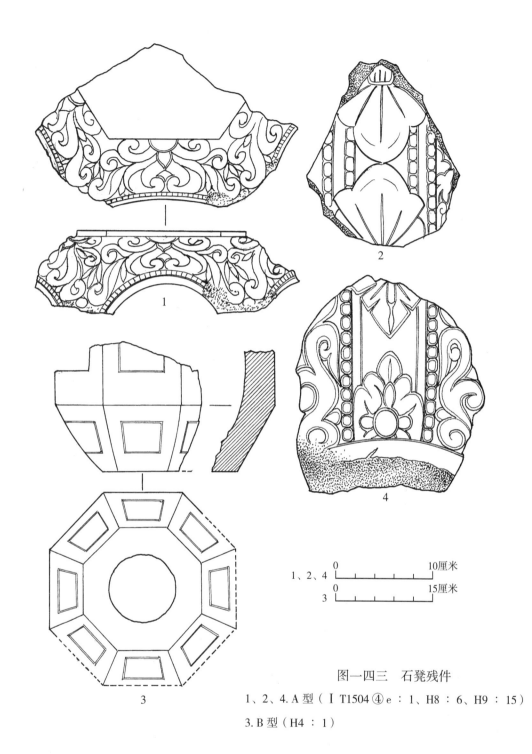

图一四三　石凳残件

1、2、4. A 型（ⅠT1504④e：1、H8：6、H9：15）

3. B 型（H4：1）

则形，仅存右下角一块。中间浮雕一圆柱，表面刻有鳞片，似为龙体一段。残件四周有边框，背部未见凿痕。石板残高22、残宽20、厚5～7厘米（图一四四，1；图版五九，5）。

Ⅲ式　1件。高浮雕龙纹，装饰以月牙纹及椭圆形鳞片。标本ⅠT1204③：2，浮雕龙纹建筑构件残件，底座呈长方形，侧面线刻云纹。底座上部高浮雕一圆柱状物，似为龙身一段，右端上翘，正面接底座处刻有一排月牙纹，残块上部纹饰风化不清，刻有多个不规则圆圈。座底部及后侧面平整，有数道凿痕。底座高5、残长24.5、宽13.5厘米，圆柱状高浮雕物高6、厚8、残长24厘米（图一四四，4）。

D型　4件。浮雕卷草纹。标本ⅠT1903④a：1，浮雕卷草装饰残件，正面浅浮雕卷草纹，并以细线饰底，石板原边及底部布满凿痕，左右两侧残断。石板残高15.5、残长26、厚7厘米（图一四五，4；彩版七〇，3）。标本J4①：6，卷草纹装饰残件，侧面装饰卷草纹，残块上部及左右均残断。底部平整，布满凿痕。残高5、残宽20厘米（图一四五，5；图版六〇，1）。标本ⅠT1707④b：4，卷草纹装饰石板残件，长条形细长卷草蔓枝，卷草纹上下均有边框。石板正面平整，底面有凿痕。石板残长13、残宽11、厚6厘米（图一四五，6）。标本ⅠT0703③：2，装饰残件，残件呈长条形，转角略弧，正面雕刻卷草纹。残件长24.5、宽11.2厘米（图版六〇，4）。

E型　8件。浮雕莲花纹装饰石条，保存较差。从现存情况看，大多在晚期修建房屋时被二次利用。石条一般为红砂石质，一侧浮雕覆莲瓣，上侧面有一道宽槽，背面以及底部粗糙，留有粗凿痕。按莲瓣形状不同分为三式。

Ⅰ式　1件。莲瓣扁平。标本采集：121，莲花纹条石残件，石条上面有宽槽，内壁布满凿痕、凿窝等。槽外侧莲瓣较宽大，边角上翘。石条前侧无装饰处磨平。石条残长50、高17.5、厚24厘米（图一四五，2；图版六〇，2）。

Ⅱ式　6件。宝装莲瓣饱满，瓣尖上翘。标本F2：2，莲花纹条石残件，石条上宽槽内布满凿痕。石条前侧莲瓣凹凸明显，莲瓣整体向一侧倾斜，略有风化。条石残长67、高16、厚20厘米，沟槽宽4.5厘米（图一四五，3；彩版七〇，5）。标本ⅠT1504④f：2，莲花纹条石残件，条石上沟槽较宽，石条前侧莲瓣向一侧倾斜。条石残长31.5、高12、厚25.5厘米，沟槽宽6厘米。

Ⅲ式　1件。变形莲瓣。标本ⅠT1323②a：2，莲花纹条石残件，条石侧面上半部分浮雕覆莲瓣，下半部分磨平。莲瓣瓣尖呈如意云头形状。残件长54.6、高26厘米（图一四五，1）。

五　其他石雕建筑构件及装饰材料残件

共8件。按装饰纹饰分为六型。

A型　3件。莲瓣纹装饰构件残件。标本采集：162，长条形残件，残损严重，侧面装饰一周莲瓣，莲瓣扁平宽大。残件长55.3、高18.2厘米（图一四六，1）。标本ⅠT1707④b：3，残件呈圆柱形，分上下两段。下段较粗大，底部装饰一周双层仰莲瓣。上段收细，残断。残件高14厘米（图一四六，5；图版六〇，3）。标本ⅠT1404④e：8，残件下部有一朵云纹，云头上伸出一仰莲台座，台座上部残损。残件高10厘米（图一四六，7；图版六〇，5）。

B型　1件。联珠纹装饰构件残件。标本H5：40，残件残损严重，接近长方形，侧面饰有联珠纹，右下侧有两个并排的圆形凹坑。残件高9.3、宽26.2厘米（图一四六，2；图版六一，5）。

C型　1件。宝盖形构件残件。标本ⅠT1104④a：10，圆雕石刻残件。残块呈不规则形，顶部为一帽子状圆盖，盖顶为一圆珠，四周饰以联珠纹，盖面分六瓣，窄带状底边。下部呈弧形，经磨平。残高21厘米（图一四六，3；图版六一，1）。

D型　1件。扇形构件残件。标本ⅠT1602④a：8，残件正面以凹弦纹刻出数道扇形细纹，中部有一条较宽的凸棱将细弦纹分割成两部分，侧面有一个方形榫孔。残损严重。残件长8.3、宽8、厚4厘米（图一四六，4；图版六一，2）。

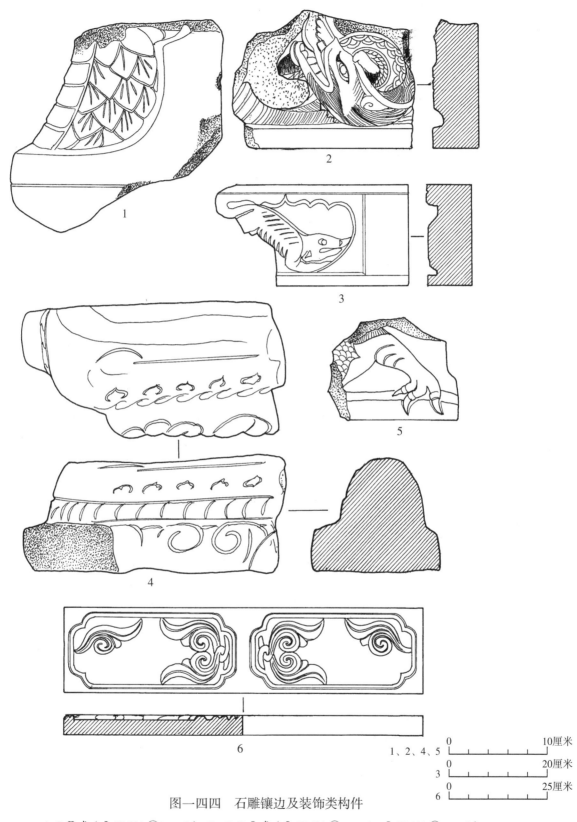

图一四四 石雕镶边及装饰类构件

1. C Ⅱ式（ⅠT1601④a：2） 2、5. C Ⅰ式（ⅠT1401②a：1、ⅠT1401②a：3）

3. A型（ⅠT1225④a：2） 4. C Ⅲ式（ⅠT1204③：2） 6. B型（F9：1）

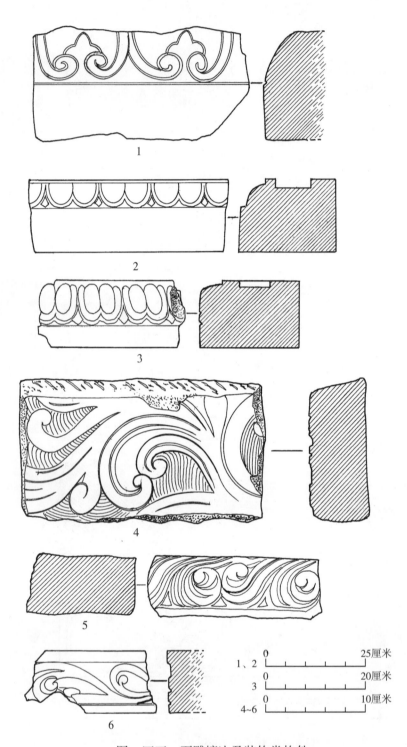

图一四五　石雕镶边及装饰类构件

1. E Ⅲ式（Ⅰ T1323 ② a ∶ 2）　2. E Ⅰ式（采集∶ 121）　3. E Ⅱ式（F2 ∶ 2）

4 ～ 6. D 型（Ⅰ T1903 ④ a ∶ 1、J4 ∶ 6、Ⅰ T1707 ④ b ∶ 4）

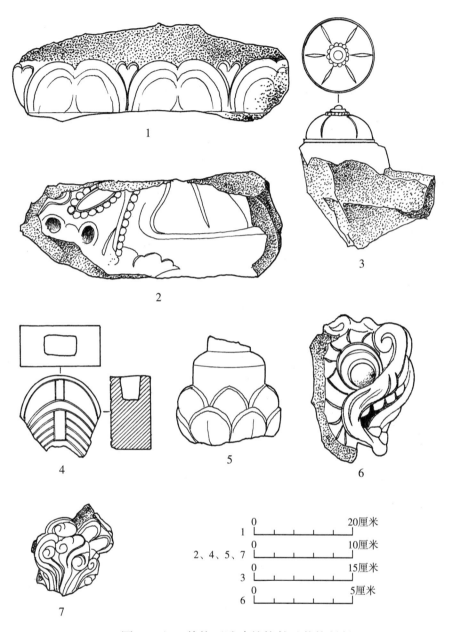

图一四六　其他石雕建筑构件及装饰材料

1、5、7．A 型（采集：162、ⅠT1707④b：3、ⅠT1404④e：8）　2．B 型（H5：40）

3．C 型（ⅠT1104④a：10）　4．D 型（ⅠT1602④a：8）　6．E 型（ⅠT1602④e：5）

　　E型　1件。兽面构件残件。标本ⅠT1602④e：5，兽面，眼睛大，微鼓凸，尖嘴，嘴唇上翘，张嘴露牙，嘴四周毛发向外散开。残件高7.2厘米（图一四六，6；图版六一，3）。

　　F型　1件。宝珠形构件残件。标本ⅠT1203④f：6，构件残件，宝珠顶部尖。高13.5厘米（图版六一，4）。

第四节　柱础石及基座

　　遗址上出土了大量柱础石和各类基座，柱础石的形状包括圆形、方形、六角形、八角形等，装饰图案有素面、莲瓣、联珠纹以及卷草纹等，种类较多。柱础石有的中间挖出槽孔，槽孔有圆形、方形、长条形等。基座仅余莲花台座部分，用途不明，可能为造像或经幢的底座。两者均以红砂石为主要材料。

一　柱础石

　　共18件。按形状不同分为圆形和方形两类。

1．圆形柱础石　共15件。按纹饰不同分为三型。

　　A型　13件。莲花纹柱础石，按莲瓣装饰不同分为六式。

　　Ⅰ式　6件。单层覆莲瓣。标本ⅠT2207④a：5，莲花柱础石残件，台面四周有单层覆莲瓣，瓣片扁平，接近方形，边缘翘起，两个瓣片鼓凸呈椭圆形。柱础圆周有三面挖槽，凹槽打破莲瓣。方形台座高27.6、长64、宽58.5厘米（图一四七，1；彩版七〇，2）。标本K2：1，圆形柱础石残件，风化较多，台面中间有一圆形榫槽，柱础石外侧面雕饰八片宝装覆莲瓣。圆台下有八角形基座。基座侧面磨平，素面。八角形基座边长17.5、柱础石高11.5厘米（图一四七，2；图版六二，1）。标本ⅠT1502④a：25，圆形柱础石残件，上层台面中部有圆形浅槽，内壁较粗糙，槽外有边框，外侧浮雕覆莲瓣，花瓣边缘窄而上翘，莲瓣中部宽平。下层为八角形台基，残余五个角。槽宽3.5厘米，八角形边长18.5、柱础石高11.5厘米（图一四七，3；图版六二，2）。标本H21：29，莲花柱础石残件，圆台台面磨平，中间有圆孔。外侧刻变形覆莲瓣，瓣尖由相背对的云纹及花瓣构成。柱础石高9.5、直径18.2厘米（图一四七，4；彩版七〇，4）。标本F11①：9，莲花柱础石残件，四瓣莲瓣，每瓣中间纵向转折，瓣尖上翘。台面平整，台面中间有一小圆孔。柱础石一侧挖有榫槽，下侧方形台基残。台座高14、直径32.2厘米（图版六二，4）。标本ⅠT0901④a：8，柱础石残件，台面粗糙，莲瓣较为饱满，莲瓣下侧似有垂巾装饰，风化不清。台座一侧有竖槽。台座高13.4、直径31厘米（图一四七，5；图版六二，3）。

　　Ⅱ式　1件。双层覆莲瓣。标本Q4：1，柱础石残件，中间圆形台面高出覆莲，莲瓣较为细长、扁平。高18、直径57厘米（图版六二，5）。

　　Ⅲ式　2件。单层仰莲瓣，柱础石台面平整。标本ⅠT1323②a：2，柱础石残件，仅存圆形莲台一半，断面平直。单层仰莲瓣呈尖拱形，瓣片细长，台下有茎。残高20.2厘米（图一四八，2）。标本H5：13，柱础石残块，仅余仰莲柱础石1/4大小，正面为长方形碑面，磨平。残高15厘米。

　　Ⅳ式　2件。双层仰莲瓣。标本ⅠT0802④b：1，柱础石残件，台面上布满凿痕，边缘有凸棱，高浮雕仰莲瓣，莲瓣呈圆拱形外鼓，莲瓣外侧面浮雕宝相花一朵。莲台底部有一小台基。残件高13.7、宽24.5厘米（图一四八，1；图版六二，6）。标本ⅠT3101④a：1，柱础石残件，底部莲台上有一个高大石墩，石墩上部束颈，颈部上侧为圆形素面台座，台座面上有一八角形矮台。莲台莲瓣呈扁平尖拱形，莲台下有方形基座。柱础石通高64、方形基座宽32.5、上部圆台直径29.5厘米（图一四八，3；图

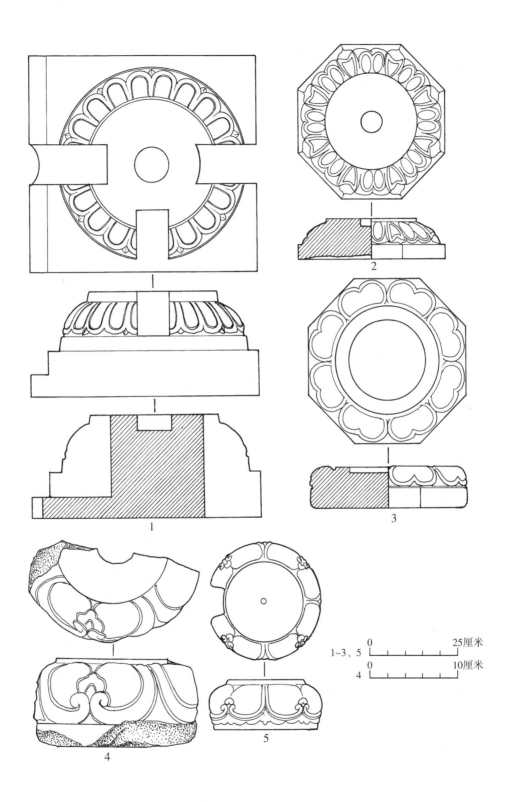

图一四七 圆形柱础石残件（A I 式）

1. I T2207 ④ a：5　2. K2：1　3. I T1502 ④ a：25　4. H21：29　5. I T0901 ④ a：8

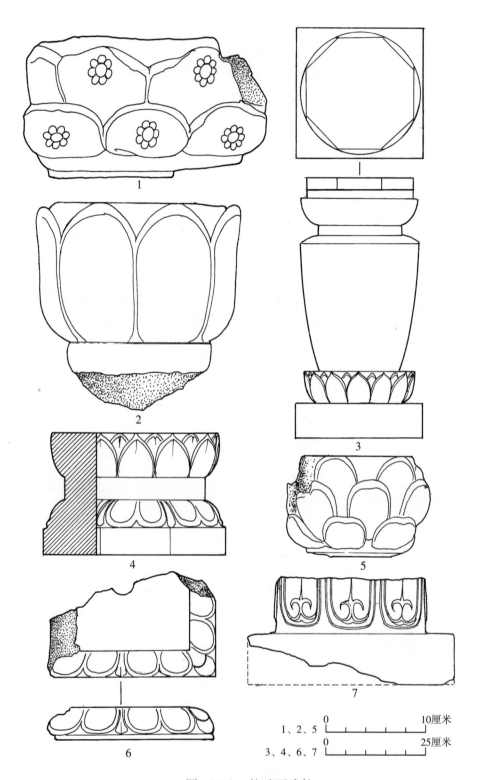

图一四八　柱础石残件

1、3.圆形 A Ⅳ式（Ⅰ T0802④b∶1、Ⅰ T3101④a∶1）　2.圆形 A Ⅲ式（Ⅰ T1323②a∶2）　4.圆形 A Ⅵ式（Ⅰ T3501④a∶2）

5.圆形 A Ⅴ式（Ⅰ T0902④a∶1）　6、7.方形柱础石（Ⅰ T1707④b∶3、H35∶5）

版六三，3）。

V式 1件。三层仰莲瓣。标本ⅠT0902④a：1，仰莲柱础石残件，三层宝装莲瓣，瓣尖微翘，瓣片饱满。柱础石表面平整，一侧稍有残损。柱下端残损。残高10.5厘米（图一四九，5）。

Ⅵ式 1件。仰覆莲。标本ⅠT3501④a：2，束腰柱础石，上层莲台表面平整，饰有两层仰莲瓣，莲瓣扁平，每片中间从上到下刻出一道折棱。束腰处素面，下层饰两层覆莲瓣，瓣片宽大，翘角上勾，瓣片鼓凸，左右侧缘折翘。莲座下有八角形基座。束腰莲座通高23、直径44厘米，基座高7、边长20厘米（图一四九，4；彩版七〇，6）。

B型 1件。卷草纹柱础石，柱础石分上下两层，上层圆台周围浮雕卷草纹，台面上有细线刻的圆圈，圆心有一小凹窝。标本TJ1：1，卷草纹柱础石残件，下层方形，侧面上部磨平，下部和底均布满凿痕。上层圆台直径29、高6厘米，下层方台边长30、高8厘米（图一四九，2；彩版七〇，8）。

C型 1件。联珠纹柱础石。标本ⅠT3501④a：1，柱础石上下面平整，略鼓腹，台座侧面饰有一周联珠纹，中间鼓腹部分磨平。柱础石一侧有一纵向凹槽，槽内布满凿痕。柱础石高16.5、直径33厘米，槽宽6.5、高13厘米（图一四九，4；图版六三，1）。

2. 方形柱础石 3件。标本H35：5，莲花柱础石残件，覆莲瓣尖上勾，瓣缘上翘，左右对称。下层长方形台基残损严重，侧面布满凿痕。底部平。残高25.5、宽52.3厘米（图一四八，7；图版六三，5）。标本ⅠT1707④b：3，方形柱础石残件，台面中部有一圆穿，台面磨光，边缘饰有一周覆莲瓣，柱础石底部布满凿痕。长34.5、残宽20.7厘米（图一四八，6；图版六三，2）。标本G2：7，柱础石残件，正面装饰花草等，雕凿精美。台面中部有一圆形榫孔，榫孔内壁布满凿痕。平底，底中部略下凹，布满凿痕。柱础石长22、宽21.5、高6.5厘米，榫孔直径4.5厘米（彩版七〇，7）。

二 基座残件

共12件。按形状不同分为五型。

A型 2件。圆形基座，按装饰不同分为二式。

Ⅰ式 1件。圆台外周饰有双层覆莲瓣。标本ⅠT1404④e：1，莲花基座残件，莲台中部有一圆形穿孔，内壁布满凿痕。莲瓣呈圆拱形，底部边框较平齐，表面有并排的凿痕。残高7.5、直径25.5厘米（图一五一，3；图版六三，4）。

Ⅱ式 1件。圆台外周饰有八条凸棱。标本H8：25，基座残件，基座台面中心有一个圆穿，内壁布满粗糙凿痕，圆穿周围的台面分上下两层矮台阶，有八条纵向凸棱围绕基座一周。残件高8、台面直径22.7厘米（图一四九，1；图版六四，1）。

B型 1件。椭圆形基座。标本H35：10，椭圆形莲花纹基座残件，台面上有一周边框，框内布满凿痕，中部穿孔接近方形，侧面粗糙。莲瓣翘角，瓣片较为饱满，中部起棱，下有椭圆形基座，座底部呈漏斗形，布满凿痕。高17.2、宽52.5厘米（图一四九，3；图版六四，2）。

C型 2件。方形基座。标本G9：59，方形基座残件，长方形边框内中空，现仅余右前角一块，正面及右侧面壶门内雕刻龙纹，残余龙吻部及二爪，上部以覆莲瓣镶边，宝装莲瓣，瓣片饱满奔放。高54.7、残宽54.5厘米（图一五〇；彩版七一，1、2）。标本ⅠT1902④a：5，基座残件，外形呈四棱柱形，腰部外鼓，四个转角抹角，侧面刻有题记，纵排，从左向右录文："……绍熙四年太岁癸丑十二月/……□六

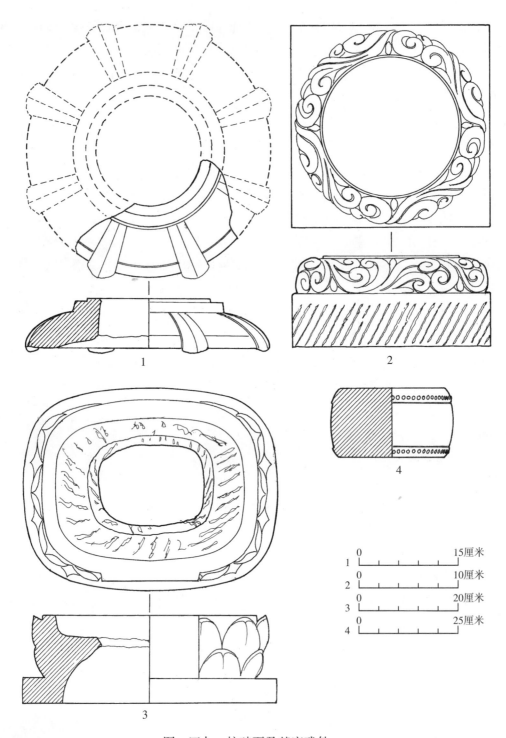

图一四九　柱础石及基座残件

1.基座 A Ⅱ式(H8 ∶ 25)　2.圆形柱础石 B 型(TJ1 ∶ 1)　3.基座 B 型(H35 ∶ 10)　4.圆形柱础石 C 型(Ⅰ T3501 ④ a ∶ 1)

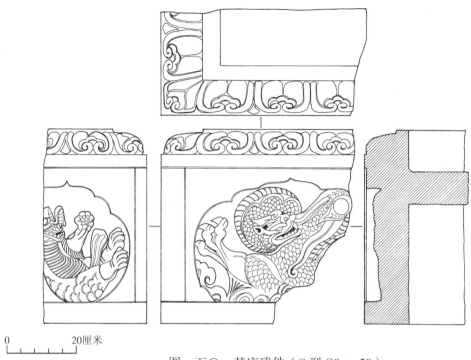

0 ———— 20厘米

图一五〇　基座残件（C型 G9∶59）

□直又□初□郎/……□□□覺明□□/……本尊前僧正臨壇賜紫宗/……地□置淨塔永為瞻禮"[20]。高52.5、上部宽28.5厘米（图一五三，4；拓片三四；彩版七一，3）。

D型　1件。六角形基座，基座台面中部挖出六角形凹槽，内角对着外层六角形边中部。标本ⅠT1326④a∶1，基座残件。现仅残存一半，平面布满凿痕。基座六角形边略呈扁平的"W"形，侧面刻两个壶门，壶门近似桃形，两个壶门间有立柱相隔。基座底部平整，布满凿痕。残件长36.7、宽20、高5.6厘米，凹槽深2厘米（图一五二，1；图版六五，3）。

E型　6件。八角形基座。按台面中部是否有圆穿等，分为三式。

Ⅰ式　2件。台面中部平。标本ⅠT2003④a∶1，基座残件，台座面平，侧面中部有折线，上部多层叠涩，侧面转角处装饰一浮雕物，浮雕物风化不清，底部饰有一周小方格纹，下部向内斜收。表面粗糙，刻满凿痕。残件高17.2、台面上部边长11.2厘米（图一五三，2；图版六四，5）。标本采集∶1，基座残件，台面磨平，侧面分上下两段。上段高浮雕斜坡状"干"形纹，每面三个。下段侧面每面饰两组横向窗棂纹，共四组，每组之间以立柱相隔。基座底部有八只矮足。残件高18.5、台面边长19.6厘米（图一五三，3；图版六四，4）。

---

[20]　"四年"二字上部铭文风化严重，依稀可辨出其上一字以"……"为底。按，宋代符合天干地支中"癸丑"纪年，且又符合"××四年"者，为南宋光宗"绍熙四年"（1193年），故有此推断。

Ⅱ式　1件。台面下凹，内壁布满凿痕。标本ⅠT2006④a：4，覆莲瓣基座残块，残损严重。台面上有八角形边框，框内凿平，凿痕粗糙。台面周围有一周覆莲瓣，莲瓣饱满。覆莲下有高3.5厘米的矮基座，素面，底部平。残件高9、宽30.5厘米（图一五一，2；图版六四，3）。

Ⅲ式　3件。台面中部有圆穿。标本ⅠT1404④e：29，基座残件，仅余一半，残件分上下两层。上层为八角形，台面中部有一圆穿。侧面饰有仰莲瓣，莲瓣扁平。下层为四边形，台面上四角刻有一天王像上半身，仅余两身，保存差。天王像上身着铠甲，胸前束带，面向基座，双臂伸开托基座上层，腰后涌出有云气。下层侧面刻壶门。残件长79.2、宽40.2厘米（图一五二，2；图版六五，1、2）。标本ⅠT0801③：9，基座残件，正面由内向外分三层台阶，中部最高。穿内壁布满凿痕。第二层台阶上平铺宝装莲瓣，第三层台阶素面，较窄。柱础石侧面刻长方形壶门。背面雕刻布局接近正面，叠涩三层，第一、三层磨平，第二层刻覆莲瓣，莲瓣扁平。残件高14、最外层八角形边长30厘米（图一五三，1；彩版七一，4、5）。标本ⅠT1503④e：5，基座残件，残余一半，侧面装饰卧姿狮子及山石，雕刻较精美。中间穿孔较大，内壁粗糙。残长80、高17厘米（图一五一，1；彩版七一，6）。

0　　　　　　8厘米

拓片三四　基座残件铭文（ⅠT1902④a：5）

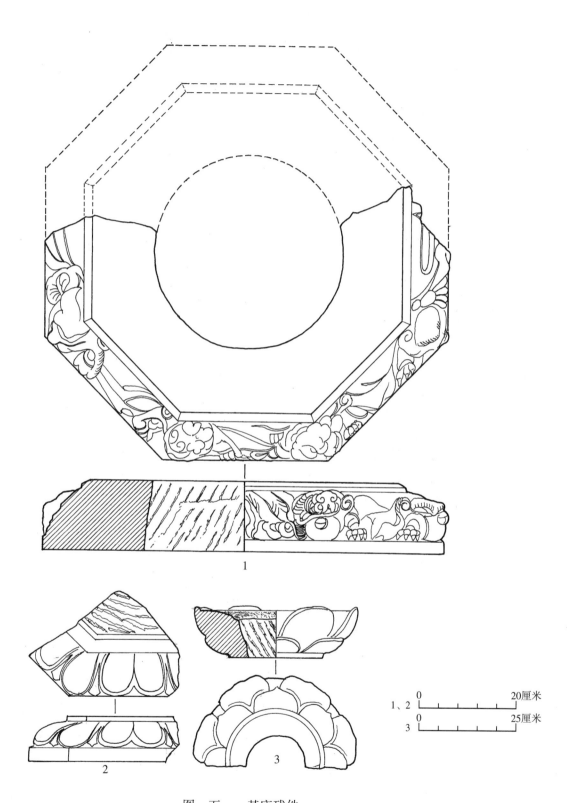

图一五一 基座残件

1.EⅢ式（ⅠT1503④e：5） 2.EⅡ式（ⅠT2006④a：4） 3.AⅠ式（ⅠT1404④e：1）

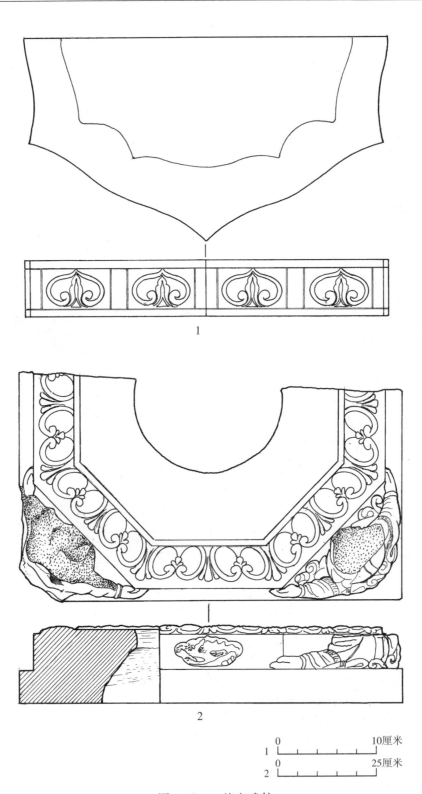

图一五二　基座残件

1. D 型（ⅠT1326④a：1）　2. EⅢ式（ⅠT1404④e：29）

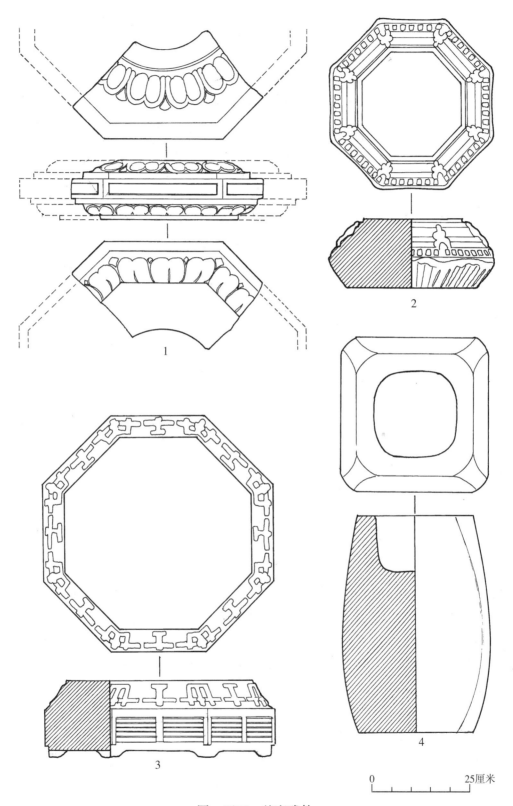

图一五三 基座残件

1. E Ⅲ式（ⅠT0801③：9） 2、3. E Ⅰ式（ⅠT2003④a：1、采集：1） 4. C型（ⅠT1902④a：5）

0　　　　　　　25厘米

第六章 出土遗物（三）
——生活用器及其他

龙兴寺遗址出土了大量陶瓷器及骨器、铜器、铁器、玉器、石器等生活、生产用器，本章将分类进行介绍。

第一节 陶器

陶器出土量较少，有扁壶、香炉、玩具俑及支钉、纺轮等小件器物。

1. **扁壶** 1件。标本ⅠT0502③：8，陶扁壶残件，口部残，长颈，溜肩，鼓腹，高圈足呈倒扣的耳杯状。口沿外壁及长颈中部、肩部各有一道宽棱，颈部装饰图案分上下两层。上层以雷纹为底纹，饰以圆环、弧线、花结等。雷纹中部有一道波浪状的细棱，经过圆环与下侧短弧线之间环绕颈部一周。下层饰两排上下交错的三角形，呈锯齿状排列。三角形内有云雷纹和一周"S"形纹。腹部纹饰仅残存局部，以不规则的细凸棱将腹部分成多个区，区内饰云纹及弧线状的水波纹。腹部与高圈足之间有一道宽棱和一道较窄的凸棱相间隔。圈足外壁饰一周菱形纹，菱形内外均以雷纹为中心，外周环绕一周"S"形纹。浅砖红色胎。扁壶残高18.6、宽腹径9.5、窄腹径7.8、足径6.7～4.9厘米（图一五四；图版六六，4）。

2. **香炉** 4件。按形状不同分为二型。

A型 1件。圆腹。标本ⅠT1303②a：3，香炉残件，口微侈，沿外折，方唇，腹壁较直，内壁圜底，三足均残。腹部上下各有凸棱一道，腹中部以弦纹分为左右两半，纹饰对称，均以小乳钉纹为底纹，底纹上饰花草纹等。浅砖红色胎，表面为灰黑色。残高8厘米（图一五五，5；图版六六，1）。

B型 3件。长方形，内壁有两道或三道槽并排，底部略平。标本ⅠT1203④f：27，香炉残件，直口，口沿外折，方唇，内壁双槽并排。外腹上下有三层纹饰。上层以两排雷纹作底纹，底纹上装饰凤鸟纹和饕餮纹；中层为一排联珠纹；下层为两排雷纹。灰胎，表面呈黑色。残高5.5、残宽10.3厘米（图一五五，6；图版六七，1）。标本F9：27，香炉残件，直口，方唇，口沿外折，内壁双槽并排，长方形板状足位于两侧，足外侈。腹部装饰葵花纹。灰胎。器高8.6、残宽10.8厘米（图一五五，7；图版六六，2、3）。标本F9②：7，香炉残件，直口，方唇，口沿外折较短，直腹，平底，底与腹部转折处有一周凸棱，内壁三道槽并排。香炉一端的外侧面以小乳钉纹为底纹，底纹上装饰卷草纹。灰胎。器高8、残宽8.2厘米（图一五五，8；图版六六，5、6）。

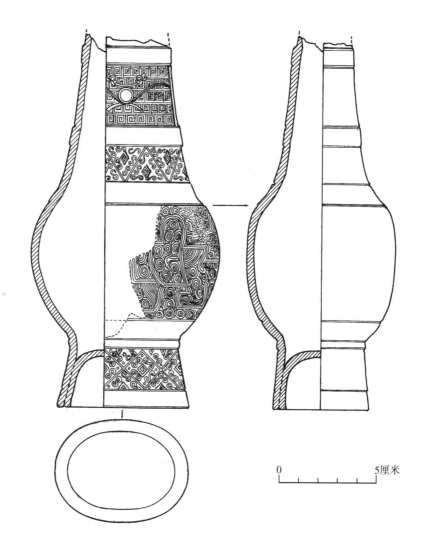

图一五四　陶扁壶（ⅠT0502③：8）

3. 支钉　共7件。窑具之一，基座呈圆环状，上面有一周齿钉。按齿钉数量不同分为二型。

A型　6件。五齿。标本F9②：2，支钉，完整，浅砖红色胎。基座直径6.2、内径2.5、高1.3厘米（图一五五，1；图版六七，2）。

B型　1件。六齿。标本ⅠT1705③：4，支钉，完整，浅黄色胎。基座直径6.8、内径3.3、高1.8厘米（图一五五，2；图版六七，4）。

4. 纺轮　共2件。纺轮正中有一个圆穿，表面均有一定程度磨损。按形状不同分为二型。

A型　1件。椭圆形。标本ⅠT1402④b：5，纺轮，完整，轮面中间弧鼓，呈核状。灰胎，素面。直径3.6、高2.2厘米（图一五五，4；图版六七，3）。

B型　1件。圆形。标本ⅠT1226④c：3，纺轮，完整，轮面中间有圆穿，圆穿一端孔大，一端孔小。

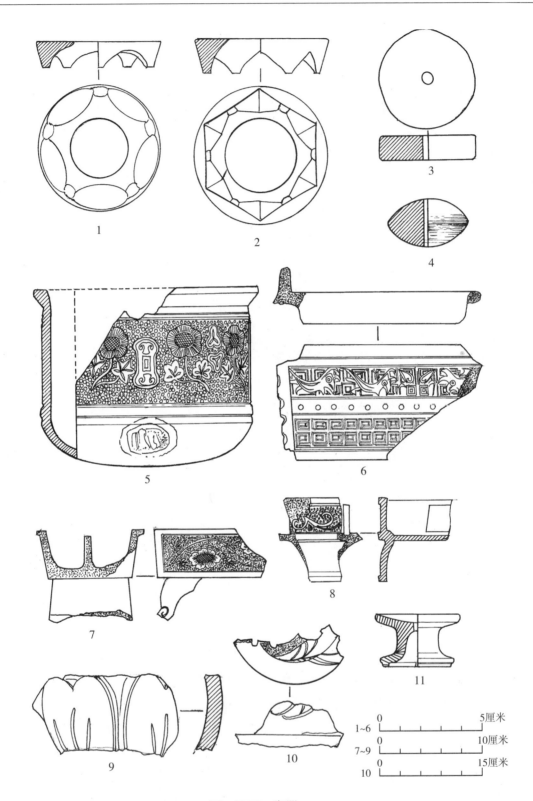

图一五五 陶器

1. 支钉 A 型（F9②：2） 2. 支钉 B 型（ⅠT1705③：4） 3. 纺轮 B 型（ⅠT1226④c：3） 4. 纺轮 A 型（ⅠT1402④b：5）
5. 香炉 A 型（ⅠT1303②a：3） 6～8. 香炉 B 型（ⅠT1203④f：27、F9：27、F9②：7） 9. 莲瓣残片（ⅠT0701④e：
8） 10. 陶俑（ⅠT2007④a：4） 11. 基座（ⅠT2407④c：3）

灰胎，素面。直径4.8、高1.1厘米（图一五五，3；图版六七，5）。

5. 基座 共3件。标本T4⑥：3，八角形基座残块，残余六个面。从上到下呈阶梯状分三层，座底较平，基座中心有一个圆形榫孔。第一层，台面上有一周弦纹；第二层，素面；第三层，台基侧面装饰有长方形壶门。浅红色胎。基座高3.7、座底宽15.5厘米，榫孔直径2.2厘米（图一五六，6；图版六七，6）。标本ⅠT2307④f：4，基座呈圆饼状，台面中部有一个小圆饼状凸出，素面。残件高1.6、直径14.3厘米（图一五六，8；图版六八，3）。标本ⅠT2407④c：3，基座残件，中部束腰，圆唇，斜腹较浅，内壁圜底，圈足，束柄及足中空。深灰胎。高5.3、口径8.5、底径7厘米（图一五五，11；图版六八，1、2）。

6. 模具 共1件。标本ⅠT2104④c：4，模具残件，残损严重，残件呈八角形，仅残余三个角，敞口，方唇，浅腹，内壁平底，内底分内外两层，内层残损较多，外层为窗棂形。砖红胎。残高13、残宽22.6厘米（图一五六，5；图版六八，4）。

7. 器足残件 共1件。标本ⅠT1703④e：1，器足残件，表面装饰叶脉纹。砖红胎。残高4厘米（图版六八，5）。

8. 陶片 共2件。标本ⅠT0701④e：8，灰陶莲瓣残片，弧腹，外壁残余两片莲瓣。残高7.2、残宽14.2厘米（图一五五，9；图版六八，6）。标本ⅠT2107③：2，灰陶残片，直口，方唇，口沿外壁有一周联珠纹，外腹壁上侧有两周凸弦纹，腹壁装饰花卉，以乳钉纹为底纹。高5.7、宽6.5厘米（图一五六，7；图版六九，2）。

9. 俑残件 共7件。

交脚坐俑 共1件。标本T4①：4，坐俑残件，头颈残无存，肩部平直，双臂前伸，上身袒裸，露出乳突，鼓腹，着中筒靴，席地而坐。灰白胎。残高10.2厘米（图一五六，3）。

陶俑上、下肢残件。共4件。标本H42：13，上肢残件，双手捧桃，长袖束腕。灰白胎，俑体中空。残高4.6、残宽8.3厘米（图一五六，1）。标本H8：26，下肢残件，倚坐式，残余右腿，赤足，未见衣裤衣纹。灰白胎。残高4厘米（图一五六，2）。标本ⅠT1604④b：2，上肢残件，双手捧握笙管，手指纤长。浅砖黄色胎。残长10厘米（图一五六，4）。标本ⅠT1903②a：1，俑残件，盘膝坐于矮台座上，仅余左腿，赤足。砖红胎，表面施米白色化妆土。残高3.7厘米（图版六九，3）。

陶俑残片 共1件。标本ⅠT2007④a：4，俑残件，保存差，仅余臀部少许，背上有衣纹。身下有圆形台座，台座中间有一圆穿。土黄色胎。残高8.5、残宽16.5厘米（图一五五，10；图版六九，4）。

动物俑下肢残件 共1件。标本ⅡT0701④a：11，兽足残件，表面有刻划的毛发装饰。残高17厘米（图版六九，1）。

10. 坩埚 1件。标本M6：1，灰陶，直口，方唇，斜腹，底部残损。残高13、口径13.5厘米（图版六九，5）。

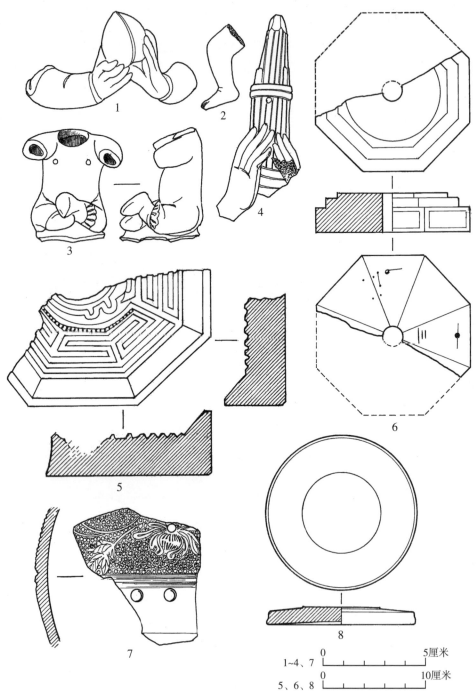

图一五六　陶玩具及其他

1、2、4.残俑上、下肢残件（H42：13、H8：26、ⅠT1604④b：2）　3.交脚坐俑（T4①：4）　5.模具（ⅠT2104④c：4）

6、8.基座（T4⑥：3、ⅠT2307④f：4）　7.陶片（ⅠT2107③：2）

第二节　瓷器

此次发掘出土遗物以瓷器数量最多，器型丰富，有碗、罐、盆、盏、钵、壶、器盖、香炉、瓶、省油灯、盂、唾壶、托盘、小型瓷俑等多种类型，其中生活用容器最多。多数为邛窑系瓷器，也有少量磁峰窑、龙泉窑、景德镇窑以及耀州窑等其他窑系产品。

一　邛窑系瓷器

1. 碗　共182件。碗是邛崃龙兴寺遗址发掘中出土最多的一类器物，其中残片占多数。由于保存完整者不多，表面无纹饰者，根据口沿及底部拣选标本，有纹饰者全部选为标本。所有碗均为敞口，据腹部形状不同分为三型，各型之下以足部变化分为不同的式。

A型　101件。斜弧腹碗，按足部形状不同分为饼足、圈足、玉璧底三式，每式足底还有细微变化。

Ⅰ式　42件。饼足。标本ⅠT1302④a：24，碗残件，口沿外侈，尖唇。外壁施半釉，内底有支钉疤，内壁酱黄釉书"厨院"两字，行书。青灰釉，釉面布满开片，局部釉色泛黄，灰胎。残高6.7厘米（图一五七，1；彩版七二，1）。标本ⅠT1708③：2，碗，圆唇，口沿微侈，腹较深，五齿支钉疤痕中间用酱黄釉书写"一"字。灰胎，青灰釉，外壁施半釉，釉层有光泽，开片细密。高6.4、足径8厘米（图一五七，2；图版七〇，1）。标本ⅠT1302④a：19，碗，残余器底部分，弧腹较深，支钉疤痕较大，内底中间用黄褐釉书写"八"字，字形较小。深灰胎，青釉，外壁施半釉。残高5、残腹径16.3、底足径8.9厘米（图一五七，3）。标本ⅠT1605④f：3，碗，残余底部少许，内底用酱黄釉书"九"字。灰胎，青釉，釉色局部泛灰蓝色，釉面开片均匀而密集，釉层较厚，光泽好。残高4、足径8.5厘米（图一五七，4；图版七〇，2）。标本H21：18，碗，残余碗底部少许，内壁大圜底，支钉疤痕较小，内底以浅黄褐釉书写"十一"两字，纵排。砖红胎，青釉泛灰蓝色，底部釉层剥落，釉下施以米黄色化妆土，外壁施半釉。残高3.5、足径8厘米（图一五七，5；图版七〇，3）。标本H13：37，碗残件，尖唇，口沿微外侈，腹较浅，五齿支钉中间黄褐釉书写一字，似为"巾"字，或为"中"字，釉色鲜明。灰胎，釉色以青釉为主，局部紫中带蓝，外壁施半釉。高6.5、足径7厘米（图一五七，6；图版七〇，4）。标本ⅠT1102④f：3，碗，圆唇较厚，唇沿微外侈，内壁圜底，饼足底内凹。内底用黄褐釉书写"十"字，书法顿挫有力，支钉疤痕较为粗大。深灰胎，青釉釉色略淡，釉层光泽度较好，开片均匀。高7、口径19.8、足径8.6厘米（图一五七，7；图版七〇，5）。标本ⅠT0207③：3，碗，圆唇，沿外侈，底部残余两个支钉疤痕，内底用黄褐釉书写"二"字，饼足底内凹。灰黑胎，深青灰色釉，外壁施半釉。高6.9、足径8厘米（图一五八，1；图版七〇，6）。标本ⅠT1301④a：1，碗残件，尖唇，内底支钉疤痕经过打磨，内底用浅黄褐釉书写"手"字，字体下半部略残，饼足底内凹。灰胎，局部氧化为砖红色胎，青釉泛灰黄，外壁施半釉。高6.5、足径9.4厘米（图一五八，2）。标本采集：152，碗残件，圆唇，唇沿微侈，腹部较浅，内底用黄褐釉书写"九"字。灰胎，淡青釉微泛黄，外壁施半釉。高6.2、口径18.9、足径7.7厘米（图一五八，3；图版七〇，7）。标本H13：36，碗残件，尖唇，唇沿外侈，腹较浅，内底浅黄褐釉书"七"字，字迹略模糊。深灰胎，浅青灰釉微泛淡紫，釉面玻璃质较差，外壁施半釉。高

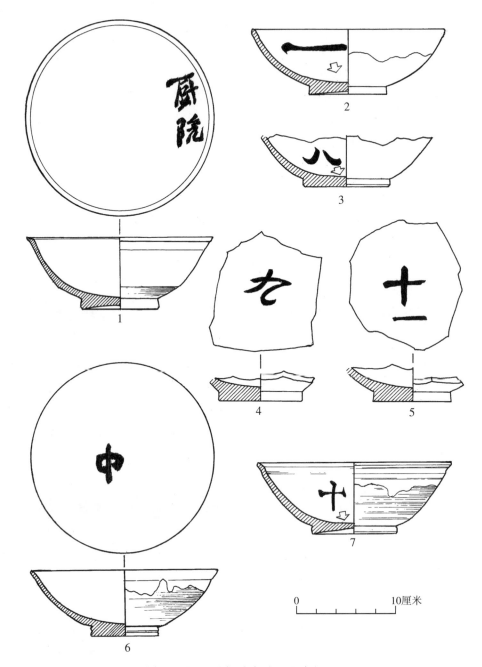

图一五七　邛窑系碗（A I 式）

1. Ⅰ T1302④a：24　2. Ⅰ T1708③：2　3. Ⅰ T1302④a：19　4. Ⅰ T1605④f：3

5. H21：18　6. H13：37　7. Ⅰ T1102④f：3

7.4、足径7厘米（图一五八，4）。标本Ⅰ T1604③：2，碗残件，圆唇，口沿外侈，腹较浅，内底用酱黄釉书"一"字。灰胎，浅灰青釉微泛黄，外壁施半釉。高6.2、口径18.9、足径7.8厘米（图一五八，5）。标本Ⅰ T1401④e：1，碗残件，圆唇，口沿微外侈，碗底支钉疤痕经过打磨，内底以酱黄釉书写"勝"字，行草字体。灰胎，青灰釉，外壁施半釉。高7、口径20.4、足径9.5厘米（图一五八，6；图版七〇，8）。标本

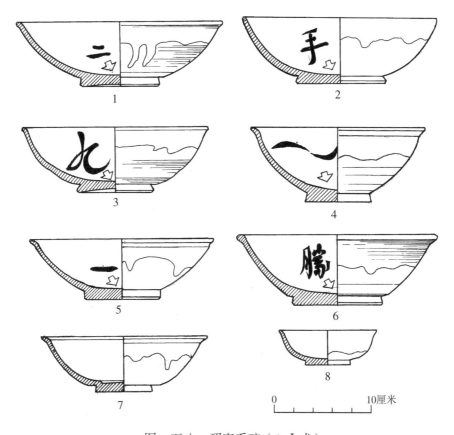

图一五八　邛窑系碗（A I 式）

1. Ⅰ T0207③：3　2. Ⅰ T1301④a：1　3. 采集：152　4. H13：36　5. Ⅰ T1604③：2
6. Ⅰ T1401④e：1　7. Ⅱ T0301②a：1　8. Ⅰ T1705④d：1

Ⅱ T0301②a：1，碗，圆唇，口沿外侈，外腹底平折。深灰胎，灰青釉，外壁施半釉。高5.5、口径17、足径5.6厘米（图一五八，7）。标本Ⅰ T1705④d：1，碗，圆唇，内壁大圜底。砖红胎，外施米黄色化妆土，淡青釉，釉层多已剥落。高3.4、口径10、足径4.5厘米（图一五八，8）。

　　Ⅱ式　38件。圈足。标本H42：2，碗残件，圆唇，圈足较矮。口沿内壁釉下阴刻铭文："癸酉绍兴廿三年十二月初二日造蒋□"，铭文笔画处釉色凝结呈黑褐色。红褐色胎，褐釉，外壁施半釉，有流釉现象。高5、口径16、足径4.9厘米（图一五九，1；彩版七二，5、6）。标本Ⅰ T1503③：3，葵口碗，圆唇，腹较深，碗内壁平底下凹，圈足足墙外侈。灰胎，施有米黄色化妆土，黄釉，外壁施满釉。高7、口径21、足径8厘米（图一五九，2；彩版七二，3）。标本Ⅰ T1201④a：5，碗，圆唇，侈沿，内壁圜底，圈足足墙外侈。灰胎，浅豆青釉，外壁施半釉。高6.2、口径16、足径8.4厘米（图一五九，3）。标本Ⅰ T0701④a：3，碗，圆唇，内壁圜底，圈足方唇。灰胎，灰豆青釉，釉层剥落，外壁施半釉。高4.8、口径16、足径6厘米（图一五九，4）。标本Ⅰ T0302②a：1，碗残件，内腹壁分布一周竖凸棱，圆唇，口沿外侈，支钉疤痕经过磨平，内底中间以黄褐釉书写"十"字。圈足方唇，圈足内侧

图一五九　邛窑系碗

1～8. A Ⅱ式（H42：2、Ⅰ T1503③：3、Ⅰ T1201④a：5、Ⅰ T0701④a：3、Ⅰ T0302②a：1、Ⅰ T2307④c：8、
Ⅰ T0801④c：1、Ⅰ T1801④a：1）9. B Ⅰ式（H13：5）10、11. A Ⅲ式（T1③：5、T1②：2）

未挖平。灰胎，灰青釉，外壁施半釉。高6.6、足径8.3厘米，圈足边缘宽1.2厘米（图一五九，5；图版七一，1）。标本ⅠT2307④c：8，碗，完整，尖唇，圈足方唇较矮。灰胎，酱釉，外壁施半釉。高4、口径11.5、足径4厘米（图一五九，6；图版七一，2）。标本ⅠT0801④c：1，碗残件，尖唇，口沿外侈，腹较浅，内壁小圈底较平，矮圈足方唇。紫红胎，施米黄色化妆土，淡青釉，碗底以酱青釉彩绘花草纹，外壁施半釉。高6、口径17、足径6厘米（图一五九，7；图版七一，3、4）。标本ⅠT0801④a：1，碗，圆唇，腹略浅，内壁大圈底，圈足方唇。灰胎，豆青釉。高6、口径16.5、足径6.4厘米（图一五九，8；图版七一，5）。

Ⅲ式　21件。玉璧底。标本T1③：5，碗，圆唇，腹较浅，底部支钉疤痕经过磨平，内底以黄褐釉书写"中"字，玉璧底较小。灰胎，局部氧化为砖红胎，青灰釉，外壁施半釉，釉层剥落较多。高7.4、足径9.1厘米（图一五九，10；图版七一，8）。标本T1②：2，碗，尖唇，口沿微侈，斜弧腹较浅，内壁圈底较平。内壁刻有一周细竖道，内底用黄褐釉书写"十"字，字体较粗，字形小，支钉疤痕经过磨平，玉璧底较大。灰胎，青釉，开片密集，釉层已有剥落，外壁施半釉。高6.9、足径8.6厘米（图一五九，11；图版七一，7）。

B型　4件。折腹碗，按腹部深浅不同分为二式。

Ⅰ式　2件。腹较浅。标本H13：5，碗，圆唇，口沿外侈，内壁圈底，饼足，内底以褐釉书写"十"字，周围有五个釉点，字迹较粗，每点介于两个支钉疤痕之间。灰胎，釉层上有一层米黄色白膏泥状物，釉色灰白泛青。高6.2、足径6.8厘米（图一五九，9；图版七一，6）。

Ⅱ式　2件。腹较深。标本H44：1，碗，尖唇，口沿外侈，折腹，内壁大圈底，圈足足墙外侈。碗内残有烧制工具支钉，支钉粗大。灰胎，灰青釉，釉层剥落较多，外壁施半釉。高5.5、口径16、足径9厘米（图一六〇，9；图版七二，1）。

C型　77件。斜腹碗，按足不同分为三式，每式足部仍有细微变化。

Ⅰ式　38件。饼足。标本ⅠT1204④f：8，碗，圆唇，内壁大圈底。碗内底以黄褐釉书写"十"字。深灰色胎，灰青釉，外壁施半釉。高6.5、口径19.7、足径9.4厘米（图一六〇，1；图版七二，2）。标本ⅠT1204④f：19，碗，尖唇，内壁大圈底较平，内底支钉疤中间以褐釉彩书"十"字，"十"字竖画提钩，书法讲究，口沿内壁有一道细凹弦纹。灰胎，淡青釉，釉下施米黄色化妆土，釉层剥落较多，外壁施半釉。高6.5、口径20、足径9厘米（图一六〇，2；图版七二，4）。标本ⅠT1223④a：11，碗，尖唇，内壁大圈底。紫红胎，施米黄色化妆土，青灰釉，外壁施半釉，内壁以褐绿釉彩绘数片草叶纹。高4.5、口径16、足径5厘米（图一六〇，3；图版七二，3）。标本采集：79，碗，残余底部少许，内壁圈底，碗内底以黄褐釉纵排书写"大阤"两字。灰胎，青灰釉，外壁施半釉。高5、足径8.4厘米（图一六〇，4；彩版七二，2）。标本ⅡT0701④a：5，碗，尖唇，内壁圈底，饼足矮，饼足外有一周凸棱。深灰胎，青灰釉，外壁施半釉。高4.5、口径11.3、高足径5厘米（图一六〇，5）。标本ⅠT1802③：2，碗，尖唇，口沿外侈，内壁平底上凸呈饼状，饼周有一圈凹弦纹。灰胎，灰青釉，足部未施釉。高4.5、口径10.7、足径4.4厘米（图一六〇，6；图版七二，7）。标本ⅠT0206④a：2，碗，尖唇，口沿微外侈，腹壁微弧略浅，内壁平底下凹，外壁粘有叠烧时残留的另一件碗口沿残片。灰胎，灰青釉，外壁施半釉。高4.5、口径12.7、足径5厘米（图一六〇，7）。标本G9：58，碗，完整，圆唇，腹略深。灰胎，口沿外侧及腹内壁施米黄色化妆土，釉层剥落。高4、口径11.2、足径5厘米（图一六〇，8）。标本ⅠT0502③：23，碗，尖

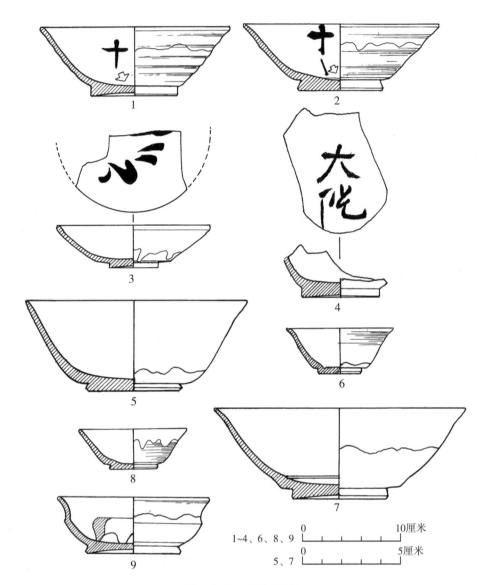

图一六〇　邛窑系碗

1～8.C Ⅰ式（Ⅰ T1204④f：8、Ⅰ T1204④f：18、Ⅰ T1223④a：19、　采集：79、Ⅱ T0701④a：5、Ⅰ T1802③：2、

Ⅰ T0206④a：2、G9：58）9.B Ⅱ式（H44：1）

唇，口沿微外侈，内壁圜底，中心有一个圆环，圆环外围绕三层纹饰。内层和中层均为一周指甲印纹，
外层排列"S"形纹。暗红色胎，青釉，外壁施半釉。高8、口径22、足径8厘米（图一六一，1；图版
七二，6）。标本Ⅰ T2004④b：2，碗，尖唇，口沿微外侈，内壁圜底下凹。灰胎，青釉，外壁施半釉。
高5.5、口径16、足径6.5厘米（图一六一，2）。标本Ⅰ T1907④c：3，碗，口沿微外侈，内壁平底下凹。
灰胎，青灰釉，口沿一周施酱青釉。高4.5、口径12.8、足径4.6厘米（图一六一，6）。标本H12：16，
碗，尖唇，素面小饼足。灰胎，青中泛蓝色釉，口沿一周为青绿色釉。高5、口径14、足径4厘米（图

一六一，7；图版七二，5）。标本ⅠT1204④f：2，碗，圆唇，碗内底酱釉写"主"字，大饼足。灰胎，灰青釉，外壁半釉。高6.5、口径19.5、足径9厘米（图版七二，8）。

Ⅱ式 24件。圈足。标本ⅠT1103③：3，碗，尖唇，内腹壁对应葵口处有竖凸棱，外腹壁对应葵口处微内凹成花瓣状，内壁圜底，高圈足，足墙外侈。灰胎，青灰釉微泛黄。高9、口径22、足径8.8厘米（图一六一，3；图版七三，1）。标本ⅠT1503④f：3，碗，葵口尖唇，口沿外侈，腹壁对应葵口处呈瓜棱形，内壁圜底，圈足内未挖平。灰胎，灰青釉，外壁施半釉。高6.5、口径20、足径9厘米（图一六一，4）。标本H13：20，碗，口沿外侈，尖唇。高圈足，圈足圆唇外侈。砖红胎，施米白色化妆土，内壁及口沿外侧施绿釉，外腹下半部分施黄釉，圈足处未施化妆土，釉色呈红褐色。高6.2、口径18、足径6.5厘米（图一六一，8；彩版七二，4）。

Ⅲ式 15件。玉璧底。标本H31：2，碗，圆唇，内壁大圜底较平。灰胎，淡青釉，外壁施半釉。高5.8、口径19、足径9.5厘米（图一六一，5；图版七三，2）。标本ⅠT1806④b：2，碗，口沿微侈，圆唇，内壁圜底，玉璧底内侧未挖平。灰胎，施米白色化妆土，外壁施半釉，釉层剥落。高4.6、口径14、足径7.1厘米（图一六一，9）。标本ⅠT1706④c：3，碗，圆唇，内壁圜底，玉璧底较大，玉璧底内侧未挖平。浅砖红胎，施米黄色化妆土，釉层脱落。高4.5、口径13.5、足径7.5厘米（图版七三，3、4）。

2. **盘** 共21件。按底足部形状不同分为三型。

A型 1件。玉璧底微内凹，器形较碟大。标本ⅠT0702④d：1，折腹盘，大敞口，圆唇，口沿微外侈，折腹处接近口沿，内壁大圜底，玉璧底内侧未挖平。灰胎，灰青釉，外壁施半釉。高3.5、口径14.5、足径5.5厘米（图一六二，1；图版七三，6）。

B型 10件。饼足，按口沿装饰不同分为二式。

Ⅰ式 2件。葵口盘。标本ⅠT1503④e：6，盘，尖唇，五瓣葵口，内壁底下凹。深灰胎，浅豆青釉，外壁施半釉。高3.8、口径15、足径5厘米（图一六三，1；图版七三，5）。标本H10②：8，盘，口沿外侈，尖唇，残余两瓣葵口，斜折腹，内壁大圜底。灰胎，灰青釉。高5.5、口径20.4、足径6.5厘米（图一六二，2）。

Ⅱ式 8件。素沿盘。标本ⅡT0802④c：1，盘，尖唇，口沿外撇，腹略深，内壁平底，矮饼足。灰胎，酱黄釉，外壁施半釉。口径13.2、足径4.8、高3厘米（图一六二，3）。标本H26：3，盘，尖唇，斜折腹，沿较短，内壁大圜底，饼足，足底内凹。深灰胎，灰青釉，外壁施半釉。高3.5、口径13.6、足径5.2厘米（图一六二，8；图版七三，8）。标本ⅠT0502③：19，青釉印花折沿盘，口沿外折，尖唇，斜弧腹，内壁圜底。内壁腹底模印菊花纹，双层花瓣，线条简单。深灰胎，豆青釉，外壁施半釉。高3、口径13、足径4.5厘米（图一六二，10；图版七三，7）。标本H31：6，盘，完整，圆唇，斜腹，内壁圜底。土黄胎，外壁施半釉，施灰白色化妆土，釉层剥落。高4.2、口径17.3、足径7.9厘米（图版七四，1）。标本ⅠT0703③：4，盘，尖唇，口沿外侈，斜弧腹，内壁圜底，内壁装饰水波纹。灰胎，青绿色釉，外壁半釉。高4.3、口径16、足径6.5厘米（彩版七三，3）。

C型 10件。圈足，按口沿装饰不同分为二式。

Ⅰ式 3件。素沿。标本ⅠT1123②a：3，盘，完整，尖唇，斜弧腹较坦，内壁平底下凹。灰白胎，灰青釉，内外底均未施釉。高4.3口径18.5、器高3.3、足径10.5厘米（图一六二，9；图版七四，2）。

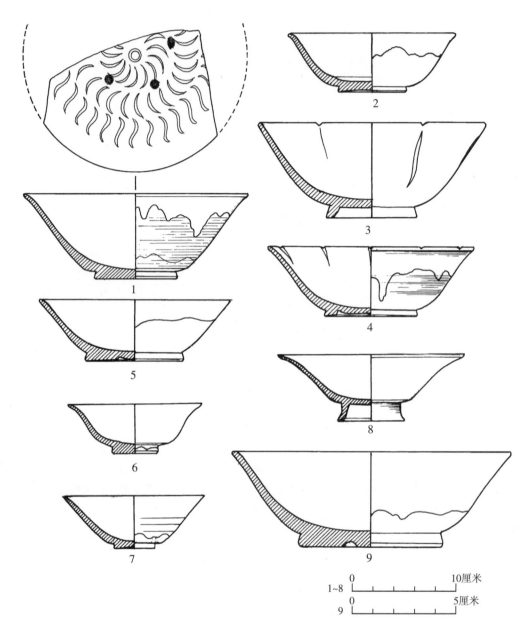

图一六一　邛窑系碗（C型）

1、2、6、7. Ⅰ式（ⅠT0502③：23、ⅠT2004④b：2、ⅠT1907④c：3、H12：16）3、4、8. Ⅱ式（ⅠT1103③：3、ⅠT1503④f：3、H13：20）5、9. Ⅲ式（H31：2、ⅠT1806④b：2）

标本ⅡT0306④a：1，盘，尖唇，斜腹，内壁平底。灰胎，深青釉。高3.2、口径13.8、足径6.4厘米（图一六二，5）。标本ⅠT1503④b：5，盘，圆唇，侈沿，斜弧腹，内外腹壁上布满凹弦纹，内壁圜底，底部残有支钉疤痕。圈足，足墙外侈。灰胎，浅灰青釉，以黄褐釉、淡绿釉彩绘小波浪纹，图案残缺不清。高9、口径35、足径15厘米（图一六二，11；图版七四，3）。

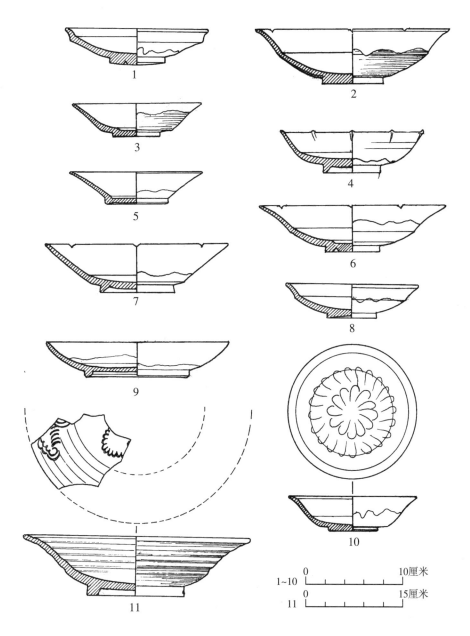

图一六二　邛窑系盘

1. A 型（ⅠT0702④d：1）2. BⅠ式（H10②：8）　3、8、10. BⅡ式（ⅠT0802④c：1、H26：3、ⅠT0502③：19）4、6、7. CⅡ式（ⅠT0902④a：7、ⅠT1503③：2、ⅠT1607③：1）5、9、11. CⅠ式（ⅡT0306④a：1、ⅠT1123②a：3、ⅠT1503④b：5）

　　Ⅱ式　7件。葵口。标本ⅠT0902④a：7，盘，尖唇，葵口向内翘尖，内壁圈底较平，圈足为方唇。深紫胎，施化妆土，青灰釉，釉色较浅。高4、口径12、足径6.1厘米（图一六二，4；图版七四，4）。标本ⅠT1503③：2，盘，尖唇，斜折腹，内壁有折线。圈足为方唇，圈足中间未挖平。灰胎，施化妆土，灰青釉。高4.7、口径18、足径5.6厘米（图一六二，6；图版七四，5）。标本ⅠT1607③：

1，盘，尖唇，斜腹，内壁平底内凹，矮圈足。灰胎，深豆青釉，外腹壁施半釉。高4.7、口径18.5、足径7.8厘米（图一六二，7；图版七四，6）。标本ⅠT1806④c：2，盘，圆唇，口沿外侈，内壁圜底近平，葵口两瓣相接处下凹较多，圈足尖唇。砖红胎，施有米黄色化妆土，金黄釉。高4.5、口径15、足径8.5厘米（图一六三，2；图版七四，8）。标本ⅠT1223④d：5，盘，完整，尖唇，口沿外侈，口沿外壁呈瓜棱状，盘底有三个细支钉疤，圈足为方唇。砖黄胎，施米黄色化妆土，金黄釉，内底中部点以一团浅黄褐釉，外周围绕绿釉彩团，口沿有四团浅黄褐釉彩团与绿釉彩团相间隔。高3.2、口径14、足径5.7厘米（图一六三，3；彩版七二，7、8）。标本ⅠT1805④e：16，盘，尖唇，葵口花瓣交接处向外翘尖，口沿斜直，圈足方唇。深灰胎，酱色釉。高2.8、口径12、足径5.4厘米（图一六三，4；图版七四，7）。

3. 盏 共319件。多数胎较厚，唇、腹、底、足等部位变化较多。唇部有圆唇、方唇、尖唇等多种。釉均施在内壁及口唇外，外腹壁一般不施釉，釉色主要有褐釉、青釉、酱釉等。内底多残有支钉痕，以六足支钉最常见，有少量为五足支钉。有卧足、饼足、玉璧底等多种底足。按唇部形状不同分为三型。

A型 187件。圆唇，按足部变化可分为平底（卧足）、饼足、玉璧底、假圈足等四式。

Ⅰ式 63件。卧足。标本ⅠT0701④f：10，盏，腹较深，腹径最大处在上腹部，下腹外壁弧收较急，近足部微折。灰胎，酱黄釉，内壁及唇外部施釉。高2.9、口径9.7、足径4.5厘米（图一六四，3）。标本T1②：8，盏，外壁腹中部一周内凹，内壁圜底。灰胎，胎薄，釉色较杂，有酱青、酱黄等，外壁未施釉。高2.2、口径8.5、足径5.4厘米（图一六四，5）。标本H3：30，盏，坦腹，外腹中部一周内凹。灰胎，酱黄釉，内壁及唇外部施釉。高2.3、口径10.5、足径4.8厘米（图一六四，8）。

Ⅱ式 113件。饼足，可分为大、中、小三种。小型饼足足径在4厘米以下，中型饼足足径在4～5.5厘米之间，大型饼足足径在5.5厘米以上。

小型饼足 24件。标本ⅠT2207④c：4，盏，弧腹，内壁圜底。灰胎，酱釉。高2.8、足径3.6厘米（图一六四，1）。

中型饼足 73件。标本ⅠT1805③：2，盏，口沿外折。斜弧腹，内壁圜底。灰胎，青釉，口沿处有青褐色点彩。高3、足径5.1厘米（图一六四，4）。标本H32：1，盏，口沿微内敛，斜弧腹，内壁圜底。灰胎，未施釉处氧化为紫红色。内壁施酱黄釉，口沿处为酱青釉。高3、足径5.4厘米（图一六四，6）。标本ⅠT1906④e：2，盏，唇部加厚，内壁有烧制时留下的大气泡，腹壁略直。灰胎，内腹底为深绿釉，口沿及外腹壁灰白釉，外壁施半釉。高3.5、口径9.2、足径4.4厘米（图一六四，7）。

大型饼足 16件。标本ⅠT1505④e：2，盏，斜直浅腹，内壁圜底较尖。灰胎，内壁施酱青色釉，口沿处釉色略带紫色。高2.9、口径12、足径6厘米（图一六四，9）。标本ⅠT1806④c：7，盏，口沿外有一周凹弦纹，坦腹，内壁圜底。灰胎，内壁及口沿为豆青釉，外壁施薄釉，多已剥落，局部残存青釉。高2.7、口径11、足径6厘米（图一六四，10）。标本ⅠT1402④a：2，盏，口沿外有一周凹弦纹，唇厚而腹壁薄，弧腹，内壁圜底略平。灰胎，豆青泛灰白釉。高3.6、口径13.7、足径6厘米（图一六四，13）。

Ⅲ式 8件。玉璧底。标本ⅠT1604④e：7，盏，唇较厚，浅腹，内壁圜底近平。灰胎，内壁施浅酱黄釉，口沿及外壁施青灰釉。高3.4、口径14.8、足径5.9厘米，足底中部内凹处直径为2厘米（图一六四，11）。标本ⅠT1405②a：3，盏，唇较厚，弧腹较深。紫红色胎，青釉，局部泛蓝色，外壁

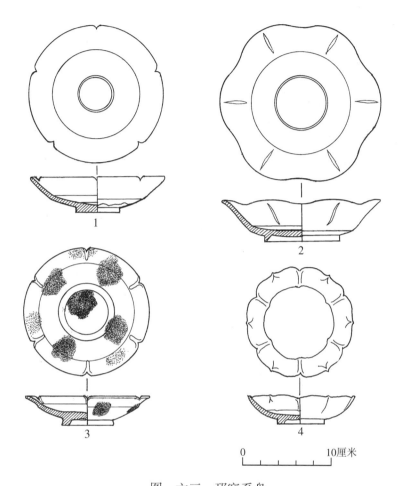

0   10厘米

图一六三 邛窑系盘

1. B I 式（Ⅰ T1503④e：6）2～4. C Ⅱ式（Ⅰ T1806④c：2、Ⅰ T1223④d：5、Ⅰ T1805④e：16）

施半釉，素足。高3.9、口径13.5、足径5.4、内径3.6厘米（图一六四，12）。

Ⅳ式 3件。假圈足，盏底部圈足多是在饼足上挖一周凹槽，中间未挖平，和玉璧底相比内径大而外圈小。标本Ⅰ T0206④c：3，盏，口沿内弧，深弧腹，平底。灰胎，内外均施豆青釉，素足。高3.2、口径11.3、足径4.3厘米（图一六四，2）。标本Ⅱ T0901②c：2，盏，弧腹，腹壁上有烧制时留下的气泡，玉璧底内侧未挖平，仅刻出一周凹痕。灰胎，内壁施青绿釉，口沿外壁及上半腹壁为灰白泛青釉。高3.4、口径11.9、足径5厘米（图一六四，14）。标本Ⅰ T0802③：4，盏，残，口沿外有一周凹弦纹，浅腹，内壁圈底较深。灰胎，内外均施豆青釉，素足。高2.8厘米（图一六四，15）。

B型 13件。方唇，唇外缘凸出。按足部不同可分为三式。

Ⅰ式 5件。卧足。标本Ⅰ T1904③：1，盏，坦腹，外腹壁中部略内凹。深灰色胎，酱釉。高1.9、口径10、足径5.4厘米（图一六五，9）。标本Ⅰ T2307 4c：7，盏，内壁弧腹，方唇外侈，外壁平弧收。紫红胎，内壁施黄褐釉，釉下有米黄色化妆土，口沿处局部未满釉，外壁及足部素面。高2.3、口径10.7、

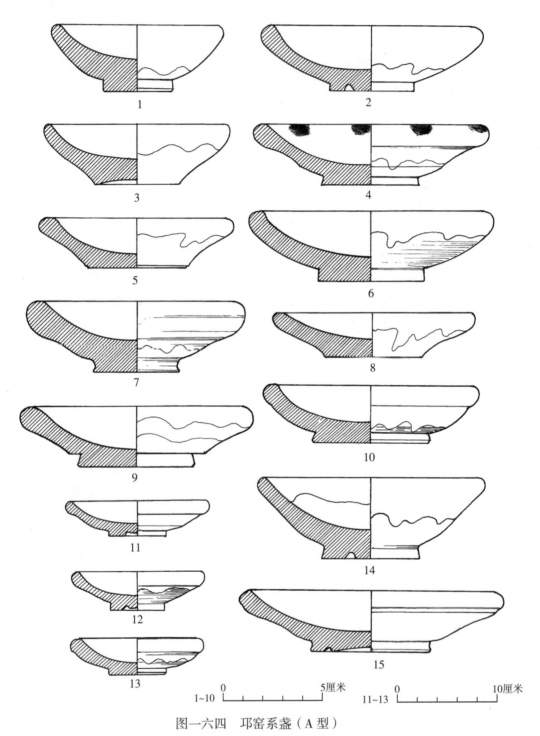

图一六四　邛窑系盏（A型）

1、4、6、7、9、10、13. Ⅱ式（ⅠT2207④c：4、ⅠT1805③：2、H32：1、ⅠT1906④e：2、ⅠT1505④e：2、ⅠT1806④c：7、ⅠT1402④a：2） 2、14、15. Ⅳ式（ⅠT0206④c：3、ⅡT0901②c：2、ⅠT0802③：4） 3、5、8. Ⅰ式（ⅠT0701④f：10、T1②：8、H3：30） 11、12. Ⅲ式（ⅠT1604④e：7、ⅠT1405②a：3）

足径4.1厘米（图一六五，10）。标本ⅠT1404④c：15，盏，方唇较大，浅腹，内壁圜底，器身较矮。深灰胎，豆青釉，外壁及足部素面。高1.8、口径9.1、足径4.9厘米（图一六五，11）。

Ⅱ式　7件。饼足。标本ⅠT1503④a：1，盏，完整，浅腹，饼足较大。灰胎，施青绿釉，釉色泛紫，素足。高3.4、口径13.2、足径6.5厘米（图一六五，13）。

Ⅲ式　1件。圈足。标本采集：29，盏，浅腹，外腹斜弧收。深灰胎，酱黄釉，素足。高2.5、口径10.8、足径6.3厘米（图一六五，12）。

C型　119件。尖唇，按足部变化不同可分为二式。

Ⅰ式　76件。卧足。标本K3：11，盏，敞口，腹部略外折，折线位于腹上部。外腹壁有一周弦纹。灰胎，黄褐釉，器身由于烧制原因略有变形。高2.1、口径9.1、足径3.9厘米（图一六五，2）。标本ⅠT3502④a：1，盏，内壁小圜底，外腹壁上部较直，下腹弧收。浅灰胎，青釉泛紫色，外腹施半釉。高2.3、口径9.2、足径3.8厘米（图一六五，5）。标本ⅠT2408③：13，盏，尖唇外侈，腹上部略外折，腹壁下部略内凹，内底残有三个支钉疤。灰白胎，内壁及口沿施酱黄釉。高2.4厘米（图一六五，6）。标本ⅡT0409④c：2，盏，腹部略内凹，内壁平底。暗紫红胎，灰褐色釉，外腹施半釉。高1.8、口径7.5、足径5厘米（图一六五，8）。

Ⅱ式　43件。饼足，按大小不同可分为中型和大型两种。中型饼足足径在4～5.5厘米之间，大型饼足足径在5.5厘米以上。

中型饼足　26件。标本ⅠT1705③：5，盏，浅腹，外壁上腹较直，下腹弧收，内壁圜底。灰胎，浅绿釉泛蓝色，外壁施半釉。高2、口径7.5、足径4.5厘米（图一六五，1）。标本ⅠT2408④f：12，盏，外壁斜腹，腹中部内凹，平底。暗紫红色胎，淡青绿釉，局部釉色泛蓝。高1.8、口径7.4、足径5.1厘米（图一六五，3）。标本ⅡT0401④c：1，盏，浅腹，腹斜收，内壁圜底。口部因烧制原因变形为椭圆形。灰胎，酱黄釉，外腹施半釉。高（最低处）2.3、口径（最大处）10.3、足径4.6厘米（图一六五，4）。

大型饼足　17件。标本G9：9，盏，内壁斜腹，圜底较深，外壁折腹。夹砂红胎，黄褐釉泛青，釉面有开片，内壁及口沿外施釉，素底。高2.8、口径11.6、足径6.5厘米（图一六五，7；彩版七三，1）。

4. 碟　共15件。敞口，多为尖唇，少量为圆唇，腹壁有斜腹、斜弧腹、斜折腹三种变化。足部有矮饼足、卧足、玉璧底等变化。按足部不同分为三型。

A型　1件。玉璧底，与卧足接近，在平底正中间挖出玉璧形状。标本ⅡT0303④a：3，碟，尖唇，斜直腹，内壁大平底略向上弧鼓。紫红胎，淡青釉，釉色透明，胎较薄。高1.4、口径9、底径5厘米（图一六六，1；图版七五，1）。

B型　5件。矮饼足。标本H22：23，葵口碟，葵口分八瓣，尖唇，斜弧腹略深，内壁圜底。灰胎，青黄釉，外壁施半釉。高3.2、口径11.5、足径5厘米（图一六六，2；图版七五，2）。标本F9②：5，碟，尖唇，斜弧腹微折，内壁有折线，内壁平底。深灰胎，豆青釉，外壁施半釉。高1.8、口径8、足径3.6厘米（图一六六，6；图版七五，4）。标本ⅠT2102④b：1，碟，尖唇，斜弧腹，内壁腹中部有一道折线，内壁圜底较坦。深灰胎，青釉。高2.5、口径11、足径3.5厘米（图一六六，7）。标本ⅠT1906④b：1，碟，尖唇，斜弧腹较深，内壁近底处有一道折线，内壁平底内凹。深灰色胎，深青色釉。高2.9、口径11、足径4.8厘米（图一六六，9；图版七五，3）。

C型　9件。卧足，按腹部形状不同分为三式。

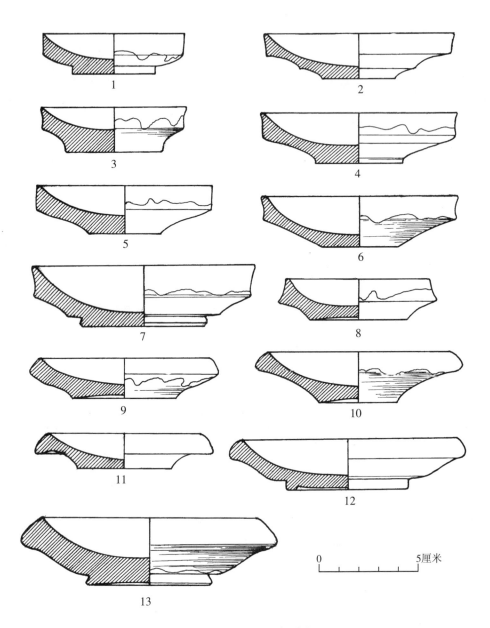

图一六五　邛窑系盏

1、3、4、7. C Ⅱ式（Ⅰ T1705 ③：5、Ⅰ T2408 ④ f：12、Ⅱ T0401 ④ c：1、G9：9）2、5、6、8. C Ⅰ式（K3：
11、Ⅰ T3502 ④ a：1、Ⅰ T2408 ③：13、Ⅱ T0409 ④ c：2）9～11. B Ⅰ式（Ⅰ T1904 ③：1、Ⅰ T2307 ④ c：7、
Ⅰ T1404 ④ c：15）12. B Ⅲ式（采集：29）13. B Ⅱ式（Ⅰ T1503 ④ a：1）

　　Ⅰ式　2件。弧腹。标本Ⅰ T0502③：14，碟，尖唇，口沿内壁有一周凸弦纹。斜弧腹，内壁平底内凹。紫胎，胎色较暗，施米白色化妆土，淡青灰色釉，外壁施半釉。高2.8、口径12、底径4厘米（图一六六，4）。

　　Ⅱ式　5件。折腹。标本Ⅰ T3401④a：3，碟，尖唇，斜弧腹，内壁腹中部有一道细折线，内壁圈底

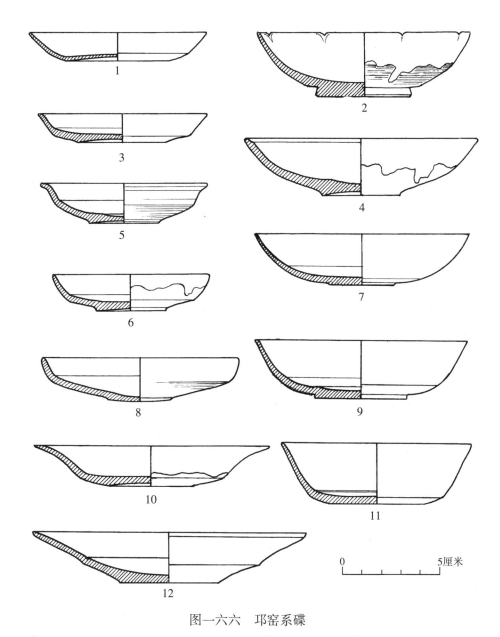

图一六六　邛窑系碟

1. A 型（Ⅱ T0303④a：3） 2、6、7、9. B 型（H22：23、F9②：5、ⅠT2102④b：1、ⅠT1906④b：1） 3、5、8、
10、12. C Ⅱ式（ⅠT3401④a：3、ⅠT2207④a：14、F9①：6、ⅠT2103④b：4、ⅠT1301④a：12） 4. C Ⅰ式（ⅠT0502③：
14） 11. C Ⅲ式（ⅠT1204④e：1）

较坦，卧足内凹。高1.4、口径8.5、底径4.5厘米（图一六六，3；图版七五，8）。标本ⅠT2207④a：14，
碟，完整，圆唇，口沿外侈，斜折腹，内壁平底略凹。釉层剥落，紫红胎。高2、口径8.4、底径3.5厘米
（图一六六，5；图版七五，5）。标本F9①：6，碟，尖唇，斜折腹，内壁小圜底。白胎，淡青色釉。高
2.2、口径10、底径3厘米（图一六六，8；图版七五，7）。标本ⅠT2103④b：4，碟，尖唇，口沿外侈，

斜腹，内壁平底。灰白胎，淡青色釉。高2、口径12、底径4厘米（图一六六，10；图版七五，9）。标本 I T1301④a：12，碟，尖唇，斜折腹较深，内壁圜底。釉层剥落，浅砖红胎，施米黄色化妆土。高2.5、口径14、底径5厘米（图一六六，12）。

Ⅲ式　2件。斜腹。标本 I T1204④e：1，碟，尖唇，内壁平底内凹。浅砖红胎，淡青釉。高3、口径11.8、底径7.8厘米（图一六六，11；图版七五，6）。

5. **罐**　共47件。按系的变化分为三型。

A型　21件。无系罐，按领部不同分为三式。

Ⅰ式　5件。无领敛口罐。标本 I T1602④a：1，罐，方唇，外腹壁有褐釉彩绘草叶纹，腹壁下部细线刻一道弦纹。灰胎，施米黄色化妆土，青釉，外壁施半釉。残高8.3、口径12厘米（图一六七，7；图版七六，2）。标本 I T0208③：2，罐，方唇。灰胎，施米黄色化妆土，淡青釉，釉下彩绘兰草花卉，以酱青为主，内壁仅口沿有釉。残高8厘米（图一六七，10；图版七六，3）。标本 I T1601④a：3，罐，圆唇。灰胎，内壁仅口沿有釉，外壁施半釉，施化妆土，淡青灰釉，上腹以黄褐釉绘大型牡丹花。残高11.5厘米（图一六七，11；图版七六，1）。

Ⅱ式　6件。高领罐。标本M1：3，罐，残，直口，圆唇，折肩，六瓣瓜棱形弧鼓腹。内壁平底，饼足。深灰胎，施浅黄色化妆土，淡蓝釉，肩部有墨绿釉点彩，釉层多已剥落，内外壁均施满釉。高12厘米（图一六七，5；图版七六，4）。标本 I T1502④c：4，罐，侈口，尖唇，唇外部有一周凸棱，圆腹，高饼足。砖红胎，表面釉层已经剥落，器内壁及外壁上半部分施米白色化妆土。高7.4、口径4.2、足径4.4厘米（图一六七，6；图版七六，5）。

Ⅲ式　9件。束领罐。标本 I T1501④a：2，罐，侈沿，尖唇，滑肩，弧腹，饼足底微凹，内壁圜底。灰胎，内壁满釉，外壁仅上部施化妆土，浅豆青色釉，黄褐釉点彩，内壁及下腹无化妆土处釉色为青灰色。器高9.2、足径5.6厘米（图一六七，1）。标本G9：5，罐，方唇，侈沿，溜肩，鼓腹，矮饼足。砖红胎，胎外壁凸凹不平，酱釉，釉层大部分已经剥落。高5.4、口径4.5、足径4.7厘米（图一六七，2；图版七六，6）。标本采集：13，罐，大敞口，沿部外侈较多，尖唇，唇内侧有凹弦纹，束领折线明显。鼓腹，腹以下残。外腹壁纵向模印均匀的细绳纹。灰胎，胎质较疏松，器外壁残存深黑褐色玻璃质釉，大部分已剥落。残高9.5厘米（图一六七，3；图版七七，1）。标本 I T0206③：8，罐，尖唇，侈沿，略束颈，口沿内壁有一周较高的凸棱，腹壁较直，饼足。浅砖红胎，外壁素烧，器内施褐青釉。高6.5、足径4.5厘米（图一六七，4；图版七七，4）。标本采集：130，罐，圆唇，口沿内壁束颈处折棱凸出，弧鼓腹，平底。灰胎，酱釉。高16.2、口径9、足径7.6厘米（图一六七，8；图版七七，5）。标本 I T0502③：1，罐，方唇，唇部略内弧，沿外侈，溜肩，上腹弧鼓，下腹弧收。卧足。深灰胎，表面施米黄色化妆土，釉层已经剥落，器身大部分施釉，仅下腹少许及底部无釉。高3.4、口径3.4、足径3.5厘米（图一六七，9；图版七七，3）。

此外还有一件A型罐残件，口部残损。标本 I T1224④e：3，深腹微向外弧，饼足。砖红胎，施有米黄色化妆土，金黄色釉，外腹下半部分釉及化妆土均未施满。高2.5、足径2.7厘米（图版七七，2）。

B型　7件。双系罐，按口部、颈部的变化分为四式。

Ⅰ式　2件。小口低领罐，方唇，口微侈，短颈，桥形耳。标本J6①：4，罐，弧折肩，斜直腹，矮圈足，足墙较厚。灰胎，豆青釉，腹底施半釉。高19.2、口径4、足径10厘米（图一六八，1；图版七七，

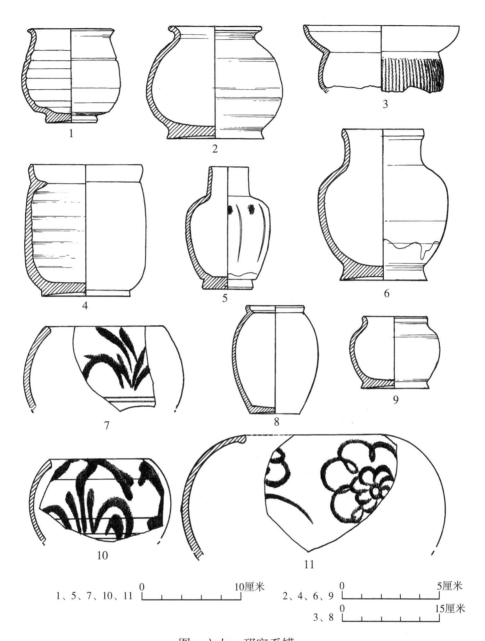

图一六七 邛窑系罐

1～4、8、9．A Ⅲ式（Ⅰ T1501④a：2、G9：5、采集：13、Ⅰ T0206③：8、采集：130、Ⅰ T0502③：1） 5、6．A Ⅱ式（M1：3、Ⅰ T1502④c：4） 7、10、11．A Ⅰ式（Ⅰ T1602④a：1、Ⅰ T0208③：2、Ⅰ T1601④a：3）

6）。标本F9①：15，罐，双系残余一只，溜肩，卵形腹。颈下侧有细凹弦纹，肩部有一周凹弦纹。暗砖红胎，外壁上半部和口颈内壁施浅酱黄釉，胎质紧密，釉面无光泽，有小气泡。残高17、口径5.1、残腹径26厘米（图一六八，3；图版七八，2）。

Ⅱ式 1件。敛口无领罐。标本Ⅰ T0502④c：3，罐，圆唇，上腹弧鼓，下腹斜收，环形系位于上腹接近口沿处，内壁圜底，饼足。腹壁有轮制留下的痕迹，导致釉层不均匀，釉色深浅有变化。灰胎、黄褐釉，内壁满釉，外壁施半釉，器内表面残有米黄色白膏泥状物，烧制时口部变形。高13.2、口径最大13.8、足径9厘米（图一六八，5；图版七八，1）。

Ⅲ式　2件。大口高领罐。标本ⅠT1225④c：1，罐，口及底均残，束颈，溜肩，鼓腹，拱形系，上腹部对称绘三层"V"形纹饰。深红胎，浅酱黄釉，外壁施半釉，内壁无釉。残高7.3厘米（图一六八，2；图版七八，3）。标本ⅠT1604④e：2，罐，侈口，尖唇，唇外有一周凸折棱，高领，溜肩，桥形系，上腹鼓，下腹弧收，饼足较矮，内壁平底。灰胎，青灰釉，外壁下腹有少部分素胎，内壁施满釉，器略残。高9.5、口径7、足径6厘米（图一六八，6；图版七八，4）。

Ⅳ式　2件。大口低领罐。标本T4③：11，罐，方唇，口微敛，桥形系，弧鼓腹，矮饼足。腹上部有一周凸弦纹，内壁折领处折棱明显。灰胎，酱釉，釉层剥落，内壁仅口沿施釉，外壁下腹素胎。高10.4、口径6.1、足径6.6厘米（图一六八，7；图版七八，5）。标本M7：1，罐，方唇，弧腹，肩部有双系，饼足。灰胎，酱黄釉，外壁施半釉。高16.4、口径6.8、足径7.9厘米（彩版七三，2）。

C型　19件。四系罐，领部较高。按肩、腹的变化分为四式。

Ⅰ式　8件。鼓肩，斜直腹。标本ⅠT1402④f：3，罐，完整，敞口，尖唇，唇外有一周凸折棱，高领斜直，拱形系，平底。灰胎，深酱黄色釉，外壁施半釉，内壁仅口沿处有釉，腹内壁布满轮旋纹。高12.8、口径5.1、足径6.1厘米（图一六八，4；图版七九，4）。标本ⅠT0701④f：9，罐，口微侈，尖唇，唇外侧有一周凸棱，拱形耳系下端上翘，斜腹微弧，内腹壁布满轮制旋纹。灰胎，内外施满釉，釉色灰白中泛青色。高25、口径18、足径19.7厘米（图一六八，8）。

Ⅱ式　6件。鼓肩，斜弧腹。标本ⅠT1102③：6，罐，敞口，尖唇，唇外侧有一周凸棱，桥形耳，内壁平底，饼足。灰胎，青釉，外壁施半釉。高11、口径7、足径7厘米（图一六九，1；图版七九，5）。标本H43：1，罐，完整，侈沿，圆唇，直领，下腹斜弧收，饼足。褐胎，青釉，外壁下半部及底部素烧。高13.5、口径10.4、足径8厘米（图一六九，2；图版七九，3）。标本H13：45，罐，微敞口，尖唇，口沿外壁有一周凸棱。拱形系，残存两系。罐内壁布满轮旋纹。灰胎，青釉，外壁及口沿内壁施化妆土，釉色呈淡灰色，内壁腹部没有化妆土，釉色呈深青灰色。残高12、口径12.5～14.5厘米（图一六九，4；图版七九，2）。标本ⅠT1806④c：8，罐，直口，方唇，唇面微凹，饼足。深灰胎，酱釉。高27、口径10.2、足径11.5厘米（图一六九，5；图版八〇，1）。标本H8：20，罐，尖唇，口部微内收，领部高直，饰以五周凸棱。拱形系位置较高，介于肩和领之间。肩部以下有褐釉彩绘卷草等装饰。器身残损较多，深灰胎，浅青黄色釉。残高11.3、口径8.3厘米（图一六九，7）。标本F3：11，罐，圆唇，口沿外有一周凸棱，拱形系纵向分为两股。灰胎，青灰釉，腹部以黄褐釉彩绘兰草，内壁施釉。残高8.2厘米（图一六九，8；图版七九，1）。标本H10：1，罐，圆唇，口沿外侈，饼足。灰胎，外腹壁上半部分施米白色化妆土，青灰釉，肩、腹处有酱釉点彩，外壁半釉。高21.8、口径10.2、足径10.2厘米（彩版七三，5）。

Ⅲ式　3件。滑肩，弧形腹。标本ⅠT1401④e：7，罐，残损一系，直口方唇，唇内侧略凸起。口沿外壁有一周细凹弦纹，拱形系。暗紫红胎，仅口沿、领部施釉，施化妆土处釉色为浅酱黄，未施处釉色呈酱色。高15.4、口径8.5、足径5.9厘米（图一六九，3；图版八〇，3）。标本F9③：20，罐，完整，形制同前件，灰胎，灰青釉，外腹部及底未施釉。高15.7、口径8.3、足径5.3厘米（图版八〇，4）。

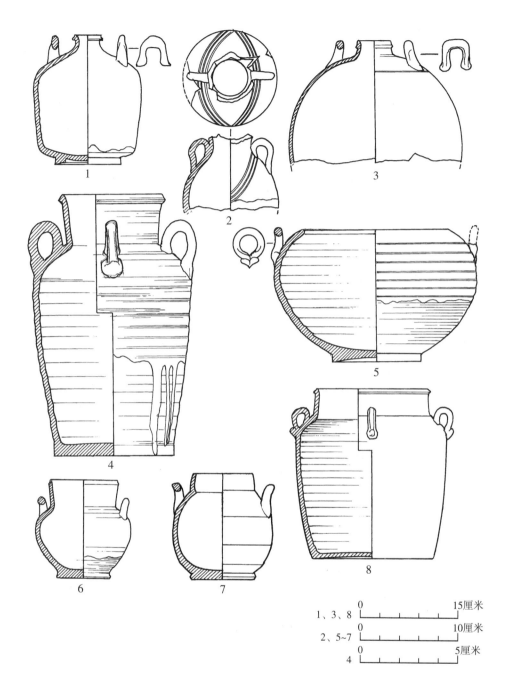

图一六八　邛窑系罐

1、3. B I 式（J6①：4、F9①：15）　2、6. B Ⅲ式（I T1225④c：1、I T1604④e：2）　4、8. C I 式（I T1402④f：3、I T0701④f：9）　5. B Ⅱ式（I T0502④c：3）　7. B Ⅳ式（T4③：11）

　　Ⅳ式　2件。卵形圆鼓腹。标本 I T2407③：2，罐，方唇微外侈，桥形系，现残余两只。浅砖红胎，施米黄色化妆土，灰白釉，腹部用黄褐釉彩绘花卉植物，外壁下腹素胎，口内壁施釉。残高21.5厘米（图一六九，6；图版八〇，2）。

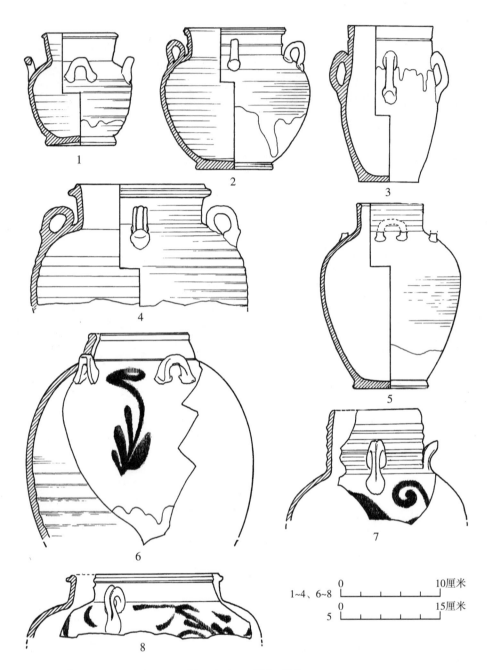

图一六九　邛窑系罐

1、2、4、5、7、8.C Ⅱ式（Ⅰ T1102 ③：6、H43：1、H13：45、Ⅰ T1806 ④ c：8、H8：20、F3：11）

3.C Ⅲ式（Ⅰ T1401 ④ e：7）　6.C Ⅳ式（Ⅰ T2407 ③：2）

6. 盆　共9件。多为残件，平底，盆内多有彩绘或刻花装饰。其中口部形状清楚的7件，按口部变化分为二型。

A型　2件。敞口盆。标本Ⅰ T0804③：3，盆，圆唇，平沿宽且微下卷，上腹微折，下腹斜收，平底向上弧鼓。口沿及腹壁处绘有草叶纹，盆底图案似为字。暗红胎，施米黄色化妆土，青灰釉，釉下有绿彩。高8.1、口径33、足径17.2厘米（图一七〇，1；图版八一，5）。标本H26：16，盆，圆唇，口沿外侧加厚，下侧有一周凹弦纹，内底有支钉疤痕。砖红胎，酱黄釉，外壁施半釉。高9、口径32、足径20厘米（图一七〇，2；图版八一，1）。

B型　5件。敛口盆。标本ⅠT1905④b：1，盆，方唇，口沿内壁有一周凸棱，凸棱上施以点彩。口沿外对应位置有一周凹弦纹。斜腹，腹中部绘卷草纹，底部绘一枝盛开的带叶花卉。灰胎，青灰釉，以褐釉彩绘，外壁施半釉，釉下施米黄色化妆土。高9.8、口径39、足径26厘米（图一七〇，3；图版八一，2、3）。标本H22：13，盆，口微敛，凸沿双唇，斜弧腹较深。灰胎，未施釉处氧化为灰黄胎，青釉泛灰，外壁施半釉。高21.5、口径59、足径42.5厘米（图一七〇，4；图版八一，7）。标本H22：35，盆，方唇，口沿外有两周凹弦纹，斜弧腹。内底有支钉疤痕。暗紫色胎，青灰釉，外壁施半釉。高11.2、口径38、足径19.5厘米（图一七〇，6）。

盆残片　2件。仅余底部少许，腹内刻绘精美。标本Q4②：5，盘龙纹盆残件，仅余底、腹少许，斜腹，盆内壁釉下刻盘龙纹。紫红色胎，胎较厚，施米黄色化妆土，龙鳞以绿釉彩绘，龙身以黄褐釉绘轮廓。余处施青灰釉。残高5、足径28厘米（图一七〇，5；图版八一，6）。标本ⅡT1214④c：3，彩绘刻划花草纹盆，仅余两块残块，斜腹，平底。腹内壁下侧刻一周变形云纹，底中部刻圆圈，圈内似有花卉，圈外周刻带茎叶花卉数支。砖红胎，施米黄色化妆土，底部用绿釉，花卉纹饰部分施浅灰青釉，外壁素面。残高6、足径35厘米（图一七〇，7；图版八一，4）。

7. 壶　共30件。按耳部及执手变化分为五型。

A型　3件。无耳壶，按腹部形状变化分为二式。

Ⅰ式　1件。瓜棱形腹。标本H13：46，壶，口部残，细长颈，颈下部有一周凸弦纹，溜肩，腹部为六瓣瓜棱形，上腹部较鼓，下腹部弧收，平底。腹壁下半部分不平滑，制胎痕迹较明显。灰胎，施米黄色化妆土，外施淡青釉。外壁除底部外几乎施满釉，长颈内壁施釉。残高20、足径7.2厘米（图一七一，1；图版八二，2）。

Ⅱ式　2件。圆腹。标本ⅠT1303③：7，壶，口颈残损，溜肩，流部残断，饼足，足底内凹。深灰胎，豆青釉。残高9.8、足径3.8厘米（图一七一，2；图版八二，4）。标本ⅠT0208③：6，壶，器身残损，仅余上半部分。方唇外侈，高领，短流呈九棱锥形。紫红胎，外壁及口领内壁施泛灰米黄釉，折肩处有半周淡青釉呈带状分布。残高10.5、口径8.8厘米（图一七一，3；图版八二，5）。

B型　13件。无耳执壶，按腹部形状变化分为二式。

Ⅰ式　4件。瓜棱形腹。标本ⅡT0706②a：3，壶，口部残，侈口，长颈，四瓣瓜棱腹，下腹弧收，饼足。长直流，残断，流根部饰有流苏。器身施满釉，灰胎，淡青釉，多已剥落，素面饼足。残高21、足径7厘米（图一七一，5；图版八二，1）。

Ⅱ式　9件。圆腹。标本ⅠT0701④f：6，壶，壶身较短胖，口颈残，束颈，圆短流，执手位于腹部，下腹斜收，平底。灰白胎，酱黄釉，平底处素胎。残高5.5、束颈处直径1.5、足径4.1厘米（图一七一，4）。标本ⅡT3201④a：1，壶，口略残，直领，溜肩，流位于腹中部。壶身下有高柄，执手贴附于柄侧，下端残。高11.2、口径2.2厘米（图一七一，6；图版八二，3）。标本ⅠT1906③：3，壶，杯形口，圆唇，细束颈，鼓肩，下腹斜收，饼足底。流与执手相对称。砖红胎，淡青釉，外壁除饼足外施满釉。口颈内壁施釉。高17.5、口径6.5、足径6.5厘米（图一七一，7；图版八三，2）。标本ⅠT1808④d：1，

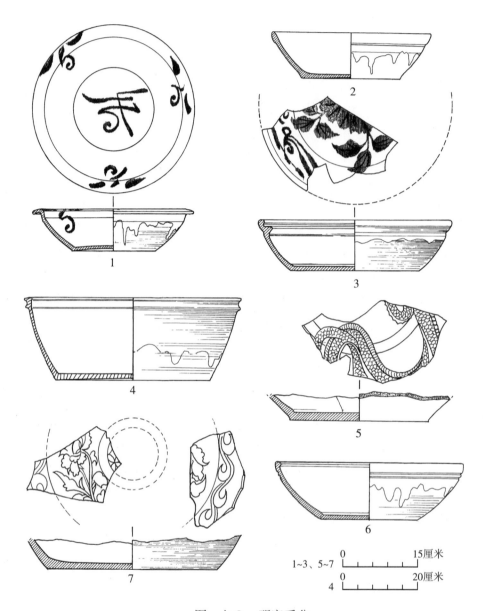

图一七〇　邛窑系盆

1、2. A 型（ⅠT0804③：3、H26：16）　3、4、6. B 型（ⅠT1905④b：1、H22：13、H22：35）

5、7. 盆残片（Q4②：5、ⅡT1214④c：3）

壶，喇叭口，口沿外侈，长束颈，折肩，器身残损较多，流位于肩部。灰胎，淡青釉，开片不均匀。颈内壁施釉，腹壁素胎。残高11厘米（图一七一，8；图版八二，6）。标本F12①：6，壶，口颈残，腹部略弧，流位于肩部，执手与流相对。饼足略外撇。外壁仅足部未施釉，表面不平滑。青灰胎，天青釉。残高8.5、颈部直径3、足径4.7厘米（图一七一，12；图版八三，1）。标本采集：158，壶，残损严重，仅余流部和腹底，腹部较直，内壁平底，饼足。灰胎，豆青釉泛紫，外壁半釉。残高6.5（含流长）、残

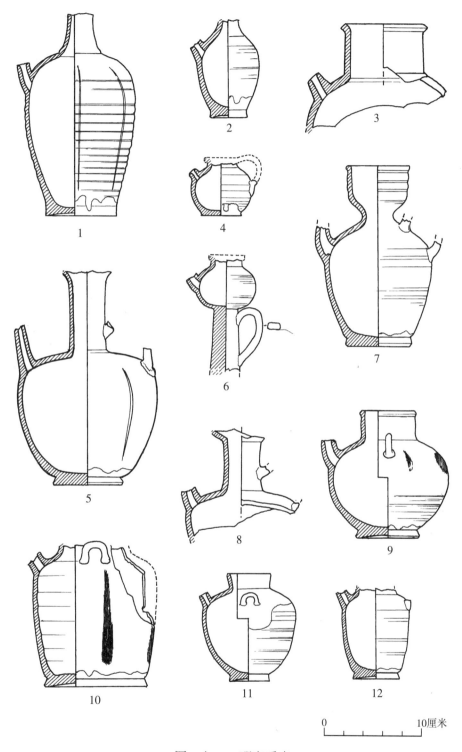

图一七一　邛窑系壶

1. A Ⅰ式（H13：46）　2、3. A Ⅱ式（Ⅰ T1303 ③：7、Ⅰ T0208 ③：6）　4、6～8、12. B Ⅱ式（Ⅰ T0701 ④ f：6、
Ⅱ T3201 ④ a：1、Ⅰ T1906 ③：3、Ⅰ T1808 ④ d：1、F12 ①：6）　5. B Ⅰ式（Ⅱ T0706 ② a：3）　9. C Ⅱ式（Ⅰ T0206 ④ c：
1）　10、11. C Ⅰ式（Ⅰ T0502 ④ c：7、Ⅰ T2307 ③：1）

腹径5.7、饼足径3.7厘米。

C型　5件。双耳壶，按耳部形状不同分为二式。

Ⅰ式　3件。横桥形耳。标本ⅠT0502④c∶7，壶，口径残，弧肩，上腹略鼓，下腹斜收，平底。器表面及内壁有轮制凹弦纹痕迹。横桥形双耳，左右对称。流位于肩部一侧。器身施淡青灰釉，灰胎，内外壁满釉，外腹以酱黄釉点彩，从肩部到腹部，共有四道。釉面不平，有烧制时留下的气泡。残高13、足径10.7厘米（图一七一，10；图版八三，4）。标本ⅠT2307③∶1，壶，侈口，圆唇，高领，弧腹，饼足。青灰胎，淡青灰釉，肩上施酱黄釉。高10.5、口径4.3、足径4.2厘米（图一七一，11；图版八三，3）。标本ⅡT0804③∶1，壶残件，敛口，尖唇，束颈，两肩上各有一桥形系，现残余一系。扁腹，腹部以锐器刻划纹饰。纹饰内外分两层，内层为一周变形"回"纹，外层为卷草纹。暗红胎，施米黄色化妆土，表面施青绿釉，多已剥落，内壁未施釉。高24、腹宽21厘米（图一七二；彩版七四，1）。

Ⅱ式　2件。纵向环形耳。标本ⅠT0206④c∶1，壶，侈口，圆唇，高领，圆鼓腹，下腹弧收，流位于鼓腹上，双系左右对称位于肩部，饼足。深灰色胎，淡豆青釉，内外满釉，肩腹处有三处深青釉点彩，器身下半部分烧制时变形。高12、口径4.5、足径6.8厘米（图一七一，9；彩版七三，4）。

D型　7件。双耳执壶，按腹部变化分为二式。

Ⅰ式　6件。圆腹。标本ⅠT0206③∶7，壶，流部残不存。直口，尖唇，高领，领部饰有六道凸弦纹，耳上有贴塑，平底。红褐胎，深黄褐色釉，腹上部有对称四团不规则的浅黄褐色釉点彩，釉面开片，内壁仅高领部分施釉，外壁施半釉。高21、口径7.4、足径8.6厘米（图一七三，1；图版八四，2）。标本H41∶1，壶，侈口，尖唇，纵向双耳较小，耳面有一道弦纹，双管长流。执手侧面有三道弦纹，器身颈腹处不平滑，有制胎时留下的宽凹弦纹痕迹。壶身下半部分残，长流下侧贴塑系绳装饰。灰黑胎，豆青釉，外壁下半部分釉层薄，透出胎色，使釉色泛灰黑。残高8.8、口径9厘米（图一七三，2；图版八四，3）。标本J6①∶3，壶，直口，尖唇，高领，环形系，长流，鼓肩，肩部有一周细凹弦纹，饼足。灰胎，青釉。高10.8、口径4.6、足径5.7厘米（图一七三，3；图版八四，4）。标本M3∶1，壶，方唇，弧腹较斜。灰胎，青釉，外壁半釉。高14.6、口径7、足径6.8厘米（图一七三，7；图版八四，1）。

Ⅱ式　1件。瓜棱形腹。标本H12∶17，壶，残损严重，高直领，腹部呈八瓣瓜棱状，形体较大，执手宽扁，耳系靠近领肩转折处，系中间有一道纵向凹弦纹。双管状流位于肩腹处，流下系绳扭成圆环状。肩部有三道凸弦纹。浅砖红胎，内壁施化妆土，釉层剥落，外壁施青釉泛紫色。残高17厘米（图一七三，4；图版八五，1）。

E型　1件。四耳壶。标本ⅠT1906④a∶6，壶，残损严重，仅余口、腹部少许。圆唇外侈，直领，弧肩，桥形耳，四耳对称，其中一耳下侧残有单流小孔，鼓腹。灰胎，内外施满釉，釉色为淡天青泛紫，开片均匀。残高8厘米（图一七三，6；图版八五，2）。

壶残片　1件。破损较多，标本H22∶47，口、底均残，折肩，肩部残余一耳和一流孔。肩下有一周凸棱，腹部较深。灰胎，由于烧制温度不均匀，局部胎色呈米黄色，外壁施酱红色釉，釉色微暗，内壁有流釉现象，未施满釉。残高11.5厘米（图一七三，5）。

8. 杯　共29件。按耳部不同情况分为二型。

图一七二　邛窑系壶

（C Ⅰ 式 Ⅱ T0804 ③：1）

　　A型　25件。无耳杯，按有无柄分为二式。

　　Ⅰ式　6件。束柄杯。标本H43：2，杯，残损较多，斜腹，下腹折收，折腹处堆塑一周椭圆形装饰，残余四个。内底中部下凹。饼足，足上有四个圆形堆塑装饰，现残存三个。灰胎，青紫釉，以白釉点彩，内壁施酱黄釉。残高4.8、足径6.2厘米（图一七四，1；图版八五，3）。标本 Ⅱ T0602③：2，杯残件，仅余底部少许，内底中部有凹坑，束柄上下均呈喇叭形，小饼足。砖红胎，三彩釉，淡青黄釉为底色，器身外壁有两道纵向绿釉，底部未施釉。残高3.2、残腹径4.4、足径残为3.5厘米（图一七四，2）。标本H22：7，杯，口沿向外平侈，圆唇，杯口处有旋涡状凹弦纹。腹壁直，较浅，内底有圆形的深凹窝，外壁折腹呈喇叭形，束柄较短，柄侧有一泥条状堆塑残块。灰胎，灰青釉，釉面无光泽。高4.2、腹径5.5、口径10.8厘米（图一七四，3；图版八五，5）。标本 Ⅰ T1003③：1，杯，仅余底部少

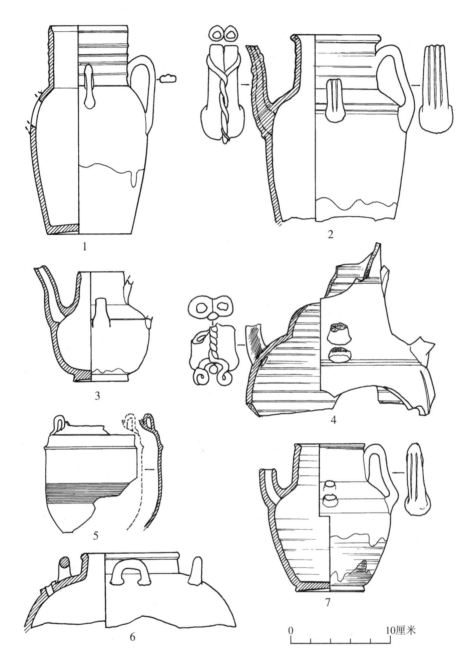

图一七三　邛窑系壶

1～3、7. D Ⅰ 式（Ⅰ T0206③：7、H41：1、J6①：3、M3：1）4. D Ⅱ 式（H12：17）

5. 壶残片（H22：47）6. E 型（Ⅰ T1906④a：6）

许，内底有凹窝，制作痕迹明显。束柄处有一周凸棱，饼足外侧面上有一周细凸棱。浅砖红胎，器身内外施绿釉，素足。残高4.5、足径6厘米（图一七四，4）。标本Ⅰ T1404④c：2，杯，仅余上半部杯身，喇叭口，圆唇。砖红胎，施三彩釉，有酱黄、绿、红褐等色，器内满施酱黄釉。器外以绿釉点彩。残高

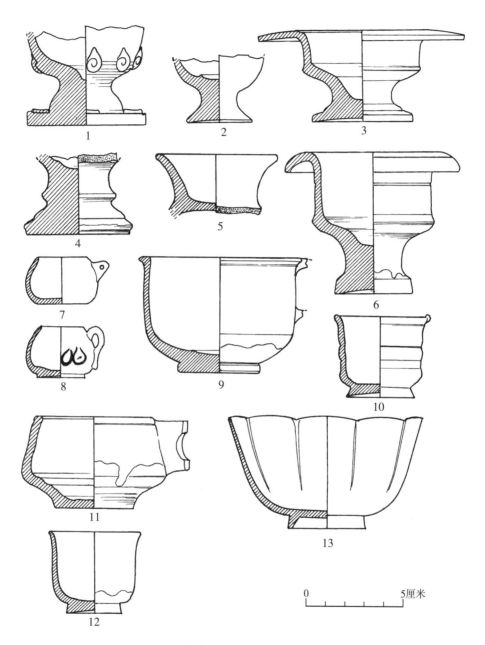

图一七四 邛窑系杯

1～6.A Ⅰ式(H43：2、Ⅱ T0602③：2、H22：7、Ⅰ T1003③：1、Ⅰ T1404④c：2、H6：3) 7.B Ⅲ式(Ⅰ T1901④a：2) 8.B Ⅱ式(K4：3) 9、11.B Ⅰ式（Ⅰ T1604④e：9、Ⅰ T3401④a：18） 10、12、13.A Ⅱ式（Ⅰ T2301④c：9、Ⅱ T0701②a：2、J6①：2）

3、口径6.3厘米（图一七四，5；图版八五，4）。标本H6：3，杯，侈口，尖唇，卷沿，沿面上有一周细凸弦纹。深直腹，外壁有数道弦纹，腹底部折收，饼足。灰胎，除饼足以外，内外满施浅豆青釉，口沿上面有一周圆形青釉点彩。高7、足径3.8厘米（图一七四，6）。

Ⅱ式　19件。无柄杯，分饼足、圈足两种。

饼足　11件。标本ⅡT0701②a：2，杯残件，侈口，圆唇，腹壁直。灰胎，灰白釉，外壁大半部分施釉，素胎外层氧化为砖红色。高4、口径4.8、足径2.8厘米（图一七四，12；图版八五，6）。标本H11：1，杯，尖唇，口沿微侈，弧腹略直，内壁圜底。浅砖红胎，外壁施半釉，施米黄色化妆土，釉层剥落。高8.6、口径13.2、足径5厘米（图一七五，3；图版八六，3）。标本ⅠT2301④c：9，杯，残，侈口，圆唇，沿上有一处提梁残痕。直腹略向外斜，腹中部有两周凹弦纹，腹底折收，内壁圜底较平。高3.8、口径5、足径3.4厘米（图一七四，10；图版八六，1）。

圈足　8件。标本ⅠT1226④c：4，杯，尖唇，弧腹，内壁圜底。砖红胎，施米白色化妆土，釉层已经脱落。高7.2、口径12.1、足径5厘米（图一七五，10；图版八六，5）。标本ⅡT0302③：2，杯，直口，圆唇，上腹壁直，下腹急收。圈足边缘宽平，呈环状。灰胎，深豆青色釉，釉面略泛紫色。外壁除足外施满釉。高6、口径8.5、足径4.3厘米（图一七五，8；图版八六，4）。标本J6①：2，杯，敞口，尖唇，斜弧腹，内壁大圜底，腹壁为八瓣瓜棱形，圈足足墙外撇。灰胎，天蓝色釉。高5.5、口径11、足径4厘米（图一七四，13；图版八六，2）。标本ⅡT1102②a：4，杯，口微敛，尖唇，弧腹较直，内壁圜底近平，圈足较高。灰胎，青釉。高5.9、口径9.2、足径4.2厘米（图一七五，9）。标本J2：1，杯，完整，尖唇。灰胎，施米黄色化妆土，浅豆青釉，釉层多已剥落，外壁施半釉。高7、口径11.7、足径5.9厘米。

B型　4件。单耳杯，按足部不同分为三式。

Ⅰ式　2件。饼足。标本ⅠT1604④e：9，杯残件，直口，外折沿，尖唇，耳残，腹微弧。浅红褐胎，内壁及外壁大部分施豆青釉，足部素面，釉面有大量小气泡。高5.7、口径8.4、足径4.2厘米（图一七四，9；图版八六，6）。标本ⅠT3401④a：18，杯，敛口，方唇，垂腹，下腹折收明显，单耳粗大。器物内底部有圆形凹坑和旋涡形凸棱。深砖红色胎，青黄釉，内壁满釉，外壁施半釉，釉面有光泽，有细小开片。高4.5、口径6.4、足径3.9厘米（图一七四，11；图版八六，7）。

Ⅱ式　1件。圈足。标本K4：3，杯，敛口，薄圆唇，垂腹，矮圈足，器物内壁底部有凹坑和旋涡形的凸棱。砖红胎，酱黑釉，釉面玻璃质已剥落，内壁施满釉，外壁施半釉。单耳采用泥条堆塑。高2.5、口径2.1、足径2.3厘米（图一七四，8；图版八六，8）。

Ⅲ式　1件。卧足。标本ⅠT1901④a：2，杯，敛口，尖唇，垂腹。单耳呈三角锥形，较小，中部有细小穿孔。青灰胎，表面釉层已剥落，除底部外均施白色化妆土。高2.4、口径2.5厘米（图一七四，7；图版八七，2）。

9. 盂　共5件。按盂口上有无提梁分为二型。

A型　4件。无提梁。标本ⅠT1102③：8，盂，完整，敛口，圆唇，鼓腹，下腹斜收较直，内壁壁面不平，圜底下凹略尖。小饼足。灰黑胎，双彩釉，以青白釉为底色，左右对称施以酱青釉，外壁施半釉。高3.1、口径3.5、足径2.9厘米（图一七五，1；彩版七四，5）。标本H21：7，盂残件，敛口，尖唇，鼓腹。暗砖红色胎，施米黄色化妆土，金黄色釉，腹部及口沿釉下点彩，上下两层圆点，酱黄和绿釉相间，色泽明亮，开片细密均匀，较精美，内壁满施金黄色釉，外壁下腹近底处未施釉。残高4.8、口径4.2、腹径7.8厘米（图一七五，2；彩版七四，4）。标本ⅠT0309③：5，盂，完整，敛口，尖唇，鼓腹，腹部略残，内壁

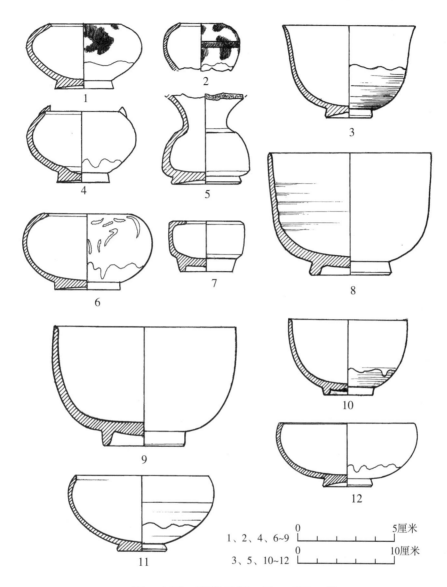

图一七五　邛窑系杯、盂、唾盂、钵

1、2、6、7.盂 A Ⅰ式（Ⅰ T1102③：8、H21：7、Ⅰ T0309③：5、Ⅰ T0501②c：1）　3、8~10.杯 A Ⅱ式
（H11：1、Ⅱ T0302③：2、Ⅱ T1102②a：4、Ⅰ T1226④c：4）4.盂 B 型（F9①：5）5.唾盂（采集：42）
11、12.钵 A Ⅰ式（Ⅱ T0501③：5、H13：3）

圜底，饼足。灰胎，施有化妆土，灰白泛淡蓝釉色，上腹部施点彩，以酱、黄褐、青绿、青紫等色随意点
饰。内壁上腹部无釉，下腹部及底部似有酱釉，惜已剥落。外壁施半釉。高7.5、口径8、足径6.5厘米（图
一七五，6；彩版七四，2）。标本Ⅰ T0501②c：1，盂，完整，敛口，圆唇，折弧腹，圈足。砖红胎，上半
部施白色化妆土，釉层已剥落。高2.3、口径1.8、足径2.8厘米（图一七五，7）。

　　B型　1件。带提梁。标本F9①：5，盂，敛口，尖唇，唇外侧有堆塑提梁残痕，呈泥条状，鼓腹，内壁圜底略尖，不平滑，小饼足。酱灰胎，外壁大半部分施紫青色釉，布满细开片，器内满釉，高3.7、口径3.8、足径2.1厘米（图一七五，4；图版八七，1）。

10. **唾盂**　共2件。形状基本相同，口部残损，仅余唾壶腹部。标本采集：42，唾盂残件，大喇叭形口沿，矮束颈，弧肩，垂腹，上腹壁斜弧，平底。灰胎，青釉，釉色略深，开片较大，均匀，釉层厚，光泽较好，腹部内壁及器外底未施釉。残高8.5、足径7.1厘米（图一七五，5）。

11. **钵**　共14件。按口部形状分为三型。

A型　10件。敛口，按足部形状分为三式。

Ⅰ式　4件。饼足。标本ⅡT0501③：5，钵，口微敛，尖唇，腹弧鼓，下腹斜弧收，内壁圜底。灰胎，青灰釉，外壁下腹底未满釉，素足。高8.2、口径13.5、足径5.2厘米（图一七五，11）。标本H13：3，钵，口微敛，方唇，斜弧腹，内壁圜底。内底有六足支钉疤痕，饼足微内凹。灰胎，施米黄色化妆土，外壁施半釉，釉面剥落。高6、口径14、足径5.2厘米（图一七五，12）。标本T5②：1，钵，尖唇，斜弧腹，内壁圜底下凹。灰胎，淡青釉。高4、口径11、足径3.7厘米（图一七六，3）。标本ⅠT0903③：1，钵，圆唇，上腹部有一周凸棱，下腹斜收，内壁圜底，饼足较大。灰胎，青釉，外壁施半釉。高10.6、口径20、足径9.5厘米（图一七六，7）。

Ⅱ式　4件。圈足，圈足内侧未挖平。标本ⅠT0701④a：1，钵，器形小，圆唇，上腹鼓，下腹弧收，内壁圜底。灰胎，未施釉处氧化为砖红色，深青灰釉，素足。高4.9、足径5.3、内径3.7厘米（图一七六，2；图版八七，4）。标本ⅠT1806④d：25，钵，尖唇。灰胎，深青灰色釉，局部以酱青色釉点彩。高5.4、口径13、足6.2厘米（图版八七，3）。标本ⅠT1402④e：11，钵，尖唇，弧腹，下腹弧收。灰褐胎，青黄釉，外壁施半釉，器外釉色不均匀。高8.4、口径13、足径5.7厘米（图一七六，8；彩版七四，4）。标本H26：7，钵，尖唇，圈足为方唇。砖红胎，施米黄色化妆土，淡青釉泛黄色，局部饰以酱黄釉。高7.5、口径14.4、足径5.7厘米（图一七六，10）。

Ⅲ式　1件。平底。标本ⅠT1908④f：4，钵，圆唇，鼓腹，下腹斜收，内壁圜底，外底内凹。灰胎，施米黄色化妆土，酱黄釉。高9.5、口径24、足径7.2厘米（图一七六，4）。

另有一件A型钵残件，底部残损。标本ⅠT1503④b：2，钵，圆唇。灰胎，绿釉，釉层较厚。残高3.7、口径11.6厘米（图一七六，9；彩版七五，2）。

B型　3件。直口，按足部形状分为二式。

Ⅰ式　1件。圈足。标本采集：108，钵，尖唇，口沿平侈，唇面有一周浅凹弦纹，下腹弧收，内壁平底下凹，圈足较高。暗紫红色胎，施米黄色化妆土，外壁施半釉，釉层剥落。高9.2、口径21、足径8厘米（图一七六，5）。

Ⅱ式　2件。平底。标本ⅠT0701④a：11，钵，方唇，口微侈，折腹，外腹壁中部有半周凹弦纹，下腹斜壁，内壁圜底。暗红胎，施米黄色化妆土，灰青釉层多已剥落，外腹下部用酱黄釉彩绘一条卷曲状弧线。高9.2、口径21、足径6厘米（图一七六，6；图版八七，5）。

C型　1件。敞口。标本ⅠT0902②c：2，钵，葵口，口沿向外平折，圆唇，斜弧腹，腹中部饰以三周凹弦纹。圈足，足墙外撇。灰胎，暗青灰色釉，素足，腹底少许未施釉。高11.5、口径28、足径12厘米（图一七六，1）。

12. **瓶**　共13件。无完整者，按腹部形状不同分为三型。

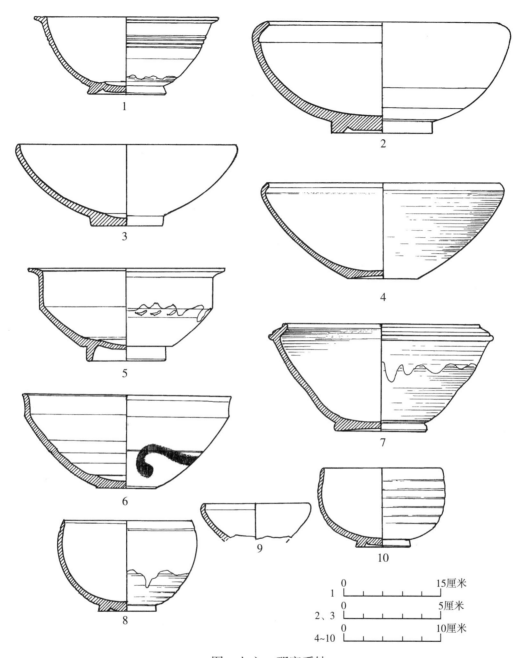

图一七六　邛窑系钵

1.C型（ⅠT0902②c：2）2、8、10.AⅡ式（ⅠT0701④a：1、ⅠT1402④e：11、H26：7）3、7.AⅠ式（T5②：1、ⅠT0903③：1）4.AⅢ式（ⅠT1908④f：4）5.BⅠ式（采集：108）6.BⅡ式（ⅠT0701④a：11）9.A型残件（ⅠT1503④b：2）

　　A型　1件。垂腹。标本ⅠT2407④b：1，瓶，口部残，长颈，器身烧制时已变形，饼足。灰胎，浅青绿色釉，色泽略暗，足部未施釉。残高15.5、足径6.4厘米（图一七七，1；图版八八，2）。

　　B型　11件，球形腹，溜肩，按足不同分为二式。

Ⅰ式　7件。饼足。标本ⅠT1501④a：10，瓶，口、颈残，内底中部下凹。浅灰白胎，外壁施淡酱青釉，内颈处有流釉现象，外壁满釉。高6.6、足径4厘米（图一七七，3；图版八八，1）。标本ⅠT2407④c：6，瓶，完整，口部微有磨损，直口，圆唇。肩部饰有两道凹弦纹。砖红胎，酱绿釉，口沿内壁施釉，外壁施半釉。高3.5、口径0.5、足径1.7厘米（图一七七，7）。标本ⅠT1204④a：2，瓶，残余瓶底部，饼足内凹较多。砖红胎，内外壁满釉，内壁施黄釉，外壁施黄、绿、褐三彩釉。残高3.5、足径3.7厘米（图一七七，8；彩版七五，3）。

Ⅱ式　3件。圈足。标本H12：20，瓶，颈部以上残无存，圈足中间未挖平。灰白胎，酱黄釉泛青紫色，下腹少部分及圈足未施釉，颈部内壁施釉。残高13.6、足径5.3厘米（图一七七，2；图版八八，4）。标本ⅠT1303③：8，瓶，腹以上均残，高圈足呈微喇叭形，内底有轮制痕迹。灰胎，腹上部施化妆土，酱黑釉。残高9.5、残存部分最大腹径12.5、足径7厘米（图一七七，5；图版八八，3）。

另有一件B型瓶残件，标本ⅡT3401④a：6，底部残，口沿外侈，方唇，肩部上、下各饰两道凹弦纹，弦纹中间左右对称堆附两个兽面，兽面尖耳，咧嘴瞪眼，獠牙外露。砖红胎，颈、肩部施米白色化妆土，腹部以化妆土点绘花瓣，外层施一层淡绿釉，色彩搭配精致淡雅，内壁淡绿釉外有四条酱青釉带垂至腹部。残高22、口径7、腹径12.5厘米（图一七七，4；彩版七五，1）。

C型　1件。弧腹。标本Q5①：2，瓶，仅余下腹及底部少许，腹底有一周凸棱，矮饼足底部外撇。腹部上侧贴塑装饰。灰白胎，外壁施金黄、绿、浅黄褐三彩釉，装饰物为酱青色釉。残高6、足径4.6厘米（图一七七，6；彩版七五，4）。

13. 器盖　共80件。按盖纽变化可分为饼足形纽、圆形纽、点纽、系纽、动物形纽及无纽等七型。

A型　26件。饼足形纽。标本ⅠT0902④a：9，器盖残件，直口，尖唇，盖内壁略弧，底部微凹。浅灰胎，灰青釉，子口与纽部未施釉。高2.7、子口径13.1、足径5厘米（图一七八，1；图版八九，1）。标本ⅠT1503④b：3，器盖残件，直口，方唇，内壁上腹较直，下腹弧收较平缓，盖面饰有一周凹弦纹。灰胎，施米黄色化妆土，淡青釉。高2.3、口径7.3厘米（图一七八，2）。标本ⅠT1701④a：8，器盖残件，子母口，子口为圆唇，内壁平底。盖面为圆唇，斜弧腹。深灰胎，豆青釉，子口外及盖沿、足部为素胎。高2.8、子口径12.6、盖径14、纽径5.5厘米（图一七八，3）。标本ⅠT1804④a：1，器盖残件，盖面斜弧腹，近纽处较平，盖内底呈喇叭形。灰白胎，未施釉。高1.7、子口径6.9、纽径2.4厘米（图一七八，4）。标本ⅠT2307④c：5，器盖残件，子口内收，圆唇，弧腹，内壁圜底略平，盖面边缘外伸较多。盖面上有烧制时产生的气泡。灰胎，胎较厚，施浅米黄色化妆土，青釉。高4.5、口径7.1、盖面直径11.6、纽径4.2厘米（图一七八，5；图版八九，2）。

B型　13件。无纽，按顶部变化分为二式。

Ⅰ式　10件。平顶式，直口，方唇，腹壁斜弧收，内壁圜底。标本G9：37，器盖残件。红胎，盖面施酱黄釉，多已剥落。高7.3厘米（图一七八，6）。标本ⅠT1802③：4，器盖残件，唇面下凹。灰胎，盖面半施浅酱青色釉，口沿处无釉。高2.8、口径12.2厘米（图一七八，8；图版八九，3）。标本ⅠT0206③：13，器盖残件。胎中间为紫红色，内外层为灰色，施米黄色化妆土，釉层已剥落，盖面半釉，顶部素胎，内壁满釉，盖底有支钉疤痕。器高3.5厘米。标本F12①：25，器盖，内壁圜底较平，盖面中部残有支钉疤点。灰胎，青灰釉，素沿，内外腹壁满釉。高3.3、口径14.6厘米（图一七八，9）。

Ⅱ式　3件。弧顶式。标本ⅠT1501④a：1，盒盖，敞口，方唇，斜弧腹，内壁圜底。灰胎，豆青

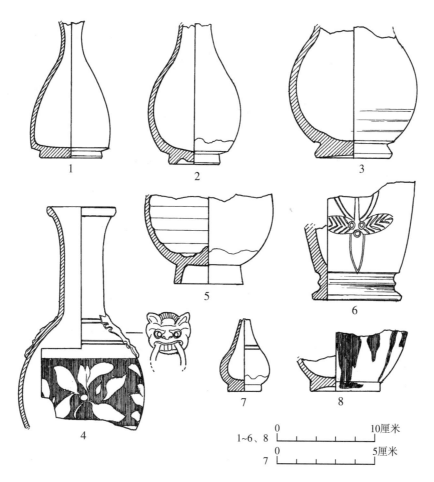

图一七七　邛窑系瓶

1. A型（ⅠT2407④b∶1）2、5.BⅡ式（H12∶20、ⅠT1303③∶8）3、7、8.BⅠ式（ⅠT1501④a∶10、ⅠT2407④c∶6、ⅠT1204④a∶2）4.B型（ⅡT3401④a∶6）6.C型（Q5①∶2）

釉。盖面满釉，外周有十个凹窝状点，内周布满小乳突点，中间以深绿色点彩。高1.4、口径5.2厘米（图一七八，7；彩版七五，5）。

　　C型　1件。动物形纽。标本ⅠT2007③∶2，卧鼠形器盖残件，圆形器盖顶中部卧一只鼠，屈身成半弧形，双耳为圆凸点，五官写意，全身饰旋涡状毛发，尾巴卷曲上翘，四足并拢。器盖直口，圆唇，腹壁较直，内壁圜底。浅黄色胎，器盖外壁施深绿釉，内壁素面未施釉。高2.1、口径1.8、鼠身长4厘米（图一七八，10）。

　　D型　16件。圆纽，按纽的形状分为五式。

　　Ⅰ式　4件。帽顶状圆纽。标本G9∶8，器盖残件，体型较大，直口，方唇，圆拱腹，盖面一侧残存一个桥形耳，腹部有一周弦纹。紫红胎，施米黄色化妆土，黄褐色釉。高16厘米（图一七九，1；图版八九，4）。

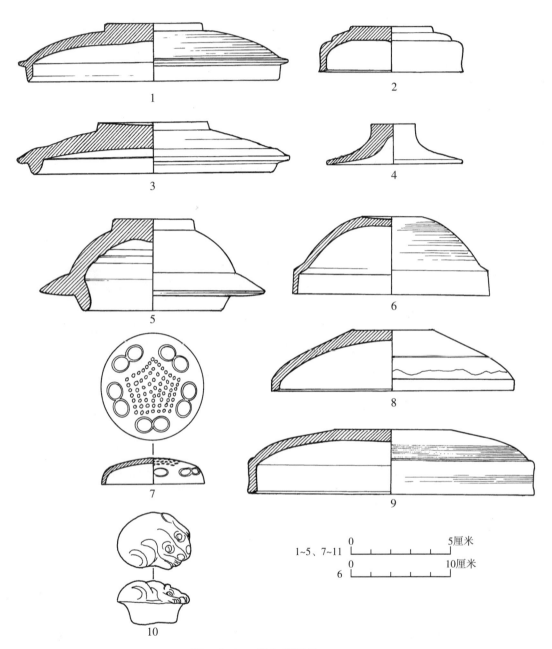

图一七八 邛窑系器盖

1~5. A 型（Ⅰ T0902④a：9、Ⅰ T1503④b：3、Ⅰ T1701④a：8、Ⅰ T1804④a：1、Ⅰ T2307④c：5） 6、8、

9. B Ⅰ式（G9：37、Ⅰ T1802③：4、F12①：25） 7. B Ⅱ式（Ⅰ T1501④a：1） 10. C 型（Ⅰ T2007③：2）

　　Ⅱ式　8件。陀螺形圆纽。标本Ⅰ T2208④c：7，器盖残件，口部残损。盖面呈弧形，近口沿处有一周折棱。灰胎，浅豆青釉，折腹处有点彩。内壁未施釉。残高3厘米（图一七九，2；图版八九，6）。标本Ⅰ T2008④a：1，器盖残件，纽尖凸出，盖面弧鼓，器身残损严重。砖红胎，盖面施浅米黄色化妆土，

黄釉，以绿、黄褐色釉点彩，盖内壁未施化妆土，红褐色釉。残宽9.1厘米（图一七九，3；图版八九，5）。标本ⅠT1803②a：1，器盖残件，圆唇，盖面上有一周折棱。灰胎，外盖面施灰青釉，在纽和折腹处配以酱青色点彩，口沿及内壁未施釉。器高4厘米（图一七九，4；图版九〇，1）。标本采集：85，器盖残件，盖内壁深腹，直口，尖唇，口沿一侧有两处小圆穿；腹底有小孔，通向纽顶部。紫红胎，盖面施酱釉。高6、口径4.9厘米（图一七九，7；图版九〇，2）。

Ⅲ式　1件。葫芦形圆纽。标本ⅠT2007④a：5，器盖残件，盖缘外伸较多，盖面微弧，尖唇。子口已残断。灰胎，内壁素面，外壁施酱青釉。残高2.8、口径5.3厘米（图一七九，9；图版九〇，3）。

Ⅳ式　2件。圆纽上部凸出一点，呈伞形。标本ⅠT1202④a：15，器盖残件，直口，方唇，内壁鼓腹，底部有凹坑。盖面中部呈圆拱形。灰胎，灰青釉，内壁素面。高4、盖口径7.8、子口径残为2.5厘米（图一七九，5）。标本G6：2，三彩器盖，子口微敛，圆唇，上腹壁较直，下腹斜收，内底有一凹坑。盖外缘残。砖红胎，盖面以金黄色釉为底色，绿釉点彩。子口及内壁未施釉。高3.5、子口径3.2厘米（图一七九，6；彩版七六，1）。标本ⅠT1805③：6，器盖残件，口沿残损，盖沿下有柱凸出。灰胎，青釉微泛灰。高5.5厘米（图版九〇，5）。

Ⅴ式　1件。纽扣状纽，纽面略下弧。标本ⅠT0902④a：6，器盖残件，纽下束颈，盖面残损较多。砖红胎，施米黄色化妆土，淡青釉，釉层多已剥落，内壁素胎。残高1.9、纽径4.7厘米（图一七九，8）。

E型　10件。点状纽，盖顶部的纽为点状圆凸。标本ⅠT1807③：2，器盖残件，盖面折沿，顶部下沉较平，中间圆凸小。灰胎，满施酱釉。口径9、足径3.4厘米（图一八〇，1）。标本ⅠT0701②a：1，器盖残件，方唇。紫红胎，施米黄色化妆土，淡青釉。直径5厘米（图一八〇，2）。标本ⅠT1501④a：9，器盖残件，点纽及盖身残，盖面下折沿，方唇，形状与标本ⅠT1807③：2相似。浅黄胎，盖面施深豆青色釉。高1.55、口径7.9厘米（图一八〇，4；图版九〇，4）。

F型　5件。系纽，均为子母口，纽由泥条盘筑成各种形状堆附于盖顶。按系纽形状分为二式。

Ⅰ式　4件。环形系纽。标本采集：127，器盖残件，盖面外缘残。砖红胎，施米黄色化妆土，金黄釉，子口处为素面。高2.7、子口径4.5厘米（图一八〇，3；彩版七六，2）。标本ⅠT1102④f：4，器盖残件，残损较多，子口尖唇，盖面为一八瓣花朵，花朵外周为八角形边框，八角形边框与盖缘之间饰满竖条纹。环形系纽为花柄状。砖红胎，施米黄色化妆土，子口外及盖面施泛青褐釉，局部釉色呈绿色。高2.5厘米（图一八〇，6）。标本ⅠT2105④b：4，器盖残件，子母口，直口，尖唇。砖红胎，施米黄色化妆土，施金黄、绿、黄褐三彩釉，釉层已剥落，子口为素面，子口外侧施化妆土。高3.2厘米（图一八〇，7；彩版七六，3）。

Ⅱ式　1件。盘旋扭曲状系纽。标本H13：47，器盖残件，子口内为尖拱形，盖面平弧上收，纽较短。灰胎，盖面满施青灰色釉，盖内素面。高3.8、子口径4.3厘米（图一八〇，8；图版九〇，6）。

G型　4件。盂口形纽。标本ⅠT1303③：8，器盖，完整，盖缘上折呈直口状，圆唇，矮柱略低于口沿，柱头有一周凸棱。灰白胎，酱釉，外壁施半釉。高2.3、口径3.8、纽径3.1厘米（图一八〇，11）。标本ⅠT1303③：9，器盖，直口，尖唇，外壁折腹。灰白胎，酱釉，外壁施半釉。高2.1、口径3.7、足径2.5厘米（图一八〇，13；图版九一，1）。标本ⅡT3401④a：10，器盖，完整，形制与前一件相似，尖唇，矮柱柱头凸棱不明显。灰白胎，酱釉。高2.1、口径4、足径2.8厘米（图一八〇，12；图版九一，2）。

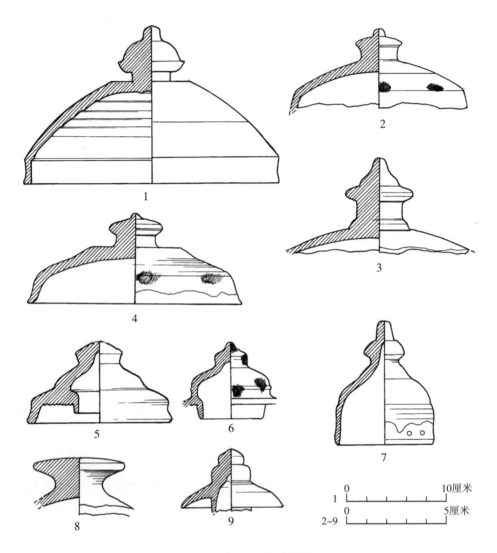

图一七九　邛窑系器盖

1. D Ⅰ式（G9：8）2～4、7. D Ⅱ式（ⅠT2208④c：7、ⅠT2008④a：1、ⅠT1803②a：1、采集：85）

5、6. D Ⅳ式（ⅠT1202④a：15、G6：2）8. D Ⅴ式（ⅠT0902④a：6）9. D Ⅲ式（ⅠT2007④a：5）

　　另有五件系纽盖残件，纽部残断，形状不明。标本ⅠT1701④a：4，器盖残件，拱形腹略深，盖面有数道轮制痕迹。灰胎，青褐釉，内外满釉。残高2.8厘米（图一八〇，5；图版九一，3）。标本K3：6，器盖残件，子口为尖唇，深腹较直，弧顶。盖面近口沿处饰一周凸弦纹。灰胎，仅盖面施青釉。残高1.9、子口径6、盖径7.9厘米（图一八〇，9）。标本ⅠT1907④c：5，器盖残件，盖顶较平，盖面上有一周凸弦纹。灰胎，青灰釉，盖面满釉。残高2、子口径3.8、盖径7厘米（图一八〇，10）。标本H42：29，器盖残件，方唇，盖沿向外折，盖面斜弧腹，盖中部有一周凸棱。灰白胎，表面有米白色化妆土，釉层脱落。残宽7.5、残长5厘米（图版九一，4）。标本G6：15，纽部残，盖面上以釉彩手绘花草纹，顶部较

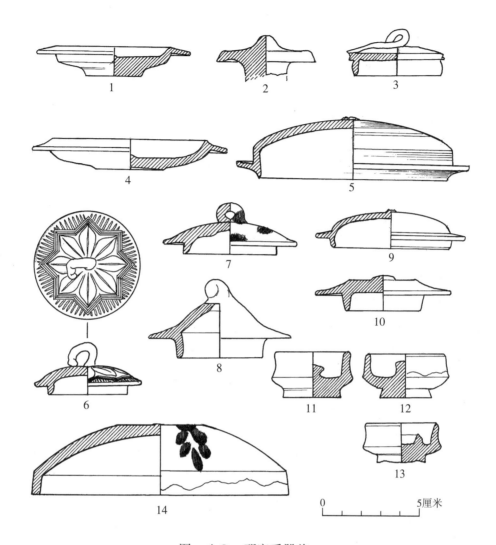

图一八〇　邛窑系器盖

1、2、4.E型（ⅠT1807③：2、ⅠT0701②a：1、ⅠT1501④a：9）3、6、7.FⅠ式（采集：127、ⅠT1102④f：4、ⅠT2105④b：4）5、9、10、14.器盖残件（ⅠT1701④a：4、K3：6、ⅠT1907④c：5、G6：15）8.FⅡ式（H13：47）11～13.G型（ⅠT1303③：8、ⅡT3401④a：10、ⅠT1303③：9）

平，直口，方唇，下腹弧收。灰胎，青灰釉，以深绿色釉彩绘花草，纹饰较为写意。内壁素面，外壁除口沿外，其余施满釉。高3.8厘米（图一八〇，14；图版九一，5）。

14. 盒　共15件。按口部形状分为二型。

A型　13件。子口盒，按盒足部变化分为四式。

Ⅰ式　6件。饼足。标本ⅠT1706④e：1，盒残件，尖唇，口微敛，上腹直，下腹弧收。灰胎，浅豆青釉，子口外侧及足部素胎。高2.7、口径5.4、足径3.2厘米（图一八一，1）。标本F9③：16，盒残件，尖唇，直口。上腹直，下腹斜收。灰胎，青灰釉，除子口和足部未施釉外，其余施满釉。高4.4厘米（图一八一，7）。标本ⅠT1305③：2，盒残件，敛口，尖唇，腹深，较直，下腹弧收。深灰胎，外壁满施豆青釉，内壁酱黄釉泛青，口沿及足部素胎。残高6.7、口径9、足径5.8厘米（图一八一，9；图版九一，6）。

Ⅱ式　1件。玉璧底。标本采集：154，盒残件，上腹直，下腹斜弧收，玉璧底中部未挖平。灰胎，未施釉处胎色氧化为砖红色，青釉，子口及足部素胎。高2.9厘米。

Ⅲ式　3件。圈足。标本ⅠT1115③：1，盒，直口，尖唇，直腹，内壁圜底，圈足足墙外侈。灰胎，豆青釉。高3、口径5.4、足径3.6厘米（图一八一，2；图版九二，2）。标本ⅠT0101②a：1，盒身残件，直口，尖唇，斜弧腹，内壁圜底，圈足矮。砖红胎，施米黄色化妆土，暗青灰釉，口沿及圈足部分未施釉。高6、口径12.7、足径5.8厘米（图一八一，3）。标本ⅠT1204④f：9，盒残件，直口，尖唇，上腹较直，下腹斜弧收，内壁大圜底。圈足内侧未挖平。灰胎，施米黄色化妆土，除子口素面外其余施满青釉。高7.8、口径16.5、足径7厘米（图一八一，8；图版九二，1）。

Ⅳ式　2件。卧足。标本F12①：1，盒，尖唇，圜底近平。灰紫胎，施化妆土，淡灰青色釉。除子口外，其余施满釉，足底残有支钉疤痕。高4.1、口径9.4厘米（图一八一，6；图版九二，3）。标本ⅠT2005④c：6，盒，形制与F12①：1相似。高4.1、口径10.2厘米（图一八一，5）。

另有一件A型盒，底部残损。标本G2：4，盒残件，口微敛，尖唇，直腹。灰胎，豆青釉。残高4.3、口径10厘米（图一八一，4）。

B型　2件。平口盒。标本G24：7，盒残件，直口，方唇，唇缘外侧略凸出，鼓腹，饼足。浅灰胎，外腹及口沿青釉泛紫，内壁及足部素胎。高4.3、足径4.6厘米。

15. 研磨器　共8件。包括研磨用的容器（盏形研磨器）和杵两部分。

（1）盏形研磨器　共4件。内腹壁戳窝呈伞状密集分布，窝坑方向一致，按口部形状分为两型。

A型　1件。直口。标本ⅠT0206③：11，研磨器残件，方唇，唇面内侧较低。口沿外侧有一周凸棱，斜腹，内壁圜底近平，戳窝小而密集，饼足。紫红胎，酱黄釉，外壁施半釉。高2.7、口径13.3、足径6.2厘米（图一八二，1；图版九二，5、6）。

B型　3件。敞口，按足部变化分为饼足和卧足二式。

Ⅰ式　2件。饼足。标本ⅠT1901④b：5，研磨器残件，尖唇，口沿微外侈，斜弧腹，内壁圜底。戳窝较大，排列不直。砖红胎，酱黄釉，外壁仅口沿处有釉，内壁满釉。高3.3厘米，足径5厘米（图一八二，2；图版九二，4）。标本ⅠT2408③：14，研磨器残件，圆唇，口沿外壁与腹之间的折棱明显，腹浅，内壁圜底下凹较平。戳窝排列整齐，小而密集。砖红色胎，酱黄釉，外壁施半釉，内壁满釉，釉层剥落较多。高2.8厘米（图一八二，4；图版九二，7）。

Ⅱ式　1件。卧足。标本ⅠT2308③：3，研磨器残件，口沿外侈，尖唇，口腹之间折棱明显，内壁圜底，浅腹。砖红胎，酱黄釉，外壁施半釉，内壁满釉。高2.6厘米（图一八二，3；图版九二，8）。

（2）研磨杵　共4件。杵体一端粗一端细，粗端为杵头，侧面弧鼓为作业面。按柱体形状分为两型。

A型　2件。八棱形柱体。标本M6：2，杵，杵体粗端残损，细端顶部平，实心柱体。浅灰紫胎，淡青色釉，深绿色釉点彩。残高6.8厘米（图一八三，5；图版九三，1）。标本ⅠT1601④c：1，杵，细端残损，余杵头。灰胎，八角形杵体施青釉，杵头及弧形作业面处施米黄色化妆土，未见施釉。残高7.7厘米（图版九三，2）。

B型　2件。圆锥形柱体。标本ⅠT0109③：2，杵，杵细端残损，柱体中空，上半部一侧有一个圆孔

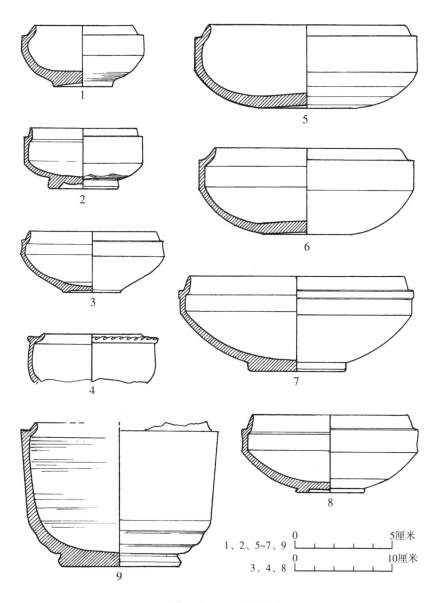

图一八一 邛窑系盒

1、7、9.A I 式（I T1706④e：1、F9③：16、I T1305③：2） 2、3、8.A Ⅲ式（I T1115③：1、I T0101②a：1、
I T1204④f：9） 4.A 型（G2：4） 5、6.A Ⅳ式（I T2005④c：6、F12①：1）

通柱体内侧。灰胎，上半部分施青紫色釉。残高13.2厘米（图一八三，7；图版九三，3）。

　16. 匜　共2件。柄部保存完好，器身残损较多，器底不存。标本 I T1801④c：1，仅余流部及腹部少许残片。流部呈槽形，流口为圆唇，流上沿微内敛。外壁流与腹之间有一周凸弦纹。灰胎，浅豆青色釉，内外施满釉。残高8、残宽7.5厘米（图一八三，1）。标本 I T3102④c：1，侈口，折沿圆唇，斜折腹，短圆柄中部有两周凸棱，柄端圆弧，中间有一个圆孔，短柄中空。砖红胎，深青色釉泛紫，施米黄

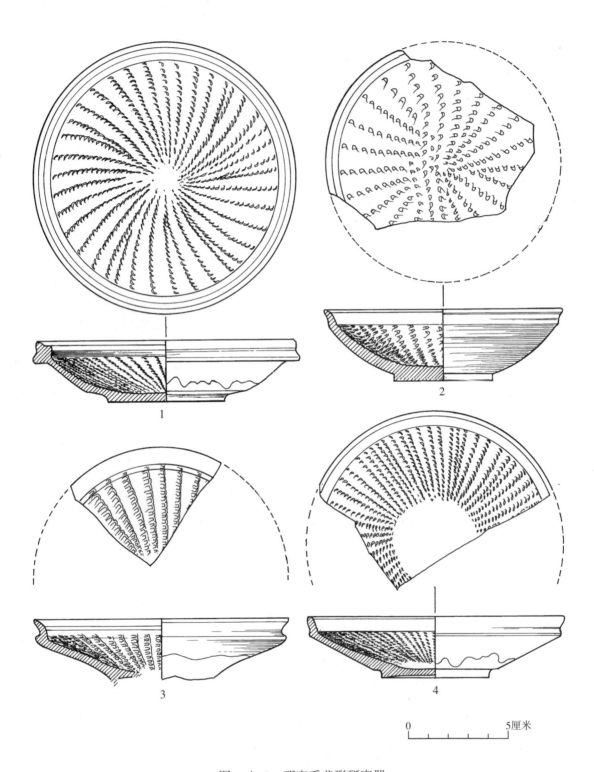

图一八二　邛窑系盏形研磨器

1. A 型（Ⅰ T0206 ③：11）　2、4. B Ⅰ式（Ⅰ T1901 ④b：5、Ⅰ T2408 ③：14）　3. B Ⅱ式（Ⅰ T2308 ③：3）

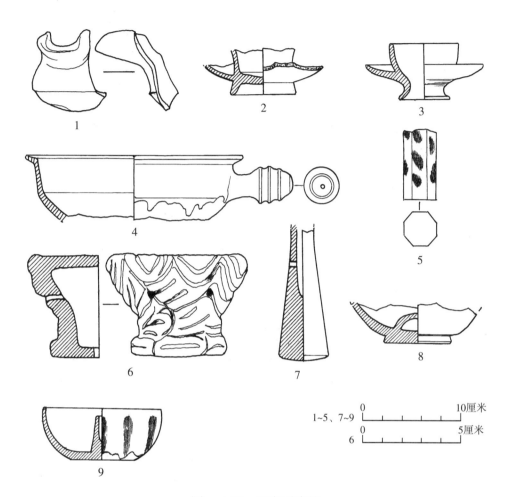

图一八三　邛窑系瓷器

1、4.匜（ⅠT1801④c：1、ⅠT3102④c：1）2.盏托B型（ⅠT1805④c：1）3.盏托A型（ⅠT2006④b：3）

5.研磨杵A型（M6：2）6.器座（ⅠT1905③：1）7.研磨杵B型（ⅠT0109③：2）8.普通灯盏（ⅠT1402④b：2）

9.蜡盘（ⅠT1123③b：1）

色化妆土，内壁满釉，外腹下半部未施釉。残高5.8、口径22厘米（图一八三，4）。

17. 香炉　共25件。按腹部形状可分为圆形、方形和六角形三类。

（1）圆腹杯形香炉　共22件。敞口，腹壁较深，腹底折收，平底，有五条兽足，兽足外撇。按外腹壁装饰分为二型。

A型　8件。腹中部有一周凸棱。标本ⅠT0207③：1，香炉，口沿及足部略残，尖唇，外壁中部有一道凸棱，内壁对应位置有一周凹弦纹。深灰色胎，施米黄色化妆土，内壁施半釉，外壁满釉，釉层表面颜色有变化，口沿上侧面为墨绿色，内壁为淡青釉，在没有施化妆土的部分透出胎色，外壁以青灰色为主，足部以酱釉点彩。高9.5、口径12.5厘米（图一八四，1；彩版七六，4）。标本ⅠT0207④a：4，香炉残件，圆唇较厚，口略小，底略大。五足仅残余两只，足部斜直，根部呈三角锥形，无装饰。深灰胎，内壁局部施米黄色化妆土，青灰釉，口沿处以酱釉点彩，外壁施青灰色釉，釉层剥落，施米黄色化妆土，以酱釉和酱绿釉点彩，底部未施釉。高8、口径11厘米（图一八四，2；图版九三，4）。标本ⅠT0207④a：2，香炉，小圆唇，深直腹，五只兽足外撇，兽面处磨损较多。砖红色胎，灰白色釉面泛银色，釉层脱落较多。高9.5、口径10.5厘米（图版九三，5）。标本ⅠT2308④d：20，香炉残件，口沿微下卷，圆唇，足均残，兽足制作粗糙，兽面不清晰。灰黑色胎，浅灰青色釉。残高8、口径13.5厘米（图一八四，6；图版九三，6）。

B型　14件。腹部外侧无装饰。标本ⅠT1908③：1，香炉残件，口微侈，口沿平折，尖唇，口沿面上有一周凹弦纹，腹壁较直，腹中部略内凹，足端向外撇，残余三只。灰胎，青灰色釉，内壁施半釉，外壁满釉。高8.5、口径10.7厘米（图一八四，3）。标本ⅠT2006④c：2，香炉残件，尖唇，口沿翻卷明显，口沿面上有一周凹弦纹，下腹平折急收，折棱凸出，内壁大平底。五足仅余一只，侧面饰以兽面纹，足部外撇，中部饰有三道上弧的带状凸棱。灰胎，口沿处施青绿釉，釉色较深，器身施青灰色釉，内壁底部未施釉，外壁除杯底外施满釉。外腹中部有一周细带状青墨色釉装饰。高8.5、口径10.5厘米（图一八四，4；图版九四，1）。标本ⅠT0802③：15，香炉残件，大敞口，口沿向外平侈，尖唇，口沿面上有一周凸弦纹。灰胎，灰青釉。残高6、口径12.5厘米（图一八四，5）。标本ⅡT0701④a：4，香炉残件，侈口，口径较小，平沿弧折，深直腹，大平底。五足外撇，足断面近方形。灰胎，施米黄色化妆土，青灰釉，釉层较厚，釉面开片大，内壁施半釉。高6.3、口径10.3厘米（图一八四，7）。标本ⅠT1802②a：3，香炉残件，圆唇，口沿面上有一周凸弦纹，斜弧腹较浅，足部均残。底部粘附有五足垫圈。灰胎，淡青色釉略泛灰白色，内壁施半釉，外壁满釉。残高4.5、口径13厘米（图一八四，9；图版九四，2）。

（2）方形香炉　2件。标本ⅠT1403④a：4，香炉残件，直口，方唇，腹壁较直，内壁平底。外壁底部一角堆塑一只兽足，已残损。砖红胎，外壁及口沿处施米黄色化妆土，以绿、黄褐、黄三色釉点彩。残长10.7、高8厘米（图一八四，8；图版九四，3）。标本ⅠT2208④c：6，香炉残件，口部残损，腹壁直，内外壁平底。砖红胎，酱黄釉，内壁半釉。残长10.4、宽8.3、残高6厘米（图一八四，10；图版九四，4）。

（3）六角形香炉　1件。标本ⅠT1003③：3，香炉残件，直腹，上半部分残断，侧面装饰窗棂纹。足近三角形。灰胎，酱青釉。残高6.1、边长4厘米（图一八四，11；图版九四，5）。

18. 熏炉　共15件。口径较大，浅腹，腹部多有镂空花纹装饰，平底或接近圜底。按足部变化分为矮足、高足、圈足三型。

A型　9件。矮足，形状接近三角形。按足的数量不同分为二式。

Ⅰ式　4件。三足。标本ⅠT1501④a：4，熏炉残件，口微敛，方唇，浅腹，腹壁微外弧，腹底平折，腹外底为饼状，足呈倒三角形，较直。灰胎，内壁未施釉，外壁釉色青中泛紫。高4、口径11厘米（图一八五，2；图版九四，6）。标本ⅡT0802④c：2，熏炉残件，直口微敛，尖唇，唇外侧有一周凸棱。腹壁微外弧，腹底斜收，器底胎较厚。腹外壁饰三个圆形兽面，制作粗糙。每个兽面对应一只足。足较扁，呈三角形，足末端略向外撇。灰胎，除底部外其余施满釉，釉色酱黄。高7、口径10厘米（图一八五，6；图版九五，1）。

Ⅱ式　5件。五足。标本M5：5，熏炉残件，腹底有一周花边纹饰，平底，外壁底为饼状，腹壁下缘

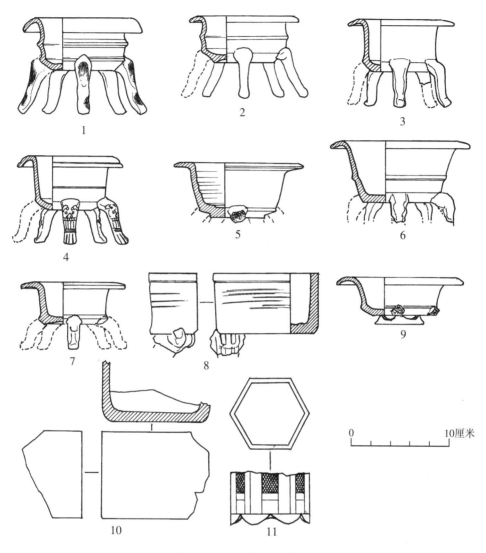

图一八四　邛窑系香炉

1、2、6.圆腹 A 型（ⅠT0207③：1、ⅠT0207④a：4、ⅠT2308④d：20）　3～5、7、9.圆腹 B 型（ⅠT1908③：1、ⅠT2006④c：2、ⅠT0802④c：15、ⅡT0701④a：4、ⅠT1802②a：3）　8、10.方形香炉（ⅠT1403④a：4、ⅠT2208④c：6）　11.六角形香炉（ⅠT1003③：3）

有五个三角形矮扁足，表面有纹饰，模糊不清。饼底存有五齿支钉疤痕。灰胎，满施酱黄釉。残高4.3厘米（图一八五，3；图版九五，3）。标本ⅡT0301④a：4，熏炉残件，口微敛，尖唇，腹壁较直，外壁底为饼状。残余两足。腹中部有圆形兽面，兽面五官模糊不清，每个兽面下侧对应一个三角锥形矮足。腹底有数道弧线。灰白胎，青釉，开片较大且不均匀，除饼状底外其余施满釉。内壁底部有六足支钉疤痕。高5.5、口径16.2厘米（图一八五，5）。标本H12：8，熏炉残件，五足仅余一足。敛口，方唇，外折沿，直腹，平底，腹底折收饰以绳纹花边，腹中部饰有圆形兽面纹，每个兽面对应一只足。足呈三角形，末端微外撇。灰白胎，紫青色釉，釉层薄处呈浅酱黄色，足内侧素面。高6.7、口径10.8厘米（图一八五，7；图版九五，4）。

B型　2件。高足。标本ⅠT1401④a：5，熏炉残件，直口，外折沿，方唇，弧鼓腹，平底。外腹中部有一个圆形兽面，模印出尖耳、眉毛、圆目、三角鼻等，咧嘴露牙，兽面周围毛发向后散。外壁底部有断足残痕。灰胎，施浅豆青釉。残高6、口径10.3厘米（图一八五，8；图版九五，2）。标本ⅠT1113④a：1，熏炉残件，侈口，方唇，平折沿，腹内有母口，斜腹较浅，平底，五只兽面纹高足。浅砖红胎，青绿色釉，内壁仅折沿处有釉，外壁满釉，釉层厚，有光泽。残高5.4、口径10.8厘米（图一八五，1；图版九五，5）。

C型　4件。矮圈足。标本ⅠT2007③：3，熏炉残件，直口，圆唇，腹壁较直，口沿外侧及腹下部各有两周凹弦纹，腹中部饰有三处镂空状的蝴蝶纹，荷叶边圈足。深砖红胎，器内素胎，外壁施米黄色化妆土，口沿内侧无化妆土，釉色呈深红褐色，外侧有化妆土处釉色呈黑褐色。器身外壁多为浅酱绿釉色。凹弦纹处釉层厚，釉色呈深酱绿色，底部施金黄色釉。釉面开片均匀，光泽度好。高8、口径18.5厘米（图一八五，4；彩版七六，5）。

19．盏托　共5件。由托盘和托子两部分组成，托盘内底粘接托子。按托盘和托子中部中空与否分为二型。

A型　1件。中空。标本ⅠT2006④b：3，盏托残件，托子呈杯状，深腹，托盘为尖唇，浅弧腹，直口，小圈足，足墙外撇。灰白胎，豆青色釉，釉面裂纹大且不均匀。除圈足底部外其余满釉。残高5.2、足径4.9厘米（图一八三，3）。

B型　4件。实心。标本ⅠT1805④c：1，盏托残件，托盘为五瓣莲叶边，矮圈足，足墙外侈，托盘内底粘一粗管状托子，已残断，斜腹。砖红胎，施米黄色化妆土，内外满施金黄色釉，开片均匀细密。残高4.5、足径6.6厘米（图一八三，2）。

20．灯具类　共14件。分为灯盏、蜡盘、省油灯三类。

（1）灯盏　1件。标本ⅠT1402④b：2，灯残件，口沿残，斜腹壁较浅，内壁圜底，底部有一拱形系，饼足。灰黄胎，豆青釉，内外壁施满釉。残高4、足径7.1厘米（图一八三，8；图版九六，6）。

（2）蜡盘　1件。标本ⅠT1123③b：1，碗形蜡盘，完整，直口，圆唇，弧腹，平底，盘底中部竖一管状圆柱，用于插蜡柄。灰胎，除盘足外，器身满施淡青色釉，口沿一周间隔用深绿色釉点彩。高4.6、口径11.8、足径6.3厘米（图一八三，9；图版九六，8）。

（3）省油灯　共12件。敞口，内壁斜弧腹较浅，内壁圜底，内、外分为两层，中间夹层用于注水，水孔多位于灯盏外侧靠近口沿处。内壁施满釉，外壁施半釉，釉下施化妆土。按灯盏内壁纽系不同，可划分为拱形系、桥形系、无系三型。

A型　1件。拱形系。标本H26：6，省油灯残件，方唇，内壁一侧拱形纽系的上端超过口沿，与纽对应的外壁有注水孔。灰胎，局部氧化为浅砖红色，口沿及纽系饰以酱黄釉，内壁为酱青釉。残高4.3、口径11.2厘米（图一八六，6；图版九六，7）。

B型　7件。桥形纽，按足部不同分为二式。

Ⅰ式　4件。饼足。标本J1⑤：5，省油灯残件，尖唇，内壁弧腹圜底，外壁弧鼓腹，注水孔与系对称位于一条线上。浅黄胎，施米黄色化妆土，釉层已剥落。高4.2、口径10.8、足径5.4厘米（图一八六，

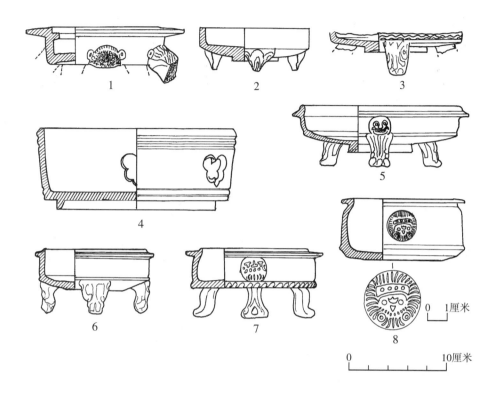

图一八五 邛窑系熏炉

1、8.B型（ⅠT1113④a：1、ⅠT1401④a：5）2、6.AⅠ式（ⅠT1501④a：4、ⅡT0802④c：2）

3、5、7.AⅡ式（M5：5、ⅡT0301④a：4、H12：8）4.C型（ⅠT2007③：3）

2；图版九六，1）。标本ⅡT0701④c：5，省油灯残件，圆唇，外层口沿微侈，斜弧腹，腹部饰有两周弦纹，内层圜底较平。灰胎，施米黄色化妆土，浅豆青色釉。高4.7、足径5厘米（图一八六，3；图版九六，2）。

Ⅱ式 2件。玉璧底足，玉璧内侧未挖平。标本ⅠT1603④a：10，省油灯残件，圆唇，外层口沿外侈，接近盘形，折腹。紫灰胎，施米黄色化妆土，豆青釉。高4.4厘米、口径12.2、足径5.8（图一八六，4；图版九六，3）。

另有一件B型灯盏残件，足底无存。标本ⅡT0507②a：5，省油灯残件，圆唇，内壁一侧有长桥形系，外壁对应线上有注水孔，器外壁大部分已残，内层外底为平底，注水孔附近残有两处戳印点，推测注水孔由圆棒戳成。紫灰色胎，施米黄色化妆土，豆青色釉。残高4.5、口径15.4厘米（图一八六，7；图版九六，4）。

C型 4件。无系省油灯。标本ⅡT3401④a：2，省油灯残件，方唇，外层口沿微侈，上腹壁较直，下腹斜收，底残。砖红色胎，施米黄色化妆土，青釉泛紫。残高3.8、口径11.5厘米（图一八六，1；图版九六，5）。标本ⅠT0926③：2，省油灯残件，尖唇，口沿微外侈，弧鼓腹，下腹部局部表面为黑色。灰

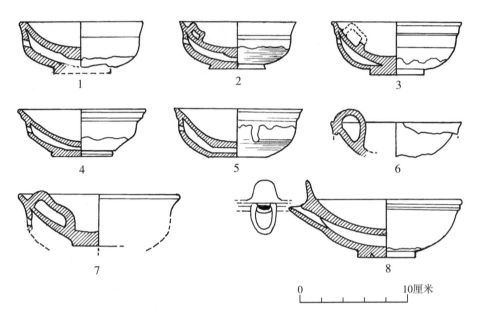

图一八六　邛窑系省油灯

1、5、8.C型（ⅡT3401④a：2、ⅠT0926③：2、H39：1）2、3.BⅠ式（J1⑤：5、ⅡT0701④c：5）

4.BⅡ式（ⅠT1603④a：10）6.A型（H26：6）7.B型残件（ⅡT0507②a：5）

黄胎，施米白色化妆土，豆青釉。高4、口径12厘米（图一八六，5）。标本H39：1，省油灯，完整，圆唇，口沿一侧有一半椭圆形耳竖起，其下部有短流状的注水孔，外壁口沿下有一周凸棱，腹壁微鼓，玉璧底内侧未挖平。红褐色胎，施米黄色化妆土，青釉，釉面剥蚀严重。高5、口径14、足径5.3厘米（图一八六，8；彩版七六，6）。

21. 器座　1件。标本ⅠT1905③：1，器座，中空，平底，底座较大，束腰，上层圆台小，台面中间有一个圆形榫孔。束腰台座侧面刻莲花及山形纹饰。座底有支钉疤痕，灰胎，施黄、绿、褐三色彩釉。高5、宽7.2厘米（图一八三，6；图版九七，1）。

22. 玩具人俑　9件。按姿态不同分为骑兽俑、游泳俑、杂耍俑、坐俑等五型。

A型　3件。骑坐俑。标本ⅠT1603④a：2，骑兽俑残件，人俑和兽均残。人俑腰部缠绕一带状物，腹前交叉后绕兽颈部，骑者跨坐兽背。兽残余一耳，耳朵向上竖立，四肢呈奔走状。灰胎，淡青釉。残高4.6厘米（图一八七，3；图版九七，2）。标本采集：69，骑兽俑残件，右手抓住兽头，左腰侧垂挂一长条形物，兽背放置椭圆形鞍，四足残。灰胎，深青灰色釉，局部釉色呈酱黄色。残高4厘米（图一八七，7）。标本ⅠT1204④c：5，骑坐俑，双臂前伸，双腿分开，右腿向后屈，内侧素面无釉，原粘附物已脱落。灰白胎，绿釉。残高3.2厘米（图一八七，8）。

B型　1件。游泳俑。标本H13：6，游泳俑残件，双臂微抬前伸，双腿屈膝，小腿朝上，作蹬腿状。灰胎，淡青釉。残长4.5厘米（图一八七，5）。

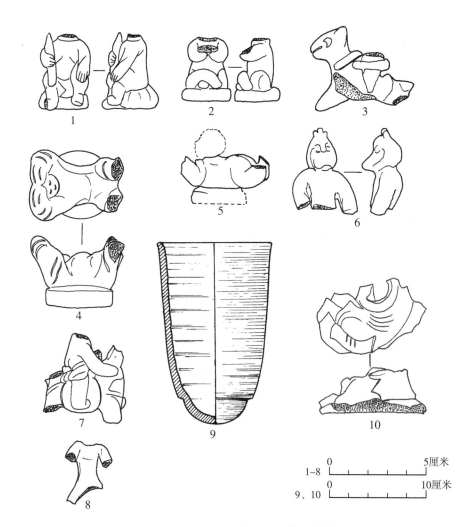

图一八七 邛窑系瓷玩具俑及其他

1、2、10.俑D型（ⅠT2408④c：6、采集：71、ⅠT1903③：10）3、7、8.俑A型（ⅠT1603④a：2、采集：69、ⅠT1204④c：5）4.俑C型（ⅠT1226⑤d：1）5.俑B型（H13：6）6.俑E型（ⅠT0502④c：10）9.坩埚（ⅠT2207④a：12）

C型 1件。仰卧俑。标本ⅠT1226⑤d：1，俑身弓背，背部粘一圆饼，双手抱头顶，双腿向上蹬，胸部有一个圆形物残痕。灰胎，灰青釉，局部以酱黄釉点彩。残高3.5、体残长4.7厘米，圆饼直径3.4、厚0.9厘米（图一八七，4）。

D型 3件。坐姿，其中一件为交脚坐式，一件为倚坐式。标本ⅠT2408④c：6，倚坐俑残件，头部残佚，双腿分开，右手握持一圆棒状物，左手抚膝，圆形底座，圆座纵断面为梯形。灰胎，酱釉。残高3.5、座径2.4厘米（图一八七，1）。标本采集：71，坐俑残件，双臂抱胸前，双腿交叉，右腿横翘置于左腿上，圆饼形底座。灰胎，灰青釉，以酱黄釉点彩。残高2.9、底座直径2.5厘米（图一八七，2）。标本ⅠT1903③：10，俑呈坐姿，左腿盘膝置于台座上，着长裤。台座形状不规则，台座中央有一圆穿。砖红胎，施米黄色化妆土，釉层脱落。残高4.3、宽10.5厘米（图一八七，10）。

E型　1件。立姿。标本ⅠT0502④c：10，人俑残件，头顶一"山"形冠或为头上长角，细长目，圆球形眼珠，嘴尖而凸出，双臂下垂，左臂微前抬。灰胎，酱青釉。残高4.3厘米（图一八七，6）。

23. 动物模型　共23件。

狗　3件。标本H21：26，瓷狗残件，屈身爬卧姿势，后腿向后并拢，前腿并拢前伸，头残，尾巴上翘。灰胎，豆青釉，腹底未施釉。体长6厘米（图一八八，6）。标本ⅠT1224③：1，狗玩具残件，左后腿残，头部微扬，双耳前搭，圆饼状眼睛，模样憨态可掬，尾尖上翘后平折。灰紫胎，青釉，施半釉。高4.6、体长4.5厘米（图一八八，12）。

猴俑　2件。标本H3：13，猴子俑残件，猴昂首，嘴部凸出，嘴两侧有毛发向后，两只前足似为踏空状，后两足立于一山石上，山石残损不清，表面有少许刻划纹饰。浅砖红胎，绿釉。残件通高7.2、残长8厘米（图一八八，2；图版九七，3）。标本ⅠT1907③：4，猴子，爬树姿态，双臂和双腿夹持一节圆柱形树干，抬头向上看。细目，五官较写意，磨损不清。光头，臀部垂下细尾，双腿残。灰胎，绿釉。残高4.4厘米（图一八八，5）。

狮子俑　7件。按姿势不同分为三型。

A型　1件。立姿。标本ⅠT2006④a：1，狮子残件，四足残，狮身摆首向右，侧身而立，头上双耳直立，两侧毛发外侈，双目圆睁，吻部较长，咬牙露齿，颈下系有圆形铃铛，粗尾上翘后折搭于右侧。砖红胎，施有米黄色化妆土，青绿釉。身长6.5、残高5.7厘米（图一八八，1）。

B型　1件。俯卧状。标本ⅠT1808③：5，狮子残件，中空，头向上扬，嘴里含一个圆球，双耳直立，头周围有卷曲毛发，尾巴上翘，造型生动。狮身下有圆形基座，略有残损。高9.2、基座直径7.8厘米（图一八八，3）。

C型　5件。蹲坐。标本TJ⑤：3，狮子残件，较完整，双耳竖立，面部风化磨损，面部周围毛发向后，颈下系椭圆形铃铛，尾巴上翘，蹲坐于一近圆形低台座上，台座底部内凹。紫红胎，施浅黄色化妆土，绿釉。通高5.7、底座最宽处1.4厘米（图一八八，7）。标本ⅠT1701④a：7，狮子残件，狮子蹲坐于莲花座上，昂首向天，双眼突出。单层仰莲座。残件为一件容器口沿转角的贴塑装饰，容器残损严重，仅余口沿及少许腹部，方唇，直口，口沿下有仿斗拱镂空装饰。砖红胎，容器主要为绿釉，狮子、莲花为绿釉和黄釉。残件通高13.4、狮子及莲台高3厘米（图一八九，3；图版九七，4）。标本ⅠT1302③：4，器物口沿处的贴塑装饰，残损严重。狮子昂头，左目圆凸，张嘴，尾巴上翘，蹲卧于仰莲台上。灰白胎，施三彩釉（有青釉、黄釉等）。残片高5、狮子高2.5、莲台高1.3厘米（图一八九，9）。标本ⅡT0608③：4，狮子残件，蹲坐于椭圆形矮座上，长尾摆放在台面上。灰胎，绿釉。残件通高5、矮座高1.7厘米（图版九七，5）。标本C3：1，狮子残件，狮子蹲坐于八角形矮座上，尾部残余少许，左侧后腿似盘膝置于台座面上。灰胎，绿釉。残高8、矮座高1.7厘米（图版九七，6）。

狮子头部残件　2件。标本ⅠT2408④c：4，狮子头残件，中空，双耳直立，怒目圆睁，咧嘴露牙。灰胎，灰青色釉。残高2.4厘米（图一八八，4）。标本Ⅱ1603④a：3，狮子头残件，立耳，怒目圆睁，宽鼻翼，咬牙，头部周围毛发向后。灰胎，淡青釉。头残高2.8厘米（图一八八，10）。

公鸡俑　4件。标本ⅠT1204②a：6，鸡头俑残件，高鸡冠，尖嘴，圆目，鸡冠和圆目均为贴塑，长

图一八八　邛窑系瓷玩具动物俑

1.狮子 A 型（ⅠT2006④ a：1）　2、5.猴子（H3：13、ⅠT1907③：4）　3.狮子 B 型（ⅠT1808③：5）

4、10.狮头残件（ⅠT2408④ c：4、ⅡT1603④ a：3）　6、12.狗（H21：26、ⅠT1224③：1）　7.狮子

C 型（TJ⑤：3）8、11.鸡（ⅠT1204② a：6、ⅠT2105④ b：1）　9.乌龟（ⅠT1802② a：2）

颈。颈底部内凹，推测为粘附于其他器物上的粘结点。灰胎，施米黄色化妆土，淡青釉。高5.6厘米（图一八八，8）。标本ⅠT2105④b：1，鸡头残件，张嘴，高鸡冠向后卷曲，双眼圆鼓，长颈。灰胎，酱黄釉。残高2.8厘米（图一八八，11）。

乌龟俑　1件。标本ⅠT1802②a：2，龟残件，头部已不存，龟背部表面饰三排六边形纹，四足矮短，身体中空。浅黄胎，绿釉。体长4.5、高2.6厘米（图一八八，9）。

鸟俑　2件。标本ⅠT0801③：6，残件下部有圆形基座，头部残断，翅膀及尾部相接，呈花苞状。褐色胎，灰青釉。残高3.3厘米（图一八九，5；图版九八，1）。标本ⅠT1405④b：1，鸟俑残件，圆眼，头冠较高，制作粗糙。灰胎，天青色釉。残高5厘米（图版九八，2）。

鸭头部残件　1件。标本ⅠT1806④d：13，鸭嘴较长。砖红胎，外施米白色化妆土，釉色脱落。残长10厘米（图版九八，4）。

其他不可辨识动物俑　1件。标本ⅡT0803④c：32，残件仅余腹部少许，腹下残断，腹侧有腿，背上有卷曲状毛。灰胎，浅豆青釉。残高18、宽22.2厘米（图一八九，7）。

24. 其他玩具类　共4件。

核桃　2件。釉面光泽度高，有细小开片，造型逼真，核桃两侧各有一残痕，可能是与其他核桃相连的连接点。标本ⅠT1401④c：3，两个核桃相连接，黄胎，黄褐釉，釉面光泽度高。直径3厘米（彩版七六，8）。标本G5：2，灰白胎，金黄色釉。直径3厘米（彩版七六，9）。

铃铛　1件。标本ⅠT1404③：5，铃铛，残余一半，圆形，一侧有穿孔纽。灰白胎，外壁半施酱红釉。残高3.5厘米（图一八九，10；图版九八，3）。

弹珠　1件。标本ⅠT1402④f：1，弹珠，残存一半，球形，表面布满圆形小凹坑。灰白胎，绿釉，多已剥落。直径2.7厘米（图一八九，4）。

25. 莲花纹残片　5件。标本H5：44，绿釉莲瓣残块，残损较多。双层覆莲瓣，莲片较细长，瓣尖呈三角形。灰黄胎，釉色均匀有光泽，底部素面。残高5.4厘米（图一八九，1；图版九八，6）。标本ⅠT2408③：16，残片上侧外侈，下侧装饰莲瓣。砖红胎，绿釉。残高6.5、残宽8厘米（图版九八，5）。标本ⅠT0903④b：2，残件似为底座残件，莲瓣底部有一周压印纹饰。灰胎，酱釉。残高6厘米（图版九九，4）。标本ⅠT1224④c：1，似为底座残件，底座外周装饰莲瓣一周，莲瓣纹上侧有一周宽凸棱。灰白胎，绿釉，釉面光泽度好，局部有脱落。残长6.8、残宽5.5厘米（图版九九，1）。标本采集：9，似为基座残件，基座外周装饰三层覆莲瓣，莲瓣上侧束腰。浅砖红胎，莲瓣处施绿釉，束腰处施浅黄褐色釉。残高6.8、残宽8.3厘米（图版九九，2）。

26. 支钉　1件。标本J1②：3，由三根泥条拼接而成，三个角上、下各凸出一点。砖红胎，通体施红褐色釉。高1.9、边长3.6厘米（图一八九，8）。

27. 坩埚　3件。标本ⅠT2207④a：12，完整，坩埚呈炮弹形，敞口，圆唇，斜腹深，底部收小，圜底。灰胎，酱釉。高18、口径11.5厘米（图一八七，9；图版九九，5）。

28. 瓷器残片　共56件。按部位不同分为四个部分进行介绍。

口部残件　共20件。按口部形状分为六型。

A型　1件。直口。标本ⅠT3301④a：8，器口残件，方唇，鼓肩。灰胎，青中泛紫色釉，口沿内壁有少许流釉。残高14、口径4.1厘米（图一九〇，3）。

图一八九　邛窑系瓷器

1. 莲花残片（H5：44）　2、6、11. 其他性质不确定的瓷器（Ⅱ T0805④c：8、采集：161、Ⅱ T0807④c：2）

3、9. 狮子 C 型（Ⅰ T1701④a：7、Ⅰ T1302③：4）　4. 弹珠（Ⅰ T1402④f：1）　5. 鸟俑（Ⅰ T0801③：6）

7. 其他不可辨识动物俑（Ⅱ T0803④c：32）　8. 支钉（J1②：3）　10. 铃铛（Ⅰ T1404③：5）

　　B型　2件。侈口。标本ⅠT1224④c：2，器口残件，方唇，溜肩，颈中部和颈底各有两周凹弦纹。口沿处釉层表面有金属残渣粘附。灰紫胎，施米白色化妆土，淡青釉，口沿内壁施釉，色泽较深。残高9.1、口径4.7厘米（图一九〇，2）。标本ⅠT2408④f：2，器口残件，圆唇，鼓肩，执手接腹上部和高

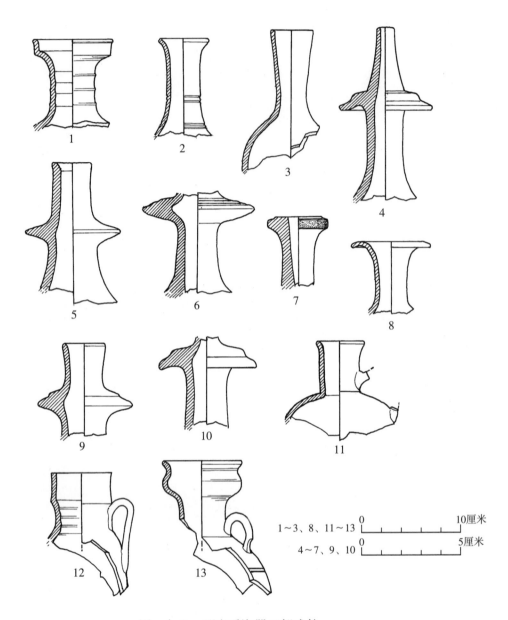

图一九〇　邛窑系瓷器口部残件

1. C 型（Ⅰ T2402④f：3） 2、11. B 型（Ⅰ T1224④c：2、Ⅰ T2408④f：2） 3. A 型（Ⅰ T3301④a：8） 4 ~
7、9、10. F 型（Ⅰ T1604④b：1、Ⅰ T1302④a：12、Ⅰ T1602④e：3、Ⅰ T1203④a：6、Ⅰ T1202④a：16、
Ⅰ T1804④a：2） 8. E 型（Ⅰ T0206④c：9） 12、13. D 型（H20：3、Ⅰ T0206③：6）

领中部。灰黑胎，青灰色釉，釉面有小开片，口沿内壁施釉。残高10、口径5厘米（图一九〇，11；图版
九九，3）。

　　C 型　3件。盘形口。标本Ⅰ T2402④f：3，器口残件，方唇，盘腹浅，束颈，弧肩。深砖红色胎，施
米黄色化妆土，口颈内壁施有釉，外壁满釉，釉层已剥落。残高8.5、口径8.1厘米（图一九〇，1）。

D型　6件。杯形口。标本H20：3，器口残件，方唇，杯形口壁较直，束颈。器口一侧有长执手，溜肩。红胎，施米黄色化妆土，釉层已剥落。残高12.3、口径5.8厘米（图一九〇，12）。标本ⅠT0206③：6，器口残件，杯形口侈沿，圆唇，束颈，鼓腹，最大腹径位于腹中部。溜肩，残余一耳，颈下及腹上部各有一周凹弦纹，肩部有点彩。紫红胎，深酱黄色釉，口部内壁有釉，以浅黄褐色釉点彩。残高12.8、口径7.8厘米（图一九〇，13）。

E型　2件。大喇叭口。标本ⅠT0206④c：9，器口残件，喇叭口沿较大，颈部细长，尖唇。浅砖红色胎，施米黄色化妆土，釉层已剥落，喇叭口内施有化妆土。残高7、喇叭口径8厘米（图一九〇，8）。

F型　6件。细管状口，长颈中部有一周凸棱，侧面呈陀螺状。灰胎，青釉，釉层剥落较多。标本ⅠT1604④b：1，器口残件，尖唇，直口，陀螺状凸棱略向下卷，凸棱上侧装饰两道细弦纹。豆青釉。残高8.5厘米（图一九〇，4；图版九九，6）。标本ⅠT1302④a：12，器口残件，直口，尖唇，瓶口略粗，颈部凸棱上下弧面对称。豆青釉。残高6.8厘米（图一九〇，5；图版一〇〇，2）。标本ⅠT1602④e：3，器口残件，凸棱以上口沿部残，凸棱上侧弧面上装饰数周细弦纹。灰青釉。残高9.9厘米（图一九〇，6）。标本ⅠT1203④a：6，器口残件，凸棱上侧面无装饰。豆青釉。残高3.6厘米（图一九〇，7）。标本ⅠT1202④a：16，器口残件，微敞口，圆唇，凸棱上侧弧面上装饰有一周凸弦纹。豆青釉。残高4.4厘米（图一九〇，9；图版一〇〇，1）。标本ⅠT1804④a：2，器口残件，凸棱以上颈部残无，凸棱边缘微下卷，上侧面弧度较大，饰有一周凸弦纹。浅豆青釉。残高4.2厘米（图一九〇，10）。

流部残件　共13件。按流管结构分为二型。

A型　7件。双管流残件。标本ⅠT1701④a：9，残流，流口残，接近流口处饰有贴塑的系绳，系绳在流下侧扭股，末端左右分开，流根部残有少许壶身。灰黄胎，施深豆青色釉，以黄褐釉点彩，器内壁素面。流残长12、残件通长14.8厘米（图一九一，3；图版一〇〇，4）。标本H21：5，残流，流根部附带有部分器身残片，长流前端残，系绳扭股后在末端系蝴蝶结，绳端并排下垂。浅灰胎，施有化妆土，浅豆青色釉。流部残长8厘米（图一九一，6；图版一〇〇，3）。

B型　6件。单管流残件。标本采集：70，残流，仅余腹部及流少许，有一只手握住流部。暗紫红胎，施米黄色化妆土，金黄釉，釉面有细小开片。残长4、残宽3.8厘米（图一九一，7）。标本ⅠT0902④a：4，残流，流部贴塑于器身，断面平整，面上数个小孔通向流管内。短流外为三层山峦，较为生动。砖红胎，绿釉，局部为黄釉。残高7.2、流外径宽6.4厘米（图一九一，4；彩版七六，7）。标本ⅠT0701④a：10，残流，流部完整，弯曲呈弧形管状，流根部饰以一周流苏纹饰。砖红胎，施以黄釉和绿釉，流内壁施满釉。流长4.5厘米（图一九一，5；图版一〇〇，5）。

执手残件　共1件。标本ⅠT1401④b：3，执手残件，执手由三根棒条堆成，底部两根并排，顶部系环，上面一根端部穿环系后回卷。灰白胎，灰白釉泛青。残长9厘米（图一九一，1）。

器足残件　共17件。按装饰不同分为三型。一种腿部装饰有兽面和兽足，兽面宽鼻翼，嘴角上翘，咧嘴，兽腿下侧一般都有两道凸弦纹表现骨节，器足末端分出三只脚趾，腿侧有毛发。这种兽面器足较多见于香炉上，且出土较多。另一种为素面器足，数量较少，还有一种足部为写实兽足形状。

A型　14件。有兽面装饰，器足上部外侧面装饰一个兽面。标本H6：3，器足残件，兽面横条状眉，圆目，兽面两侧装饰髭须。腿中部饰有两道"U"形凸棱。灰胎，酱青釉。残高12.5厘米（图一九二，1）。标本H22：26，器足残件，兽面嘴两侧各有一颗獠牙，腿中部有一道"U"形凸棱，凸棱

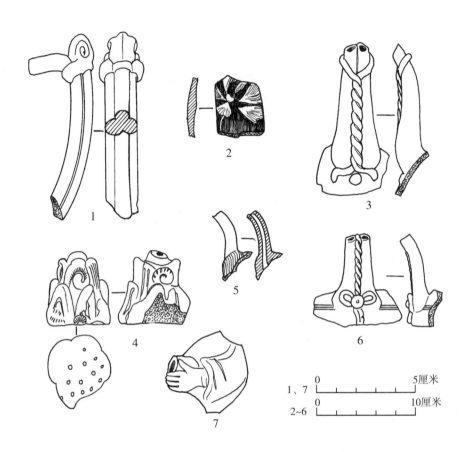

图一九一　邛窑系瓷器流及执手残件

1.执手（ⅠT1401④b：3）2.瓷器残片（Y1：2）3、6.流A型（ⅠT1701④a：9、H21：5）

4、5、7.流B型（ⅠT0902④a：4、ⅠT0701④a：10、采集：70）

上装饰一排圆圈。器足外侧有五条细凹弦纹，足端有四根利爪。灰胎，青釉。残高10厘米（图一九二，2；图版一○○，6）。标本ⅠT1103④c：1，器足残件，兽面圆目，露牙。砖红胎，绿釉。残高10.1厘米（图一九二，3）。标本ⅡT0801④b：7，器足残件，兽面双目圆睁，眼球中间有一个小圆坑，鼻孔向外，露出一排上牙，五官清晰生动。浅灰胎，酱青釉，腿内侧素胎。残高5.3厘米（图一九二，4）。标本F12①：18，器足残件，兽面三角眼，不露牙。灰胎，黄褐釉。残高7厘米（图一九二，5）。标本ⅠT1224③：4，器足残件，足部兽面位于器足上部，靠近器腹底处，双目圆睁，有眉毛，露上牙，五官刻划略模糊，毛发向后飘。浅黄色胎，施浅酱黄色釉和绿釉，内侧未施釉。残高11.2厘米（图一九二，7；图版一○一，1）。

B型　2件。素面。标本G6：7，器足残件，足部呈獠牙形，微弯曲，末端较尖。灰胎，青釉。残长3.2厘米（图一九二，6；图版一○一，2）。标本K6：2，器足残件，仅余腿部一段，接近圆柱形，上粗下细。灰胎，青釉。残长5.6厘米（图一九二，8；图版一○一，3）。

C型　1件。兽足形状。标本ⅠT0208③：4，足部分为五瓣，腿上部残有少许容器腹部。灰胎，灰青

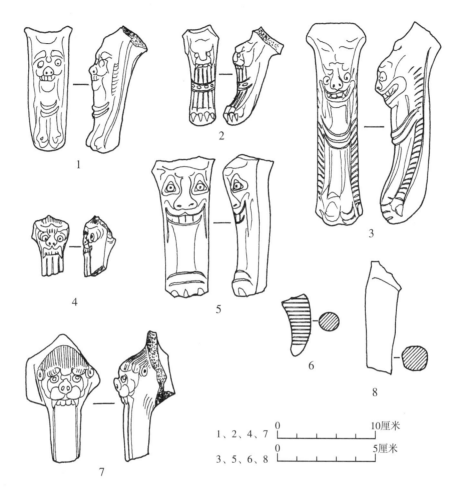

图一九二　邛窑系瓷器器足残件

1~5、7.A型（H6：3、H22：26、ⅠT1103④c：1、ⅡT0801④b：7、F12①：18、ⅠT1224③：4）

6、8.B型（G6：7、K6：2）

色釉。残高7厘米（图版一〇一，4）。

　　此外还有5件瓷器残片，器身残损较多，体积小，无法判断其形制，表面有一定的装饰，按形状进行描述。标本ⅡT0805④c：8，瓷器残片，残件上部伸出一角，下侧弧鼓，表面布满小乳钉。砖红胎，施米白色化妆土，黄釉。残高3.7厘米（图一八九，2；图版一〇一，6）。标本采集：161，瓷器残片，外形似角状，扭曲。砖红胎，施米白色化妆土，淡青釉。残高3.1厘米（图一八九，6；图版一〇一，8）。标本ⅡT0807④c：2，瓷器残片，近球形，略扁。侧面中部装饰一个椭圆形，外周饰以两道弧线。砖红胎，施有米白色化妆土，青釉。残高3厘米（图一八九，11；图版一〇一，5）。标本F9①：3，兽面瓷片，兽面圆形眼眶上侧有半周眉毛，吻部较凸出，仅余嘴上半部分。灰胎，浅黄绿色釉。残宽8.3、残高5.2厘米（图版一〇一，7）。标本Y1：2，容器腹部残片，砖红胎，以米白色化妆土绘制花卉，表面施淡青釉。残片宽4.6、高5.8厘米（图版一九一，2）。

二 磁峰窑系瓷器

碗 共11件。均为灰胎，灰白色釉。根据腹部形状分为三型。

A型 3件。深腹碗，腹壁深直。标本ⅠT1226④c：1，碗，尖唇，直口，下腹弧收，圈足。外腹中部饰一周细长蕉叶纹，纹饰上下各有一周细弦纹。唇部无釉。高7.1、口径11.5、足径6厘米（图一九四，3；图版一〇二，4）。标本F9①：8，碗，直口，尖唇，深弧腹，底部残。口沿外壁有一周弦纹装饰，腹壁有一周纵向排列弧线，口部内壁刮釉。残高8.2、口径12.5厘米（图一九四，5；图版一〇二，5）。

B型 7件。浅腹碗。标本ⅠT3303③：3，盘，圆唇，口沿外壁有一周凸棱，圈足矮。内壁腹底模印花卉，花瓣较大，腹部花卉上侧环绕一周凹弦纹。高5.8、口径21、足径7厘米（图一九三，1；图版一〇二，6）。标本ⅠT3103③：2，碗，圆唇，口沿外壁有一周凸棱，矮圈足。腹内壁模印花草纹饰。内底中间有一片四瓣草叶，其外围绕一周植物叶片，最外侧为上下错齿的三角形叶片。高5.6、口径20、足径7.5厘米（图一九三，2；图版一〇三，1）。标本ⅡT3303③：5，碗，尖唇，内壁小平底略内凹，矮圈足。内底有一周凹弦纹，其内模印双鱼，双鱼并排，头尾相接。腹内壁分为六格扇面，其中有六种瑞草。瑞草外周有数道波浪纹环绕。底部胎较薄，除圈足外施满釉。高7、口径20、足径6.5厘米（图一九三，3；图版一〇二，1、2）。标本ⅠT3503③：1，碗，尖唇，内壁平底略内凹。内底模印花卉，花草外侧有一周弦纹，圈足。高4.5、口径17、足径6.5厘米（图一九三，4）。标本G24：8，碗，尖唇，口沿外撇，小圈足尖唇，除圈足外其余施满釉。高3.5、口径11.2、足径4厘米（图一九三，5）。

C型 1件。折腹碗。标本G24：13，碗，尖唇，口沿外侈，内壁圜底。高圈足，足墙外侈，内壁圜底处胎较薄。器身满釉。高3.7、口径9.5、足径4.5厘米（图一九三，6；图版一〇二，3）。

盘 共5件。尖唇，口沿斜弧较深，内壁圜底。标本ⅡT3401④a：12，盘，内壁花草纹和底部双鱼外周围绕有一道弦纹。灰胎，白釉。高3.2、口径17.4、足径7.3厘米（图一九四，1；图版一〇三，2）。

碟 共3件。敞口，口沿微外撇，尖唇，内壁平底微凹，口沿外壁一周刮釉，卧足。标本ⅠT1124②a：2，碟，弧腹，内壁圜底。暗灰色胎，灰白色釉。高2、口径9.5、足径3.5厘米（图一九四，6；图版一〇三，3）。标本ⅠT0307③：1，碟，口沿略浅，斜折腹，内壁大圜底较平。灰白胎，白釉。高1.6、口径9.2、足径4厘米（图一九四，7；图版一〇三，4）。标本ⅠT3403④a：3，碟，口沿外侈，口沿内壁饰一周凹弦纹，外壁相对位置有一周凸弦纹，斜直腹，平底。灰白胎，灰白釉。高1.5、口径13.1、足径5.1厘米（图一九四，8；图版一〇三，5）。

杯 共3件。直口，尖唇，口沿内外刮釉，残有少量氧化的黑色包银残片，杯形腹壁较直，内壁圜底，圈足。白胎，无色釉，薄胎。标本F9：7，杯，芒口扣银腐蚀呈黑斑状，小高圈足，通体施釉。高6、口径8.2、足径4厘米（图一九四，10；图版一〇三，6）。标本F9：10，白瓷杯，器外一半釉色呈黑灰色。高5.7、口径8.1、足径4厘米。

罐 共2件。按罐腹形状可分为二型。

A型 1件。瓜棱罐。标本ⅠT1525④a：8，罐，尖唇，直口，鼓肩，弧腹，底部残损。灰白胎，白釉。残高6、口径5.5厘米（图一九四，4；图版一〇四，1）。

B型 1件。圆腹小罐。标本J1①：1，罐，弧腹，矮圈足。灰白胎，白釉，腹内壁素面。残高3.2、足径3.1、残腹径4厘米（图一九四，12；图版一〇四，2）。

瓶 共1件。标本ⅠT0407②c：6，瓶，残损多，仅余腹底少许，垂腹，内壁圜底，高圈足，圈足为

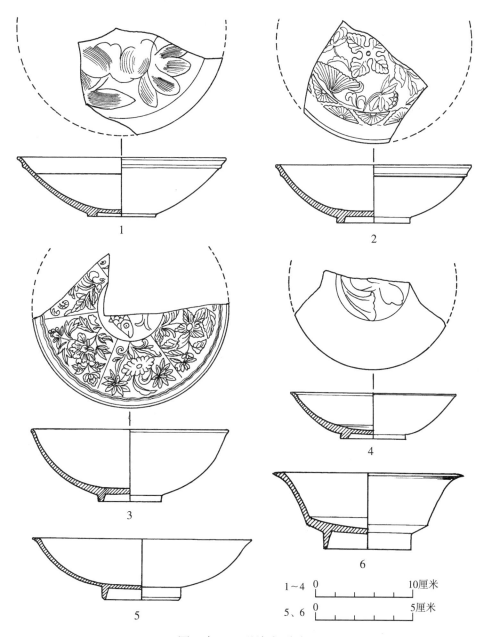

图一九三 磁峰窑系碗

1~5.B 型（Ⅰ T3303 ③：3、Ⅰ T3103 ③：2、Ⅱ T3303 ③：5、Ⅰ T3503 ③：1、G24：8）6.C 型（G24：13）

尖唇微外撇。外壁满釉，内壁素面。残高6、足径6.4厘米（图一九四，11；图版一○四，5）。

钵 共1件。标本H17：1，钵，尖唇，直口，口沿外有一周凸棱，腹壁直。腹部外壁以细线刻莲瓣纹。灰白胎，内壁口沿及外壁施灰白釉，圈足素面无釉，内壁施半釉。高8.8、口径13、足径8厘米（图一九四，2；图版一○四，3）。

尊 共2件。标本F9①：10，尊残件，方唇，直口，斜直腹，下腹折收急，圈足。腹外壁上下各有

1~3、5、6、10、11、13 ⊢——┼——┼——┼——┼——┤ 10厘米

4、7~9、12 ⊢——┼——┼——┼——┼——┤ 5厘米

图一九四　磁峰窑系瓷器

1.盘（ⅡT3401④a：12）2.钵（H17：1）　3、5.碗A型（ⅠT1226④c：1、F9①：8）　4.罐A型（ⅠT1525④a：8）　6~8.碟（ⅠT1124②a：2、ⅠT0307③：1、ⅠT3403④a：3）9、13.尊（F9①：10、F9①：11）10.杯（F9：7）　11.瓶（ⅠT0407②c：6）12.罐B型（J1①：1）

一周凹弦纹，腹中部用细线刻盛开花朵。白胎，白釉，仅腹壁施釉，折腹下素胎。高15、口径19.4、足径8厘米（图一九四，9；彩版七七，1）。标本F9①：11，尊残件，方唇，直腹，腹部较深，足残。灰白胎，白釉，唇面无釉，内壁仅口沿处有少许流釉。残高12.5、口径17、底径13.4厘米（图一九四，13；图版一〇四，4）。

三　龙泉窑系瓷器

碗　共8件。分敞口碗和扣碗二型。

A型　1件。敞口小碗。标本ⅡT0402③：11，碗，圆唇，直腹，下腹弧收，腹较深，内壁平底，圈足为方唇。灰白胎，青釉，满釉，釉面有气泡。高5.8、口径9.2、足径4.4厘米（图版一〇五，3）。

B型　7件。扣碗，又称为盖碗，包括碗盖和碗身两部分。出土5件碗盖和2件碗身。标本ⅠT3302④a：5，碗盖残件，子母口，圆唇，斜弧腹，内壁圜底，盖顶纽为点状，盖面覆以一周细长莲瓣纹。白胎，青釉，釉面光泽，釉层厚，仅唇沿无釉。高2、口径13厘米（图一九五，2；彩版七七，2）。标本ⅠT3302④a：3，碗，敞口，口沿微外侈，尖唇，弧腹较深，内壁圜底，圈足。腹外壁饰一周单层仰莲。白胎，青釉，釉面有光泽，釉层厚，唇内侧一周刮釉。高8、口径13.5、足径6.3厘米（图一九五，3；彩版七七，3）。标本G9：53，碗身残片，尖唇，腹外壁饰有一周莲瓣纹。白胎，青釉，釉面光泽度高。残高3.6、残宽3.8厘米。

盘　共1件。标本ⅠT1902④a：4，盘，尖唇，斜弧腹，盘腹略深，内壁大圜底，矮圈足。腹外壁饰莲瓣一周，圈足残损严重。灰白胎，青釉泛灰。残高4.6、口径12.4、足径7厘米（图一九五，4；图版一〇五，5）。

贯耳瓶口残件　共1件。标本ⅠT3103③：13，瓶残件，浅盘形口，圆唇，长颈，颈侧堆塑有凤头，凤鸟长颈、高冠，宽嘴下勾，水滴状眼睛，双翅收拢。灰白胎，青釉，内外施满釉。残高9、口径6.5厘米（图一九五，1；图版一〇五，2）。

四　景德镇窑系瓷器

碗　共12件。据腹部不同分为深腹和浅腹二型。

A型　2件。深腹。标本ⅡT3301③：28，碗，残余腹、底部分。内壁大圜底，高圈足，足沿呈锥形，足墙内壁斜，圈足底部中间凸起。白胎，淡青釉。残高3、足径4厘米（图一九六，6）。

B型　10件。浅腹。标本F9②：3，碗，敞口，尖唇，口沿微外侈，斜腹，内壁圜底，假高圈足，圈足较粗。灰白胎较薄，淡青釉，模印花纹。高7.2、口径20、足径6厘米（图一九六，1；图版一〇五，4）。标本H3：27，碗，残损较多，斜腹，小圈足。白胎，青釉，釉层较薄。残高3、足径3.2厘米（图一九六，4；图版一〇五，1）。标本ⅠT3401④a：8，圈足碗底残片，内壁圜底较平，矮圈足，足墙内壁向外斜。碗内底用细线刻有较为写意的抽象纹饰。白胎，淡青釉，残片残高1.4、残宽8、足径5.9厘米（图一九六，5；图版一〇六，1）。标本采集：33，印花碗残件，斜腹，内壁平底，矮圈足，碗底胎较厚。通体施釉，内壁模印多组线条，每组线条短且竖排并列。白胎，淡青色釉，釉面光洁透明。残高5、足径5.8厘米（图一九六，9；图版一〇六，2）。标本ⅠT1302④a：23，碗，尖唇，口沿外撇，斜弧腹，内壁大圜底较平，圈足尖唇素足。白胎，淡青釉，满釉。高3.7、口径13、足径4.4厘米（图一九六，11）。

斗笠碗　2件。标本ⅡT3201③：7，碗，口沿微外侈，尖唇，内壁平底内凹。灰胎，深青釉，胎质较薄。高4.5、口径14、足径3.2厘米（图一九八，1；图版一〇六，3）。标本ⅡT0805④c：43，碗，尖唇，口沿外侧加厚，内壁小圜底较尖，饼足底内凹。灰胎，深青釉。高4、口径12、足径3.2厘米（图一九八，

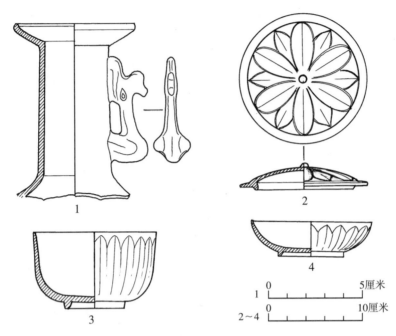

图一九五　龙泉窑系瓷器

1.贯耳瓶（Ⅰ T3103③：13）　2.碗盖（Ⅰ T3302④a：5）　3.碗（Ⅰ T3302④a：3）　4.盘（Ⅰ T1902④a：4）

2；图版一〇六，5、6）。

碟　共9件。均为影青瓷，制作精致轻巧，胎质极薄，胎厚约0.15～0.2厘米，胎质纯白，施淡青釉，釉层略厚，釉面呈玻璃质，光泽好。敞口，尖唇，平底，内底模印写意卷草花卉，个别纹饰位于口沿及腹壁。多数为芒口，口沿处残留有黑色氧化银残片。据腹、底部变化分为三型。

A型　1件。斜弧腹，卧足，内壁圜底。标本K3：1，碟，高2.8、口径11、足径6厘米（图一九六，2）。

B型　5件。斜腹，内壁大平底向上鼓。标本F9：13，碟，内底模印写意卷草花卉。高2、口径11.4、足径9厘米（图一九六，3；图版一〇六，4）。标本J1⑤：6，碟，胎面残留有黑色氧化银箔残片，白色胎较薄，制作精致，除口沿外满施淡青釉，釉面光泽，内底模印写意卷草花卉。高2、口径12、足径10.5厘米（图一九七，1；彩版七七，5、6）。标本Ⅱ T3401④a：7，碟，内底模印写意卷草花卉。高2、口径11.4、足径9.2厘米（图一九七，4；图版一〇六，8）。

C型　3件。斜弧腹，内壁平底。标本Ⅰ T3401④a：11，碟，内壁底部模印双鱼及荷花、莲蓬等纹饰，鱼头朝向一致。腹中部模印卷草纹一周，卷草纹上部为一周雷纹。高2.2、口径11、足径6厘米（图一九七，2；图版一〇六，7）。标本Ⅱ T3402③：4，碟，内壁平底内凹，内底模印写意卷草花卉。通体满施淡青釉。高2.3、口径11、足径4.4厘米（图一九七，3；图版一〇七，3、4）。

瓶口残件　共1件。尖唇，卷沿，喇叭口，束颈。标本Ⅰ T1402④a：19，颈部有两周细凹弦纹。淡青釉，内外施满釉。残高6.5、口残宽9.3厘米（图一九六，8；图版一〇七，1）。

盒盖　共1件。标本Ⅰ T1224④c：11，盒盖残件，方唇，盖面模印花卉纹饰。白胎，淡青釉，内壁及口部未施釉。残长5.5、残高2厘米（图版一〇七，2）。

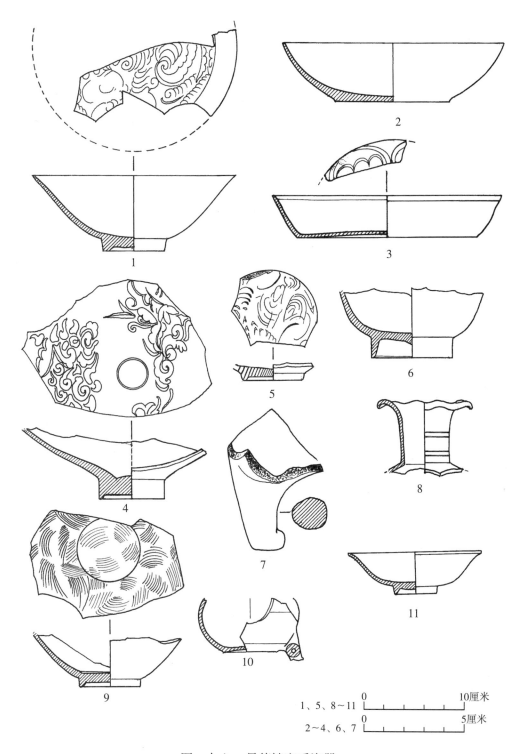

图一九六　景德镇窑系瓷器

1、4、5、9、11. 碗 B 型(F9②：3、H3：27、Ⅰ T3401④a：8、采集：33、Ⅰ T1302④a：23）　2. 碟 A 型（K3：1）

3. 碟 B 型（F9：13）　6. 碗 A 型（Ⅱ T3301③：28）　7、10. 香炉残件（Ⅰ T3103③：12、Ⅰ T1526③：1）

8. 瓶口残件（Ⅰ T1402④a：19）

图一九七 景德镇窑系碟

1、4. B 型（J1 ⑤：6、Ⅱ T3401 ④ a：7）2、3. C 型（Ⅰ T3401 ④ a：11、Ⅱ T3402 ③：4）

香炉残件 共2件。标本Ⅰ T3103③：12，香炉残件，腹部残片呈漏斗状，下侧有一根长足。足体内侧凸出一条纵向凸棱，兽形足端刻出三只脚趾。白胎，淡青釉，釉层厚，光泽明亮，内壁素面。残高6.5、残宽6.2厘米（图一九六，7；图版一〇七，6）。标本Ⅰ T1526③：1，香炉残件，上半部分残损较多，圆鼓腹，内底较平，管状长足，足部中空。灰白胎，淡青釉，内壁未施满釉。残高6.4、残宽6.7厘米

（图一九六，10；图版一〇七，5）。

五　耀州窑系瓷器

共44件，能辨出器型的有11件，还有33件残损严重。从形状及装饰看，多为碗、盏之类容器。

碗　共10件。按底部不同分为三型。

A型　4件。内壁大圜底。标本ⅠT3401④a：2，碗残件，尖唇，口沿外壁有一周凸棱，斜弧腹，内壁模印向日葵花叶，矮圈足。白胎，胎质细腻，深青色釉。高7.2、口径18、足径5.6厘米（图一九九，1；图版一〇八，1）。标本F1①：4，碗，敞口，尖唇，斜弧腹，圈足。外腹壁饰莲瓣一周。灰白胎，青釉。高5.7、口径15、足径5.3厘米（图一九九，6；图版一〇八，3）。

B型　4件。内壁小圜底，圈足。标本H12：9，碗残件，仅余碗底及腹部少许，腹外壁模印一周凸棱，腹内壁饰忍冬叶、卷草纹等，内底模印一朵圆形花朵，花瓣细长。矮圈足。灰白胎，青釉。残高2.5、足径4厘米（图一九九，2；图版一〇八，4）。标本G9：26，碗残件，底部残损严重。敞口，口沿外侈，尖唇，斜弧腹。腹外壁模印一周凸棱，内壁模印卷草纹，中间有数朵圆形花朵。灰白胎，青釉。残高4.7、口径11厘米（图一九九，4；图版一〇八，2）。标本M5：1，碗，敞口，圆唇，斜弧腹，内壁平底内凹，矮圈足，足墙内壁斜。灰白胎，淡青釉，釉层较厚亮。高4.5、口径10、足径3厘米（图一九九，7；图版一〇八，5）。

C型　2件。内壁平底。标本F9③：10，碗残件，侈口，圆唇，斜弧腹，内壁小平底，圈足，足墙外侈。腹内壁上部模印有一周花卉，印花下侧有一周弦纹。白胎，通体施釉，釉色泛青。高4.5、口径13、足径4厘米（图一九九，3；图版一〇八，6）。

罐　共1件。标本M6：3，罐，直口，尖唇，鼓肩，肩部饰有一周莲瓣，残损严重。白胎，淡青釉，内外施满釉。残高3.9、口径9.9厘米（图一九九，5；图版一〇九，1）。

六　玉堂窑系瓷器

共1件。

碗　1件。标本ⅠT1104④a：11，碗，尖唇，斜弧腹略浅，内壁圜底，玉璧底足，口部变形。灰胎，灰青釉，器身除足外施满釉。高4.6、口径12.5、足径5.6厘米（图二〇〇，3）。

七　建窑系瓷器

碗　11件。按口沿及腹部不同分为三型。

A型　5件。敛口，斜弧腹较深。标本G24：2，碗，口微敛，尖唇，斜弧腹，内壁圜底，小饼足。灰胎，酱黑釉，外壁施半釉。高6.5、口径11、足径4厘米（图二〇〇，1；图版一〇九，2）。标本ⅠT3103③：14，碗残件，圆唇，口微敛，斜弧腹较深，内壁圜底，小饼足。深灰胎，酱黄釉，碗底泛黑色。外壁施半釉，内壁轮制痕迹明显。高6.5、口径12、足径4.2厘米（图二〇〇，5）。标本ⅡT0801④b：4，碗，口沿微敛，尖唇，斜腹，外腹底平折，足部残损。深灰胎，酱黑色釉。残高6.5、口径13.8厘米（图二〇〇，6；图版一〇九，3）。标本ⅠT3401④a：16，碗，完整，尖唇，斜弧腹，口径较小，腹略深，小饼足。灰胎，酱黑色釉，素足。高5.5、口径10、足径4厘米（彩版

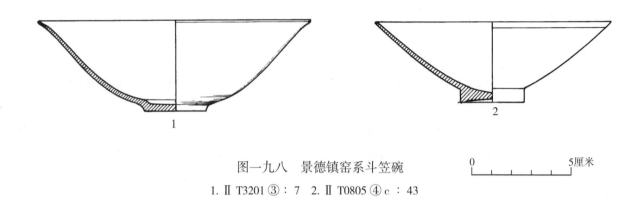

图一九八　景德镇窑系斗笠碗

1. Ⅱ T3201 ③：7　2. Ⅱ T0805 ④ c：43

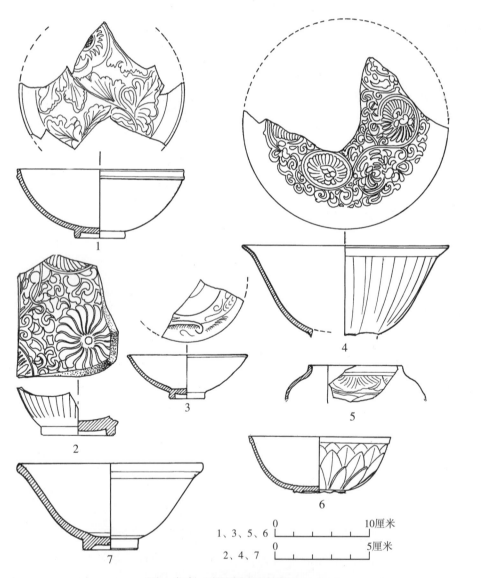

1、3、5、6　⊢——┴——┴——┴——┴——┤0　　10厘米

2、4、7　⊢——┴——┴——┴——┴——┤0　　5厘米

图一九九　耀州窑系瓷器

1、6.碗 A 型（Ⅰ T3401 ④ a：2、F1 ①：4）　2、4、7.碗 B 型（H12：9、G9：26、M5：1）

3.碗 C 型（F9 ③：10）　5.罐（M6：3）

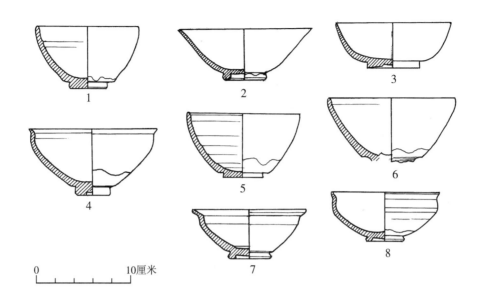

图二〇〇　玉堂窑系及建窑系瓷器

1、5、6.建窑碗A型（G24：2、Ⅰ T3103③：14、Ⅱ T0801④b：4）　2.建窑碗C型（K3：8）

3.玉堂窑碗（Ⅰ T1104④a：11）　4、7、8.建窑碗B型（H22：43、Ⅰ T3103②a：7、G24：15）

七七，7）。

B型　4件。口沿外侈，弧鼓腹或折腹较深。标本H22：43，碗，尖唇，斜鼓腹，内底较平，玉壁底较小。灰白胎，黑釉，素足。高6.8、口径13.4、足径3.7厘米（图二〇〇，4；图版一〇九，4）。标本Ⅰ T3103②a：7，碗，圆唇，口沿向外折，斜折腹，内壁圜底下凹，圈足，足墙外侈。灰胎，酱青釉，素足。高5、口径12、足径4.2厘米（图二〇〇，7）。标本G24：15，碗，尖唇，折腹，内壁大圜底，圈足，足墙外侈。灰胎，酱青带紫色釉，素足。高5、口径11.5、足径4.2厘米（图二〇〇，8）。

C型　2件。敞口，斜弧腹浅。标本K3：8，碗，尖唇，内壁大圜底，小圈足为方唇。白胎，黑釉，口沿一周施酱黄色釉，素足。高5.2、口径14、足径4.4厘米（图二〇〇，2）。

八　定窑系瓷器

共9件。

碗　共3件。标本Ⅰ T1505④e：17，碗，敞口，圆唇，斜弧腹，内壁圜底，矮圈足，足墙外侈。灰白色胎，淡青色釉，素足。高4.5、口径14、足径5.8厘米（图二〇一，6；图版一〇九，5）。

盘　共2件。圈足，平底。标本Ⅰ T1903③：7，盘，葵口，尖唇，口沿外侈，口沿外壁有一周弦纹，斜弧腹较浅，内壁中部有一周凹弦纹，内壁圜底，圈足为尖唇，足墙外撇。白胎，淡青色釉，素足。高3.5、口径15、足径7.5厘米（图二〇一，4；图版一一〇，1、2）。

碟　共3件。敞口，胎较薄，腹浅。按口沿及足变化分为三型。

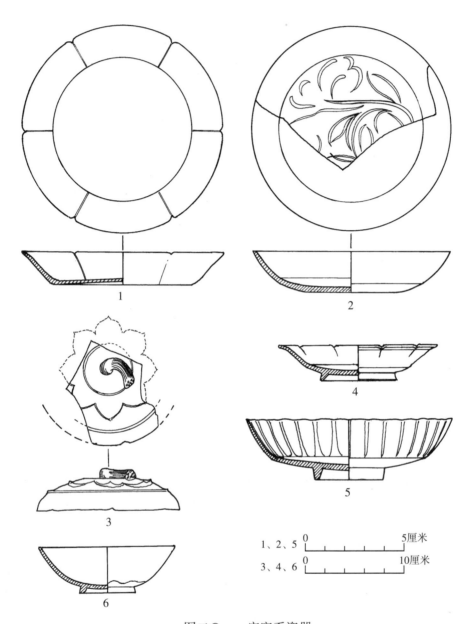

图二〇一　定窑系瓷器

1.碟A型（ⅡT0607④c：1）　2.碟B型（ⅠT1902④b：1）　3.器盖（G6：9）　4.盘（ⅠT1903③：7）

5.碟C型（ⅠT1003③：4）　6.碗（ⅠT1505④e：17）

　　A型　1件。葵口，平底。标本ⅡT0607④c：1，碟，尖唇，口沿微外侈，斜腹，平底向上微弧鼓。白胎，淡青色釉。高1.6、口径10.4、底径7.2厘米（图二〇一，1；图版一〇九，6）。

　　B型　1件。素沿，卧足。标本ⅠT1902④b：1，碟残件，尖唇，斜弧腹，内壁大圜底，内底模印细长叶花草纹饰。白胎，通体满施淡青釉。高2、口径10、足径4.5厘米（图二〇一，2；图版一一〇，3）。

　　C型　1件。小波浪纹口沿，圈足。标本ⅠT1003③：4，碟残件，尖唇，斜腹，内壁大圜底，圈足

图二〇二　青花瓷碗（B型Ⅰ T3102②a：1）

足墙近锥形。外腹壁及足未施釉，器型精致小巧。胎质细腻轻薄，胎色纯白，浅淡青色釉。高3、口径10.5、足径3.5厘米（图二〇一，5；图版一一〇，4）。

器盖　共1件。标本G6：9，白瓷莲花纹器盖残件，制作精美。盖面呈弧拱形，盖纽为扭曲的莲茎形状，莲茎断面有四个细孔，盖纽外周有一周凸弦纹。弦纹外周有八片莲花瓣，现仅残余三瓣。白胎，淡青色釉，接近白色，釉面光泽度好。高4.2、口径14.9厘米（图二〇一，3；图版一一〇，5）。

九　不确定窑系瓷器

1. 青花瓷　共6件。

碗　共4件。均为尖唇，内壁圜底，圈足。按口沿不同分为二型。

A型　1件。敞口。标本Ⅰ T3301②a：1，碗残件，斜弧腹，内壁圜底，底部胎薄，圈足，足墙外侈，圈足中部凸出。口沿外壁有两周蓝釉弦纹装饰，腹壁有蓝釉彩绘花草纹。灰白胎，淡青釉。高5.5、口径12、足径5厘米（图二〇三，3；图版一一一，2）。

B型　3件。口沿外侈。标本Ⅰ T3102②a：1，碗，口沿微外侈，尖唇，弧腹较深，内壁圜底较平。内壁用蓝釉彩绘三道弦纹，其中下层两道弦纹中间夹有一周雷纹，内底绘有一圆形花，花外有一周弦纹。口沿外饰两周弦纹，腹外壁彩绘奇花瑞草，每两朵为一组。花朵下侧有四道弦纹，上侧两道和下侧两道之间较宽，中间绘以间隔开的三道竖线并排图案。灰白胎，淡青釉。高7.8、口径15、足径5.5厘米（图二〇二；图版一一一，1）。标本Ⅰ T0406②a：1，碗，小圆唇，弧腹较深，内壁大圜底，圈足较高，锥

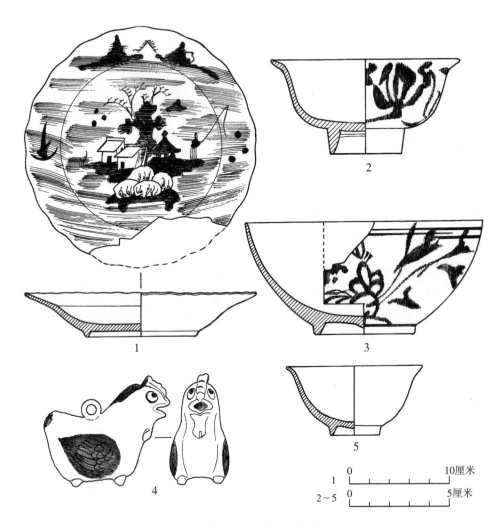

图二〇三 青花瓷器

1. 盘（Ⅰ T0703②a：5） 2、5. 碗 B 型（Ⅰ T0406②a：1、Ⅰ T1223②a：1）

3. 碗 A 型（Ⅰ T3301②a：1）4. 鸡俑挂件（Ⅰ T1001②a：1）

形足尖。外壁手绘蓝釉花卉植物。白胎，淡青釉。高4.6、口径9.5、足径3.6厘米（图二〇三，2；图版一一一，5）。标本Ⅰ T1223②a：1，碗，尖唇，斜弧腹，内壁圜底，圈足，足尖呈锥形，圈足底部有蓝釉方形印文，模糊不清。灰白胎，淡青釉。高3.4、口径6.8、足径2.5厘米（图二〇三，5）。

盘　共1件。标本Ⅰ T0703②a：5，盘，葵口，尖唇，口沿外折，浅斜腹略呈弧形，内壁平底，圈足。内壁绘岛上垂钓图，有房屋、亭阁、扁舟、树木、人物垂钓、山石等，构图较精致。底部蓝釉书写"成化/年制"款。灰白胎，淡青釉。高4.2、口径23.2、足径11.2厘米（图二〇三，1；图版一一一，3、4）。

鸡俑挂件　共1件。标本Ⅰ T1001②a：1，完整，低鸡冠，圆目呈点状，尖嘴张开，背部有环系，尾巴上有一个圆孔。腹部下侧平，四角各有一个圆凸，作支点。浅灰色胎，鸡冠、头顶、尾巴以及翅膀为青花彩釉，其余部分为白底，满釉。高5.3厘米（图二〇三，4）。

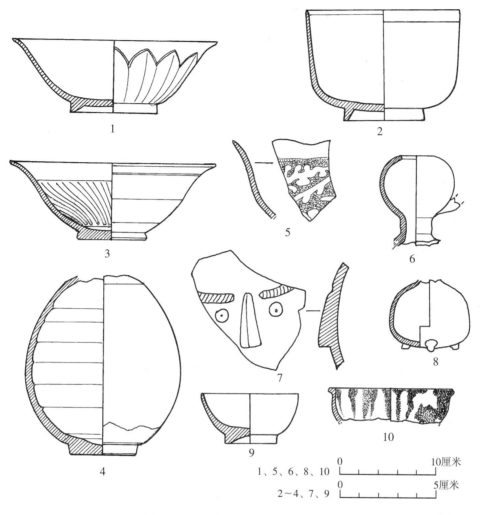

图二〇四　其他釉色的不确定窑口瓷器

1、3、10. 碗（ⅠT1701④a：10、ⅠT0207④c：3、ⅠT0802③：74）　2、9. 杯（ⅠT0701④a：8、ⅡT0713②a：1）
4. 罐（G9：38）　5、7、11. 瓷片（ⅠT2104④c：2、ⅠT0702④b：2、ⅠT0701④e：8）　6. 容器口部残件（ⅠT1203④f：
11）　8. 三足炉形器残件（ⅠT3401④a：17）

2. 其他釉色的瓷器　共17件。

碗　共8件。标本ⅠT1701④a：10，碗残件，尖唇，口沿外撇，斜弧腹，内壁平底，圈足。腹外壁饰一周莲瓣。灰白胎，青灰釉。高6.5、口径19.1、足径8.3厘米（图二〇四，1；图版一一二，1）。标本ⅠT0207④c：3，碗残件，圆唇，口沿外侧饰一周弦纹，内壁有一周纵排凸棱呈逆时针旋转状，内壁小平底，饼足。黄胎，黄釉，外壁施半釉。高3.8、口径10.5、足径3.5厘米（图二〇四，3；图版一一二，2）。标本ⅠT0802③：74，碗残件，敞口，方唇，口沿外折，弧腹较深。灰白胎，白底绿釉。残高3.3、口径12.8厘米（图二〇四，10；图版一一二，3）。标本J3②：1，碗残件，尖唇，口微敛，斜弧腹，内壁小平底微凸。灰胎，局部泛黄，灰青色釉，釉面有小开片，饼足未施釉。高3.8、口径11、足径3.8厘米。标本G9：30，碗残件，口沿外侈，尖唇，斜弧腹，内壁小平底内凹，饼足。黄胎，黄釉，外壁施半釉。

高4、口径11、足径4厘米。标本采集：16，碗，圆唇，斜弧腹，内壁圜底，圈足方唇。外壁近口沿处有一周细凹弦纹。灰白胎，灰青色釉。高5.5、口径13、足径4.7厘米。标本ⅠT0901④a：4，碗，敞口，尖唇，口沿外撇，斜弧腹，平底向上鼓凸呈圆饼状，圆饼外周形成一圈凹弦纹，圈足为方唇。外腹壁中部有一周凹弦纹。灰白胎，淡青釉泛白色，素足。高4.4、口径11、足径4厘米（图版一一二，4）。标本ⅠT3103③：6，碗，残，弧腹较深，内壁大圜底，矮圈足。外腹壁模印一周凸棱。灰胎，灰白色釉。残高5、足径6厘米（图版一一二，5）。

杯　共3件。标本ⅠT0701④a：8，杯，直口，尖唇，口沿内外包裹一周银箔，已氧化变黑，银箔下素胎未施釉。上腹壁较直，下腹内收，小圈足。青灰胎，深砖红色釉，足底未施釉。高5.6、口径7.8、足径4.3厘米（图二〇四，2；图版一一二，6）。标本ⅡT0713②a：1，杯，尖唇，斜腹微弧，内壁圜底较平，底部胎较腹壁厚，小圈足。灰白胎，青绿釉，釉面有光泽，开片均匀，除足底外其余施满釉。高2.5、口径5、足径2.7厘米（图二〇四，9）。

瓷器残件　共6件。按形状不同分别介绍。

葵口瓷器残片，1件。仅余口沿少许。标本ⅠT2104④c：2，口径较大，尖唇，斜弧腹。外腹壁刻划珍珠底纹，底纹上似为草叶纹饰。浅黄色胎，施米黄色化妆土，浅黄色釉。残高8.5、残宽6厘米（图二〇四，5；彩版七七，8）。

人面容器残片　1件。标本ⅠT0702④b：2，残片为斜弧腹，腹外壁为人面，人面横眉，眼珠凸出，鼻梁高直，鼻翼较窄。灰胎，浅豆青色釉。残高6.3、残宽6厘米（图二〇四，7）。

三足炉形器　1件。标本ⅠT3401④a：17，圆腹，内壁圜底较平，腹底有三只钉状小足。白胎，青灰釉，釉面开片较大，釉层厚。残高7.3厘米（图二〇四，8；彩版七七，4）。

带执手的容器口部残件　1件。标本ⅠT1203④f：11，残片为盂形敛口，方唇，束颈。灰胎，暗青色釉，釉层较厚，内壁未施满釉。残高9、口径3厘米（图二〇四，6）。

鹅蛋形罐残件　1件。标本G9：38，口部残损，断面附近有一孔，残余一半。弧鼓腹，内壁小圜底下凹，饼足，腹内壁有数道轮制痕。灰胎，淡豆青釉，釉面有开片，内壁半釉，外壁除腹底外施满釉。高9.5、足径3.8厘米（图二〇四，4）。

瓷片残件　1件。标本ⅠT1224④c：5，"□壇"字瓷片，似为容器口沿残片，圆唇，腹壁微弧，内壁有"□壇"二字。白胎，胎较薄，白釉。残片高4.2、宽4.5厘米（拓片三五；图版一一二，7）。

拓片三五　"□壇"字瓷片残件（ⅠT1224④c：5）

0　　　　　2厘米

第三节　其他材质遗物

一　铜器

碗　共1件。标本F9①：21，碗残件，敞口，方唇，斜弧腹，腹较深，下腹弧收，假高圈足。外腹壁有上下两层装饰，上层有雷纹一周，下层为蕉叶纹。足部外周有四朵花，花之间以圆圈相间。高5.6、口径11.4、足径6.8厘米（图二〇五，5；彩版七八，1）。

壶 共2件。按壶身结构不同分为二型。

A型 1件。壶身连为一体。标本ⅠT3301④a：4，壶，完整。敞口，折沿，圆唇，长颈溜肩，鼓腹，矮假圈足，折沿外壁折线明显，颈底部有三周弦纹。器身锈蚀较多。高14.7、口径5.2厘米（图二〇五，1；图版一一三，1）。

B型 2件。壶身由上下分离的两部分构成。标本ⅠT3302④a：2，壶，上段呈喇叭状，直口，长颈。下段壶腹呈钵形，口微敛，与长颈下部直径相同，内壁圜底。高13.9、口径4.9厘米（图二〇五，2；图版一一三，5）。

杯 共2件。敞口，尖唇，圈足。标本ⅠT3403④a：1，杯，完整，外折沿，尖唇，斜腹较直，略深。高2.9、口径6.7、足径4.4厘米（图二〇五，3；图版一一三，2）。标本ⅠT3301④a：2，杯，完整，口沿外侈，斜腹壁，内底上凸，较平，底与腹壁之间形成一周深凹弦纹。高2.8、口径7.1、足径4.6厘米（图二〇五，4；图版一一三，6）。

碟 共3件。按腹部形状变化分为二型。

A型 1件。斜腹。标本ⅡT3301③：10，完整，锈蚀较严重。敞口，口沿向外斜折，尖唇，平底上鼓。高1.4、口径9、底径7.5厘米（图二〇七，16；图版一一三，4）。

B型 2件。弧腹。标本ⅠT3301④a：6，完整，锈蚀严重。敞口，口沿外侈，尖唇，平底。高2、口径12、底径9.6厘米（图二〇七，17；图版一一三，3）。

匕 共3件。按形状不同分为三型。

A型 1件。勺部呈心形。标本ⅡT0803②b：1，完整，长柄，勺部微上翘。长16厘米（图二〇六，7；图版一一四，2）。

B型 1件。勺部呈铲状。标本J4①：7，完整，长柄，勺部微凹，较扁平。长19.2厘米（图二〇六，8；图版一一四，1）。

C型 1件。椭圆形勺部。标本ⅠT3403④a：5，完整，长柄。长19厘米（图二〇六，10；图版一一四，3）。

雕龙 共1件。标本ⅠT3503④a：1，尾部略残。头部回首，头上有角，背脊上有角状鳞，存有三条腿，前两条一条向下，一条抬起。后腿蹲卧姿势。残长12.8厘米（图二〇七，7；图版一一四，5）。

镊子 1件。标本H21：4，完整。长9.7厘米（图二〇七，14；图版一一四，4）。

吊坠 2件。标本G24：2，吊坠顶部有两层蘑菇状宝盖，长束颈，鼓肩，肩部有一周凹弦纹，斜腹，平底。高7.4厘米（图二〇七，11；图版一一五，1）。标本ⅠT3302④a：16，吊坠呈带茎花蕾状，顶部圆弧，侧面有圆穿，束颈细长，肩部有一周凹弦纹，下腹部呈水滴状。高5.6厘米（图二〇七，12；图版一一五，3-1）。

花饰 4件。标本ⅠT3302④a：11，花饰顶部有一圆环，圆环两侧有两只小耳，花饰长束颈，束颈底部有一朵花，花心向下。高2厘米（图二〇七，4；图版一一五，3-3）。标本ⅠT1223②a：3，花饰上侧为圆球形，圆球下为一朵花，花瓣两侧左右对称。高2.2厘米（图二〇七，5；图版一一五，4-3）。标本ⅠT1223②a：4，花饰为团花状，正面有三层花瓣，圆形花心，背面内凹。直径2.8厘米（图二〇七，9；

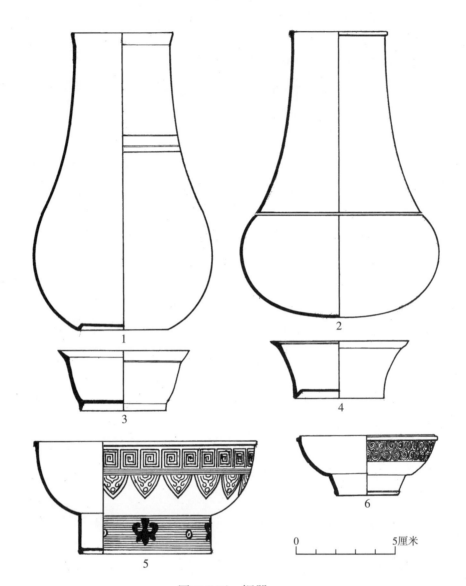

图二〇五　铜器

1. 壶 A 型（ⅠT3301④a：4）　2. 壶 B 型（ⅠT3302④a：2）　3、4. 杯（ⅠT3403④a：1、ⅠT3301④a：2）

5. 碗（F9①：21）6. 铜构件（J4①：4）

图版一一五，4-4）。

　　簪　共3件。按簪头装饰分为三型。

　　A型　1件。凤鸟装饰。标本ⅠT1602④e：1，簪，完整，细柱状，簪头饰一凤鸟，保存较好。凤鸟扬头，吻部下勾，尖锐，长颈，尾巴上翘，与簪体相接。高9.9厘米（图二〇七，10；图版一一五，2）。

　　B型　2件。花形装饰。标本ⅠT1223②a：5，完整，簪头部弯曲后饰一朵单层五瓣花。长5.3厘米（图二〇七，8；图版一一五，4-5）。标本ⅠT1223②a：6，完整，簪头弯曲，饰一朵椭圆形花饰。花饰为斜腹，腹外侧饰两周弦纹，腹两端贴塑小花瓣。长14.7厘米（图二〇七，15；图版一一五，4-2）。

　　C型　1件。素面。ⅠT1223②a：7，簪，顶部为勺形，较宽。长11.2厘米（图版一一五，4-1）。

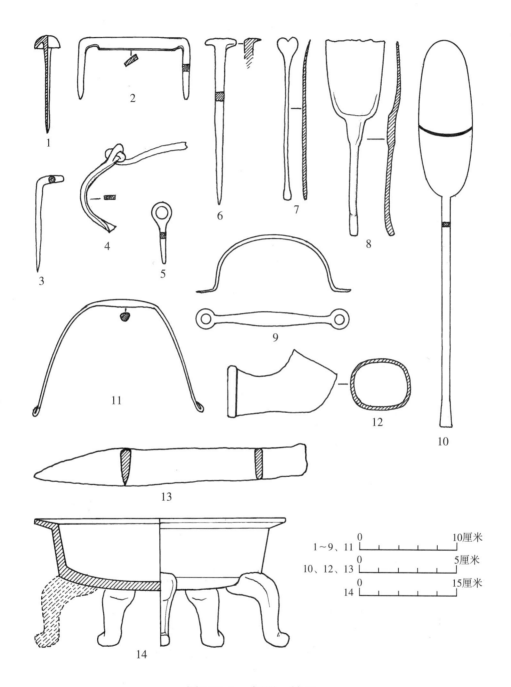

图二○六　铜器、铁器

1.铜乳钉（ⅠT1204②a：5）　2.铁钉A型（ⅠT1225④c：4）　3.铁钉B型（ⅠT1225④c：8）　4、9、11.铜提梁（F9：26、G24：21、ⅡT3201④a：2）　5.铁钉C型（ⅠT1225④c：9）　6.铁钉D型（ⅠT1225④c：10）　7.铜匕A型（ⅡT0803②b：1）　8.铜匕B型（J4①：7）　10.铜匕C型（ⅠT3403④a：5）　12.铜构件（ⅠT1701④a：1）　13.铁刀（G3：1）　14.铁香炉（K4：4）

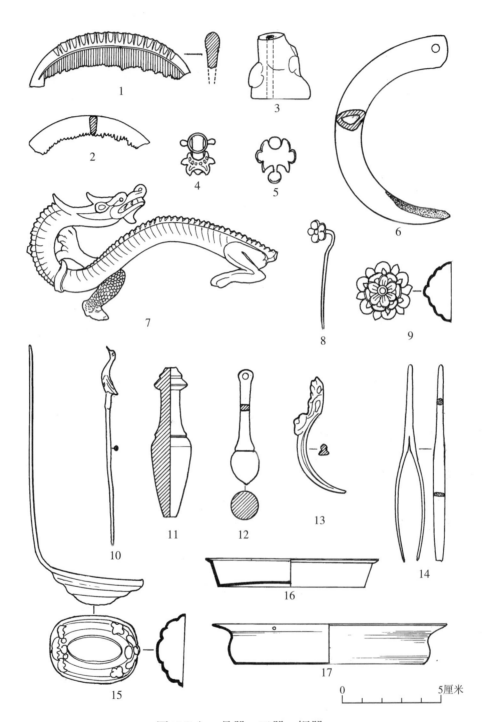

图二〇七　骨器、玉器、铜器

1、2.骨梳（H3：1、Ⅰ T1325④c：1）3.玉管状器物残件（H4：5）4、5、9.铜花饰（Ⅰ T3302④a：11、Ⅰ T1223②a：3、Ⅰ T1223②a：4）6.骨制装饰品（Ⅰ T1102③：5）7.铜雕龙（Ⅰ T3503④a：1）8、15.铜簪B型（Ⅰ T1223②a：5、Ⅰ T1223②a：6）10.铜簪A型（Ⅰ T1602④e：1）11、12.铜吊坠（G24：2、Ⅰ T3302④a：16）13.铜弯钩形饰（Ⅰ T3302④a：18）14.铜镊子（H21：4）16.铜碟A型（Ⅱ T3301③：10）17.铜碟B型（Ⅰ T3301④a：6）

镜　共2件。按形状不同分为二型。

A型　1件。八瓣葵花镜。标本G24∶13，略残，镜背中间装饰人物故事，画面右侧有一树，树冠斜伸至中央，树枝间有一轮圆月或日，树下有一老者坐于高台上，头戴高冠，胡须长且浓密，双手抄手于腹前，宽袖下垂。石台前侧立一鹤（？），鹤首面向老者，似为独脚站立。画面左侧有一女子面向老者侧立，女子梳高发髻，双手捧托一圆盘，作供养状。画面外周葵瓣内饰以卷草。钮部残坏。镜面略有弧度，中心向外鼓凸，镜面光洁白亮。直径5.6厘米（拓片三六，1；图版一一六，1）。

B型　1件。带柄铜镜。标本ⅠT1225④c∶7，镜面略弧鼓，右侧被锈蚀后留下一小圆穿，镜面光洁度较差。镜背面外缘有一周凸弦纹，弦纹内侧有两只凤凰在云气间上下翻飞，构图华丽。通长20.5、镜面直径11.2厘米（拓片三六，2；图版一一六，2）。

提梁　共3件。标本ⅡT3201④a∶2，略有残损，两端有系钩，提手处较粗。提梁展开长度为30.7厘米（图二〇六，11；图版一一七，1）。标本F9∶26，残，提梁由两段接成，接头以环相扣。残长18.2厘米（图二〇六，4）。标本G24∶21，完整，提手呈拱形，两端有个圆穿。提梁直径15.5厘米（图二〇六，9；图版一一七，2）。

铜乳钉　共2件。乳钉形制较小，圆形钉帽呈蘑菇状。标本ⅠT1204②a∶5，完整，长9.5厘米（图二〇六，1）。

弯钩形铜饰　共1件。标本ⅠT3302④a∶18，铜饰顶部有装饰，锈蚀不清，下段三棱状，末端尖。长5.9厘米（图二〇七，13；图版一一五，3-2）。

铜构件　共2件。标本ⅠT1701④a∶1，构件为弯管状，一端口沿外有一周凸棱。长5.6、口径3.1厘米（图二〇六，12；图版一一七，3）。标本J4①∶4，构件，呈漏斗状，敞口，方唇。口沿外侧有一周凸棱，斜弧腹。外腹部有两周云纹，云纹下侧有一周细凹弦纹。高3、口径6.9、足径3.1厘米（图二〇五，6；图版一一七，4）。

铜钱　共70余枚，其中65枚保存较好、能够辨认出钱文（图版一一七，5、6）。

（1）"开元通宝"钱　共42枚。按钱背纹饰不同分为四型。

A型　31枚。光背。标本ⅠT1402④e∶7，穿残损，钱径23、外廓厚1、宽2毫米，重2克（拓片三七，1）。标本ⅡT0501②c∶5，穿残损，钱径21、外廓厚0.5、宽0.5毫米，重2克（拓片三七，2）。标本F3∶1，楷书，钱径25、外廓厚1、宽2、广穿7毫米，重3.6克（拓片三七，3）。

B型　1枚。背"益"。标本ⅡT0402②b∶1，完整，楷书，钱径23、外廓厚1.5、宽1.5、广穿6毫米，重3.6克（拓片三七，4）。

1

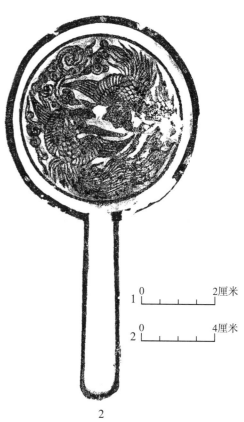

2

拓片三六　出土铜镜

1. G24∶13　2. ⅠT1225④c∶7

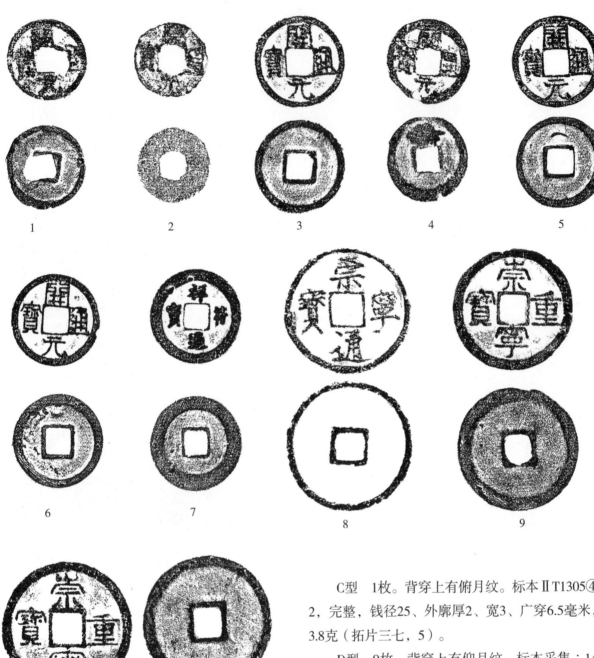

1. I T1402④e：7　2. II T0501②c：5　3. F3：1

4. II T0402②b：1　5. II T1305④a：2　6.采集：141

7. F1：6　8. I T3301④a：5　9. G24：20

10. II T0502③a：4

拓片三七　出土铜钱（一）

C型　1枚。背穿上有俯月纹。标本 II T1305④a：2，完整，钱径25、外廓厚2、宽3、广穿6.5毫米，重3.8克（拓片三七，5）。

D型　9枚。背穿上有仰月纹。标本采集：141，完整，钱径25、外廓厚1.5、宽2、广穿7毫米，重4克（拓片三七，6）。

（2）"祥符通宝"钱　4枚。标本F1：6，完整，行书，光背。钱径26、外廓厚1、宽4、广穿5毫米，重4.8克（拓片三七，7）。

（3）"崇宁通宝"钱　1枚。标本 I T3301④a：5，完整，瘦金体，光背。钱径35、外廓厚3、宽2.5、广穿8毫米，重9.6克（拓片三七，8）。

（4）"崇宁重宝"钱　5枚。标本G24：20，完整，隶书，光背。钱径33.5、外廓厚2、宽3.5、广穿8毫米，重10克（拓片三七，9）。标本ⅡT0502③a：4，完整，隶书，光背。钱径36、外廓厚2、宽2、广穿8毫米，重8.8克（拓片三七，10）。

（5）"正隆元宝"钱　1枚。标本G24：18，完整，楷书，光背。钱径25、外廓厚1.5、宽2、广穿5.5毫米，重4.5克（拓片三八，1）。

（6）"咸平元宝"钱　1枚。标本ⅠT1026③：2，略残，楷书，光背。钱径26、外廓厚1、宽3.5、广穿5毫米，重3.2克（拓片三八，2）。

（7）"景德元宝"钱　1枚。标本ⅠT0801②a：1，楷书，光背。钱径25、外廓厚1、宽4、广穿6毫米，重2.4克（拓片三八，3）。

（8）"货泉"钱　2枚。标本ⅠT0801③：11，略残，垂针篆，光背。钱径23、外廓厚1.5、宽2、广穿7毫米，重2.1克（拓片三八，4）。标本采集：138，货泉（？），磨损严重，钱径13、外廓厚1、宽1、广穿5毫米，重1.2克（拓片三八，5）。

（9）"政和通宝"钱　1枚。标本G24：19，完整，光背。钱径25、外廓厚1、宽1.5、广穿7毫米，重2.5克（拓片三八，6）。

（10）"天禧通宝"钱　1枚。标本F9：32，行楷体，光背。钱径25、外廓厚1、宽2.5、广穿7毫米。重2.8克（拓片三八，7）。

（11）"□□元宝"钱　1枚。标本ⅠT1502④c：5，磨损严重，风化不清。钱径20、外廓厚1、宽1.5、广穿6毫米，重2.4克（拓片三八，8）。

（12）"乾隆通宝"钱　1枚。标本ⅡT0702①：1，完整，楷书，背满文。钱径23、外廓厚1.5、宽3、广穿5毫米，重4.4克（拓片三八，9）。

（13）"嘉庆通宝"钱　1枚。标本ⅡT0705②a：1，楷书，背满文。钱径23、外廓厚1.5、宽3.5、广穿5.5毫米，重4.5克（拓片三八，10）。

（14）"咸丰通宝"钱　1枚。标本ⅡT0806②c：1，完整，楷书，背满文。钱径23、外廓厚1.5、宽3、广穿6毫克，重5.3克（拓片三八，11）。

（15）"道光通宝"钱　1枚。标本ⅠT1123②a：4，完整，楷书，背满文。钱径22、外廓厚1.5、宽3.5、广穿6毫米。重3.8克（拓片三八，12）。

（16）"光绪通宝"钱　1枚。标本ⅠT1223②：3，残损，楷书，背满文。残径17、外廓厚1.5、宽2.5、广穿4毫米，重2克（拓片三八，13）。

二　铁器

1. **香炉**　共1件。标本K4：4，锈蚀严重，敞口，方唇，外折沿，折肩，直腹，内壁平底，五足，现残余三只。足呈柱状向外撇，高19.7、口径38.5厘米（图二〇六，14；图版一一八，1）。

2. **刀**　共3件。标本G3：1，带状扁平，细长条，刃端尖，接近三角形。锈蚀严重。长13.8厘米（图二〇六，13；图版一一九，1）。标本F12①：3，铁刀，锈蚀严重，残长16.3、宽6厘米（图版一一八，2-2）。标本ⅠT1203③：2，铁镰刀，锈蚀严重。残长12.6厘米（图版一一八，2-1）。

3. **钉**　共65枚（图版一一九，2）。按形状不同分为四型。

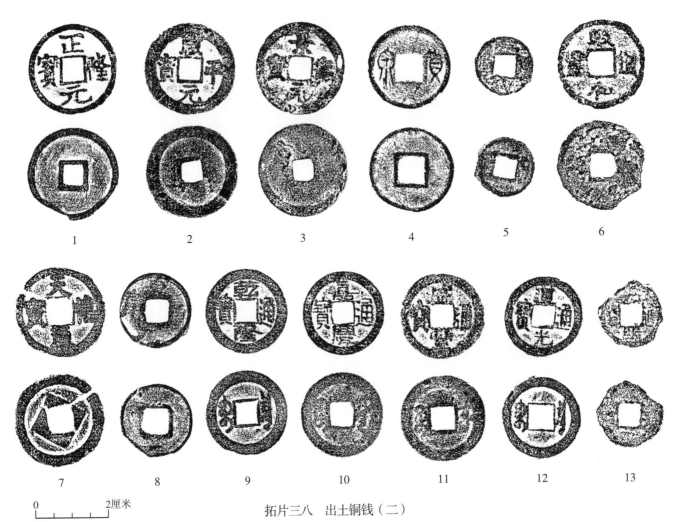

1. G24：18　2. ⅠT1026③：2　3. ⅠT0801②a：1　4. ⅠT0801③：11　5. 采集：138　6. G24：19　7. F9：32

8. ⅠT1502④c：5　9. ⅡT0702①：1　10. ⅡT0705②a：1　11. ⅡT0806②c：1　12. ⅠT1123②a：4　13. ⅠT1223②：3

拓片三八　出土铜钱（二）

　　A型　1枚。抓钉。标本ⅠT1225④c：4，铁钉，完整。宽11.2、高6.2厘米（图二〇六，2）。

　　B型　3件。伞把形钉，一端弯向一侧，形成钉帽。标本ⅠT1225④c：8，铁钉，完整，长9.5厘米（图二〇六，3）。

　　C型　1枚。环形帽钉。标本ⅠT1225④c：9，铁钉，完整。长6厘米（图二〇六，5）。

　　D型　60枚。平顶帽钉。标本ⅠT1225④c：10，铁钉，完整。长16.2厘米（图二〇六，6）。

　　4. 铁钱　有两串及数枚散钱，两串铁钱外层被锈包裹，散钱及串钱均锈蚀残损严重，无法识别钱文及统计钱币总量（图版一一八，2-3）。

三　骨器

共3件。

1. 装饰品　共1件。勾状，头部削尖，三面呈锥形，接近端头处脊背被削平。牙根对称有三个穿

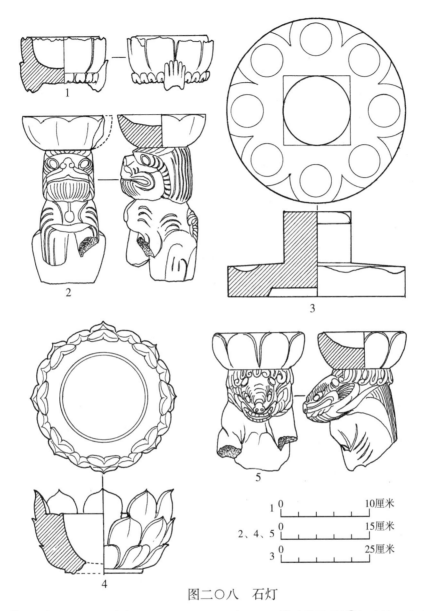

图二〇八　石灯

1. B型（ⅠT0408④a：3）　　2、5. A型（H22：55、H22：54）　　3. D型（ⅠT1403④f：16）　　4. C型（ⅠT0901④a：6）

孔，背部有一处削平。牙色呈米黄色，中空。标本ⅠT1102③：5，骨制装饰品，用动物獠牙制作。长9.3厘米（图二〇七，6）。

　　2. **骨梳**　共2件。月牙状半弧形，米黄色。标本H3：1，骨梳，弧起的背部较高，近半圆形，背部横向饰13道短竹节纹。梳背与梳齿之间以凹弧形弦纹相间，梳齿较密。残长8.2、残高1.6厘米，梳背高0.7厘米（图二〇七，1）。标本ⅠT1325④c：1，骨梳，弓起的背部素面，方形，梳齿多折断。残长6厘米，梳背高0.7厘米（图二〇七，2）。

四　玉器

　　共3件。

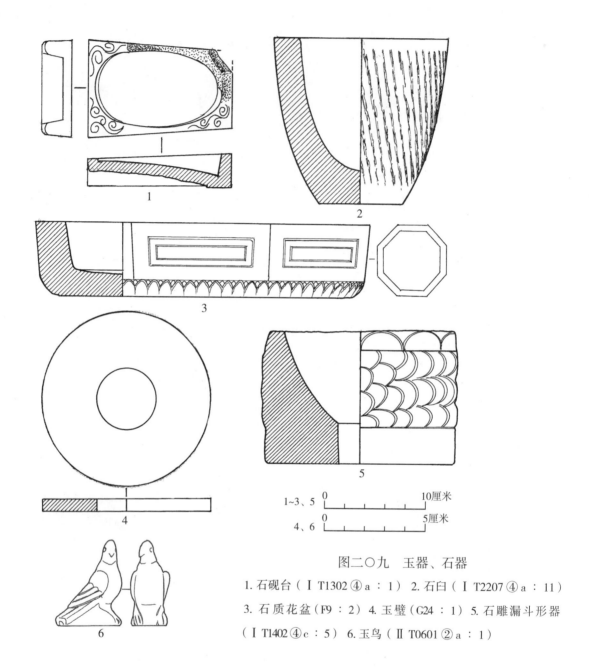

图二○九　玉器、石器

1. 石砚台（ⅠT1302④a：1）2. 石臼（ⅠT2207④a：11）
3. 石质花盆（F9：2）4. 玉璧（G24：1）5. 石雕漏斗形器
（ⅠT1402④c：5）6. 玉鸟（ⅡT0601②a：1）

1. 玉璧　共1件。标本G24：1，灰白色，略残。外径8.4、内径2.6～2.8、厚0.4厘米（图二○九，4）。

2. 青玉鸟　共1件。标本ⅡT0601②a：1，鸟蹲卧于底座上，头转向右侧，圆目为两道凹弦纹，双翅合拢，两足呈半蹲状，尾巴向后伸展。喙部填充有红色颜料，腹部以下及背部玉呈紫色，雕刻精美。底座平，后部刻一穿系，底座中部稍靠后处凿有一穿。高4、座长3.3、宽1.9厘米（图二○九，6；彩版七八，2）。

3. 玉雕管状器物残件　共1件。标本H4：5，似为流部，中空，外壁有装饰，形状不清。残件高3厘米（图二○七，3；图版一一九，3）。

五 石雕器

共11件。

1. 砚台 共1件。标本 I T1302④a：1，青砂石砚台残件，梯形，两端宽窄高低均不相同，窄的一端较高，宽的一端较低，其中窄端一角残损。墨池为椭圆形。砚台面四角用细线刻有云纹。砚台长14.4、宽6.7～9.5、高1.3～3.3厘米（图二〇九，1；彩版七八，3、4）。

2. 花盆 共1件。标本F9：2，红砂石八角形花盆残件，盆内侧壁布满凿痕，边较平直，底部粗加工，凿痕深。盆底有数个圆穿。外侧面刻长方形双层壶门，盆底部饰以一周双层仰莲瓣，莲瓣较为窄平，瓣尖呈尖拱形。高7.2、口径33.5厘米（图二〇九，3；图版一二〇，1）。

3. 石臼 1件。标本 I T2207④a：11，青砂石臼，方唇，内壁圜底磨光，斜腹微弧，腹较深，外壁凿斜向细纹，平底。高16、口径17.2、足径8.2厘米（图二〇九，2；图版一一九，5）。

4. 石雕漏斗形器 1件。标本 I T1402④c：5，完整，青砂石圆雕生活用器残件，圆柱形，平底，中部有一圆孔穿透柱体，上部呈漏斗状。圆柱外周中部饰鱼鳞纹，从下向上呈斜带状分布。底部圆穿一侧有凿痕，凿痕呈扇面分布。高12.8、口径18.3、足径18.8厘米（图二〇九，5；图版一一九，4）。

5. 石灯 共6件。按造型不同分为四型。

A型 3件。圆雕莲花狮子灯，狮子蹲坐，头托一仰莲圆台灯盏，灯盏敞口，浅腹，内壁圜底，内面磨光，外饰仰莲瓣。标本H22：55，青砂石石灯，盏部残，狮子残，头后毛发顺直垂下，双目圆睁，鼻孔向前，咧嘴，嘴下胡须顺直，胸前系一铃铛，尾部上翘。残件通高18、灯盏口部残宽8.5厘米（图二〇八，2；图版一二〇，2、3）。标本H22：54，青砂石狮子莲花灯残件，狮子下半身残，头部布满毛发，额中有三道横纹，双眼位于面侧，鼻部略风化，长嘴，前侧刻出数颗门牙，嘴下刻胡须，背部毛发弯曲柔顺，前二足残。狮子残高15厘米，灯盏口径9、腹深2厘米（图二〇八，5；彩版七八，5、6）。标本H8：21，狮子灯残件，仅余狮子臀部少许。圆形底座，表面较粗糙。残高7.5厘米（图版一二一，2）。

B型 1件。手托莲花灯，双手托捧莲花灯底部边缘，灯外腹装饰大仰莲瓣，外侧底部有一周小莲瓣，下部残损。标本 I T0408④a：3，青砂石莲花灯残件，盏腹较深，灯盏口沿略残，仰莲下有低台，台侧面饰以仰莲瓣。灯盏外侧有残余两只手掌。残件通高6厘米，灯盏内口径残为8、深3厘米（图二〇八，1；图版一二〇，4）。

C型 1件。莲花灯盏外饰以高浮雕三层仰莲瓣，莲瓣细长翘角，雕刻精致。标本 I T0901④a：6，莲花灯残件，深腹，残余一半，内壁磨光。残高9厘米，灯盏内口径9、残深5.5厘米（图二〇八，4；图版一二一，4）。

D型 1件。八瓣莲花组合灯。标本 I T1403④f：16，石灯残件，石灯平面呈一个巨大莲花盘，花心为方形石柱，柱顶为圆形。八片花瓣围成圆形，每片中间有一个圆形凹窝，作为灯盏，盏内壁有黑色残留物。石灯底部中央内凹，残损严重。残件高28.2、莲花盘直径50厘米（图二〇八，3；图版一二一，3）。

6. 井盖 1件。标本J7：1，方形，仅存一半，井盖内壁刻有铭文"/壬午岁本家自修井面/六月初四日"。长72厘米（图版一二一，1）。

第七章　初步认识与研究

第一节　遗址的年代

一　地层与主要遗迹的年代

1. 地层的年代　遗址出土遗物丰富，也有部分纪年砖铭和造像，由于遗址本身延续时间较长，砖、石等建筑材料和佛像等遗物又被反复利用，因此推定年代时只能作为参考。根据地层中出土的大量瓷器及残片可以推知各层的大致时代。IT0301～2408区域修建次数最多，地层最丰富，出土生活用器最多。生活用器中又以西河对岸什邡堂窑址生产的瓷器最多，什邡堂窑址经过多次科学发掘，出土器物的年代确定，有利于我们对各层年代的推定。因此以这一区域的地层为例，推定遗址各层的年代，其他区域与之对应情况参看地层对应表（表一）：

第⑥层，叠压在生土层之上，是最早的文化层，出土遗物很少，只有少量绳纹陶片、米黄釉瓷器残片。绳纹陶片年代早，不能作为年代推定依据。四川当地包括邛窑在内的大多数窑址在隋唐时期生产的日用瓷器多施这种米黄色釉[21]，而且该遗址对面的什邡堂窑在这个时期很兴旺。第⑥层之上的F6中出土遗物很少，但叠压在F6上的第⑤层中出土遗物为唐代佛像残件和大量布纹瓦块、米黄釉瓷片等，布纹瓦也是当地唐代瓦的特征之一。目前为止，龙兴寺遗址出土的遗物最早为唐代，大量佛像为唐代中后期雕刻，文献记载的年代也在唐代，考虑到其上下地层和遗迹中遗物的情况，并将之与附近邛窑遗址出土的瓷器残片对照，我们认为其中的米黄釉瓷片为唐代遗物。因此，第⑥层的形成时间在第⑤层形成之前，其下限是唐代晚期。

第⑤层，可分为三个亚层，⑤a、⑤b、⑤c，均为同一时期局部人工填筑层。三个亚层土质有差别，⑤c层几乎为纯卵石层，含少量碎瓦片，⑤b层以瓦砾为主，⑤a层瓦砾中含有较重的泥沙。三个亚层中所包含的瓦块相同，均为布纹瓦。⑤b、⑤a中还有少量瓷器残片、红砂石块和红烧土粒，瓷片均是四川地区隋唐时期流行的米黄色釉，红砂石有的明显为唐代佛像残块。

其上部地层④g层中包含物少，④f层中遗物较丰富。④f为第⑤层之上建筑的活动面，时间上限晚于第⑤层（见第④f层的年代）。因此，第⑤层的时间上限为晚唐时期，下限为④f、④g形成以前。结合修建在其上的F3、F10、F13、F14等建筑的用砖，均以汉代旧砖和约大于南宋时期的素面青砖修砌，同样规格的素面青砖也常见于四川唐末五代墓葬中。因此，推测这一期建筑应当是在唐代寺院毁坏后，将坡地边缘填筑增高，然后修建。填筑第⑤层的时间早于其上面的活动面④f、④g层。寺院重建时不仅利用卵石

---

[21] 陈德富《论邛窑白瓷及相关问题》，耿宝昌主编《邛窑古陶瓷研究》，第65、68、69页，中国科技大学出版社，2002年，北京。

夹瓦砾及唐代的建筑废弃物填筑地表低处，还大量利用原来的旧砖修砌台基包壁和散水。

第④层因有重重叠叠的建筑，可以分为八个亚层。

④h层为局部人工填筑卵石层，几乎无包含物。④g、④f层类似活动面，包含物少，但我们能修复的瓷器多能与对岸邛窑什邡堂遗址出土的遗物相对应。④f中出土的CI式罐（如标本IT1402④f：3）与邛崃什邡堂五号窑包唐代中后期堆积层第四层的EⅥ式四系罐相同[22]；CI式碗（如标本IT1402④f：2，IT1403～1204④f：8）与什方堂第四层出土的AⅤ式和AⅦ式碗相同[23]；CⅡ式盏（如标本IT1705～1706④f：5）与其五代到北宋初堆积第三层中出土的盏（标本1）相同[24]。因此，从出土器物看，④f层的使用期在晚唐五代比较合理，其下限应当在④e层废弃堆积形成之前，即北宋初年。

④e层几乎为纯瓦砾堆积层，既是上一个时期建筑的废弃堆积，又被用作下一个时期建筑的基础填土，含有大量唐代佛像和建筑材料残石，并出土较多瓷器。出土的佛像均为唐代石刻佛像。出土瓷器中，以邛窑瓷器最多，如出土的邛窑BI式花口盘（标本IT1503④e：6，IT1805④e：16）与什邡堂五号窑包第三层中出土的AⅤ式盘和AⅥ式相同[25]；BⅢ式罐（标本IT1604④e：2）与什邡堂五号窑包DⅥ式罐相同[26]；而五号窑包第三层的年代是五代到北宋初期。这一层是叠压在其下的建筑F3、F10、F13等的废弃时间，也是下一期建筑F7、F12的时间上限。而且，这一层出土的同类生活用瓷器也常常出土于成都地区同时期的墓葬中，如CⅢ式罐（标本IT1401④e：7）与成都市保和乡东桂村这一时期墓葬中出土的一种四系罐（其AI式，M2：3）完全相同[27]。因此，龙兴寺④e层的时间下限应在北宋初期。

④d层为残存的活动面，出土器物不多，它的时间即是F7、F12、Q1、Q4的使用期。

④c层为建筑垮塌的瓦砾堆积层，含有唐代佛像和大量瓷器残件，其中出土的瓷香炉（标本IT2006④c：4，IT0802④c：15）与什邡堂五号窑包第三层出土的B型香炉相同[28]，AⅡ式罐（标本IT1502④c：4）与其AⅤ式罐相同[29]。五号窑包的第三层为五代到北宋初期。④c层出土的器物也常常见于成都地区同期墓葬中，如AⅡ式碗（标本IT0801④c：1）与成都龙泉驿区青龙村北宋墓出土的Ⅲ碗（M3：2）相同[30]。因此，④c层为北宋时期，即F7、F12、Q1、Q4时间下限为北宋时期。④c层也被用作下一期建筑F2、F11等的基础垫土。

④b层是建筑的上部垫土和残存的活动面破坏后形成，④a层是其时间下限。④a层为建筑废弃过程中形成，有较多泥沙，不像④c、④e层那样几乎为纯瓦砾，证明其废弃不是突然发生，而有一个过程，在这个过程中堆积了一些泥沙。这个时期其他窑口的瓷器增多，与成都地区墓葬出土遗物相比较，④a、④b层中出土的遗物最晚的为南宋时期。④a层中出土的AⅡ式碗与地都地区南宋墓中常常出土的碗相同，如

［22］《邛窑古陶瓷简论——考古发掘简报》，耿宝昌主编《邛窑古陶瓷研究》第153页，图123。中国科技大学出版社，2002年，北京。
［23］同上，第132页，图011、009。
［24］同上，第166页，图202。
［25］同上，第139页，图053、054、055。
［26］同上，第150页，照片135；第151页，图117。
［27］成都文物考古研究所《成都市保和乡东桂村宋墓发掘简报》，该报告称发掘的三座墓葬出土器物具有晚唐五代成都地区流行的特征，确将墓的时代定为北宋时期。墓中出土的镇墓真文为六边形，也是唐末、五代常见形状。成都文物考古研究所《成都考古发现2002》，第381页，图一七，1；科学出版社，2004年，北京。
［28］同19，第177页，照片272、273、275。
［29］同上，第147页，照片115，图097。
［30］《成都市龙泉驿区青龙村宋墓发掘简报》，成都文物考古研究所《成都考古发现1999》，第283页，图五，4；科学出版社，2000年，北京。

标本IT0701④a：3号碗与成都温江区检察院办公楼工地南宋墓中出土的JM1：1号碗[31]、成都高新区信息产业部南宋火葬墓出土的I型碗（标本M1：1）几乎相同[32]。同时这两层中还出土大量南宋时期的代表器物斗笠碗，如出土的景德镇窑系B型碗（标本IT1401④a：8，IT1302④a：3等）、邛窑系深腹盏（标本IT0805④b：43）以及各种印花瓷器残片（标本IT3401④a：8，IT1401④a：11等）等。因此，④a、④b年代在南宋时期，为龙兴寺晚期建筑毁废时形成的堆积。

整个遗址第③层以上地层统一。第③层，黄土层，含有大量瓷器残片和碎瓦砾，这一层面上没有遗迹，是建筑物废弃之后间歇期形成的堆积，其下有多个单位遗迹露头。这一层各区域探方中出土遗物时代相同，如BⅢ罐（标本T4③：7）与成都温江区检察院办公楼工地南宋墓中出土的JM1：3号双耳罐几乎相同[33]，还出土大量与④a层遗物相同的小圈足或小平底斗笠碗（如标本邛窑系浅腹碗ⅡT3201③：7，磁峰窑系B型碗等），均是南宋典型器物。因此，该层形成于南宋时期。

第②层可分为多个亚层，明、清时期形成，有的亚层显系洪水冲积形成。②a层中出土有明代和清代青花瓷片，系清代形成。②a～②c层下有多座明代石室墓葬。②c及其以下各亚层均系洪水冲积形成，只存在于原来地表低处，几乎没有包含物，因此其年代只能以其上下地层来确定，其下是第③层，系南宋时期形成，结合明代墓葬开口的层位，可以认为②d～②f层形成于南宋末年之后到明代期间。表土层为现代耕土和建筑废弃堆积。②b、②c为明代形成。

2. **主要遗迹的堆积状况与年代**　F6是现存最早的遗迹，叠压在Ⅰ、Ⅱ区交界处这一区域第⑤层之下，是目前可以肯定的唯一的唐代建筑夯土。其上部被F7破坏。F7还利用了F6的部分夯土。

TJ1塔心最晚填土层中出土较多南宋瓷器残片，遗址第③层（南宋时期堆积）叠压在残塔之上，因此，推测塔的最后一次维修和废弃时代不晚于南宋（图八、图一〇；彩版四、五；彩版六，1）。塔基建在其所在区域的第⑥层上，第⑥层为人工填筑层，含大量红色布纹瓦片、红砂石残像、残砖等唐代遗物，主要存在于塔基区域，为利用唐代建筑废弃物填筑。塔基及其周围区域第④层为塔的垮塌堆积，以南宋时期塔的包砖为主，包含少量碎瓦及瓷片，没有晚于南宋的遗物。第⑤层为塔使用期间形成的堆积，即活动面，可分为多个亚层，多以黄沙土夹大量碎瓦或碎瓷片铺成，门道一侧最宽最厚。现存塔体夯土本身可分为五层，上面三层厚约1.6米，含大量瓦块和南宋时期瓷器残片，从包含物看，为南宋时期夯筑；下面二层厚约1.25米，夯土中所含瓷片、残石像等为晚唐时期遗物，应是现存塔基修建时利用了早期（第一期）的夯土。第⑥层之下为纯沙层。因此，现存塔基系在唐代建筑废弃层上修建，修建时塔基底层垫土使用了唐代建筑废弃土。下层夯土含有大量红烧土和红色布纹瓦、佛像残件、石刻经版，表明在唐代末期这里原有的寺院可能毁于大火，之后很快又进行了重建。因此，从塔心夯土内的包含物看，现存塔基始建于唐末，南宋时期进行过重修，重修时部分利用了原来的夯土。中间塔体包砖、散水、活动面等经过多次修补，修补时大量使用了前代建筑废弃材料，修复痕迹明显。塔基西面散水维修和塔体倒塌时间也为南宋时期，由于塔基东南角下陷，导致塔体向东南方向倒塌。

[31] 成都文物考古研究所、温江区文物保护管理所《成都市温江区检察院办公楼、塞纳河畔工地五代及宋代墓葬发掘简报》，成都文物考古研究所《成都考古发现2005》，第339页，图三，2；科学出版社，2007年，北京。
[32] 成都文物考古研究所《信息产业部三十研究所南宋火葬墓发掘》，成都文物考古研究所《成都考古发现2004》，第447页，图一一，四；科学出版社，2006年，北京。
[33] 同[27]。

F14位于塔基一侧，其散水挡边砖边沿与塔基第一次活动面⑤d层平齐相接，证明它们曾经同时使用。塔基第二层次活动面以上的多次活动面均压在了F14的散水沟上，证明这时此散水已不使用。因此，推测它系唐代寺院废弃之后第一批修建的建筑，修建与使用时间与TJ1第一期同，为唐代末期，使用下限为⑤c层铺筑时，即北宋初。

F3、F10、F13位于Ⅰ、Ⅱ区交界区域，这一区域原来处在遗址坡地边缘，坡地高处一侧有多次修建，因此遗迹破坏严重。现存最早的遗迹是Ⅰ、Ⅱ区交界处的F6，F6之后形成的第⑤层系在坡地边缘用唐代建筑废弃物填筑的人工夯土层，其中含有大量红烧土、布纹瓦、建筑构件等遗物，可以看出这些废弃物的形成是由于建筑物被火焚毁。在用唐代建筑废弃物填筑了坡地边缘之后，于坡地高处一侧重重叠叠，多次修建。第一次修建的即为F3、F10、F13。

F3位于塔基西南面，其延长线距塔西南边垂直距离约93米，为一道与塔基平行的砖砌包壁与散水。这里第①、②、③层与塔周地层一致，第④层为建筑废弃和使用时形成的堆积，第⑤层为人工填筑层。F3位于第⑤a层之上，两端均被后代建筑破坏，用大量汉代旧砖修砌，方向和砌法与F14相同，是同一时期遗迹。与F3同一层位的建筑还有F10、F13和相关遗迹Q5、Q6、J4。从用砖和其上下叠压地层中的包含物推测，它们建于唐末寺院毁废之后，即晚唐五代时期，使用下限在五代到北宋初。IT1401～T1907等探方区域内位于④e层红色瓦砾堆积层下的遗迹均属于这个时期修建，现在虽然已看不出其结构和布局，但从现有遗迹看，可以推知当时有一组建筑。

F7、F12为同一层面的建筑。F7利用了F6的夯土，同时又叠压在F3的垫土及废弃堆积层之上（④e）。F7的垮塌堆积被F1（罗汉殿）的垮塌堆积叠压。F12直接叠压在F13之上。同期新修了J5。因此，F7、F12修建于④e层形成之后，即北宋初年。废于④c层形成时，即北宋时期，早于罗汉殿废弃。

F2、F11为同一层面建筑。F2系一组建筑，叠压在F3、F7之上，大部分地方利用了F3的废弃堆积做基础垫土。建在④c层之上，④b层是其基础上层垫土和活动面破坏后形成，④a层是其废弃堆积。现存部分由门道、踏道、排水沟、部分墙基、磉墩等组成，从地层和包含物看，其修建和使用时期在宋代，南宋时期毁废。F11与F2一样，修建在前期建筑F13的基础和废弃堆积之上。这一时期堡坎是Q3、Q2，J3、K2，G22，J4、J5仍在使用。

F2、F11之上又有利用残砖进行的小规模修建，最后的建筑遗迹是南宋时期。可惜被近现代破坏，仅存F4、K1、K3和G21等，已完全看不出结构。

其他区域与F2、F11同一时期的还有F1、F9、F16，TJ1二期，它们证明了龙兴寺在南宋时期还是一座官方寺院，还保留了一定规模，是龙兴寺最后的辉煌期。F1叠压在第③层下，修建在其所在区域第⑥层之上，夯土台基中有少量包含物，台基周围活动面和垮塌堆积中均为南宋时期遗物，没有早于南宋时期的包含物。殿基包边石有维修痕迹，证明该殿使用时间较长。从地层情况看，罗汉殿使用下限应不晚于南宋时期，大殿基础直接叠压在第⑥层（唐代晚期堆积）上，其建造上限不早于唐代晚期，结合大殿遗迹内出土的遗物分析，推测罗汉殿应为北宋末至南宋时期使用的建筑。

在罗汉殿垮塌的瓦砾堆积中还发现有铁钉、宋代钱币等遗物，许多琉璃瓦上印有"官"字，有的青色板瓦上有"×××造罗汉殿"，许多青色筒瓦上有模印铭文，如"杨蕴中施"、"李东五娘施"、"蒲知县施"、"□宗盛施"、"蒲司法施"、"马文学施"、"罗普定施"、"白汝霖施"、"周良佐施"、"□郎杨立道施"、"王真卿施"、"曹推官施"、"曾氏了娘施"、"侯仁善施"、"李龚孙施"、"胡氏小庆娘氏"、"白承祖施"、"任忠美施"、"张氏师姑娘施"等，这些遗物无疑为研究罗汉殿的性质及建造情况提供了重要信息。

在罗汉殿的废弃堆积中有较多的琉璃瓦，附近的探方中第③层下还发现有罗汉殿废弃后被集中成堆放置的琉璃瓦。在窑（Y1）的附近ⅡT0301和ⅡT0401探方内与窑址相同的层位堆有一层米白色膏泥，与其上部叠压土层中F1所用琉璃瓦的胎色相同，在整个遗址内没有这种土，当是从别处运来。因此，Y1可能为修建罗汉殿时专门烧制琉璃瓦的小窑。瓦烧成之后窑即废，因此使用时间不长，窑壁烧结不厚。Y1叠压在F1的活动面之下，可以证明这一点。而罗汉殿废弃过程中似乎有人有意将琉璃瓦拆下集中堆放于一侧。同时也与罗汉殿和塔基周围垮塌堆积状况相印证——即它们的废弃有一个过程，而不是突然垮塌。

F16叠压在这一区域的第③层之下，所在区域位于西河边，在新中国建立后重修河堤等后期活动中遭到严重破坏，上部地层绝大多部分无存，基础保存不完整。F16仅存局部台基和18个磉墩底部，台基建在生土层上，然后建磉墩，与罗汉殿修建方法相同。从基础上方出土的瓦片、脊兽等遗物看，与罗汉殿相似，系南宋时期遗迹。其侧的J1上部填土中有大量建筑垮塌物，井内填土中虽有唐代遗物，但以大量南宋时期遗物为主，没有晚于南宋时期的遗物，应为南宋时期与建筑同时废弃。

F9（四合院）叠压在第③层下，垫土和垮塌堆积中只有南宋遗物，屋内有大面积火烧后产生的红烧土和竹炭，因此该建筑系南宋时修建，修建不久被火焚毁，焚毁之后又被洪水淹没。从包含物看，始建和废弃堆积中均为南宋时期遗物，其周围活动面踩踏痕迹不明显，因此，推测该建筑使用时间较短。

M1～M6叠压在第④层下，第④层的时代在五代到北宋时期，结合成都地区唐宋时期砖室墓的用砖及形制[34]，这六座墓的时代也为五代到北宋时期。

二　现存遗迹的分期

从保存现状看，我们结合地层堆积和各遗迹之间的关系，整个遗址的建筑及相关遗迹可以分为五期。

第一期，在Ⅰ、Ⅱ区交界区域只有F6，保存状况极差。从该区域F3、F10、F13、Q5、Q6等建筑垫土中大量的唐代造像和建筑残件可以明确它们系建造于唐代寺院遗址之上，因此这里第一个阶段的遗迹为唐代。

第二期，修建于唐代末期建筑废弃堆积之上的F3、F10、F13、F14、TJ1一期、Z4、J4、Q5、Q6等。使用下限即④e层形成时期，应在五代至北宋初期。

第三期，在F3、F10、F13等建筑之上重新修建的F12、F7等建筑，以及Z1、Z2、Z3、Q1、Q4、J5等，J4仍在使用。始建时间是北宋初期，下限在F2、F11修建时。

第四期，在F7、F12等遗址上重建的F2、F11等建筑，还新建了F16、F9、F1、Q2、Q3、J3、G22等，并对TJ1进行了重修（TJ1二期），时间在南宋时期。

第五期，包括F4、G21、K1、K2、K3等残存的遗迹，时间仍是南宋。从这些遗迹可以看出这里南宋后期有小规模改建和重修。

综上所述，整个遗址现存最晚的遗迹，即从上至下第一个层面上的遗迹有F4、K1、K3、G21，TJ1二期，J3二期仍在使用，时间是南宋末期，但均破坏殆尽。第二个层面上的遗迹有F1、F2、F9、F11、

[34] 成都文物考古研究所、双流县文物管理所《成都市双流县华阳镇绿水康城小区发现一批砖室墓》M7、M11等，成都文物考古研究所《成都考古发现2003》，科学出版社，2005年，北京。

F16，TJ1二期，J3一期，坡地边缘有堡坎（Q2、Q3），时间是南宋。这个层面的遗迹现象保存最多、最好，时间是南宋时期。第三个层面的遗迹有F7、F12，Z1、Z2、Z3，J5，TJ1一期，但活动面进行了重铺（⑤c层）。坡地边缘的堡坎Q1、Q4，修建和使用时间均为北宋时期，保存状况不好。第四个层面的遗迹主要有F3、F10、F13、F14，J4，TJ1一期，坡地边缘的堡坎Q5、Q6。修建于唐末五代，北宋初废。第五个层面的遗迹仅存F6，是目前所见唯一的唐代遗迹。

第二节　遗址的性质与兴废

一　遗址的性质

目前此遗址中出土的最早的佛教造像从风格上看最多能早到唐武周时期，出土的铭文材料中也仅有一方砖题铭为武周永隆二年（681年）。而华西博物馆收集的邛崃龙兴寺遗物大多属于9世纪，即唐代后期的佛像、经幢等，纪年材料中有武宗会昌二年（842年）、宣宗大中三年（849年）、十二年（858年）、十三年（859年）等年号。而且目前所见唐代遗物铭文中有"龙兴寺"的材料都属于唐后期。关于各地大多数龙兴寺之来源，史书有记。唐代武则天神龙元年（705年）："正月，……乙巳，则天传位于皇太子，丙午，即皇帝位于通天宫……二月，……丙子，诸州置寺、观一所，以'中兴'为名"，寓意大唐中兴[35]。神龙三年（707年），为避中宗之讳，又诏："二月……庚寅，改中兴寺、观为龙兴，内外不得言中兴。"[36] 这应是唐代全国大多数龙兴寺、龙兴观名称的来源。根据前述历史背景，唐代初年的武德元年复置邛州，那么公元705年天下各州修建中兴寺、观时，邛崃龙兴寺当在之列。因此，可以这样认为，邛崃龙兴寺遗址可能在唐代前期（武周时期）已有寺院，唐神龙二年（707年）始称龙兴寺，是一座官寺，直到唐末，名称未变。这次发现的罗汉殿用瓦上的铭文"众屠行食店户舍度生钱造瓦盖罗汉殿"，是目前所见与该寺性质有关的最晚的文字材料，虽无纪年，但"食店户"系宋代才出现的名称，而且同出的瓷器残片等遗物不晚于南宋。因此，罗汉殿出土的"官"字琉璃瓦说明了其在南宋时期的性质仍为当地的官寺。

近年有人引清代人张澍《蜀典》卷十六《浪井》条资料："唐书：贞观十九年六月辛未，浪井出于邛州龙兴观之平地"，并以此认为龙兴寺在初唐本为道观，后又改为佛寺[37]。根据我们上面的分析，从现存资料看，唐武周时期邛崃龙兴寺遗址处可能已有寺院，可以认为该寺于公元707年起始称龙兴寺，为官寺，直到南宋时期性质未变。至于寺院始建时间是否早到唐初贞观时期，目前还没有更多的资料证明。

成恩元先生曾在大佛院附近发现了两方清代的碑刻，证明至迟清代咸丰或更早的时候这里已叫大佛院了。一方为当时大佛院大殿东南方向土地庙中的建庙碑[38]：

"临邛西城外文九甲大佛院，此境土地堂，自万历年间建修神口，口明及清二百余年，风磨雨洗，庙堂凋残，今有善士人等，捐资以培修，募化以成美，此日之辉煌，犹是百年之不振也，是以为序。咸

---

[35] 后晋·刘昫《旧唐书.中宗本纪》，第一册，第137页，中华书局标点本，1975年，北京。

[36] 同上，第143页。

[37] 成都市地方志委员会编《成都市志.文物志》第231～232页，四川辞书出版社，2000年，成都。

[38] 成恩元《邛崃大佛院为唐龙兴寺考》，《华西文物》，1951年9月创刊号。

丰三年新正月二十八日。"

另一方为出土于土地堂外西北方向的墓志：

"罗公讳朝典，世居邛西之大佛院……光绪十四年。"

从发掘情况和以上碑记材料看，明代这里是荒地，有许多墓葬，明代万历年间才又有修建，当时为土地庙，清代时称大佛院。在成恩元先生当时的描述和绘制的出土造像位置图中可以看到，他们来时，这里还有大殿等建筑。我们2000年调查时，土地庙与大佛院都早已不存，当地还有老人给我们描绘大佛院的大殿情况，具体位置和布局已无法说清，应与唐宋之龙兴寺已完全不同。

综上所述，我们认为邛崃龙兴寺应为公元705年的中兴寺，707年唐中宗时改名龙兴寺，至迟唐武周时这里已有寺院，其始建时间以及始建时是什么性质，目前没有更多资料证明。但更名中兴寺、龙兴寺之后，它无疑是一座官寺。1947年出土遗物中的"龙兴寺"铭文证明到唐中后期，名称与性质仍然没变。

2005年发掘的南宋罗汉殿所出"官"字琉璃瓦及"……造罗汉殿"等铭文瓦则证实直到南宋时期还是一所官府寺庙，名称也未改变。

二　遗址的现状

龙兴寺遗址现在发掘的区域地表平坦，在明代以前地面与现在并不一样。Ⅰ区以塔为中心的区域是历来这一带最高处，在明代只有很薄的一层洪水冲积层。其以东、以南区域是邛崃城区，明代护城河与西城墙将城区与遗址分开。

在明代地层以下，即第②层之下，大致在已发掘的Ⅰ、Ⅱ中间交界边缘有一条河沟，河沟东面和北面是高地，第一至五期遗迹主要位于坡地高处一侧，河沟西面和西南面地势相对较低，只有第四期的F1和F9建在低处一侧。F1有高高的人工夯筑台基，其上明代洪水冲积层很薄。F9位置很低，南宋修建后，很快被大火焚毁，之后又被大水冲积形成的地层湮没，其上洪水冲积层很厚。

Ⅲ、Ⅳ区主要在西河故道上，第Ⅲ区几乎没有发现遗迹，第Ⅳ区上虽然没有发现遗迹，但1947年在河边收集到的大量佛像，以及部分建筑（如F16等）的走向，都证明这一区域原来应当有遗迹。因此，从现存遗迹的分部和保存状况看，现在Ⅳ区范围内的部分河床在唐、宋时期曾是寺院的范围，后来西河东移，才变成了明代至现代的河道，很可能在明代已冲毁了很大部分唐、宋以来的遗迹。

从发掘情况看，F6为最早的遗迹，与之同期遗迹几乎无存。目前发现保存较好的主要遗迹大多数属于唐末五代和南宋这两个时期兴建的建筑。从遗迹中共存遗物看，一些建筑修建时底层垫土使用了唐代建筑废弃土。F6之后修建的 TJ1一期、F3、F10、F13、F14为现存较早的遗迹，它们始建年代不晚于晚唐—五代时期，虽然保存状况不好，但它们的存在及大量唐代遗物的出土状况表明这里早期的唐代建筑多已被毁，至唐末五代时全部重建，这次重建的建筑使用下限在北宋初年。塔在建成后进行过修补，修补时大量使用了前代建筑废弃材料。其他一些宋代建筑不但用废弃的红烧土和红色瓦块作垫土，还将唐代雕刻的莲花座或刻有莲花瓣条石倒扣改作房屋基础。在宋代遗迹之下的地层中，有大量唐代建筑废弃堆积和早期夯土基础等，但破坏严重。同时各类遗迹中发现的经幢和造像绝大多数属于唐代，各类散乱的佛像、经幢、石刻、建筑构件或以窖藏形式出现，或出土于后代各类建筑垫土遗迹中。

早期建筑情况和布局不清楚，就南宋时期而言，寺院位于城区与西河之间Q2、Q3东北面高地一侧，西南侧为一片低地，F9系建在南侧低处，罗汉殿系在西侧低处人工夯筑台基上修建，F9（四合院）与F1（罗汉殿）之间有一条小河沟，河沟两岸曾经过多次洪水冲积。那么寺院的主体建筑应当在Q2、Q3东北侧，与现在邛崃城西环线之间的高地上，可以说从地层堆积上证明了F1（罗汉殿）及F9等遗迹处于遗址的边缘，非中心地带。因为宋代Q2、Q3一侧建筑下多有更早的遗迹，因此可以推测F14与F3、F10、F13之间应为唐末五代时期寺院的主要区域，宋代不变。低处一侧没有唐代遗迹，说明也不是唐代寺院的范围。

从现存遗迹分布状况看，塔的东面（背面）即塔与城区之间没有建筑，而塔北面和南面均有建筑，塔的西面（正面）活动面宽，活动面修补次数多。说明两侧有建筑，正面人活动频繁，背面少有人活动。似乎可以这样认为，塔不在寺院中间，而是位于一侧，塔的门道对向建筑区域中间，有可能门道对面另一则还有一座对称的建筑，可惜对面已被河水冲毁。2006年6月，邛崃市在西环线扩建工程中对公路旁的农家乐进行拆除，拆除时于塔基旁的农家中挖掘出一方残碑，仅存螭首部分，碑首上篆刻"新建藏经楼碑"两行六字，由于出土于地表土之下，无法从层位上推断其年代，从碑刻装饰和字体风格看，应是宋碑。由此可见，所谓塔基很可能是藏经楼遗址。1947年出土的造像在塔基以北，2006年啤酒厂修排污沟时挖出的佛像坑也在这个区域，即大体量的佛像大多出在这一区域，而且数量大，寺院的主要建筑应当就在这一带，推测大多已被河水冲毁。从塔基门道外到堡坎这个区域，也是寺院的佛殿分布区，根据目前遗迹分布状况，应当是中轴线的后半截，罗汉殿与四合院在寺院后面两侧，不在中轴线上。寺院西北侧大半可能已被历年洪水冲毁。因此，我们推测，寺院大致依河流方向坐西南朝东北。生活区在寺庙东南角，这一区域，有大量的生活用房、水井、排水沟等设施，由于后代破坏，保存状况较差，但灶及大量的生活用器说明了建筑的用途。罗汉殿位于寺院后部西侧，在生活区西南面。

罗汉殿以南有大量墓葬，多为小型火葬墓，或许可以考虑为僧人墓葬区。在罗汉殿以东发现的宋代房屋基础（F9）朝向与寺庙方向不同，而且中间隔着河沟，与寺院的关系尚不清楚。但从出土有灶、水井和莲花座等遗物看，可能是寺院中与僧人生活有关的一座建筑。其后侧与F11之间隔着小河沟，两岸建筑的排水均流入河沟中。

综上所述，寺院大殿主要区域有相当一部分应当在今啤酒厂内，由于西河历年涨水和基建，估计大部分遗迹已被毁坏。位于啤酒厂旧厂区东南面的区域目前是一块空地，经此次勘探发掘，证明这片空地正好位于F3与F14及1947年大量发现佛像的区域之间，推测这里有包括塔基在内的大量唐宋时期建筑遗迹存在，保存情况较好。2005年发现的唐代佛像大多出土于已发掘的F14以南区域，我们推测的唐代主要建筑区域的边缘地带。结合2001年的勘探情况，推测F3、F14中间联线区域还有许多遗迹现象，虽然已发现了佛像坑（H5），但不排除还有佛像出土。2006年7月，在遗址北部紧临啤酒厂的区域，邛崃市政建设中又挖出了大量唐代残石佛像（H35），证实了我们的推测。此外，这次发掘的罗汉殿和宋代建筑院落均在寺院遗址的边缘地带。

三　历史背景与遗址的兴废

邛崃龙兴寺应为公元707年唐中宗时改名所至，从出土遗物看，至迟在唐代武周时期这里已经有寺院，其始建时间是否更早，目前没有更多资料证明。遗址中出土的大量8世纪末到9世纪时期的经幢、造像等遗物说明当时这里非常兴盛。地层堆积中大量的红烧土和经过大火焚烧的红色瓦砾证明龙兴寺在唐末突然遭劫，寺院毁于大火，寺院建筑被彻底破坏。唐末五代之际重建，重建之后修建频繁，丰富的遗迹现象和大量的生活用具，证明重修后的寺院依然兴盛。北宋到南宋时期，一些区域又有两次较大规模的修建，直到南宋晚期，仍有少量修建，南宋末年之后寺院荒废。之后长时间少有人在此活动，明代变为坟地，约在明末万历年间，附近重新修建庙堂，清代时称大佛寺，但与原来龙兴寺似乎已经没有关系。也就是说龙兴寺经历了两次大的较彻底的毁废，第一次是唐代末期，第二次是南宋末年。第一次毁废之后，很快重兴，第二次毁废之后，寺院荒芜，以至到明代变为一片坟地。在第一次重建之后到第二次彻底废弃之间，还有两次较大规模的修建，一次是北宋时期，一次是南宋时期。

　　历史上在龙兴寺兴盛的唐后期发生了著名的会昌灭佛事件，当时唐武宗下令，各大州仅留一所佛寺，其余寺院皆毁。《唐书·肃宗纪》：宝应元年，于邛州置镇南军。《方镇表》：大历元年，置邛南防御使，治邛州。寻升为节度使，未几废。咸通八年，置定边军节度观察等使，治邛州；十一年，废。文德元年，又置永平军节度使，治邛州；大顺二年废[39]。从这一系列的行政建制沿革中可以知道邛州在唐后期地位较重要，系大州，会昌废佛时规定大州各留佛寺一所，邛州应留有一所寺院。同时，遗址中有大量会昌前后的造像刻经，会昌之后的遗物也很多，可以证明该寺院不在会昌毁佛之列，应是当时邛州唯一允许保留的官方寺院。

　　唐代会昌之后，邛州曾经历过三次大的战火，公元873年和874年南诏两次入侵，882年阡能之乱。其中874年南诏入侵时据《资治通鉴》等史书记载，当时刺史牛丛"预焚城外民居荡尽"，"邛、雅二州刺史望风奔遁，蛮烧劫一空"[40]。我们这次发掘在唐末—五代、两宋遗迹下发现了大面积的红烧土和瓦砾堆积，其中包含大量的唐代佛像、石刻经版等遗物，寺院紧邻西城边[41]，因此，从时间和堆积情况看，唐代龙兴寺第一次毁废源于这次大火的可能性最大。

　　唐代的红烧土和瓦砾堆积上面又有重重叠叠的修建，重新修建始于唐末至五代，尤其是2005～2006年发掘的Ⅰ区范围内。由于修建频繁，后期建筑往往在早期建筑之上重叠修建，并利用早期建筑的废弃材料作基础，这种修建直到南宋才结束。在这些修建过程中，往往将遗址上的唐代残佛像收集起来集中埋藏，埋藏时坑边还用黄色膏泥作了简单处理，如H5、H27、H28均有这种情况。现在我们看到的保存较好的建筑遗迹多是后期建筑，即南宋时期的遗迹，它们之后寺院建筑的废弃，基本没有重建。从发掘情况看，这些南宋遗迹除F9系毁于突然的大火外，其余建筑如罗汉殿、塔等建筑的废弃、垮塌过程很长。罗汉殿台基周围废弃堆积以灰色瓦砾为主，只有少量琉璃瓦，堆成斜坡状，中间夹大量淤土，证明不是突然垮塌形成，而是较长时间瓦片渐渐垮落所至。在西北面距台基约2米处有一堆琉璃瓦，堆放不太整齐，而且有残瓦，很可能是罗汉殿废弃后被有意拆下来集中堆放。塔基东南角有一次性倒塌的包砖堆积，塔基周围也有一周呈斜坡状的垮塌堆积，同样夹大量淤土，说晚塔虽有突然塌落大量包砖的情况，但周围废弃堆积的形成时间也较长。从这两个我们目前发掘的主要遗迹废弃堆积的情况看，都不像是唐末时期那样突然被大面积焚烧而废弃，而是有一个过程，这个过程完成的时间下限是第③层形成时，即南宋末期，这是龙兴寺第二次大的毁废。唐末五代重建后到南宋末期完全毁废之前的重叠修建有的很可

---

[39] 见前揭历史背景。

[40] 宋·司马光著，元·胡三省注《资治通鉴》卷二百五十二，《唐纪》六十八，乾符元年"……十二月，……南诏乘胜陷黎、雅，入邛崃关，攻雅州，大度河溃兵奔入邛州，……蛮兵及新津而还。（牛）丛恐蛮至，豫焚城外民居荡尽。"其下胡三省注曰："《实录》乾符元年……十二月，云南蛮寇西川，……邛、雅二州刺史望风奔遁，蛮烧劫一空，牛丛不晓兵，失于探候，而奏报差失，戾诏切责之。"上海古籍出版社，1987年，上海。

[41] 现在的西环路是在邛崃明、清时期的西城墙上修建，龙兴寺遗址紧邻西城墙边，唐代城墙是否在明、清城墙之下，目前还不清楚，但从历年的考古发掘情况看，应该不远。无论是刺史"预焚城外民居荡尽"，还是"蛮烧劫一空"，应当都会殃及龙兴寺。

能与四川这阶段的特殊历史相关。

唐代后期四川经济发展，成都及其周围地区商业发达，历史上的"扬一益二"即形成于此时，以至唐玄宗和唐僖宗均选择了入川避乱。随着他们的入川，中原的衣冠文化大量到来，并在这里保持了相当长的时间，这是历史上四川经济和文化最辉煌的时期，直到北宋前期，很多方面在全国仍然领先。佛教文化方面，四川更是保存了大量中原已无存的内容，北宋初年，官刻佛教《大藏经》即是在成都完成雕版后运往开封的。在佛教史上有学者甚至认为这时的四川是全国的文化中心。这种情况到北宋淳化五年（994年）才有所改变："益都多名画，富视它郡，谓唐二帝播越及诸侯作镇之秋，是时画艺之杰者游从而来，故其标格楷模无处不有。圣朝伐蜀之日，若升望邑。彼廨宇、寺观前辈名画纤悉无圮者，迨淳化甲午岁，盗发二川，焚劫略尽。则墙壁之绘甚乎剥庐，家秘之宝散如决水，今可觌者十二三焉。"[42]在唐末五代重建之后至南宋完全毁废之间，第Ⅰ、Ⅱ区交界的坡地一侧的F3、F10、F13可能毁于这时，在其废墟上重建的F7、F12等，应是这次焚劫之后的重建，它们完全修建在前次建筑（F3、F10、F13等）的垮塌堆积上，并且其中有大量红烧土颗粒，说明可能是火烧后毁废的。北宋淳化五年（994年）王小波、李顺起义对四川产生了较大的破坏："李顺入据成都，僭号大蜀王，改元曰应运，遣兵四处侵掠，北抵剑阁，南距巫峡，郡邑皆被其害。"[43]当时的名画多与寺院有关，大多数存在于知名寺院的墙壁上，寺院壁画被毁后仅存十之二三，寺院建筑的情况也可想而知。邛崃又是其最早攻下的城市之一："王小波、李顺初作乱也，朝议欲遣大臣慰抚，参知政事赵昌言独请发兵捕斩，议久不决，贼连陷邛、蜀等州。"[44]所以极有可能邛崃龙兴寺也在这时受到过一定破坏，若是，那么我们推测F3、F10、F13、F14等遗迹毁于此时应当是合理的。之后又有了重建，F7、F12即是重建遗迹。重修时对塔的活动面进行了重铺（⑤c层），同时对塔体进行了维修，维修时新筑的活动面压在了原来塔基散水和F14的散水上。这次修建之后，在南宋时期，又进行了较大规模的修建，新建了F1、F2、F9、F11、F16、TJ1二期，以及与K2、G22相关的建筑等，说明南宋时期寺院曾再度兴盛。南宋末年，开始渐趋荒芜，荒芜的过程中在局部区域还有过小的维护或者就地取材式修建，F4、G21、K1、K3等遗迹是这个时期的代表，全系利用废旧材料拼凑而成，而且范围很小，说明寺院已经开始荒败了。

南宋时期，西起甘肃天水，东到陕西汉中一带成为南宋朝廷与金政权的战线，四川成为南宋西线抗金的前线，集中全部兵民财力，成功防御了金兵由陕入蜀[45]。不久，蒙古灭金，四川又处于抗蒙（元）前线。从宝庆三年（1227年）蒙古军队第一次攻掠西北边的文州开始，四川抗元达半个世纪之久，直到1279年才被元军占领。蒙古军队早期入川只是抢掠，并不以占领为目的，因此破坏尤其严重。如端平三年（1236年）八月，蒙古军队入蜀，十月攻破成都，同时分兵四路抄掠：

"会国朝以金始亡，将并力于宋，连兵入蜀，蜀人受祸惨甚，死伤殆尽，千百不存一二，谋出峡以逃生。夫人亦将携其孤依邻人家翁走东南，取黄金囊而系诸腰，且行，遇掠兵大至，即窜身伏林间，俱伏者兵尽驱以出，列坐地上，拟以白刃，曰有金者免杀。有邻姬先免，过夫人勉夫人速出金冀不死，

---

[42] 宋·黄休复《益州名画录》前之宋景德三年李畋序。

[43] 清·毕沅《续资治通鉴》卷十七《宋纪》十七，第一册第399页，中华书局，1957年，北京。

[44] 同[42]，第415页。

[45] 建炎四年，南宋张浚发动进攻金的富平之战失败，陕西尽失于金，从此，四川成了抗金的前线。

夫人曰金亡矣不死耳，吾儿无资以逃，终必偕死，吾死而金在，幸以活史氏孤，妪归幸语吾儿来求尸取金。兵从夫人求金，夫人辞无金，遂见杀。"[46]

漫长的抢掠过程，蜀地受祸甚惨，西川从此经济凋敝，人口锐减。

嘉熙二年（1238年），蒙军再入西川，攻克邛崃等地，远抵大度河边的木波国界。淳祐元年（1241年）十月，蒙军攻破成都，西川残破。之后，南宋政权将四川府治移往重庆，淳祐三年（1243年）在重庆设帅府，重庆成为四川抗蒙军政中心，成都包括邛崃在内的西川全部沦陷。这样经过近半个世纪的战争和逃亡，到元军占领全川时，全蜀早已残破不堪。嘉定十六年（1223年），川陕路有民259万户，到元朝统一后的至元十九年（1282年），只有12万户[47]。其祸患之惨，可推而知。这个过程中，四川的经济文化成果毁灭殆尽。直到元朝统一后很长一段时间，四川人口才渐渐增长恢复，但其在中国经济文化上的地位再也没有如9、10世纪之辉煌。从遗址的地层堆积情况看，邛崃龙兴寺最终应当是在南宋抗元的过程中因攻城掠地、人口锐减等原因慢慢荒芜而废，这与当时的历史背景也相吻合。

四　小结

此次发掘将20世纪40年代在学术界引起高度关注的龙兴寺唐代佛教造像与遗址地点各类遗迹联系起来，基本弄清了唐代龙兴寺的修筑地点、废弃原因以及继之兴建的宋代寺庙与唐代龙兴寺之间的关系。基本可以确定邛崃龙兴寺在唐代是这里的官寺，唐末会昌灭佛时，此寺并未受到影响。会昌之后，因大火而寺毁，之后重修，直到南宋时期，此寺仍然为官寺。南宋末年，元军入川，龙兴寺因经济凋敝，人口锐减而荒废，以至明代成为墓地。明末开始重建寺院，至清代仍在，称为大佛院，但已非唐、宋龙兴寺时可比。

发掘的砖塔是四川迄今经考古发掘发现的保存最好、规模最大的唐末—五代时期在唐代遗址上重建的砖塔。新发现的罗汉殿遗址殿基保存完好，是国内迄今发现的年代较早的罗汉殿遗址，殿基宏大，构筑考究。新发现的南宋四合院建筑基址是四川地区第一次经考古发掘的宋代同类遗址。发掘出土的数以百计的唐代石刻造像、经幢、经版分别出土于各种不同的埋藏遗迹中，这些经科学发掘的资料补充了20世纪40年代收集的170余件经幢、佛像、碑碣等在考古研究中之不足，它们与发掘的各类遗迹一起极大地提高了邛崃龙兴寺遗址的学术研究价值，为我们研究唐宋时期佛教在我国南方地区的发展和影响提供了重要的实证资料。

---

[46]《史氏程夫人墓志》，《四库全书》集部·别集，元·虞集《道园学古录》卷二十。
[47] 贾大全主编《四川通史》第四册，第94页，四川大学出版社，1994年，成都。

附录一　龙兴寺遗址出土买地券

共2件。

采集：147　红砂石买地券，长方形，右侧残。碑首券文横排，碑身券文纵排，从左向右录文（拓片三九）：

碑記……/

四川邛州西街汪母何氏/

之墓始生成化四年戊/

子歲配名門老成汪公克/

生子女俱皆显[逸]齊家/

立業克儉克勤今已/

辭世遷葬西關外一里此/

地聚[囷]藏[龙]山環水/

[逸]繼[得][儿]孫百世千千/

万万诗礼傳家[瓜][碼]/

聯芳永為古記/

……[嘉]靖十年八月初八日六/

背面刻圆圈构成的星象及八卦图形，两侧各刻一行字，其中左侧"……[囧]殿"，右侧"……八卦[翶][囗]"。

买地券长36、宽28、厚5厘米。

采集：148　红砂石买地券，长方形，上侧两角抹角，形成不等边六角形。正面刻字，纵排小楷，字体略有风化，共14排。从左向右录文（拓片四〇）：

維大明國四川嘉[定]……/

生民徐應真等伏為[囗]故□汪氏□妙清陽命甲/

申年十一月初一日戌時生不幸扵□辰閏六月初五日/

巳時身故出用綵錢一會買到坟地一方作坐當/

山甲向其地南北長五十三步東西阔五十五步東/

至甲乙青龍南至丙丁朱雀西至庚辛白虎北至壬/

癸玄武內方勾陳管分辟于四域丘承墓[囿]封步界畔/

道路將軍齊整阡陌致使百載千秋永無□□若有/

干犯並令將軍亭長縛付[河佰]令備牲□□礼百味/

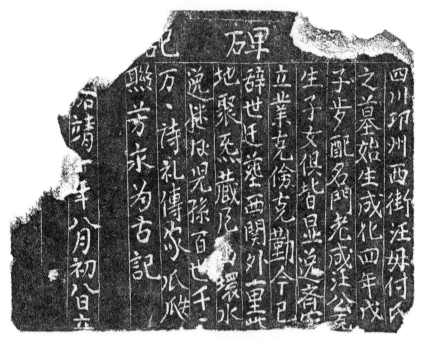

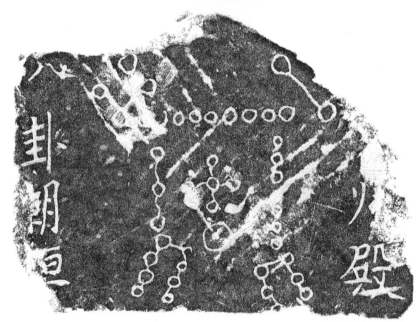

拓片三九　红砂石买地券（采集：147）

香腊共為信契財地兩相交付修营已毕永圌清吉/

知見人歲月主代保人今日直符故圌邪精不得干扰//

先有居者永避万里若違此約地府主吏自當其禍/

作助安葬生民內外存亡悉皆安吉須至圌者/

正統元年閏六月　初九日奉付后土之神/

背面中间刻环形八卦图，图中纵书"中央亡者安厝"，图外左侧刻"风水朝迎"，右侧刻"家门富贵"。买地券长35、宽30.5、厚5厘米。

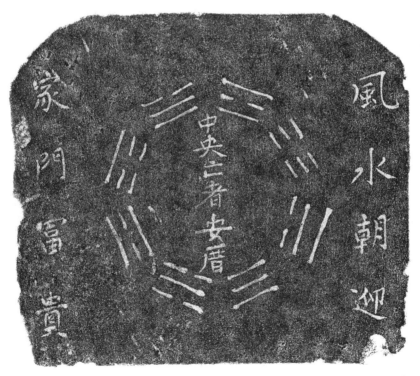

拓片四〇 红砂石买地券（采集：148）

附录二　邛崃市文物局藏相关塔、幢及造像

邛崃市文物局藏有一批唐代佛教石刻，这些石刻和龙兴寺石刻时代相同，出土地点相近，其中2000年南宁花园小区基本建设时勘探出土两件经幢（塔）残件与龙兴寺出土经幢（塔）在形制上非常接近。因此在整理龙兴寺出土遗物时，对这批石刻也进行了整理，以便更好的了解龙兴寺遗址。

一、密檐式塔　1件。邛崃文物局藏，标本总51018301002348，分号SHK000026，红砂石圆雕密檐式塔，塔体每层高度接近，宽度由下向上逐渐收减。塔基不存，塔身上部十二级，每级四面中间开一拱形门，每层雕有檐及檐下构件，风化严重，雕刻较简单。顶部风化不清。残高40厘米（图二一〇，1；彩版七九，1）。

二、幢残件　5件。其中2件出土于南宁工地，2件为1947年西河涨水从龙兴寺遗址冲出，另1件出土地点不详。

1. 南宁工地出土幢（塔）残件　2件。标本2000QNNT4③：172，青砂石华盖残件。保存较差，仅余宝盖部分，由上而下可分三段：第一段，四面，四面均刻出仿木结构屋檐、瓦垄、挑檐等，残损。第二段，上层为仰莲瓣，四角高浮雕四尊坐像，仅余三尊，风化破损严重，像有舟形身光。台座风化不清。莲瓣下为盘曲状物，共四个，均从坐像下方向左侧斜出，表面刻满阴线纹。第三段，呈腹钵形，与第二段以一周覆莲瓣相隔。钵体上凿七个椭圆形龛，龛内雕刻结跏趺坐像，像均施禅定印，有肉髻，七身像刻工粗糙，仅凿出轮廓，未做细部加工。覆钵下有八面回栏，有两面残损。此段下有圆形断面，应为连接幢（塔）体部位。残高26、回栏直径约13厘米（图二一〇，2；彩版七九，3、4）。标本2000QNNT3③：173，华盖残件，残余部分分上下两层，上层残余少许，似为多面，造像风化不清。下部有双层仰莲瓣。下层主体为圆柱形，开八个圆龛，龛内各造一尊坐像，均高5厘米。下有仰莲台座，像披通肩袈裟，圆柱上有八角形宝盖，挑檐，饰以帷幕。其下有双层仰莲瓣，莲瓣下亦为八角形宝盖，残损较多。八尊像风化较多，雕刻较粗糙。残高29厘米（图二一一；彩版七九，2）。

2. 1947年西河洪水冲出龙兴寺幢（塔）残件　2件。标本QLGCLXS：2，华盖残件，残余上下两段，上段为幢宝盖部分，盖顶有八角形屋檐，檐下有八尊像，均高8厘米，宝盖两侧被凿出两条直边。为便于描述，从被磨平面左侧第一尊像开始介绍：第一尊，略有风化，头上梳高髻，右侧身而立，上身着衣，有披帛，绕左腕后垂于身体左侧地面，左手屈肘举胸前，握拳，含胸低头，拳抵额，作供养状，下着长裙及地，外有短裙覆臀。第二尊，梳高髻，略向右侧身而立，双手抱拳于胸前，有帛带绕臂后垂地，下着长裙及地。第三尊，面部风化较多，头倾向右侧，左臂于胸前屈肘，伸至胸右前侧，帛带绕臂后垂下，腰束带，下着裙，双腿略分开。第四尊，头部被破坏，右侧身而立，双手拱于胸前，帛带绕臂后下垂至地，身体前倾，屈左膝，右腿向前直伸，下着长裙，束腰带，裙腰外翻较多。第五尊，面部风化，

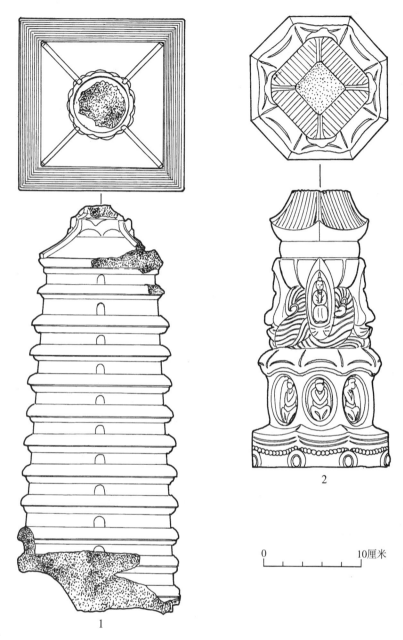

图二一〇 邛崃馆藏石雕塔及经幢

1.塔（总51018301002348，分号SHK000026）2.经幢（2000QNNT4③：172）

着圆领通肩袈裟，双手重叠于腹前，手心相合，宽袖垂下，未雕双足。正面而立。第六尊，面部风化不清，束髻，胯部向右侧耸起而立，左臂于胸前屈肘，左手伸至右肩前，似持一长方形物，风化不清。帛带绕左臂后垂地，腰束带，下着长裙及地，裙腰外翻。第七尊，右侧身而立，略有风化，束髻，略低头，双手于胸前捧一物，肘部有帛带垂地，下着长裙，束带，裙腰外翻。宝盖下段为幢主体部分，仅残存少许，上下之间有八角形屋檐隔断，檐下有帷帐。幢残高29厘米（图二一二；彩版八〇）。幢主体上残存铭文：

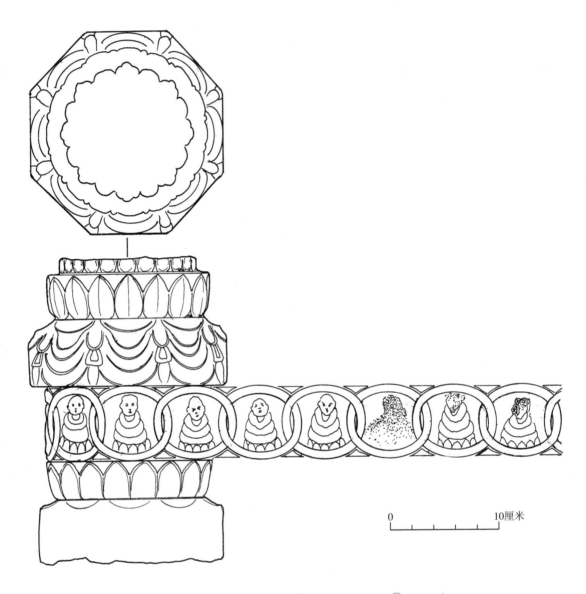

0   10厘米

图二一一　邛崃馆藏红砂石经幢（2000QNNT3 ③：173）

　　"……/跋……/部……/萨……/多三摩……/勃陁蒲陁……/秝提□……/……/阿瑜散……/伽那毗秝……/提婆诃□……/萨婆怛□……/耻帝慕好……/□求是□……/"。标本QLGCLXS：1，基座残件，从下向上分四层，第一层为方形素面基座，略残。第二层，八角形，每面壶门内雕异兽，异兽均呈奔跑状，头向右侧立，背上鬃毛扬起。仅有五个壶门保存较好，其余三个壶门残损严重。壶门下方刻划许多细斜纹，每面下半部转角处雕一物，风化不清。第三层，八角形，每面有一个壶门，壶门内雕伎乐像。第一尊（按逆时针方向），结跏趺坐于壶门内，双手抱一琵琶，左手执琵琶上端，右手抱下部，双臂有帛带飘下。第二尊，胡跪于壶门内，左膝着地。双臂侧上举，帛带绕臂后下飘，带端上扬。第三尊，结跏趺坐，竖琴置于身体右侧，右手扶琴，左手弹琴，帛带绕臂后飘于体侧。第四尊、第五尊残损不存。第六尊，双腿交叉略屈膝呈半立姿势，左臂侧举，右臂向下屈肘，双臂有帛带垂下。第七尊，结跏趺坐于壶门内，双手横持长笛，帛带绕双臂后向两侧飘扬。第八尊，结跏趺坐于壶门内，左臂屈于胸前，帛带绕臂后向

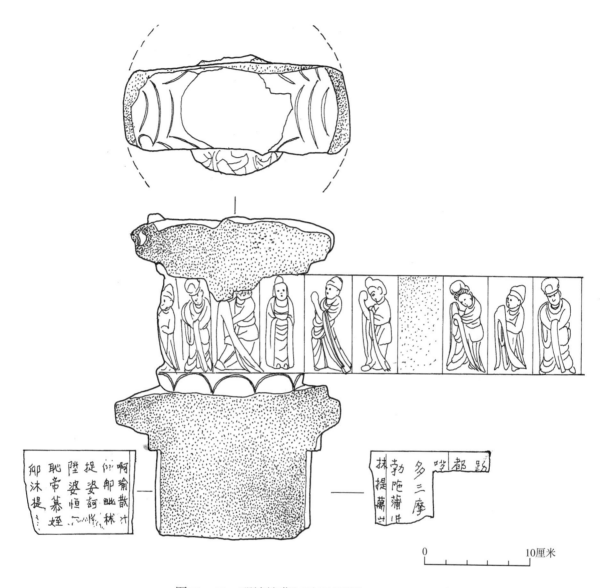

图二一二　邛崃馆藏红砂石经幢（QLGCLXS∶2）

左侧飘扬。右臂侧上举，肘略弯，帛带绕臂向右侧扬。第四层，八角形，每面有一个方形龛，龛内各凿一尊坐像，第一尊（按逆时针方向），结跏趺坐于长方形山石座上，左手绕至身右侧。第二尊，结跏趺坐于长方形山石座，左膝抬高，左脚着台座面，右腿平置，左臂伸至右侧。第三尊，坐于台座上，右膝抬高，右脚平置台座面，左膝平置，左手抚左小腿处，右手屈肘举胸前。第四尊，结跏趺坐于台座上，左手抚膝，右手屈肘于胸前。第五尊，结跏趺坐于台座上，左手似抚膝，右手侧举。第六尊，坐于长方形山石座上，右膝抬高，右脚着台座面，左膝平置，右手伸到左侧与左手合掌，面向前方。第七尊，坐于长方形山石座，上身略向左侧，双手合掌于胸前。第八尊，结跏趺坐于长方形山石座上，左手上举，右手抚膝。此八尊像雕刻粗糙，未做细部加工。像高3.2、龛高4.5、宽2.5厘米。第四层上为八角形华盖，盖面饰以双层覆莲瓣，盖沿侧面刻有长方形壶门。华盖顶部为圆形低束腰，束腰上部有圆形残痕。幢基

图二一三　邛崃馆藏红砂石经幢

1. 总51018301000854，分号SHK000018　2. QLGCLXS：1

座残高28厘米（图二一三，2；彩版八一，1～3）。

3. 馆藏塔幢　1件。出土地点不详。标本总5108301000854，分号SHK000018，华盖残件，上下两层各有八面檐，檐上素面，未见装饰。上层檐下雕楼阁，分八面，每面造一尊跪坐像。坐像头后两侧饰云纹，双膝分开，鼓腹、有腰带，下着裙，脚下踩云头等，高8厘米。其中一尊右手于胸前拉衣带，为方便记录，以其为第一尊，按从左到右的顺序分别描述：第一尊，头束冠，有高髻，双目圆睁，高鼻，颈下系巾，头后两侧有帛带飞扬，右手于胸前拉衣带，左手捂住腹部，上身袒裸。第二尊，头部风化不清，颈下系巾，身后似有帛带飘扬，左手抚膝，右手屈肘握一棒杵地，上端略过头顶。第三尊，戴冠，颈下系巾，胸下有窄带，左手抚膝，肘处衣袖外翻，右臂残，头部同前二尊，风化不清。第四尊，头上似戴冠，双目圆睁，颈下系巾，双手于腹左侧握一莲茎，莲苞伸至头侧。第五尊，头戴冠，面部残损，颈下系巾，双臂肘部衣袖外翻，左手屈肘侧举，右手抚膝。第六尊，戴冠，束髻，双目圆睁，风化较多，颈下系巾，左臂侧持一锤状物，长柄下端杵地，双臂肘部衣袖外翻，右臂肘下残，似为抚膝。像头的右侧有凸状物，风化不清。第七尊，风化较多，颈下系巾，双臂衣袖外翻，袖角齐肩双手分别抚双膝。第八尊，束发髻，戴冠，颈下系巾，左手侧握一剑柄，剑尖向上，与头顶齐平，右手抚膝，臂肘处衣袖外翻，袖角与肩齐平。幢残高23厘米（图二一三，1；彩版八二，1～3）。

三、造像　8件。其中一件大型力士装像为1947年西河洪水冲出的龙兴寺造像，其余五件出土地点不详。按造像装饰不同分为A、B、C三型。

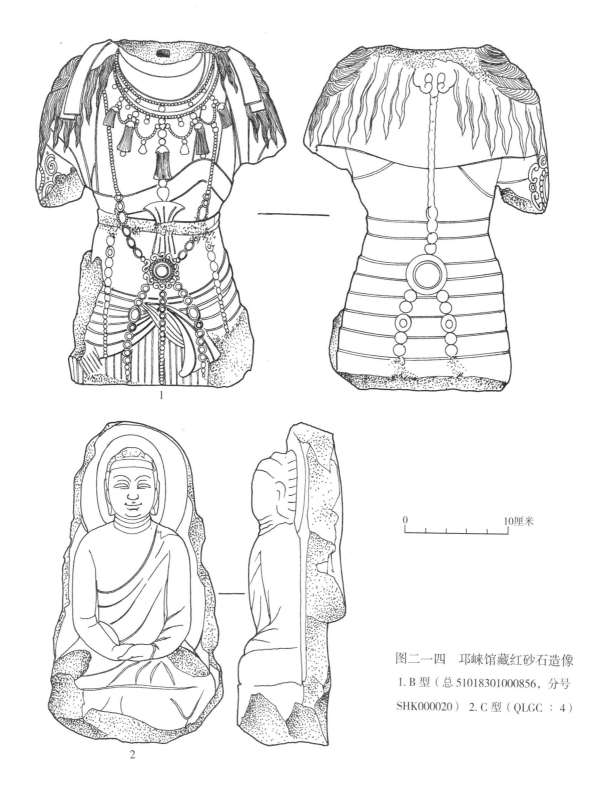

图二一四　邛崃馆藏红砂石造像
1. B 型（总 51018301000856，分号
SHK000020）2. C 型（QLGC：4）

0　　　　　　　　10厘米

　　A型　2件。着力士装像　标本QLGC：1，力士装像残件，出土地点不详，仅余胸部以上。单体造像，头部戴冠，束发髻，仅左侧残存少许。椭圆形脸，双耳较小，双目圆睁，鼻尖残损，抿嘴，嘴角上翘，颈部筋络暴突，上身袒露，胸前佩璎珞式项圈，项圈上悬坠为"回"字形，坠下有穗。璎珞为双环形联

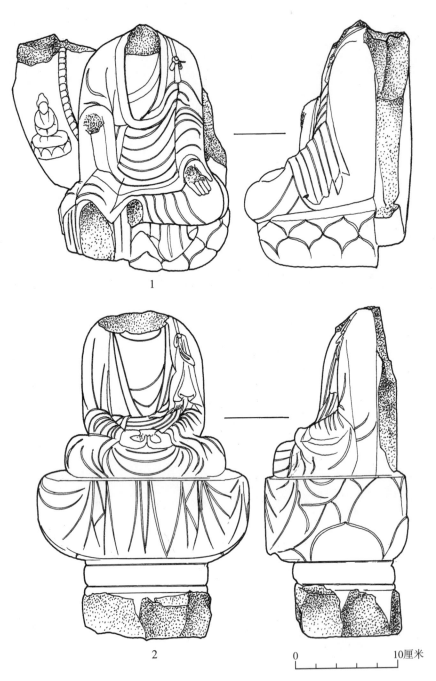

图二一五 邛崃馆藏红砂石造像（C型）

1. QLGC：2 2. QLGC：3

珠纹。璎珞于项圈连接处饰以团花系绳。双肩披帛带，右臂上举头侧。臂内侧有帛带垂下，绕于腋下。胸部肌肉呈块状。残高32厘米（图二一六，1；彩版八二，4～6）。标本QLGCLXS：4，力士装像残件，1947年西河涨水时从龙兴寺遗址冲出，仅余腰部以上，头上梳髻，面部风化较多，上身袒裸，胸部肌肉

图二一六　邛崃馆藏红砂石造像

1.造像 A 型（QLGC：1）　2.造像 B 型（QLGCLXS：3）

发达，左手叉腰，右手上举，腹部饰一圆形兽面。残高68厘米（彩版八一，4）。

　　B型　3件。着菩萨装像　标本总51018301000856，分号SHK000020，着菩萨装像，出土地点不详。保存较差，仅余颈下至膝上身躯残段，且在腹部断成两截。颈部戴璎珞式项圈，较为繁缛，璎珞在腹前交叉，交叉处为一宝珠，下分三支垂下。上身着僧祇支，双肩外有披帛下垂，披帛外有发丝垂覆，缕状发丝上有缯带下垂。右臂戴臂钏，饰以宝珠。僧祇支腰部系带打结，左肩以宽带垂系，后背覆披帛。下着长裙，腿上部绕数周宽带并于前侧打结，身后宽巾衣纹呈阶梯状。像背后颈部有一支璎珞垂至臀部，璎珞在臀后经圆璧后分二支下垂。装饰繁缛华丽，颈部残痕正中有一个方形榫孔。残高35厘米（图二一四，1；彩版八三，1）。标本QLGCLXS：3，菩萨像头部残块，戴宝冠，有舟形背光，背光上端残，外周饰有联珠纹，中部有一道长条状凸棱，残损。宝冠两侧饰花蔓、卷草，后部刻成球形，表面磨平。残高22厘米（图二一六，2；彩版八三，2~4）。标本QLGC：5，菩萨像头部残块，宝冠及面部残损较多，面相丰润，有椭圆形头光，似未完工，表面有较多斜纹凿痕。残件高33厘米（彩版八五，4）。

　　C型　3件。着佛、弟子类袈裟装像　标本QLGC：4，佛、弟子类像，出土地点不详。着袒右肩袈裟，肉髻残损，面部风化不清，面相丰满圆润，长耳垂肩，颈上有三道蚕节纹，衣纹细而贴体，线条较浅，结跏趺坐于低座上，圆形台座残损严重。有双层椭圆形头光，背光残损。像（不含头光）高24厘米，座残高6、残宽17厘米（图二一四，2；彩版八四，1、2）。标本QLGC：2，佛、弟子类像，出土地点不详。头颈残佚，内着僧祇支，外着双领下垂式袈裟，外层袈裟右侧衣领经腹前绕向左臂，左肩前侧有系结。左手手心向上置膝上，右臂屈肘，残断，左腿盘膝置台座上，左脚脚尖向外，赤足，右腿下垂，残断。像身风化较多，身光仅存右下角少许，身光内外分两层，内层素面，与外层身光间隔一周联珠纹。外层饰有小佛像，仅残余一尊。小佛像高肉髻，结跏趺坐于单层仰莲圆座上，双手在腹前于袖内结印。主尊坐于双层仰莲圆台座上，莲瓣宽大扁平，瓣尖微翘。台座上覆巾少许垂于台座前。像残高22.4、座高4.6、小佛像高5.2、小莲座高1.2厘米（图二一五，1；彩版八四，3、4）。标本QLGC：3，佛、弟子类像，出土地点不详。头颈残佚，胸前僧祇支衣领向外翻角下垂，左肩前侧有系结。双手手心向上托钵。双腿间衣纹呈"U"形，不露双脚，三层仰莲圆台座上覆巾，覆巾垂于台座前。莲座下有束茎，下部残。背后身光大部分残损。像残高16、座残高15.2厘米（图二一五，2；彩版八五，1~3）。

附录三　邛崃龙兴寺遗址出土陶瓷器的窑口与时代

易　立

（成都文物考古研究所）

　　邛崃龙兴寺遗址位于四川省邛崃市老西河（张公堰）与西环线之间的区域，当地名为"大佛院"，现存总面积约10万平方米。20世纪40年代，邛崃端云村大佛院附近西河涨水，冲刷出数尊唐代石刻佛像，原华西博物馆（现四川大学博物馆）成恩元等多次前往实地调查、清理，并先后在西河边采集和发掘到碑碣、经幢、佛像等遗物残件170余件，因在这批出土材料中见有"龙兴寺"之铭文，故命名为"龙兴寺遗址"[1]。

　　2000年12月至2001年1月，为明确遗址的具体位置和范围，成都文物考古研究所会同邛崃市文物管理所对造像出土地点及周边进行了先期的考古调查工作，发现一批重要的建筑基址和琉璃构件。2005年9月至2006年3月，成都文物考古研究所在配合啤酒厂的扩建工程中又继续对该遗址实施了大规模的勘探和抢救性发掘，清理揭露出包括房屋、塔基、灰坑、水井、水沟、墙基、墓葬、池等在内的数十余处遗迹单位，同时出土了石造像、经幢、经版、建筑材料、陶瓷器皿、铜镜、钱币等各类文物上千件[2]。其中陶瓷器的数量最多、类型最丰富，除年代较晚、与寺院无关的几件明清时期青花、釉陶器外，大都属于唐宋之际南北多个窑场的产物，对于揭示和展现龙兴寺的兴衰历史无疑是最直接的证据之一。本文不惭简陋，试图从窑口归属与时代两方面问题着手对这批唐宋遗物进行初步的分析。在进入讨论前，我们先将这批瓷器分作七个组群，每个组群有着相同或相近的胎釉与装饰风格，代表了同一窑口或窑系的概念，时代跨度较长的组群下按早晚予以论述，组群之外则选择个别重要标本单独说明。

一　甲组群

　　甲组群器物数量庞大，胎质一般较粗糙，多呈红褐、紫灰、紫红或灰黑几种，胎面时常施罩一层米黄色化妆土加以掩饰，外壁多挂半截釉，亦有不少满釉精致者，釉色有青、绿、黄、酱之分，器表装饰繁多，以彩釉和胎面装饰应用最普遍，其中前者的图案常见点团彩、草叶、花卉、文字符号，后者的手法又见有刻划、剔刻、模印、戳印、贴塑等。根据这些特征，我们判断其为邛崃本地窑场（十方堂、瓦窑山、大渔村等地）的产品[3]。所属时代早自隋末初唐，晚迄南宋，种类以日用生活具为主，可辨有

[1]　冯国定、周乐钦、胡伯祥：《四川邛崃唐代龙兴寺石刻》，中国古典艺术出版社，1958年。

[2]　成都文物考古研究所、邛崃市文物局：《邛崃龙兴寺遗址考古勘探、发掘简报》，《成都考古发现》（2005），科学出版社，2007年。

[3]　a.陈显双、尚崇伟：《邛窑古陶瓷简论——考古发掘简报》，载耿宝昌主编：《邛窑古陶瓷研究》，中国科学技术大学出版社，2002年；

　　b.四川省文物管理委员会、四川省文物考古研究所等：《四川省邛崃县固驿瓦窑山古瓷窑遗址发掘简报》，《南方民族考古》第3辑，1990年；

　　c.成都文物考古研究所、北京大学考古文博学院等：《四川省邛崃市大渔村窑区调查报告》，《成都考古发现（2005）》，科学出版社，2007年。

碗、盘、盏、钵、盆、匜、注壶、瓶、罐、炉、灯、唾壶、盒、盂、器盖、动物模型、人物俑等。

出土物中最早的系隋末初唐的作品，年代约在6世纪末叶至7世纪前半，器型比较单调，仅见碗和杯两类，胎表釉层薄而透明呈青灰色，部分釉下挂有化妆土，通体素面，常见深弧腹、饼足的形态，且足底面内凹，足外缘部还一般被斜削一周，形成足壁、削棱和足底的三折面。这种形制常见于杯，其中编号为H13：3（图一七五，12）和ⅡT0501③：5（图一七五，11）的作品与邛崃固驿镇瓦窑山一号窑包Ⅵ式碗（88QGT1：65）基本相同，此种杯早在南朝时期[4]中便已出现，到隋代渐趋盛行，如湖南湘阴窑址上层[5]及陕西西安洪庆开皇后期至大业初年迁葬墓（M8）[6]青瓷器，口沿内敛更甚，腹部进一步加深，外壁模印团花、几何纹样；另一件编号H11：1（图一七五，3）的杯则与邛崃十方堂五号窑包B型Ⅳ～Ⅵ式碗、固驿瓦窑山一号窑包Ⅲ式碗较相类似，其形态最早可上溯至6世纪前半，例如浙江瑞安梁天监九年（510年）墓[7]、河南洛阳东魏天平二年（536年）杨机墓[8]青瓷作品等，通体略显矮胖，成都西郊化成村隋末初唐墓（蜀新M16）[9]及四川万县唐永徽五年（654年）冉仁才墓[10]所出青瓷碗与之最为接近，可作为比定年代的可靠材料。

盛唐时期的邛窑作品虽然发现不多，但种类明显增加，主要包括碗、杯、罐、盂等系列，年代约相当于7世纪末至8世纪中叶。其胎釉情况与前一阶段大体一致，较显著的一个变化是器表逐步应用彩绘的装饰手法，碗的腹部有折腹和圆弧腹两种形态，饼足仍为主流，部分器物的造型流露出明显的仿金银器色彩。如编号H44：1（图一六〇，9）的碗口沿外侈，腹壁中部折出一周凸棱，上腹内曲，下腹弧收，大饼足，与大渔村二号窑包A型碗（06采QDY2：2）类同，其原型或许来源自玻璃器，河北景县北魏正光二年（521年）封魔奴墓[11]及山西大同南郊变电站北魏墓（M6）[12]出土、可能产于罗马或萨珊地区的翠青色和蓝色玻璃碗均与之相近。另一方面，折腹器物也是西方陶器、金银器中颇为流行的样式[13]，它们对中国的影响在8世纪初的陶瓷及其他材质器皿上反映得十分突出，陕西乾县唐神龙二年（706年）永泰公主墓[14]、西安东郊开元二十一年（733年）韦美美墓[15]出土瓷碗均为这方面的代表性实例。又如编号IT1201④a：5（图一五九，3）的A型Ⅱ式碗口沿外侈，腹壁圆弧，圈足足面斜削成内高外低状，足外缘斜削出折面，可对应邛崃十方堂五号窑包ⅩⅥ式碗（84QS5YT12③：32），后者器表还书有"先天二年（713年）二月八日适记泗"题记。此外，遗址内编号ⅠT0309③：5（图一七五，6）的一件A型Ⅰ式盂敛口、扁弧腹、饼足，通体形制则与十方堂窑址C型Ⅱ式罐（86QS5YT39④：24）相仿，

［4］　如湖南长沙附近的南朝墓葬（57长·南·新M1），墓中伴出一枚梁武帝"五铢"钱币。参见湖南省博物馆：《长沙两晋南朝隋墓发掘报告》，《考古学报》1959年3期。
［5］　湖南省博物馆（周世荣）：《从湘阴古窑址的发掘看岳州窑的发展变化》，《文物》1978年1期。
［6］　陕西省考古研究所：《西安洪庆北朝、隋家族迁葬墓地》，《文物》2005年10期。
［7］　浙江省博物馆：《浙江纪年瓷》，文物出版社，2000年。
［8］　洛阳博物馆：《洛阳北魏杨机墓出土文物》，《文物》2007年11期。
［9］　成都市文物考古研究所、成都市文物考古工作队：《四川成都市西郊化成村唐墓的清理》，《考古》2000年3期。
［10］　四川省博物馆：《四川万县唐墓》，《考古学报》1980年4期。
［11］　张季：《河北景县封氏墓群调查记》，《考古通讯》1957年3期。
［12］　安家瑶、刘俊喜：《大同地区的北魏玻璃器》，载山西省北朝文化研究中心编（张庆捷等主编）：《4～6世纪的北中国与欧亚大陆》，科学出版社，2006年。
［13］　齐东方：《唐代金银器研究》第一编第三节，中国社会科学出版社，1999年。
［14］　陕西省文物管理委员会：《唐永泰公主墓发掘简报》，《文物》1964年1期。
［15］　陕西省考古研究所等：《陕西新出土文物集萃》，陕西旅游出版社，1993年。
［16］　陕西省博物馆、文管会革委会写作小组：《西安南郊何家村发现唐代窖藏文物》，《文物》1972年1期。
［17］　韩伟：《海内外唐代金银器萃编》，三秦出版社，1989年。

各地考古发现或传世的唐代金银器中亦不乏同形者，陕西西安何家村窖藏[16]及日本奈良东大寺[17]所见的素面和狩猎纹银壶年代都属于8世纪前半叶；A型Ⅰ式（ⅠT1601④a：3）（图一六七，11）罐、C型Ⅳ式（ⅠT2407③：2）（图一六九，6）罐肩、腹部都带有褐色彩绘的团花及草叶图案，类似的装束和器形在十方堂窑址唐代文化层（第④层）遗物中数量很多，是盛唐时期该窑产量较高的两类作品。

龙兴寺遗址出土的邛窑器以晚唐五代至北宋初的作品最为可观，年代跨度从9世纪至10世纪，可辨类型涉及碗、盏、盘、盏托、盒、钵、注壶、唾壶、带系罐、盂、净瓶、炉、灯等十余种，如碗、盘、罐、注壶等还出现较多花瓣口沿、出筋、瓜棱腹等仿生造型，器表仍以透明青釉为主，玻璃质感强，少数釉色豆青呈乳浊失透状，部分胎面挂有米黄色化妆土，装饰技法除模印的花卉、兽面纹样外，大量流行黄釉、褐釉或绿釉彩绘，图案常见点团彩和不同的文字符号。其中碗的出土数量最多，且盛行一种尖圆唇、斜弧腹（或斜直腹）、饼足的样式，类似的作品在十方堂邛窑址唐代文化层中并不鲜见，成都市西郊红色村元和十年（815年）王怀珍墓[18]及金沙村大中四年（850年）鲜腾墓[19]青瓷碗均属于此。除饼足外，也有不少碗、盘的足部制作成玉璧状。大多数的碗、盘内底部还题书有"厨院"、"大院"、"胜"、"手"、"中"以及汉字序号"一"至"十一"等字样，对于探讨它们的具体用途应是非常值得留意的线索。除碗、盘外，寺址内发现的其他遗物也极具代表性，如注壶口大、高领粗犷、溜肩长腹、流部短直，盒分作盖、身两部分、子母口、圈足或平底，罐口大、矮领较粗、丰肩一周对称置四系、饼足较大，唾壶颈部短束、壶体下部显扁圆，均为晚唐至宋初南北地域共同流行的器式[20]。炉的造型比较单一，以一种上部近盆、底部带多条蹄足的造型最为普遍，有的足面还模印出狰狞的兽头图案，十方堂邛窑址一件刻"广政十一年（948年）正月十日记"铭文的蹄足印模（85QS5YT24③：16）内即带有此种形象，为明确的五代后蜀之遗物。值得一提的是，属于该时期的遗物还包括几件通体近碗的灯盏，灯体腹部圆弧，中空作夹层状，口沿下方一侧置孔与夹层相通，其意匠功用与文献中提及的"省油灯盏"颇有吻合之处[21]。邛崃十方堂窑址唐代地层内出土过完全一致的灯（如86QS5YT39④：25），为该窑独具特色的一类产品。

北宋中后期至南宋阶段的邛窑瓷器数量急剧减少，器形有碗、盘、罐、碟、注壶、瓶，年代在11世纪至13世纪初。瓷器胎面化妆土的使用率较低，釉面呈乳浊失透状，以绿、青黄、酱褐等色调为主，素面居多，装饰技法有彩绘、划花、剔刻、贴塑等。饼足器仍比较常见，碗、盘中新出现一种平切的低矮圈足样式，如编号H42：2（图一五九，1）的一件酱釉碗，圆唇，斜弧腹，矮圈足，口沿内侧釉下阴刻"癸酉绍兴廿三年（1153年）十二月初二日造蒋口"字样；编号IT0801④c：1（图一五九，7）的另一件淡青釉

［18］　成都文物考古研究所：《成都市西郊红色村唐代王怀珍墓》，《成都考古发现》（2005），科学出版社，2007年。

［19］　成都市文物考古研究所：《成都市金沙村唐墓发掘简报》，《成都考古发现》（2004），科学出版社，2006年。

［20］　易立：《北方地区出土晚唐至宋初陶瓷器的类型与分期——以邢、定、耀州窑产品为中心》，吉林大学硕士学位论文，2007年6月。

［21］　（南宋）陆游：《老学庵笔记·卷十》："《宋文安公集》中，有'省油灯盏'诗。今汉、嘉有之，盖夹灯盏也。一端作小窍，注清冰水于其中，每夕一易之。寻常盏为火所灼而燥，故速干。此独不然，其省油几半。邵公济牧汉、嘉时，数以遗中朝士大夫。按文安亦尝为玉津令，则汉、嘉出此物，几三百年矣。"按《老学庵笔记》卷一说："予去国（指临安）二十七年复来。"又卷六亦说："今上初登极，周丞相草仪注，称'新皇帝'，盖创为文也。"按周丞相指周必大，淳熙末、绍熙初任左丞相，"今上"、"新皇帝"俱指光宗。陆游因周必大推荐，淳熙末年回到朝廷，距他39岁（孝宗隆兴元年，1163年）离开临安，正好二十六七年。这是《老学庵笔记》写作时间的有力证据之一。此外，陆游的二儿子陆子龙编《陆游文集》时也说：《老学庵笔记》，"先太史（陆游）淳熙、绍熙间所作也。"因此，该书的写作时间大约就在宋孝宗淳熙末年到宋光宗绍熙初年这几年间，即12世纪末至13世纪初。书中提及"汉、嘉出此物，几三百年矣。"据此反推可知，汉、嘉之地出产"省油灯"的时间似可以早到9世纪至10世纪的晚唐五代之际，与龙兴寺所出同类作品的年代大体相当。

圈足碗，内底面以绿彩满绘花草图案，无论从造型特征到装饰，都与成都市二仙桥成南高速公路南宋绍兴二十二年（1152年）合葬墓[22]所出瓷碗类似。注壶多为北宋作品，主要有两种，其一上部近盘钵，束颈，溜肩，斜腹，十方堂邛窑址E型Ⅰ式壶（84QS5YT2③：36）及江西景德镇治平二年（1065年）舒氏墓[23]所出青白瓷器即为同形；其二则通体略矮，领部短粗，与四川广汉雒城镇元祐年间（1086～1094年）墓（87GLGM1）[24]青灰釉注壶大体相近。另有一种壶流部残片（采集：70，图一九一，7），流身两侧为双手合捧，北京顺义净光舍利塔基（辽开泰二年，1013年）[25]石函内出土的定窑白瓷注壶整体塑造为诵经的童子模样，童子双手所捧经卷即穿孔作流，构思上如出一辙。罐有双系和四系之分，均对称安置，前者为桥形横系，后者为耳形纵系，两种罐都属于成都平原北宋中后期至南宋墓葬内习见的随葬品之一[26]。此外，遗址内数件通体呈管口长颈、卵形腹、圈足的瓶（即"玉壶春瓶"，如ⅠT2407④b：1，图一七七，1）也具有相对突出的时代特征，考古资料表明这种长颈瓶大约出现于12世纪前半叶，南北两地南宋和金代墓葬、窖藏等遗迹内的发现频率很高[27]，十方堂邛窑址C型Ⅱ式瓶（86QS5YT35③：34）造型相同。

二 乙组群

乙组群均为白瓷器，胎体致密呈灰白色，胎面一般挂有化妆土，釉面泛灰或闪黄色，光泽度不强，内底部残留数堆石英垫砂痕。除通体素面外，器表装饰主要采用了印花和刻划花两种不同工艺，这些特征与彭州磁峰窑的作品基本吻合。其出土数量远不及邛窑器，所属时代集中于两宋之际，且以南宋遗物较多，种类见有碗、盘、碟、樽、瓶等。

碗可分两种，一种呈敞口、斜弧腹、矮圈足状，个别内壁还模印出双鱼纹和六分格的缠枝莲荷图案，类似的碗标本在彭州磁峰窑址[28]不乏其例（如AT33②：33）。这种碗的纹饰布局应模仿自金代定窑的产品，典型器物如吉林农安金代晚期窖藏[29]、辽宁铁岭金泰和五年（1205年）墓[30]白瓷印花小碟，河北曲阳定窑窑址出土的"泰和丙寅岁"（金章宗泰和六年，1206年）题款印花模子[31]上也带有六分格的缠枝莲花图案，进一步印证其流行的时代当在13世纪初前后。另一种则为直口、深弧腹、圈足状，有的碗腹部外壁刻划一层尖体仰莲瓣，与磁峰窑址A型深腹碗（如CT39④：325）基本一致，这种碗常与注壶配套用作温酒具，又被称为"注碗"。盘、碟呈折腰式（如ⅠT0307③：1，图一九四，7），是宋金时期流行的器形之一，磁峰窑烧造的折腹盘、碟数量很多，然极少制作成圈足，底足部常常处理为平底或低矮的小饼足状。除普通的碗、盘、碟外，另有两件筒腹圈足樽较有特色，其中一件的外腹部还刻划有精美的莲花及叶脉，与四川郫县红星公社南宋窖藏[32]所出磁峰窑白瓷刻花缸大体相仿，此类单枝

[22] 成都市文物考古研究所：《成都市二仙桥南宋墓发掘简报》，《成都考古发现》（1999），科学出版社，2001年。
[23] a. 彭适凡：《景德镇市郊出土宋瓷俑》，《考古》1977年2期；
　　b. 彭适凡：《宋元纪年青白瓷》，庄万里文化基金会，1998年。
[24] 四川省文物考古研究所、广汉县文物管理所：《四川广汉县雒城镇宋墓清理简报》，《考古》1990年2期。
[25] 北京市文物工作队：《顺义县辽净光舍利塔基清理简报》，《文物》1964年8期。
[26] 陈云洪：《试论四川宋墓》，《四川文物》1999年3期。
[27] 刘涛：《宋辽金纪年瓷器》，文物出版社，2004年。
[28] 成都市文物考古研究所、彭州市博物馆：《2000年磁峰窑发掘报告》，《成都考古发现》（2000），科学出版社，2002年。
[29] 吉林省博物馆、农安县文管所：《吉林农安金代窖藏文物》，《文物》1988年7期。
[30] 铁岭市博物馆、铁岭县文物管理所：《铁岭县前下塔子金墓》，《辽海文物学刊》1988年2期。
[31] 妙济浩、薛增福：《河北曲阳县定窑遗址出土印花模子》，《考古》1985年7期。
[32] 郫县文化馆（梁文骏）：《郫县出土的宋代瓷器窖藏》，《文物》1984年12期。

莲花搭配茎叶的装饰布局也曾见于北京海淀区南辛庄金代中期墓（海陵王贞元至正隆年间，1153～1160年）[33]出土的白瓷平底碟上，是金代定窑瓷器上屡见不鲜的纹样题材之一。

三　丙组群

丙组群器物亦为白瓷器，薄胎薄釉，釉色白中泛青或淡黄色，光泽柔和，透明度高，流行花瓣口，有的口沿因采用了支圈覆烧的工艺而形成芒口，器表还见有刻划花装饰，与定窑瓷器的风格趋同。定瓷早在晚唐五代之际已流布入四川盆地一带[34]，至宋元时期仍有不少发现，是该地区窖藏器物中的重要品种之一，仅简阳东溪园艺场一处就出土过八十余件之多[35]。龙兴寺出土物仅见盘、碟、盒盖等几件，其中编号ⅠT1003③：4（图二〇一，5）的折腹圈足盘，通体素面，口沿部塑造为多曲的葵花瓣形状，相同形制的定窑白瓷盘还见于河北香河栖隐寺塔基（辽统和二十四年，1006年）[36]、北京密云冶仙塔基（辽代中期）[37]及丰台王泽夫妇墓（辽重熙十四年至二十二年，1045～1053年）[38]，应是11世纪前半叶新出现的款式。另有两件均为浅斜腹平底碟，编号ⅡT0607④c：1（图二〇一，1）的作品口部制作成六曲花瓣状，沿处无釉，通体素面，定窑的这种碟主要盛行于北宋晚期至金代[39]，内蒙古敖汉旗辽寿昌五年（1099年）刘祜墓[40]出土过完全一致的碟；编号ⅠT1902④b：1（图二〇一，2）的作品则为圆口，内底刻划简洁明快的缠枝莲叶。这种碟的标本曾在河北曲阳涧磁村定窑窑址内采集到[41]，从纪年墓葬出土材料亦可知，其流行时间贯穿于整个金代中后期[42]。

四　丁组群

丁组群器物只见碗和罐，均为青瓷器，包括早、晚两批遗物，早期遗物胎体灰白，釉色淡青，釉层薄，采用划花和剔刻花装饰；晚期遗物胎体偏灰，釉层亦薄，呈青绿或青黄色，采用印花技法，足底面刮釉露胎。依据上述特征可知，该组群正好代表了宋金时期的耀州窑瓷器。

早期遗物一共两件，其一（F9③：10，图一九九，3）为敞口、斜弧腹、圈足碗，内壁划出卷草叶纹，陕西铜川耀州窑址[43]E型Ⅰ式盏（86Ⅳ：025）与之极为接近，类似的划花卷草叶纹还常与轮菊搭配，在内蒙古巴林左旗辽韩匡嗣夫妇墓（统和三年至十一年，985～993年）[44]出土的耀州窑青瓷瓶盖上可以见到；其二（M6：3，图一九九，5）体型较小，为直口、矮领、扁鼓腹罐，腹中部以下残缺，肩部一周剔刻莲花瓣，瓣内划饰筋脉，与耀州窑址C型Ⅲ式青瓷罐（86ⅠVT6③：18）在造型和纹饰方面都很相似，辽宁法库叶茂台七号辽墓[45]曾出土两件此类作品，墓葬年代约在10世纪末。耀州窑的这类作品历

［33］北京市海淀区文化文物局：《北京市海淀区南辛庄金墓清理简报》，《文物》1988年7期。
［34］易立：《关于四川三台出土"官"款白瓷的几个问题》，《四川文物》2009年1期。
［35］四川省文物管理委员会：《四川简阳东溪园艺场元墓》，《文物》1987年2期。
［36］张兆祥、武玉茹：《廊坊市出土辽代白瓷研究》，《文物春秋》1997年增刊。
［37］王有泉：《北京密云冶仙塔塔基清理简报》，《文物》1994年2期。
［38］北京市文物管理处：《近年来北京发现的几座辽墓》，《考古》1972年3期。
［39］彭善国：《辽代陶瓷的考古学研究》第五章第一节，吉林大学出版社，2003年。
［40］邵国田：《敖汉旗羊山1～3号辽墓清理简报》，《内蒙古文物考古》1999年1期。
［41］河北省文化局文物工作队：《河北曲阳涧磁村定窑遗址调查与试掘》，《考古》1965年8期。
［42］刘淼：《考古发现的金代定窑瓷器初步探讨》，《考古》2008年9期。
［43］陕西省考古研究所：《五代黄堡窑址》，文物出版社，1997年。
［44］内蒙古文物考古研究所等：《白音汗山辽代韩氏家族墓地发掘报告》，《内蒙古文物考古》2002年2期。
［45］a.辽宁省博物馆、辽宁铁岭地区文物组：《法库叶茂台辽墓纪略》，《文物》1975年12期；
　　 b.冯永谦：《法库叶茂台辽墓出土的陶瓷器》，《文物》1975年12期。

年来在辽代墓葬、塔基等遗迹中发现尤多，以往常被含糊地冠以"北方青瓷"[46]，或与传世的"东窑器"相附会[47]，窑址的发掘整理者则笼统地认为是五代时期所烧造，并一度推测瓷器本身很可能与文献提及的后周世宗之"柴窑"关系密切[48]，但结合纪年材料等可知其存在的主要时间应在10世纪末至11世纪初的北宋早期[49]，如近年发掘的西安市长安区郭社镇唐王朝后裔李保枢夫妇墓（北宋天禧三年，1019年）[50]内的青瓷剔刻花盖罐即属此类。值得引起注意的是，除邛崃龙兴寺外，四川巴中西城镇宋代石室墓（M1）[51]出土的一件豆青釉圈足碗亦属北宋早期的耀州窑制品，它们对于今后考察五代宋初耀瓷的流布问题无疑都是非常珍贵的材料。

年代偏晚的几件作品均为青瓷碗一类，其中编号H12：9（图一九九，2）和G9：26（图一九九，4）的碗为侈口、斜弧腹略高、圈足，外壁划饰数条细线，内壁模印三朵缠枝菊叶、轮菊等图案，与宋代耀州窑址Db型Ⅲ式碗（87ⅠT20②：4）及Eb型Ⅱ式碗（90ⅣVT53③：1）雷同。耀州窑的印花类瓷器自北宋中期出现并逐渐流行，天津蓟县独乐寺塔上层塔室（辽清宁四年，1058年）[52]、辽宁阜新萧德温墓（辽大康元年，1075年）[53]及湖北英山谢文诣墓（北宋熙宁十年，1077年）[54]出土的青瓷印花碗是这一品种中较早的个体代表。另一方面，编号ⅠT3401④a：2（图一九九.1）的碗则为双唇口、斜弧腹、圈足，碗内壁刻划缠枝菊叶，叶脉显得宽肥，同样的图案也见于宁夏银川西夏陵园北端建筑址[55]内的耀州窑盘上，且具有这类风格的叶脉形象在重庆荣昌祝家村南宋窖藏[56]、山西侯马金大安二年（1210年）董氏墓[57]出土的同窑口青瓷碗上都可以见到。南宋文献中常言及耀器"河朔一带用以分茶"[58]，或有"极粗朴不佳，唯食肆以其耐久多用之"[59]的评价，虽然这些记载多少反映出当时耀瓷的产品面貌及使用情况，但更多的考古发掘成果揭示金代耀州窑的生产规模和工艺水准仍维持在较高的层次[60]，并占据有相当的市场空间[61]。自皇统二年（1142年）"绍兴和议"签订，南北对峙局面正式形成，金政府于陕西凤翔府等边境地区相继开设了榷场，此后因海陵王侵宋榷场贸易曾一度停罢，大定四年（1164年）"隆兴和议"后，金世宗"复置泗、寿、蔡……凤翔、秦、巩……诸场"[62]，双方重新恢复广泛的经贸交流。凤翔府、秦州、巩州三地均与南宋的利州路接壤，地域邻近的耀州窑

［46］ 冯先铭：《新中国陶瓷考古的主要收获》，《文物》1965年9期。
［47］ 将"东窑"器与五代宋初耀州青瓷作品相联系的看法最早系日本学者小山富士夫提出，详细的情况可参见谢明良：《东窑小记》，（台北）《故宫文物月刊》10卷3期，1992年。
［48］ a. 禚振西：《汝窑、柴窑与耀州窑的几个问题》，《考古与文物》1989年6期；
        b. 禚振西：《柴窑探微》，《收藏家》2001年8期。
［49］ 易立：《试论五代宋初耀州青瓷的类型与分期——以墓葬、塔基出土物为中心》，《考古与文物》2009年2期。
［50］ 西安市文物保护考古所：《西安长安区郭社镇清理的三座宋代李唐家族墓》，《文物》2008年6期。
［51］ 岳钊林、程英：《巴中城区宋墓清理简报》，《四川文物》1994年2期。
［52］ 天津市历史博物馆考古队、蓟县文物保管所：《天津蓟县独乐寺塔》，《考古学报》1989年1期。
［53］ 李文信：《辽瓷简述》，《文物参考资料》1958年2期。
［54］ 黄冈地区博物馆、英山县博物馆：《湖北英山三座宋墓的发掘》，《考古》1993年1期。
［55］ 宁夏文物考古研究所：《西夏陵园北端建筑遗址发掘简报》，《文物》1988年9期。
［56］ 重庆市博物馆、荣昌县文化馆：《重庆荣昌县宋代窖藏瓷器》，《四川考古报告集》，文物出版社，1998年。
［57］ 畅文斋：《侯马金代董氏墓介绍》，《文物》1959年6期。
［58］ （南宋）周辉著、刘永翔校注：《清波杂志》卷五，中华书局，1994年。
［59］ （南宋）陆游著、李剑雄等点校：《老学庵笔记》卷二，中华书局，1979年。
［60］ 王长启：《金元时期的耀州瓷器》，《文博》1988年2期。
［61］ 彭善国：《略论五代宋金耀瓷的流布》，《中原文物》2000年1期。
［62］ （元）脱脱等：《金史》卷五十《食货志》，中华书局，1975年。

场之产品有可能借助榷场贩卖入川。

五　戊组群

戊组群均为青瓷器，胎体白而坚致，器表通体施釉，釉色青绿，釉层较厚如凝脂状，装饰较简单，常见一周剔刻的莲瓣图案，当系龙泉窑的作品，属于"厚釉青瓷"的范畴。研究表明，南宋中后期的龙泉窑一改"厚胎薄釉"的风格，而采用石灰碱釉，以增大釉料在高温环境下的熔融黏度，并通过多次施釉多次焙烧，达到"厚釉"的目的。在第一次施釉前，坯件要先经过素烧。未经素烧的坯体，吸水性不强，釉层难以增厚。由于釉的高温黏度变大，烧造时所产生的气泡均匀分布在釉层中，釉面一定程度上呈失透状，不显出耀眼的光泽，从而形成丰厚滋润有如美玉的质感[63]。这一时期里，随着龙泉窑生产水平的提高，文献的记载也开始出现誉美之辞。作于开禧二年（1206年）的《云麓漫钞》记："青瓷器，皆云出自李王，号秘色；又曰出钱王。今处之龙溪出青色粉青，越乃艾色……"[64]最详细的记载则来自于嘉定二年（1209年）编修的龙泉县志，明成化时进士陆容所撰《菽园杂记》中有相关引述："青瓷，初出于刘田，去县六十里，次则有金村窑，与刘田相去五里余。……然泥油精细、模范端巧皆不若刘田。泥则取于窑之近地，其他处皆不及；油则取诸山中，蓄木叶烧炼成灰，并白石末澄取细者合而为油，大率取泥贵细，合油贵精。匠作先以钩运成器或模范成型，侯泥干则蘸油涂饰，用泥筒盛之，……候火色红，焰无烟，即以泥封闭火门，火气绝而后启，凡绿豆色莹净无暇者为上，生菜色者次之。然上等价高皆转货他处，县官未尝见也。"[65]这段文字从瓷器的烧造地点、产品特征、工艺和原料来源等多方面对南宋龙泉窑的面貌进行了描述，是其他各类文献所不能比拟的。

该窑典型的厚釉青瓷，釉厚普遍在0.5至1毫米之间，包括白胎和黑胎两个品种，器表多素面，年代较早的考古实物如浙江松阳南宋庆元元年（1195年）程大雅墓[66]青瓷梅瓶、四川彭山庆元六年（1200年）虞公著夫妇墓[67]青瓷小罐等，这类作品在各地庆元以后的墓葬、遗址中数量逐渐增多，可知其主要的烧造时间当不会早于12世纪末，大致相当于南宋中、后期。龙兴寺出土的凤耳瓶、碗、盘、器盖等在浙江龙泉西南部的大窑、金村及溪口一带窑址内都可以见到[68]，其中的青瓷凤耳瓶在四川简阳东溪园艺场窑藏[69]、峨眉山罗目镇电机铸造厂窑藏[70]也有少量发现。

六　己组群

己组群器物亦薄胎薄釉，釉面光洁呈青白色，多通体施釉，有芒口现象，圈足底无釉留有垫饼痕，器表尚装饰，常见刻花、划花、印花三种，这一组群应属景德镇窑（系）的青白瓷产品。两宋时期的四川

[63]　李家治：《中国科学技术史·陶瓷卷》，科学出版社，1998年。
[64]　（南宋）赵彦卫：《云麓漫钞》卷十，中华书局标点本，1998年。
[65]　（明）陆容：《菽园杂记》卷十四，中华书局标点本，1985年。
[66]　朱伯谦：《龙泉窑青瓷》，（台北）艺术家出版社，1998年。
[67]　四川省文物管理委员会、彭山县文化馆：《南宋虞公著夫妇合葬墓》，《考古学报》1985年3期。
[68]　a. 金祖明：《龙泉溪口青瓷窑址调查纪略》，《考古》1962年10期；
　　　b. 朱伯谦、王士伦：《浙江龙泉青瓷窑址调查发掘的主要收获》，《文物》1963年1期。
[69]　同[37]。
[70]　陈黎清：《峨眉山市罗目镇出土宋代窑藏》，《四川文物》1990年2期。

是青白瓷的重要行销区域，著作年代约在南宋嘉定至端平间的蒋祈之《陶记》中便有相关记载："若夫浙之东、西，器尚黄黑，出于湖田之窑者也；江、湖、川、广器尚青白，出于镇之窑者也。碗之类鱼水、高足；……此川、广、荆、湘之所利。"[71] 历年来四川一带所发现的大量宋元时期窖藏文物中，青白瓷器往往是数量最多的品种[72]，而作为当时该地区政治、经济、文化中心的成都则更是入川货物的集散、转运和消耗市场，如指挥街[73]、江南馆街[74]、下东大街[75] 等里坊、生活址内即散见这类遗物。龙兴寺出土的碗有两种，第一种为侈口、斜弧腹、圈足，以编号ⅠT1701④a：10（图二〇四，1）的刻花碗年代较早，其足部宽大，足墙外撇，外腹部剔刻一周尖体仰莲瓣，与江西瑞昌北宋天圣三年（1025年）墓[76] 所出莲瓣纹碗近同；北宋后期的作品以F9②：3（图一九六，1）为代表，足部变小，足底增厚，内底面刻划婴戏花草纹，线条纤细流畅，与景德镇湖田窑址[77] 第三期后段（约徽宗至钦宗年间，1101~1127年）的Ac型仰烧侈口碗（95A·F9：28）相同。另一种碗呈斜直腹、小足、厚底，即所谓的"斗笠碗（盏）"，其烧造时间颇长，贯穿于北宋末至整个南宋，是迎合当时饮茶习惯的新造型[78]，编号H3：27（图一九六，4）的作品内底饰卷曲的花草图案，与湖田窑址第四、五期遗存常见的B型斗笠碗（如93XV：03）一致。碟的形制比较统一，多为浅斜腹、平底内凹式，内底面带刻划花，如ⅡT3401④a：7（图一九七，四）口沿一周无釉，应是采用了覆烧技术形成的芒口器。景德镇湖田窑自北宋中期开始出现多级垫钵式窑具的覆烧法，浙江武义元丰六年（1083年）墓[79] 出土的两件芒口碟，在目前已掌握的纪年青白瓷中是年代最早的覆烧制品。南宋中期以后，陶工们为了装烧规格一致的坯件，便扬弃垫钵转而使用支圈组合式覆烧窑具。这项深受定窑工艺影响的技术，能够更充分地利用窑室空间，提高产量，从而达到降低成本的目的，因此具有很大的优越性。龙兴寺所见的碟，尺寸规格十分接近，是采用支圈覆烧的作品，类似的碟在湖田窑址（Aa型芒口碟，99H·T18①：3）及四川遂宁金鱼村南宋窖藏（如SJH：680）[80] 都有大量发现。除碗、碟外，另有一件瓶的残器（ⅠT1402④a：19，图一九六，8），其口沿呈多曲花瓣形，长颈，颈部刻划几道弦纹，相同的花口瓶亦见于湖田窑址（97F·T7③：200），河北易县净觉寺塔基（辽天庆五年，1115年）[81] 出土的这类瓶外腹作瓜棱状，底部连接器座。

七 庚组群

庚组群为一批黑釉制品，胎体呈灰或灰白色，胎面无化妆土，外壁挂半截釉，器形多碗、盏之类，年代集中于南宋之际。两宋时期四川地区的黑釉瓷器生产极为发达，窑场遍布，规模较大的如都江堰瓦

[71] 关于《陶记》的著作年代及具体内容参见：a.刘新园：《蒋祈〈陶记〉著作时代考辨（上）——兼论景德镇南宋与元代瓷器工艺、市场及税制等方面的差异》，《文史》第十八辑，中华书局，1983年；b.刘新园：《蒋祈〈陶记〉著作时代考辨（下）——兼论景德镇南宋与元代瓷器工艺、市场及税制等方面的差异》，《文史》第十九辑，中华书局，1983年。

[72] 刘雨茂、谭红兵：《四川宋代窖藏瓷器的发现与研究》，载成都市博物馆编（蔡永华主编）：《文物考古研究》，成都出版社，1993年。

[73] 成都市博物馆、四川大学博物馆：《成都指挥街宋代遗址发掘报告》，《南方民族考古》第二辑，四川科学技术出版社，1990年。

[74] 成都文物考古研究所：《成都江南馆街唐宋街坊遗址》，《成都文物》2009年3期。

[75] 成都文物考古研究所：《成都市下东大街遗址考古发掘简报》，《成都考古发现》（2007）待刊。

[76] 瑞昌县博物馆：《江西瑞昌发现两座北宋纪年墓》，《文物》1986年1期。

[77] 江西省文物考古研究所、景德镇民窑博物馆：《景德镇湖田窑址——1988~1999年考古发掘报告》，文物出版社，2007年。

[78] 刘新园：《景德镇湖田窑各期典型碗类的造型特征及其成因考》，《文物》1980年11期。

[79] 李知宴、童炎：《浙江省武义县北宋纪年墓出土陶瓷器》，《文物》1984年8期。

[80] 遂宁市博物馆、遂宁市文物管理所：《四川遂宁金鱼村南宋窖藏》，《文物》1994年4期。

[81] 河北省文物管理处：《河北易县净觉寺舍利塔地宫清理记》，《文物》1986年9期。

缸坝窑[82]、金凤窑[83]、广元瓷窑铺窑[84]、达州瓷碗铺窑[85]、重庆涂山窑[86]等，它们之间年代相近，产品面貌亦趋同，均以碗、盏为大宗。根据胎釉特征判断，龙兴寺出土的黑釉碗、盏应系四川本地窑口所烧造，其中胎体呈灰色者更接近于瓦缸坝窑、金凤窑和广元瓷窑铺窑的作品，而灰白色者可能产自川东一带窑场。有宋一代斗茶风气颇盛，成书于皇祐年间（1049～1054年）的蔡襄《茶录》中"茶盏"条载："茶色白，宜黑盏，建安所造者，绀黑，纹如兔毫，……，最为要用。出他处者，或薄或色紫，皆不及也。"[87]北宋末年，徽宗自撰《茶论》（又名《大观茶论》）二十篇，其论盏篇亦云："盏色贵青黑，玉毫条达者为上，取其焕发茶采色也。"[88]就形制而言，这批黑釉碗、盏器无疑属当时迎合斗茶之用的茶具，大体可分两种：其一口部微敛，腹部略深，底部带小饼足；其二口沿处收束，斜弧腹，小圈足。束口式黑釉盏的年代相对明确，考古材料中多出自南宋中晚期墓葬，因而有学者将它们全部断为南宋作品，具体流行时间推定到孝宗、宁宗、理宗三朝约百年时间里[89]。此外，据日本学者对日本福冈博多遗址所出中国黑釉茶盏的整理研究，造型呈倒三角的敞口盏遗存的年代应为最早；从12世纪前半期开始，深腹的黑釉盏已占据重要位置；从12世纪后半期开始，黑釉盏的口沿部明显折曲上立，即出现了束口式盏[90]。

八　其他标本

除上述七个组群外，另有个别标本值得关注。

编号Ⅰ T0802③：74（图二〇四，10）的碗残片，圆唇口，弧腹，腹部以下残缺，胎质较粗呈粉红色，胎面挂有一层白色化妆土，透明釉上加饰条形绿彩斑纹。由于底足缺失，我们只能根据其圆唇口的造型特征，大致推断它的年代约在晚唐之际。晚唐时期是低温白釉绿彩陶瓷生产的高峰期[91]，除中国北方地区墓葬和遗址外，这一时期的白釉绿彩器以江苏扬州唐城的出土数量最为可观[92]，1998年在印尼勿里洞岛（Belitung Island）海域发现的"黑石号"（Batu Hitam）唐代沉船（伴出"宝历二年"铭记长沙窑碗）上亦打捞出这类作品总数近二百件[93]，其中于一件圆口折沿盘的圈足底更铭刻有"进奉"字样，透露出其最初生产的性质可能与官府或宫廷内库机构有关。针对晚唐白釉绿彩的产地问题，目前学术界尚存分歧，但多数看法倾向于华北一带窑场，如曾有学者推测"黑石号"沉船所出者或许应产

[82]　成都市文物考古研究所、都江堰市文物局：《都江堰市金凤乡瓦缸坝窑发掘报告》，《成都考古发现》（2001），科学出版社，2003年。

[83]　成都市文物考古研究所、都江堰市文物局：《都江堰市金凤窑址发掘报告》，《成都考古发现2000》，科学出版社，2002年。

[84]　四川省文物考古研究所、广元市文物保护管理所：《广元市瓷窑铺窑址发掘简报》，《四川文物》2003年3期。

[85]　四川省文物考古研究院、达州市通川区文化体育局、达州市通川区文物管理所：《四川达州市通川区瓷碗铺瓷窑遗址发掘简报》，《四川文物》2005年4期。

[86]　重庆市文物考古所：《重庆涂山窑》，科学出版社，2006年。

[87]　（宋）蔡襄：《茶录》，《文渊阁四库全书》本。

[88]　（明）陶宗仪：《说郛》，《文渊阁四库全书》本。

[89]　李民举：《建窑初论稿》，载北京大学考古学系：《"迎接二十一世纪的中国考古学"国际学术讨论会论文集》，科学出版社，1998年。

[90]　（日）森本朝子：《福冈博多遗址群出土的天目瓷》，载茶道资料馆编集：《唐物天目——福建省建窑出土天目与日本传世的天目》，福建省博物馆、MOA美术馆、茶道资料馆，1994年。

[91]　易立：《白釉绿彩器的产生、发展与流向》，《四川文物》待刊。

[92]　a.南京博物院、扬州博物馆、扬州师范学院发掘工作组：《扬州唐城遗址1975年考古工作简报》，《文物》1977年9期；
　　　b.中国社会科学院考古研究所、南京博物院、扬州市文化局扬州城考古队：《江苏扬州市文化宫唐代建筑基址发掘简报》，《考古》1994年5期。

[93]　谢明良：《记黑石号（Batu Hitam）沉船中的中国陶瓷器》，（台湾大学）《美术史研究集刊》，2002年。

自以邢窑为代表的河北南部窑场[94]，然而鉴于当前该地区窑址的考古佐证材料尚显薄弱，故仍有待进一步证实。相比之下，河南省中、北部的巩义[95]、登封[96]、辉县[97]、鹤壁集[98]等窑址晚唐时期均烧造白釉绿彩器，如巩义黄冶窑第四期所见的这类遗物便包括圈足碗、盘及短直流注壶等多个器形。另一方面，晚唐华北窑场的白釉绿彩器此前在南方地区除个别见于安徽巢湖会昌二年（842年）伍府君墓[99]外，均集中出于扬州唐城遗址，且多数与外销贸易有关，至于它在四川地区的发现则又是一个饶有兴趣的话题。

编号ⅠT2104④c：2（图二〇四，5）的残片，花式口沿，器形可能属盘碟之类，胎面采用珍珠地划花装饰。这种工艺流程是先在已成型的呈色较深的器胎上施罩一层白色化妆土，以尖状工具划出装饰纹样，再以细竹管或金属细管在纹样以外的空隙戳印出珍珠般的小圆圈，最后挂透明釉入窑焙烧而成。划花线条与戳印的小圈呈深褐或浅褐色，与白色化妆土颜色区别分明，装饰效果独特。就宏观而言，珍珠地划花作品通常都被划归"磁州窑系"或"磁州窑类型"瓷器，纪年物中最著名的即英国大英博物馆（The British Museum）藏"熙宁四年"（1071年）款长方形枕[100]，枕墙剔刻开光扁菊纹。此外，作为磁州窑系主体的观台窑址[101]，珍珠地划花器自第一期前段（北宋早期，相当于10世纪后半叶）出现，至第二期后段（北宋末金初，相当于12世纪前半叶）逐渐衰落，延续时间长达二百余年。然而如若参考更多的馆藏或考古出土材料，这类产品的下限甚至可以晚到金代中后期，如日本东京静嘉堂（Seikado）文库美术馆藏"正隆五年"（1160年）铭椭圆形枕[102]、陕西韩城安居寨金代僧人墓所出"大定十六年"（1176年）铭椭圆形枕[103]等。除观台窑外，河南省中西部多个窑场及山西省中东部的介休洪山窑、平定柏井窑都烧造过这类产品[104]，时代约在宋金之际。因此，龙兴寺出土的这件残片尚无法明确其具体窑属和年代，只能大致判断为宋金时期"磁州窑系"的作品。无独有偶，重庆云阳明月坝唐宋集镇遗址也见有两件珍珠地划花瓷片（01F14：8、94）[105]，发掘整理者认为是登封窑的产品。

另一件编号ⅠT3401④a：17（图二〇四，8）的瓶残器，腹部扁圆，底部带三只短足。通体施釉，仅足端处露胎，胎土细腻坚实呈香灰色，釉色天青，釉层匀净似玉，密布冰裂纹开片，河南宝丰清凉寺窑烧造的官窑类天青釉瓷器在胎釉方面与之比较接近[106]。发掘表明汝官窑约停烧于北宋末年，曾烧造御用瓷器，如南宋人叶寘《坦斋笔衡》云："本朝以定州白瓷器有芒，不堪用，遂命汝州造青窑器，故河北、唐、邓、耀州悉有之，汝窑为魁。"[107] 陈万里先生即推断其供御的时间是在哲宗元祐元年至

［94］ 河南省文物研究所、中国文物研究所：《河南巩义市黄冶窑址发掘简报》，《华夏考古》2007年4期。
［95］ 同［94］。
［96］ 冯先铭：《河南密县、登封唐宋古窑址调查》，《文物》1964年3期。
［97］ 河南省文化局文物工作队：《河南辉县古窑址调查简报》，《文物》1965年11期。
［98］ 河南省文化局文物工作队：《河南省鹤壁集瓷窑遗址发掘简报》，《文物》1964年8期。
［99］ 巢湖地区文物管理所：《安徽巢湖市唐代砖室墓》，《考古》1988年6期。
［100］ （日）长谷部乐尔：《磁州窑》图版21，《中国の陶磁》第7册，（东京）平凡社，1996年。
［101］ 北京大学考古学系、河北省文物研究所、邯郸地区文物保管所：《观台磁州窑址》，文物出版社，1997年。
［102］ 大阪市立美术馆、日本经济新闻社、河北省文物局：《白と黒の竞演——中国磁州窑系陶器の世界》图版之二：23，大阪市立美术馆，2002年。
［103］ 任喜来、呼林贵：《陕西韩城金代僧群墓》，《文博》1988年1期。
［104］ 参见刘涛：《宋辽金纪年瓷器》"'磁州窑类型'瓷器窑址遗存一览表"，文物出版社，2004年。
［105］ 李映福：《明月坝唐宋集镇研究》，四川大学博士学位论文，2006年。
［106］ 河南省文物考古研究所：《宝丰清凉寺汝窑》，大象出版社，2008年。
［107］ （元）陶宗仪：《南村辍耕录》卷二九，中华书局，1959年。

徽宗崇宁五年间（1086～1116年）[108]。此外，从南宋初期的文献中也可以窥见汝瓷的稀少和时人对它的珍爱，如周辉《清波杂志》："又汝窑宫中禁烧，内有玛瑙末为釉，唯贡御拣退，方许出卖，近尤难得。"[109]又周密《武林旧事》："绍兴二十一年（1151年）十月，高宗幸清河郡王第，……清河郡王臣张浚进奉……盘和宝器，汝窑：酒瓶一对、洗一、香炉一……"[110]由文献得知，除御用外，汝瓷可能有部分散落入民间各地，成为达官显贵把玩奉献的宝物。

结　语

　　龙兴寺遗址出土的陶瓷器是四川地区陶瓷考古研究中的一批重要材料，其数量多、时间跨度长、涉及窑口广泛、质量精粗并存，在一定程度展现了寺院的兴衰历史及唐宋时期川西平原窑业与各窑产品行销、流通消长变化的基本面貌。就数量而言，出土陶瓷器中无疑以晚唐五代之际的作品为多，这一状况也同寺址发现的纪年石刻造像相吻合，二者均表明龙兴寺的鼎盛阶段应在9世纪至10世纪左右。众所周知，以邛窑为代表的川西古代窑场于此时进入其发展的繁荣期，主要烧造青瓷和彩绘瓷，器形类别十分丰富，寺址内所见遗物便以邛窑产品占大宗，而外地窑口器则极为少见，如产自河南一带、流播入川的白釉绿彩陶瓷更是几成孤例。进入宋金时期，以磁峰窑、金凤窑及涂山窑等为代表的白瓷、黑瓷窑场迅速崛起，开始在市场上扮演重要角色，寺址内这类作品即包含有碗、盏、盘、碟、樽、瓶等多种。另一方面，随着南北人口的流动、商品经济的发展、社会生活的多样化，瓷器的消费需求与贸易也不断扩大，质量上乘的景德镇窑、龙泉窑、耀州窑及定窑产品由此得以陆续输入川内市场，品种主要是饮茶、温酒、陈设之类，并占据了相当的份额。需要特别指出的是，这批输入瓷器中甚至还包括了以往四川地区墓葬、遗址内都极为难得的五代宋初耀州青瓷及磁州窑系珍珠地划花器，关于它们的具体性质和流播途径值得今后予以关注。与此同时，在长期的竞争环境下，邛窑终因其原料、工艺较为逊色而逐步走向衰落，其出土数量也相应地急剧减少，仅见一些碗、盘、罐、碟、注壶、瓶等，多为档次不高的日用生活器具。此外，由于出土物的年代下限多止于南宋中后期，且当中未见明确的元代遗物，我们可以推知寺院的毁废时间就应在南宋末年，究其原因或与宋蒙战争有着直接的联系。

---

[108]　陈万里：《汝窑的我见》，《文物参考资料》1951年2期。
[109]　（宋）周辉：《清波杂志校注》卷五，刘永翔校注本，中华书局，1994年。
[110]　（宋）周密：《武林旧事》卷六，《文渊阁四库全书》本。

后 记

　　1947年邛崃西河涨水，冲出了大量唐代佛教造像，消息传到成都后，四川大学成恩元教授先后多次前往收集、调查，当时收集的造像一直珍藏于四川大学博物馆，成为川大博物馆的重要藏品。半个多世纪以来，少有人关心这批造像的出土地点。1998年夏天，四川省文物局赵川荣副局长、成都博物院王毅院长、北京大学考古文博学院孙华副院长一行，在邛崃市文物管理所胡立嘉副所长带领下去了当时还是一片荒地的龙兴寺遗址，决定适时对龙兴寺遗址进行勘探。2000年，成都文物考古研究所开始了与北京大学合作对川北佛教石窟和摩崖造像的调查，年末，当完成了川北巴中地区石窟和摩崖造像的调查后，王毅院长要求我们去龙兴寺作一下考古调查和勘探，他认为邛崃城市建设发展很快，我们应当去确认一下遗址的具体位置和大致范围，以便在很快到来的城市建设中保护这一遗址。

　　2001年元旦前夕，成都文物考古研究所与邛崃市文物管理所合作开始了在遗址上的调查与考古勘探，邛崃市文物管理所胡立嘉副所长带着我们找到了1947年曾为四川大学成恩元老师下河打捞造像和石刻经版的何大爷，我们向何大爷询问了当年造像出土的地点和造像出土情况。同时在西河边和当时位于原西河河床中的邛崃啤酒厂内开探沟进行了勘探，勘探时发现荒地上原来认为是墓葬的土堆为塔基，并在塔基西南方向发现有建筑遗迹，确认了龙兴寺遗址所在。

　　2005年，邛崃市啤酒厂准备扩建，建设方为了保护遗址，避开了塔基及其周围40亩菜地，在塔基西南方向原来民房集中的区域内进行扩建。这一区域因为2001年时全是民房，我们未进行考古勘探，也不是原来佛像出土的区域，基建方和文物管理所都觉得很安全。8月，拆迁将完，在修建围墙时发现了大量造像，随即我们对出土造像进行了清理，并开始对啤酒厂拟扩建区域进行考古勘探。很快发现了西河边有建筑遗迹（F16），虽然很残，但证明了这一区域也有建筑，接着又在其南边发现了地基保存完好的罗汉殿（F1），证明了这是寺院的一部分，决定由勘探转入抢救性发掘。在发掘过程中，国家文物局童明康副局长、文物保护司关强副司长、四川省文物局徐荣旋局长、王琼副局长、赵川荣副局长等领导曾到工地视察指导工作。

　　整个工作期间王毅院长多次到现场协调，并得到了时任邛崃市市委书记高志坚同志、市长张彤同志、副市长王冲同志、宣传部部长郑继良同志的理解和支持，使发掘工作进展顺利。发掘过程中邛崃市委常委、宣传部长郑继良同志做了大量协调工作，成都博物院江章华副院长、蒋成副院长、李明斌副院长多次到现场协调指导工作，成都考古所勘探部主任刘雨茂、邛崃市文体局局长王茂楠、文物局局长何吉民、副局长李子军进行了大量现场指导和协调工作。邛崃市文物局植秀萍同志做了大量后勤工作。整理期间，成都考古所易立同志对出土瓷器进行了窑口辨别和分类。

　　参加发掘人员有成都文物考古研究所雷玉华、张雪芬、苏奎、刘守强、李平，邛崃市文物局何吉民、李子军、赵军、夏存刚，四川大学硕士研究生赵忠波。资料整理雷玉华、张雪芬、苏奎、刘守强、李平、夏成刚、赵军、张玉涛。领队雷玉华。

　　全书遗址绘图卢引科，器物绘图杨文成，拓片夏存刚、戴福尧、严彬，现场摄影苏奎、张雪芬，器物摄影李绪成、李升，文字撰写第一、二、三、七章雷玉华，第四、五、六章雷玉华、张雪芬。审稿江章华。

编　者

2010年4月于成都

龙兴寺遗迹（一）

1. 2000年勘探前的龙兴寺遗址

2. 2000年勘探时发现的倒塌的塔砖

1．2000年勘探时发现的F5、F15

2．2000年勘探时发现的塔基

龙兴寺遗迹（二）

龙兴寺遗迹（三）

1. 2005年龙兴寺发掘区全景

2. 2005年龙兴寺发掘现场局部（罗汉殿区域）

1. ⅠT1202-ⅠT1302西壁及人工填筑层（第⑤层）

2. ⅠT1202南壁瓦砾堆积层

1. 塔基俯视

2. 塔基东南角坍塌情况

龙兴寺遗迹（五）

1. 清理过程中的塔基(西北角)

2. 塔基东南角

龙兴寺遗迹（六）

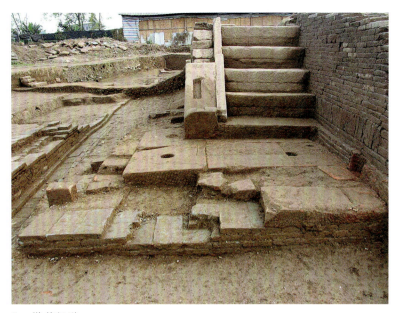

1. 塔基门道

2. 塔基东北部阶梯及F14

龙兴寺遗迹（七）

1. F16基础平面

2. F6台基垫土

3. F16礤墩解剖

龙兴寺遗迹（八）

1. F2、F3全景

2. F3台基局部包壁砖

3. F3台基局部包壁砖

龙兴寺F2、F3全景及F3台基局部

1. 罗汉殿基础俯视

2. 罗汉殿台基东侧

龙兴寺罗汉殿台基

1. 罗汉殿基础解剖沟A-A'西南端

3. 罗汉殿解剖沟B-B'东北端

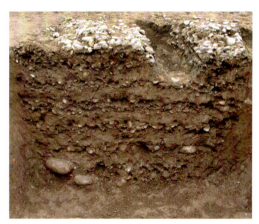

4. 罗汉殿磉墩剖面

2. 罗汉殿台基局部

5. 罗汉殿磉墩

龙兴寺罗汉殿解剖沟、台基局部及磉墩

1．F9全景（从北侧拍摄）

2．F9全景（从东侧拍摄）

龙兴寺F9全景

1. F9前后院交界处（前院未发掘）

2. F9天井东南部解剖沟（A-A'中部）

3. F9室内活动面上的篾炭痕

龙兴寺F9遗迹

1. 堡坎全景（从西北向东南拍摄）

2. 三次堡坎局部

3. 第二、三次堡坎局部

龙兴寺堡坎

1. 堡坎全景（从东南向西北拍摄）

2. H35底部情况

龙兴寺堡坎及H35

1. 小型佛、弟子类立像A型 H5：14

2. 小型佛、弟子类立像B型 ⅠT2408③：1

3. 小型佛、弟子类立像B型 ⅠT1404④f：1正面

4. 小型佛、弟子类立像B型 ⅠT1404④f：1背面

佛、弟子类立像（一）

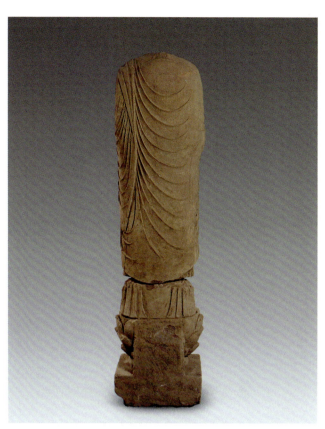

1. 中型佛、弟子类立像A型H35：40 正面

2. 中型佛、弟子类立像A型 H35：40 背面

3. 中型佛、弟子类立像B型 H35：47 正面

4. 中型佛、弟子类立像B型 H35：47 侧面

佛、弟子类立像（二）

1．大型佛、弟子类立像 H35：65 正面

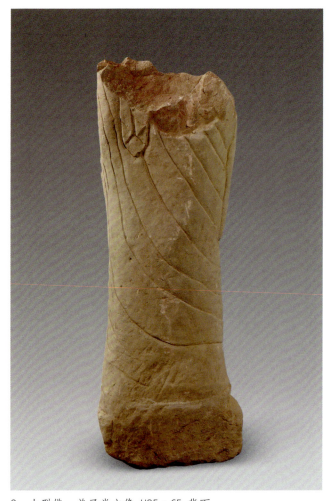

2．大型佛、弟子类立像 H35：65 背面

佛、弟子类立像（三）

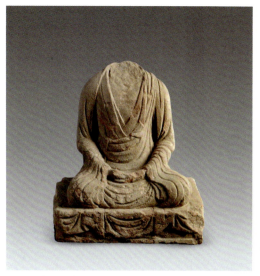

1. 小型佛、弟子类坐像AⅠ式 ⅠT1404④e：7 正面

2. 小型佛、弟子类坐像AⅠ式 ⅠT1404④e：7 侧面

3. 小型佛、弟子类坐像AⅠ式 ⅠT1404④e：7 背面

4. 小型佛、弟子类坐像AⅢ式 H23：1 正面

5. 小型佛、弟子类坐像AⅢ式 H23：1 侧面

6. 小型佛、弟子类坐像AⅢ式 H23：1 背面

佛、弟子类坐像（一）

1. 小型佛、弟子类坐像AⅡ式 H35：43 正面

2. 小型佛、弟子类坐像AⅡ式 H35：43 侧面

3. 小型佛、弟子类坐像B型 ⅠT1405④e：2

4. 小型佛、弟子类坐像C型式 采集：145 正面

5. 小型佛、弟子类坐像C型 采集：145 侧面

6. 小型佛、弟子类坐像C型 H5：36

佛、弟子类坐像（二）

1. 小型佛、弟子类坐像DⅠ式 H5：34 正面

2. 小型佛、弟子类坐像DⅠ式 H5：34 侧面

3. 小型佛、弟子类坐像DⅠ式 H5：52 正面

4. 小型佛、弟子类坐像DⅠ式 H5：52 侧面

佛、弟子类坐像（三）

1. 小型佛、弟子类像AⅢ式 ⅠT1204②a：2

2. 小型佛、弟子类坐像DⅡ式 ⅠT1907③：5 正面

3. 小型佛、弟子类坐像DⅡ式 ⅠT1907③：5 侧面

4. 小型佛、弟子类坐像DⅡ式 ⅠT1907③：5 背面

佛、弟子类坐像（四）

1. 小型佛、弟子类坐像E型 H5：50 正面

2. 小型佛、弟子类坐像E型 H5：50 侧面

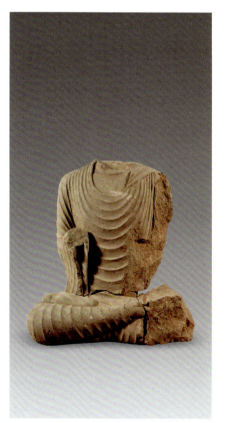

3. 中型佛、弟子类坐像AⅠ式
　　H35：29 正面

4. 中型佛、弟子类坐像AⅠ式
　　H35：29 侧面

5. 中型佛、弟子类坐像AⅠ式
　　H35：29 背面

佛、弟子类坐像（五）

1. 中型佛、弟子类坐像AⅡ式 H5：16 正面

2. 中型佛、弟子类坐像AⅡ式　H5：16 侧面

3. 中型佛、弟子类坐像BⅡ式 H27：2 正面

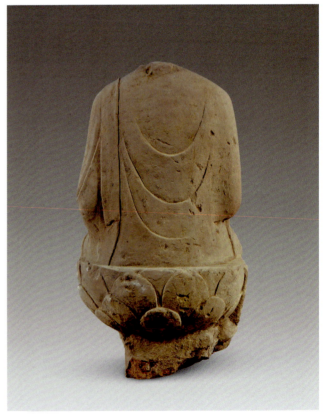

4. 中型佛、弟子类坐像BⅡ式 H27：2 背面

佛、弟子类坐像（六）

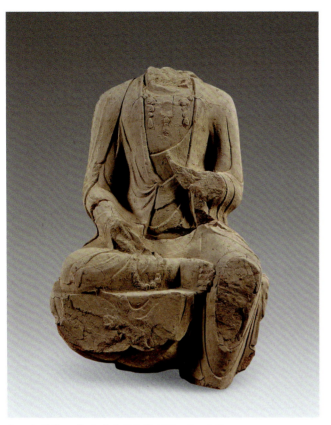

1. 中型佛、弟子类坐像C型 H28：1 正面

2. 中型佛、弟子类坐像C型H28：1 背面

3. 中型佛、弟子类坐像C型 H5：71 正面

4. 中型佛、弟子类坐像C型 H5：71 侧面

佛、弟子类坐像（七）

1. 大型佛、弟子类坐像 H35：42 正面

2. 大型佛、弟子类坐像 H35：42 侧面

3. 大型佛、弟子类坐像 H35：42 背面

佛、弟子类坐像（八）

1. 中型佛、弟子类像上半身残件A型 H35：41 正面

3. 中型佛、弟子类像上半身残件D型 H5：1 正面

4. 中型佛、弟子类像上半身残件D型 H5：1 侧面

2. 中型佛、弟子类像上半身残件A型 H35：41 背面

5. 中型佛、弟子类像上半身残件D型 H5：1 背面

佛、弟子类像残件

1. 小型着菩萨装立像A型 H35：14

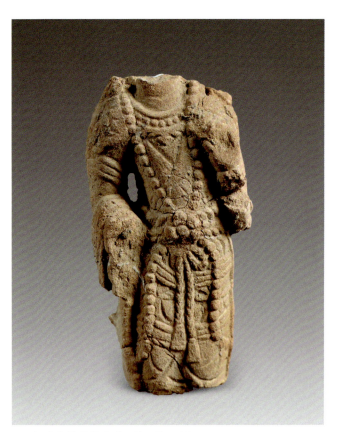

2. 小型着菩萨装立像B型 H35：37

3. 小型着菩萨装立像A型 H35：39

4. 小型着菩萨装立像B型 H5：27

着菩萨装像（一）

1. 小型着菩萨装立像B型 H35：55 正面

2. 小型着菩萨装立像B型 H35：55 侧面

3. 小型着菩萨装坐像AⅡ式 ⅠT1503④f：4

4. 小型着菩萨装坐像AⅡ式 ⅠT1202④f：1

着菩萨装像（二）

1. 大型着菩萨装立像A型 H35：46 正面

2. 大型着菩萨装立像A型 H35：46 背面

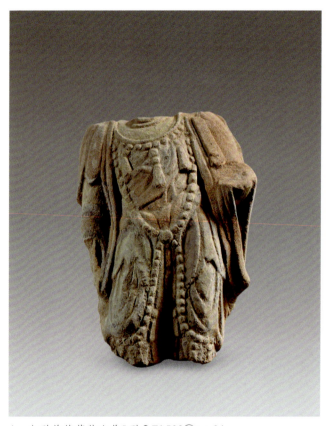

3. 大型着菩萨装立像B型 H35：20

4. 小型着菩萨装立像B型 I T1502④a：24

着菩萨装像（三）

1. 小型着菩萨装坐像AⅠ式 ⅠT1505④e：9 正面

2. 小型着菩萨装坐像AⅠ式 ⅠT1505④e：9 侧面

3. 小型着菩萨装坐像AⅠ式 ⅠT1505④e：9 背面

4. 小型着菩萨装坐像C型 采集：159

着菩萨装像（四）

1. 中型着菩萨装倚坐像 H5：18 正面

着菩萨装像（五）

1. 中型着菩萨装倚坐像 H5：18 左侧面

2. 中型着菩萨装倚坐像 H5：18 背面

着菩萨装像（六）

1. 小型着菩萨装像上半身残件A型 H5：25 正面

2. 小型着菩萨装像上半身残件A型 H5：25 背面

3. 小型着菩萨装像上半身残件A型 H35：16 正面

4. 小型着菩萨装像上半身残件A型 H35：16 背面

5. 小型着菩萨装像上半身残件B型 ⅠT3103④a：1 正面

6. 小型着菩萨装像上半身残件B型 ⅠT3103④a：1 背面

着菩萨装像残件（一）

2．中型着菩萨装像上半身残件A型 H5：8 右侧面

1．中型着菩萨装像上半身残件A型 H5：8 正面

3．中型着菩萨装像上半身残件A型 H5：8 背面

着菩萨装像残件（二）

1. 小型着菩萨装像下半身残件A型 J1⑤：9 正面

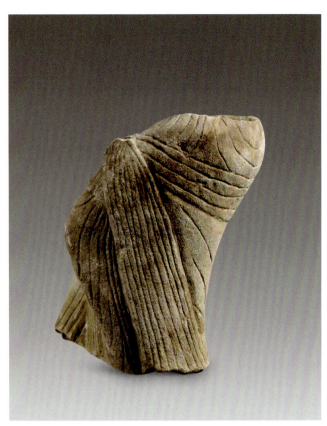

2. 小型着菩萨装像下半身残件A型 J1⑤：9 侧面

3. 中型着菩萨装像下半身残件A型 H35：3 正面

4. 中型着菩萨装像下半身残件A型 H35：3 背面

着菩萨装像残件（三）

1. 小型着菩萨装像下半身残件B型H35：19

4. 中型着菩萨装像下半身残件B型 ⅠT1104④c：9

2. 中型着菩萨装像下半身残件B型 H5：55正面

3. 中型着菩萨装像下半身残件B型 H5：55 侧面

5. 中型着菩萨装像下半身残件A型 ⅠT1803④a：1

着菩萨装像残件（四）

1. 着菩萨装造像石 I T1907③：3

3. 着菩萨装造像石 H30：3 正面

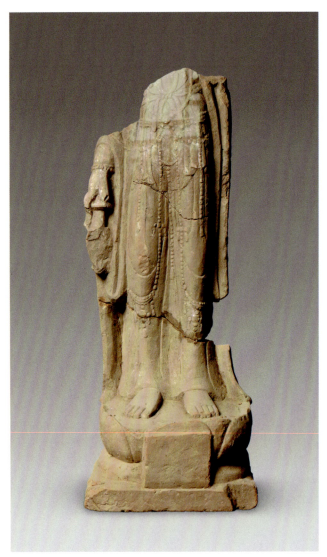

2. 中型着菩萨装像下半身残件B型 H5：21

4. 着菩萨装造像石 H30：3 侧面

着菩萨装像残件（五）

着铠甲装武士像（一）

1. 小型着铠甲装立像 H5：7

2. 小型着铠甲装立像 H5：7 侧面

3. 小型着铠甲装立像 H5：19

4. 小型着铠甲装立像 H5：19 侧面

着铠甲装武士像（一）

1. 小型着铠甲装坐像AⅠ式　ⅠT1505④e：5 正面

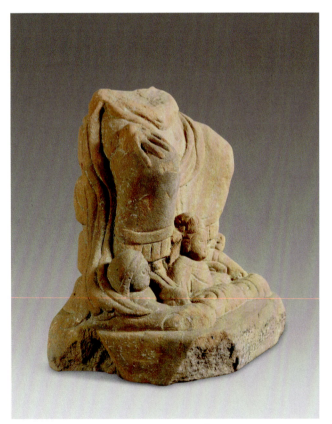

2. 小型着铠甲装坐像AⅠ式　ⅠT1505④e：5 右侧面

3. 小型着铠甲装坐像AⅠ式　ⅠT1505④e：5 背面

着铠甲装武士像（二）

1．小型着铠甲装坐像AⅡ式　ⅠT1405②a：2 正面

2．小型着铠甲装坐像AⅡ式　ⅠT1405②a：2
侧面

3．小型着铠甲装坐像BⅠ式　ⅠT1705④e：1 正面

4．小型着铠甲装坐像BⅠ式　ⅠT1705④e：1 背面

5．小型着铠甲装坐像BⅠ式　ⅠT1705④e：1
右侧面

着铠甲装武士像（三）

1. 小型着铠甲装坐像BⅠ式 H5:51 正面

2. 小型着铠甲装坐像BⅠ式 H5:51 右侧面

3. 小型着铠甲装坐像BⅡ式 ⅠT2006④d:4

4. 小型着铠甲装像上半身残件AⅠ式 H5:49
正面

5. 小型着铠甲装像上半身残件AⅠ式 H5:49
背面

着铠甲装武士像（四）

1．中型着铠甲装像上半身残件B型 H5：30 正面

2．中型着铠甲装像上半身残件B型 H5：30 侧面

3．中型着铠甲装像上半身残件B型 H5：30 背面

4．中型着铠甲装像上半身残件A型 F3：16 正面

5．中型着铠甲装像上半身残件A型 F3：16 背面

着铠甲装武士像（五）

1．小型着力士装立像AⅠ式　ⅠT1505④e：8 正面

2．小型着力士装立像AⅠ式　ⅠT1505④e：8 右侧面

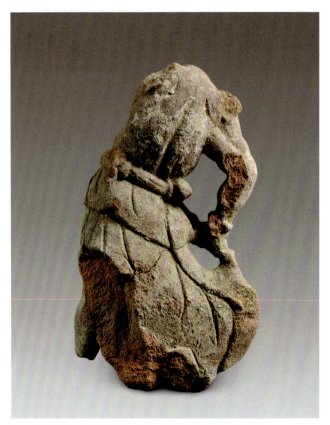

3．小型着力士装立像AⅠ式　ⅠT1505④e：8 背面

4．小型着力士装立像AⅠ式　ⅠT1505④e：6

着力士装像（一）

1. 小型着力士装立像AⅠ式 ⅠT1505④e：6 右侧面

2. 小型着力士装立像AⅠ式 ⅠT1505④e：6 背面

3. 小型着力士装立像AⅡ式 ⅠT1605④e：3 正面

4. 小型着力士装立像AⅡ式 ⅠT1605④e：3 背面

着力士装像（二）

1. 卷发跪坐像 Ⅰ T0701④a：7 正面

2. 卷发跪坐像 Ⅰ T0701④a：7 背面

3. 小型着世俗装像B型 H35：56 正面

4. 小型着世俗装像B型 H35：56 背面

其他造像（一）

1. 小型着世俗装像A型 H5：32

2. 小型着世俗装像D型 ⅠT0901④b：1

3. 小型着世俗装像C型 J1⑤：1

4. 中型着世俗装像A型 ⅠT1404④f：1 正面

5. 中型着世俗装像A型 ⅠT1404④f：1 背面

其他造像（二）

1. 背屏式组合像 H35：9 正面

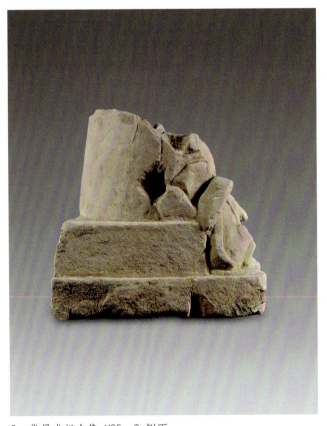

2. 背屏式组合像 H35：9 侧面

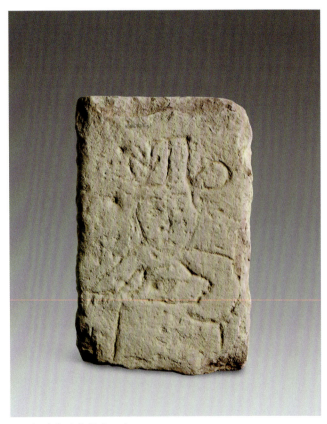

3. 中型着世俗装像B型 F5：1

其他造像（三）

3. 狮子AⅢ式 H5：26正面

1. 狮子AⅠ式 ⅠT1404④e：16 正面

4. 狮子AⅢ式 H5：26 侧面

5. 狮子AⅢ式 H5：38

2. 狮子AⅠ式 ⅠT1404④e：16 背面

6. 狮子AⅣ式 J1⑤：3

狮子像

1．小型头部残件B型 H35：17

2．中型头部残件AⅠ式 ⅠT1907③：2
正面

3．中型头部残件AⅠ式 ⅠT1907③：2
右侧面

4．中型头部残件AⅡ式 ⅡT1604④c：1 正面

5．中型头部残件AⅡ式 ⅡT1604④c：1 侧面

6．小型头部残件AⅠ式 ⅠT0901④a：5

7．小型头部残件D型 ⅠT1404②a：1

造像头部残件（一）

1. 中型头部残件BⅠ式 H5：31 正面

2. 中型头部残件BⅠ式 H5：31 侧面

3. 中型头部残件BⅠ式 ⅠT1104④a：3 正面

4. 中型头部残件BⅠ式 ⅠT1104④a：3 侧面

造像头部残件（二）

1. 中型头部残件BⅡ式 H35：59

2. 中型头部残件C型 ⅠT1604④c：1

3. 中型头部残件D型 采集：110 正面

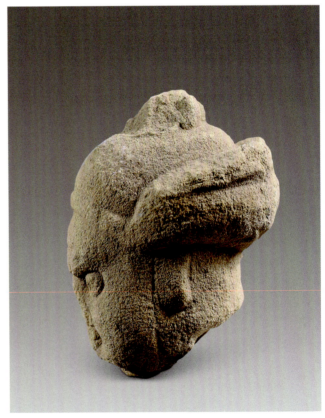

4. 中型头部残件D型 采集：110 侧面

造像头部残件（三）

1．大型头部残件A型 H5：61

2．大型头部残件AⅠ式 ⅠT1703④e：1 正面

3．大型头部残件AⅠ式 ⅠT1703④e：1侧面

4．大型头部残件AⅢ式 ⅠT1104④a：3

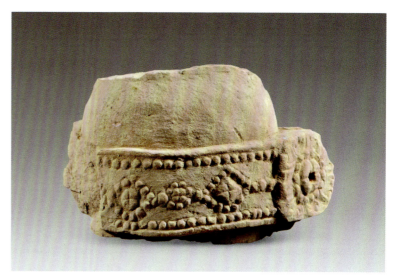

5．大型头部残块A件 H5：54

造像头部残件（四）

1. 大型头部残件C型　H5：10 正面

2. 大型头部残件C型 H5：10 侧面

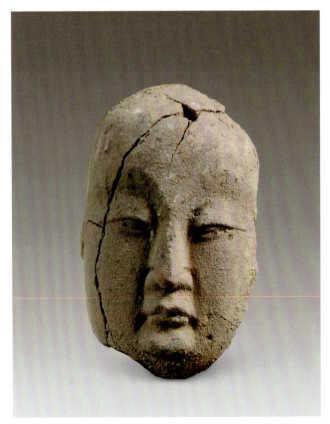

3. 中型头部残件F型 H35：18

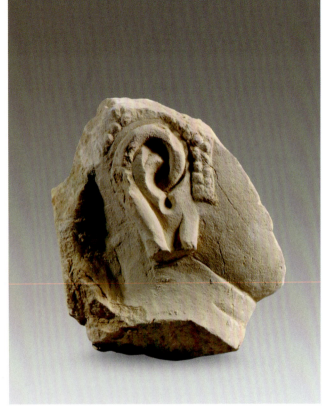

4. 大型头部残件B型 H35：54

造像头部残件（五）

1. 手臂残件BⅠ式 ⅠT1907③：1正面

3. 手臂残件BⅣ式 H5：78正面

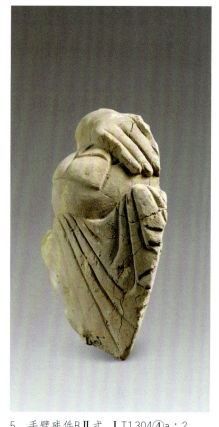

5. 手臂残件BⅡ式 ⅠT1304④a：2

2. 手臂残件BⅠ式 ⅠT1907③：1 背面

4. 手臂残件BⅣ式 H5：78 侧面

6. 手部残件BⅤ式 ⅠT1907③：6

造像其他部位残件（一）

1．手臂残件CⅡ式　ⅠT1906④a：8正面

3．手臂残件CⅡ式　ⅠT1104④a：7

5．手臂残件CⅤ式　H5：46

2．手臂残件CⅡ式　ⅠT1906④a：8背面

4．手臂残件CⅢ式　H5：42

6．腿部残件B型　H5：12

造像其他部位残件（二）

1. 手臂残件C Ⅴ式H5：66

2. 衣纹残件 Ⅰ T1806④c：1

3. 腿部残件B型 Ⅰ T1705④e：3

4. 像座残件C Ⅰ式 Ⅰ T0902④a：2

5. 像座残件B Ⅱ式 J1⑤：4

6. 像座残件B Ⅱ式 J1⑤：4局部

造像其他部位残件（三）

1. 像座残件BⅢ式 H35：7

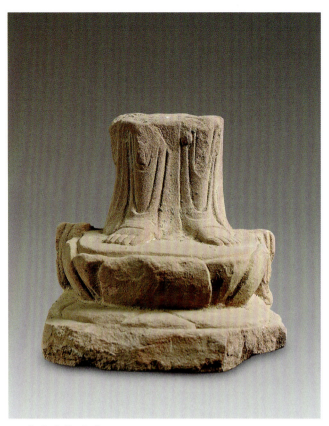

2. 像座残件CⅠ式 H35：35

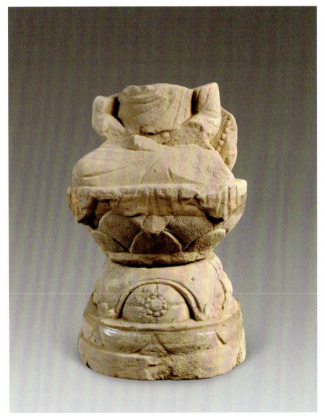

3. 像座残件CⅡ式 H5：62正面

4. 像座残件CⅡ式 H5：62 側面

像座残件

1. 蟠龙碑首 采集：156

2. 造像碑 H22：1 正面

3. 造像碑 H22：1 背面

造像碑残件

1. 基座残件A型 H8：1 第一、二面

2. 基座残件A型 H8：1 第三、四面

3. 基座残件A型 H8：1 第五、六面

4. 基座残件A型 H8：1 第七、八面

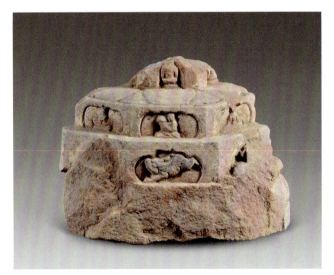

5. 基座残件BⅠ式 ⅠT1503④e：1

6. 基座残件B型 ⅠT1403④b：7

经幢残件（一）

1. 基座残件C型 ⅠT1704④c：2

2. 基座残件BⅡ式 采集：143

3. 基座残件C型 G2：2侧面 一

4. 基座残件C型 G2：2 侧面二

经幢残件（二）

1. 基座残件 H5：6 正面

2. 幢体残件 A型 H22：56

3. 幢体残件B型　ⅠT 0502③：4

4. 华盖残件AⅡ式　ⅠT1806④b：1

5. 华盖残件AⅠ式　ⅠT0802④a：4

经幢残件（三）

1. 华盖残件BⅠ式 H27：2

2. 华盖残件BⅡ式　H30：1

3. 华盖残片 H30：2

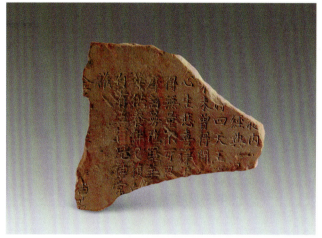

4. 经版残件　ⅠT1503④e：1

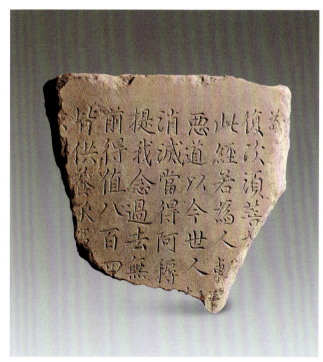

5. 经版残件　ⅠT1705④e：5

经幢、经版残件

1. 经版残件　ⅠT1602④e：1

3. 经版残件 TJ1⑤：3

4. 经版残件　ⅠT1505④e：1-1

2. 经版残件　ⅠT1404②a：1

5. 经版残件 Q1：1

经版残件

1. 印文板瓦 ⅡT0803④a：14

5. 莲花纹瓦当CⅡ式 ⅠT0208③：1

2. 印文板瓦 ⅡT0803④a：14局部

6. 莲花纹瓦当A型 ⅠT1204③：3

3. 印文瓦 ⅡT0803④c：10

7. 兽面纹瓦当BⅡ式 ⅠT1102④a：25

4. 印文瓦 ⅡT0803④c：10局部

8. 兽面纹瓦当AⅢ式 H22：36

陶瓦、瓦当

1. 兽面纹瓦当BⅡ式　ⅠT1223④a：12

2. 兽面纹瓦当BⅢ式　TJ1⑤：1

3. 兽面纹瓦当BⅡ式　ⅠT1101③：4

4. 脊头瓦B型　ⅠT1301④b：4

5. 灰陶滴水AⅡ式　ⅡT0803④a：5

6. 脊头瓦A型　ⅠT1302④a：2

7. 脊头瓦C型　ⅠT1404④e：6

陶瓦当、滴水与脊饰

1. 陶脊兽A型 ⅠT1125④c：1

5. "官"字琉璃铭文瓦 J1①：1

2. 陶脊兽B型 ⅠT1706④c：1 侧面

6. 琉璃兽面纹瓦当 ⅡT0605③：11

3. 陶脊兽B型 ⅠT1706④c：1 背面

7. 琉璃鸱尾耳部残块（上：ⅠT2207④a：8，采集：3，
ⅠT2408④c：2；下：ⅡT0301③：24，ⅡT0806④a：
6，ⅡT0301②a：5

4. 砖 G22：1

8. 琉璃滴水 ⅡT0302④a：12

琉璃瓦、瓦当、滴水与陶脊兽等

1. 琉璃卷草纹滴水残件 H43：5 正面

5. 琉璃鸱尾残件 Ⅰ T1404④c：4 正面

2. 琉璃卷草纹滴水残件 H43：5 背面

6. 琉璃鸱尾残件 Ⅰ T1404④c：4 背面

3. 琉璃鸱尾 Ⅱ T0701④a：7

7. 琉璃兽头残块 Ⅱ T0805④c：34

4. 琉璃鸱尾 Ⅱ T0806④a：13

8. 琉璃脊兽 Ⅰ T0111③：2

琉璃瓦当、滴水与脊饰

1. 椭圆形构件A型　ⅠT0308③：6

2. 椭圆形构件BⅠ式　ⅠT1201③：4

3. 吻兽ⅠT0902④b：2 正面

4. 吻兽ⅠT0902④b：2 侧面

5. 石凳残件A型　ⅠT1504④e：1 侧面

6. 石凳残件A型　ⅠT1504④e：1 俯视

建筑构件

1. 镶边及装饰类构件C I 式 I T1401②a：1

2. 圆形柱础石A I 式 I T2207④a：5

3. 镶边及装饰类构件D型 I T1903④a：1

4. 圆形柱础石A I 式 H21：29

5. 镶边及装饰类构件E II 式 F2：2

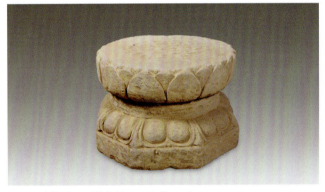

6. 圆形柱础石A IV 式 I T3501④a：2

7. 方形柱础石正面G2：7

8. 圆形柱础石B型 TJ1：1

柱础石及装饰类构件

1. 基座C型 G9：59 正面

4. 基座EⅢ式 ⅠT0801③：9 正面

2. 基座C型 G9：59侧面

5. 基座EⅢ式 ⅠT0801③：9 背面

3. 基座C型 ⅠT1902④a：5

6. 基座EⅢ式 ⅠT1503④e：5

基座

1．碗AⅠ式 ⅠT1302④a：24

2．碗CⅠ式 采集：79

3．碗AⅡ式 ⅠT1503③：3

4．碗CⅡ式 H13：20

5．碗AⅡ式 H42：2俯视

6．碗AⅡ式 H42：2侧面

7．盘CⅡ式 ⅠT1223④d：5俯视

8．盘CⅡ式 ⅠT1223④d：5底部

1. 盏CⅡ式G9：9

2. 罐BⅣ式 M7：1

3. 盘BⅡ式 ⅠT0703③：4

4. 壶CⅡ式 ⅠT0206④c：1

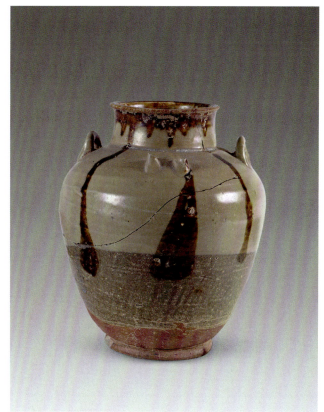

5. 罐CⅡ式 H10：1

瓷器（二）

1. 壶Ⅱ T0804③：1

2. 盂AⅠ式 ⅠT0309③：5

3. 盂AⅠ式 H21：7

4. 钵AⅡ式 ⅠT1402④e：11

5. 盂AⅠ式 ⅠT1102③：8

瓷器（三）

1. 瓶B型 ⅡT3401④a：6

2. 钵A型 ⅠT1503④b：2

3. 瓶BⅠ式 ⅠT1204④a：2

4. 瓶C型 Q5①：2

5. 器盖BⅡ式 ⅠT1501④a：1

瓷器（四）

1. 器盖DⅣ式 G6：2

2. 器盖FⅠ式 采集：127

3. 器盖FⅠ式 ⅠT2105④b：4

4. 圆腹香炉A型 ⅠT0207③：1

5. 熏炉C型 ⅠT2007③：3

6. 省油灯C型 H39：1

7. 流残件B型 ⅠT0902④a：4

8. 核桃 ⅠT1401④c：3

9. 核桃 G5：2

瓷器（五）

1．磁峰窑尊残件 F9①：10

2．龙泉窑器盖 ⅠT3302④a：5

3．龙泉窑碗 ⅠT3302④a：3

4．其他窑三足炉 ⅠT3401④a：17

5．景德镇窑碟B型 J1⑤：6

6．景德镇窑碟B型 J1⑤：6

7．建窑碗A型 ⅠT3401④a：16

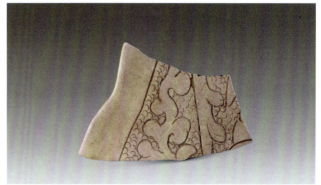

8．珍珠地葵口器残片 ⅠT2104④c：2

瓷器（六）

1. 铜碗 F9①：21

2. 青玉鸟 ⅡT0601②a：1

3. 石砚台 ⅠT1302④a：1 正面

4. 石砚台 ⅠT1302④a：1 侧面

5. 石灯残件A型 H22：54 正面

6. 石灯残件A型 H22：54 侧面

石器、玉器、铜器

1. 石雕塔 SHK000026

2. 华盖残件2000Q NNT3③：173

3. 华盖残件2000Q NNT4③：172之一

4. 华盖残件2000Q NNT4③：172之二

邛崃文物局原藏石塔、经幢

1. 华盖残件 QLGCLXS：2 之一

2. 华盖残件 QLGCLXS：2 之二

3. 华盖残件 QLGCLXS：2 之三

4. 华盖残件 QLGCLXS：2 之四

邛崃文物局原藏经幢

1. 基座残件 QLGCLXS：1 之一

2. 基座残件 QLGCLXS：1 之二

3. 基座残件 QLGCLXS：1之三

4. 着力士装像残件 QLGCLXS：4

邛崃文物局原藏经幢、着力士装像（一）

1. 华盖残件 SHK000018之一

2. 华盖残件 SHK000018之二

3. 华盖残件 SHK000018之三

4. 着力士装像残件QLGC：1侧面

5. 着力士装像残件QLGC：1正面

6. 着力士装像残件QLGC：1背面

邛崃文物局原藏经幢、着力士装像（二）

1. 着菩萨装像残件 SHK000020

2. 着菩萨装像残件QLGCLXS：3 正面

3. 着菩萨装像残件QLGCLXS：3 侧面

4. 着菩萨装像残件QLGCLXS：3 背面

邛崃文物局原藏着菩萨装像

1. 佛、弟子类坐像QLGC：4正面

2. 佛、弟子类坐像QLGC：4侧面

3. 佛、弟子类坐像QLGC：2正面

4. 佛、弟子类坐像QLGC：2侧面

邛崃文物局原藏佛、弟子类像

1. 佛、弟子类坐像QLGC：3正面

2. 佛、弟子类坐像QLGC：3侧面

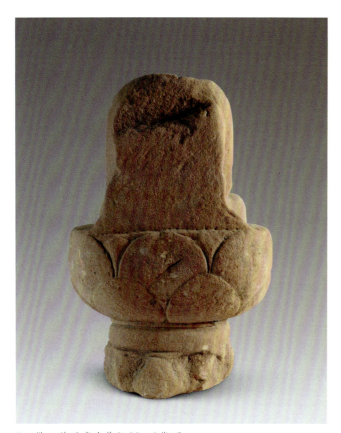

3. 佛、弟子类坐像QLGC：3背面

4. 着菩萨装头像残件QLGC：5

邛崃文物局原藏佛、弟子类像及着菩萨装像

1．J3第一期使用面

2．G5平面

3．J3第二期使用面和修补过的井台

J3、G5遗迹

1. F10全景

2. F10局部

F10遗迹

1. F9后面的排水沟

2. F9后部天井

3. F9厨房侧的排水沟等设施

F9遗迹（一）

1．F9后侧的水井（J7）

2．F9内的K4与解剖沟（B-B'）

3．F9内的K5

4．F9柱础石连接处

F9遗迹（二）

1. Z1、Z2

2. J1

3. J4

4. K3

Z1、Z2及J1、J4、K3遗迹

1. G9

2. H28

3. H5

G9、H28、H5遗迹

1. Y1平面

2. Y1烟道

Y1遗迹

1. M1～M6

2. M7俯视

墓葬（M1～M6、 M7）遗迹

1. 小型佛、弟子类立像A型 ⅠT1404④e：4 正面

3. 小型佛、弟子类坐像AⅠ式 ⅠT1603④f：7

4. 小型佛、弟子类坐像AⅠ式 ⅠT0112④a：6 正面

2. 小型佛、弟子类立像A型 ⅠT1404④e：4 侧面

5. 小型佛、弟子类坐像AⅠ式 ⅠT0112④a：6 侧面

佛、弟子类像（一）

1. 中型佛、弟子类坐像AⅠ式 H35：48 正面

2. 中型佛、弟子类坐像AⅠ式 H35：48 背面

3. 中型佛、弟子类坐像AⅠ式 H35：22 正面

4. 中型佛、弟子类坐像AⅠ式 H35：22 侧面

佛、弟子类像（二）

1. 中型佛、弟子类坐像BⅠ式H5：15 正面

2. 中型佛、弟子类坐像BⅠ式 H5：15 侧面

佛、弟子类像（三）

1．小型佛、弟子类像残件 ⅠT1303④f：1 正面

2．小型佛、弟子类像残件 ⅠT1303④f：1 背面

3．小型佛、弟子类像残件 H5：58 正面

4．小型佛、弟子类像残件 H5：58 背面

5．小型佛、弟子类像残件 H5：33 正面

6．小型佛、弟子类像残件 H5：33 侧面

佛、弟子类像残件

1. 大型佛、弟子类像残件 H35：31

3. 中型佛、弟子类像残件C型 H35：32

4. 中型佛、弟子类像残件B型 H5：76

2. 小型着菩萨装立像A型 J1⑤：4

5. 小型着菩萨装像残件A型 ⅠT1605④e：3

佛、弟子类像及着菩萨装像残件

1. 小型着菩萨装坐像C型　ⅠT1404④f：9 正面

2. 小型着菩萨装坐像C型　ⅠT1404④f：9 侧面

4. 小型着菩萨装像上半身残件A型　H5：11

3. 小型着菩萨装坐像B型　ⅠT1703④e：2

5. 小型着菩萨装像下半身残件A型　H5：45

着菩萨装像及其残件

1. 中型着菩萨装像上半身残件B型 H35：33

2. 中型着菩萨装像上半身残件B型 ⅠT1104④c：5

3. 中型着菩萨装像上半身残件B型 H35：25 正面

4. 中型着菩萨装像上半身残件B型 H35：25 背面

着菩萨装像残件（一）

1. 中型着菩萨装像下半身残件B型 H35：15

2. 中型着菩萨装像下半身残件B型 H35：26

3. 大型着菩萨装像下半身残件 H35：21 正面

4. 大型着菩萨装像下半身残件 H35：21 侧面

着菩萨装像残件（二）

1. 小型着铠甲装坐像BⅠ式 ⅠT1404④f：10 正面

2. 小型着铠甲装坐像BⅠ式 ⅠT1404④f：10 右侧面

3. 小型着铠甲装坐像BⅠ式 ⅠT1404④f：10 左侧面

4. 小型着铠甲装像上半身残件AⅡ式 采集：118 正面

5. 小型着铠甲装像上半身残件AⅡ式 采集：118 侧面

着铠甲装像残件（一）

1. 小型着铠甲装坐像AⅠ式　ⅠT1404④e：45 正面

2. 小型着铠甲装坐像AⅠ式　ⅠT1404④e：45 侧面

3. 小型着铠甲装像上半身残件AⅡ式　ⅠT1605④e：8 正面

4. 小型着铠甲装像上半身残件AⅡ式　ⅠT1605④e：8 侧面

着铠甲装像残件（二）

1．小型着铠甲装武士像残件 H8：20

2．小型着力士装像残件 ⅠT1501④e：5

3．小型着铠甲装武士像下半身残件 ⅡT0405③：2

4．小型着力士装像残件 H35：66

5．小型着力士装立像B型 J1⑤：8 正面

6．小型着力士装立像B型 J1⑤：8 侧面

着铠甲装、力士装像残件

1. 小型着力士装像残件 H10：3

2. 小型着力士装像残件 H5：2

3. 小型着力士装像残件 J1⑤：15

4. 中型着世俗装像A型 ⅠT1404④f：2 侧面

5. 中型着世俗装像A型 ⅠT1404④f：2 背面

着力士装、世俗装像残件

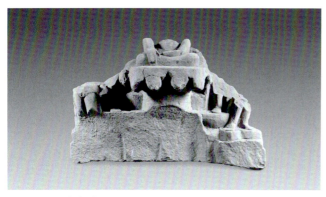

1．组合造像残件 H35：57 正面

2．组合造像残件 H35：57 侧面

3．小型着世俗装像残件 ⅠT1404④f：7

4．大型着世俗装像残件 H35：30 背面

5．大型着世俗装像残件 H35：30 正面

其他像残件

1. 狮子AⅠ式 ⅠT1401④e：2 背面

3. 狮子AⅠ式 ⅠT2005④c：1

4. 狮子AⅡ式 ⅠT1123②a：2

2. 狮子AⅠ式 ⅠT1401④e：2 侧面

5. 狮子AⅠ式 ⅠT1806④e：1

狮子残件

1. 狮子B型　ⅠT2308③：6 正面

2. 狮子B型　ⅠT2308③：6 侧面

3. 狮子B型　ⅠT2308③：6 俯视

4. 狮子B型　H35：13

6. 小型头部残件E型　采集：128

5. 小型头部残件AⅠ式　ⅠT1705④f：6

7. 小型头部残件AⅡ式　ⅠT1705④b：2

狮子、造像头部残件

1. 小型头部残件B型 H5：28

2. 中型头部残件BⅠ式 ⅠT1225⑥a：2

3. 中型头部残件C型 H28：3 正面

4. 中型头部残件C型 H28：3 侧面

5. 中型头部残件E型 ⅠT1405④e：1正面

6. 中型头部残件E型 ⅠT1405④e：1 背面

造像头部残件（一）

1. 中型头部残件F型 ⅠT1503④e：3

2. 中型头部残件 采集：149 正面

3. 中型头部残件 采集：149 侧面

4. 大型头部残件AⅠ式 H5：2 正面

5. 大型头部残件AⅠ式 H5：2 侧面

造像头部残件（二）

1．大型头部残件AⅠ式 ⅠT1104④a：6 正面

2．大型头部残件AⅠ式 ⅠT1104④a：6 侧面

3．大型头部残件AⅢ式 G6：32

4．大型头部残件AⅢ式 ⅠT1707④e：2

5．大型头部残件AⅡ式 H5：9

6．大型头部残件A 型 H5：20 正面

7．大型头部残件A型 H5：20 侧面

造像头部残件（三）

1．手部残件AⅠ式 ⅠT0702④a：6

4．大型头部残件C型 H5：3

2．手臂残件AⅡ式 H4：16

5．大型头部残件B型 H35：53

3．手臂残件AⅡ式 ⅠT0703③：1

6．手臂残件AⅣ式 H5：25

手臂、头部残件

1. 手臂残件BⅢ式 H5：69

2. 手臂残件CⅢ式 H5：39

3. 手臂残件CⅠ式 H5：79 正面

4. 手臂残件CⅠ式 H5：79 侧面

5. 手臂残件CⅣ式 H35：36

6. 腿部残件A型 J1⑤：2

手臂、腿部残件

1. 衣纹残件 H5：43

4. 头（背）光残件AⅡ式 ⅠT1304④f：1

2. 头（背）光残件AⅢ式 H5：48

5. 头（背）光残件AⅣ式 H5：63 正面

3. 头（背）光残件AⅢ式 ⅠT1805④b：1

6. 头（背）光残件AⅣ式 H5：63 背面

造像其他部位残件

1. 头（背）光残件B型 H5：70

2. 头（背）光残件AⅣ式 ⅠT1004④a：7

3. 头（背）光残件CⅠ式 ⅠT1203④f：7

4. 头（背）光残件CⅠ式 H5：60

5. 头（背）光残件B型 H5：68

6. 头（背）光残件CⅡ式 H5：57

头光、背光残件

1．像座残件BⅡ式 H35：28

4．像座残件BⅡ式 H35：23

2．像座残件CⅠ式 H35：56

5．像座残件A型 ⅠT1503④f：5

3．像座残件A型 ⅠT0308③：5

像座残件

1. 像座残件CⅠ式 H5：41

2. 像座残件D型 H5：5

3. 幢体残件A型 ⅠT1201③：2

4. 碑体残件 F11：1

像座、碑、经幢残件

经幢残件

1. 华盖残件 采集：129

3. 华盖残件B Ⅱ 式 H36：6

2. 华盖残件B Ⅰ 式 H22：20

4. 华盖残件A Ⅰ 式 Ⅰ T0701④b：2

经幢残件

1. 印文瓦ⅡT0807④c：11

2. 印文瓦ⅡT0807④c：11 局部

3. 印文瓦ⅡT0803④a：9

4. 印文瓦ⅡT0803④a：9局部

5. 印文瓦ⅡT0707④c：23

6. 印文瓦ⅡT0707④c：23局部

陶质印文瓦（一）

1. 印文瓦 ⅡT0804④a：3

2. 印文瓦 ⅡT0804④a：3局部

3. 印文瓦 ⅠT0112④a：1

4. 印文瓦 ⅠT0112④a：1局部

5. 印文筒瓦 ⅡT0806④c：36

6. 印文筒瓦 ⅡT0806④c：36局部

陶质印文瓦（二）

1．印文瓦 ⅡT0807④c：15

2．印文瓦 ⅡT0807④c：15局部

3．印文瓦 ⅡT0607④c：8

4．印文瓦 ⅡT0607④c：8局部

5．印文瓦 ⅡT0806④c：2

陶质印文瓦（三）

1．莲花纹瓦当CⅡ式 T4③：4

2．莲花纹瓦当B型 ⅠT1903③：6

3．莲花纹瓦当CⅠ式 T1③：10

4．莲花纹瓦当CⅠ式 ⅠT0902③：13

陶质瓦当（一）

1. 莲花瓦当CⅡ式 ⅠT1404④e：12

2. 莲花瓦当CⅠ式 G6：25

3. 菊花纹瓦当 ⅡT0805④c：1

4. 莲花纹瓦当CⅠ式 ⅠT0208③：5

5. 莲花纹瓦当CⅡ式 ⅠT0114④c：1

陶质瓦当（二）

1. 兽面纹瓦当AⅡ式 ⅠT1504④a：1

2. 兽面瓦当AⅢ式 H41：4

3. 兽面瓦当AⅠ式 ⅠT0802③：17

4. 兽面瓦当AⅡ式 ⅠT0206④c：12

陶质瓦当（三）

1. 兽面纹瓦当AⅣ式　ⅠT1401④a：9

2. 兽面纹瓦当BⅠ式　H8：15

3. 兽面纹瓦当AⅢ式　ⅠT1223④a：9

4. 兽面纹瓦当AⅢ式　采集：91

5. 兽面纹瓦当BⅡ式　ⅠT1602④a：6

陶质瓦当（四）

1. 兽面纹瓦当BⅢ式 TJ1②：1

2. 兽面纹瓦当BⅢ式 F12①：17

3. 兽面纹瓦当C型 ⅠT1907③：10

4. 兽面纹瓦当C型 ⅡT0303③：6

5. 兽面纹瓦当C型 ⅠT0102④c：2

6. 兽面纹瓦当D型 ⅠT1004④a：8

陶质瓦当（五）

1. 兽面纹瓦当D型 ⅠT2103④c：2

2. 灰陶滴水AⅠ式 ⅡT0404④c：8

3. 脊头瓦C型 ⅠT1505④e：4

4. 灰陶滴水B型 ⅡT0805④c：3

5. 鸱尾 ⅠT1807④c：1 正面

6. 鸱尾 ⅠT1807④c：1 侧面

陶质瓦当、滴水及鸱尾等残件

1. 鸱尾残件　ⅠT1401④e：23

4. 鸱尾残件　ⅠT1503④e：5 正面

2. 鸱尾残件　ⅠT1807④e：2

3. 鸱尾残件　ⅠT1302④c：4

5. 鸱尾残件　ⅠT1503④e：5 背面

陶质鸱尾残件

1. 陶鸱尾眼部残件 ⅠT1404④c：1

2. 脊兽C型 ⅠT1201③：9

3. 兽嘴形瓦饰 ⅠT1404④e：18

4. 莲花纹基座 ⅠT1223④a：6

5. 兽嘴形瓦饰 H29：3

6. 莲瓣基座 ⅠT1223④a：7

陶质鸱尾、瓦饰及莲座等残件

1. 脊残件AⅠ式 G6：22

2. 脊残件AⅣ式 H3：23

3. 脊残件B型 ⅠT2207④b：6

4. 脊残件AⅢ式 G6：20

5. 脊残件AⅡ式 G6：27

6. 脊残件AⅡ式 H7：1

陶脊构件残件

1. 脊残件C型 H5：2

2. 瓦饰残件 ⅠT1302④c：2

3. 脊残件C型 采集：36

4. 脊残件C型 G6：21

5. 脊残件C型 采集：37

6. 脊残件C型 G6：19

7. 脊残件C型 采集：87

陶脊构件及瓦饰残件

1. 砖 ⅠT1124④a：1

4. 灰陶瓦饰残件 ⅠT1302④c：6

2. "大吉"砖 G4：2

5. 灰陶瓦饰残件 ⅠT1607④e：3

3. 砖 ⅠT1706④c：2

6. "吉"字砖 F4：1

陶质瓦饰及铭文砖残件

1. 琉璃瓦BⅢ式　ⅡT0805④c：40

2. 琉璃瓦BⅠ式　ⅡT0303③：3

3. 琉璃筒瓦
　　BⅠ式（左）：ⅡT0802③：18
　　BⅡ式（右）：ⅠT0902④a：1

4. "官"字铭文板瓦　ⅡT0701④a：9

5. "官"字琉璃瓦　ⅡT0301③：39

6. 琉璃瓦BⅢ式　ⅡT0805④c：38

琉璃瓦及瓦板残件

1. 琉璃鸱尾残件 ⅠT2207④b：5

2. 琉璃鸱尾残件 ⅡT0301③：15

4. 琉璃鸱尾残件 ⅡT0301③：56

3. 琉璃鸱尾残件 ⅡT0806④a：48

5. 琉璃鸱尾残件 ⅠT2108④b：1

琉璃鸱尾残件（一）

1. 琉璃鸱尾残件 ⅡT0808②c∶1 侧面

3. 琉璃鸱尾残件 ⅡT0806④a∶3

2. 琉璃鸱尾残件 ⅡT0808②c∶1 背面

4. 琉璃鸱尾残件 ⅠT2207④b∶12

5. 琉璃鸱尾残件 ⅡT0803②c∶3

琉璃鸱尾残件（二）

1. 琉璃鸱尾残件 ⅡT0607④c：19

2. 琉璃鸱尾残件 ⅠT2207④b：3

3. 琉璃鸱尾残件 ⅠT1805④a：1

4. 琉璃鸱尾残件 ⅡT0301③：14 侧面

5. 琉璃鸱尾残件 ⅡT0301③：14 背面

琉璃鸱尾残件（三）

1. 琉璃兽头残件　ⅡT0806④a：2

2. 琉璃脊兽残件　ⅡT0302④a：10

3. 琉璃兽头残件　采集：163

4. 琉璃脊兽残件　ⅡT0805④c：8

5. 琉璃脊兽残件　H1：3

6. 琉璃脊兽残件　ⅡT0805④c：9

琉璃脊兽残件（一）

1. 蹲坐兽残件 Ⅱ T0301③：3 正面

3. 蹲坐兽残件 Ⅱ T0301③：3 侧面

2. 蹲坐兽残件 Ⅱ T0301③：3 背面

4. 琉璃兽头残件 Ⅱ T0302④a：11

5. 脊兽残件 Ⅱ T0701④a：12

琉璃脊兽残件（二）

1. 脊兽残件 ⅡT0805④c：32 正面

3. 脊类瓦饰残件 ⅡT0805④c：34

4. 琉璃瓦饰残件 ⅡT1301③：18

2. 脊兽残件 ⅡT0805④c：32 侧面

5. 脊类瓦饰残件 ⅡT0405③：1

琉璃脊兽、瓦饰残件（一）

1. 脊类瓦饰残件 ⅡT0407④a：2

2. 脊类瓦饰残件 ⅠT1501④a：3

3. 脊类瓦饰残件 ⅡT0801④a：3

4. 脊类瓦饰残件 ⅠT1301④b：3

5. 脊类瓦饰残件 ⅡT0301③：7

琉璃脊兽、瓦饰残件（二）

1. 其他瓦饰类残件 J4①：1

2. 其他瓦饰类残件 ⅠT1224④c：8

3. 脊类瓦饰残件 ⅠT1905③：1

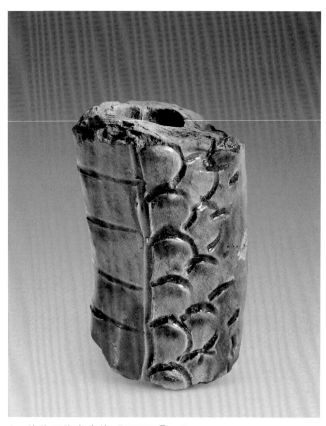

4. 其他瓦饰类残件 ⅠT2208③：2

5. 脊类瓦饰残件 ⅡT0801④a：10

琉璃脊兽、瓦饰残件（三）

1. 椭圆形构件残件BⅡ式 ⅠT1203④a：2 正面

2. 椭圆形构件残件BⅡ式 ⅠT1203④a：2 侧面

3. 椭圆形构件残件BⅠ式 ⅠT1101③：1 正面

4. 椭圆形构件残件BⅠ式 ⅠT1101③：1 侧面

5. 椭圆形构件残件BⅠ式 H36：4

6. 椭圆形构件残件BⅡ式 ⅠT1501④a：6

石雕建筑构件残件

1. 石凳残件B型ⅠT1604④e：6

2. 石凳残件A型H8：6

3. 石凳残件A型 H9：15

4. 石凳残件B型H4：1

石凳残件

1．镶边及装饰类构件A型　ⅠT1225④a：2

2．其他石雕建筑构件及装饰材料残件B型　ⅠT1401②a：1

3．镶边及装饰类构件B型　F9：1

4．镶边及装饰类构件CⅠ式　ⅠT1402②a：3

5．镶边及装饰类构件CⅡ式　ⅠT1601④a：2

石雕建筑构件残件（一）

1. 镶边及装饰类构件D型J4①：6

4. 镶边及装饰类构件D型　ⅠT0703③：2

2. 镶边及装饰类构件EⅠ式 采集：121

3. 其他石雕建筑构件及装饰材料残件A型　ⅠT1707④b：3

5. 其他石雕建筑构件及装饰材料残件A型　ⅠT1404④e：8

石雕建筑构件残件（二）

1. 其他石雕建筑构件及装饰材料残件C型 ⅠT1104④a：10

2. 其他石雕建筑构件及装饰材料残件D型 ⅠT1602④a：8

4. 其他石雕建筑构件及装饰材料残件F型 ⅠT1203④f：6

3. 其他石雕建筑构件及装饰材料残件E型 ⅠT1602④e：5

5. 其他石雕建筑构件及装饰材料残件B型 H5：40

石雕建筑构件残件（三）

1. 柱础石AⅠ式 K2：1

2. 柱础石AⅠ式ⅠT1502④a：25

3. 柱础石AⅠ式ⅠT0901④a：8

4. 柱础石AⅠ式F11①：9

5. 柱础石AⅡ式 Q4：1

6. 柱础石AⅣ式 ⅠT0802④b：1

圆形柱础石残件

1. 圆形柱础石C型　ⅠT3501④a：1

2. 方形柱础石　ⅠT1707④b：3

3. 圆形柱础石AⅣ式　ⅠT3101④a：1

4. 基座AⅠ式　ⅠT1404④e：1

5. 方形柱础石　H35：5

柱础石残件及基座残件

1. 基座残件 AⅡ式 H8：25

2. 基座B型 H35：10

3. 基座EⅡ式 ⅠT2006④a：4

4. 基座EⅠ式 采集：1

5. 基座EⅠ式 ⅠT2003④a：1

石雕基座残件（一）

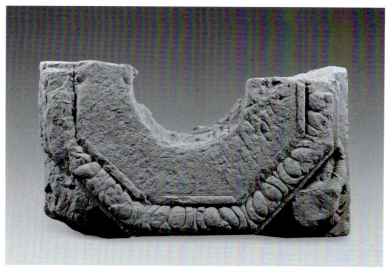

1. 基座EⅢ式　ⅠT1404④e：29 正面

2. 基座EⅢ式　ⅠT1404④e：29 侧面

3. 基座D型　ⅠT1326④a：1

石雕基座残件（二）

1．陶香炉A型 ⅠT1303②a：3

4．陶扁壶ⅠT0502③：8

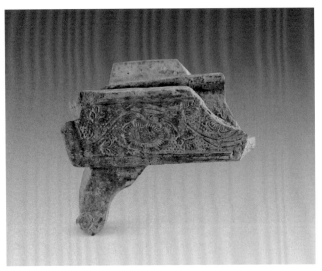

2．陶香炉B型 F9：27 正面

5．陶香炉B型 F9②：7 正面

3．陶香炉B型 F9：27 底部

6．陶香炉B型 F9②：7 底部

陶器（一）

1. 香炉B型 ⅠT1203④f：27

2. 支钉A型 F9②：2

3. 纺轮A型 ⅠT1402④b：5

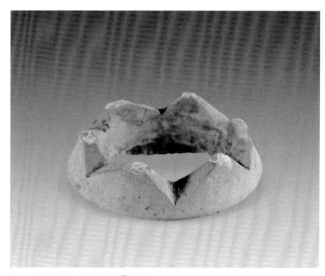

4. 支钉B型 ⅠT1705③：4

5. 纺轮B型 ⅠT1226④c：3

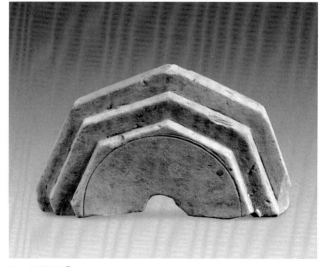

6. 基座T4⑥：3

陶器（二）

1. 基座 ⅠT2407④c：3 侧面

2. 基座 ⅠT2407④c：3 俯视

3. 基座 ⅠT2307④f：4

4. 模具 ⅠT2104④c：4

5. 器足 ⅠT1703④e：1

6. 莲瓣残片 ⅠT0701④e：8

陶器（三）

1. 灰陶兽足 ⅡT0701④a：11

3. 陶俑腿残块 ⅠT1903②a：1

4. 陶俑残件 ⅠT2007④a：4

2. 乳钉纹陶片 ⅠT2107③：2

5. 灰陶坩埚 M6：1

陶器（四）

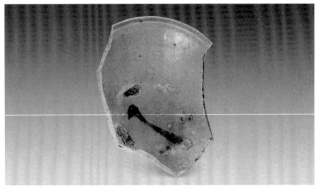

1. 碗AⅠ式 ⅠT1708③：2

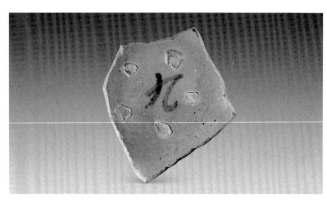

2. 碗AⅠ式 ⅠT1605④f：3

3. 碗AⅠ式 H21：18

4. 碗AⅠ式 H13：37

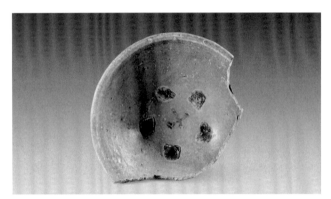

5. 碗AⅠ式 ⅠT1102④f：3

6. 碗AⅠ式 ⅠT0207③：3

7. 碗AⅠ式 采集：152

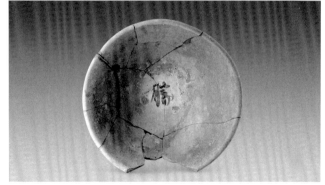

8. 碗AⅠ式 ⅠT1401④e：1

瓷器（一）

1．碗AⅡ式　ⅠT0302②a：1

2．碗AⅡ式　ⅠT2307④c：8

3．碗AⅡ式　ⅠT0801④c：1内底

4．碗AⅡ式　ⅠT0801④c：1 外底

5．碗AⅡ式　ⅠT0801④a：1

6．碗BⅠ式 H13：5

7．碗AⅢ式 T1②：2

8．碗AⅢ式 T1③：5

瓷器（二）

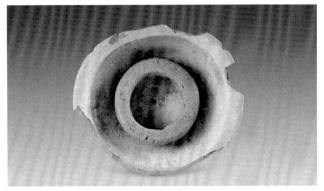

1. 碗BⅡ式 H44：1

2. 碗CⅠ式 ⅠT1204④f：8

3. 碗CⅠ式 ⅠT1223④a：11

4. 碗 CⅠ式 ⅠT1204④f：19

5. 碗CⅠ式 H12：16

6. 碗CⅠ式 ⅠT0502③：23

7. 碗CⅠ式 ⅠT1802③：2

8. 碗CⅠ式 ⅠT1204④f：2

1. 碗CⅡ式 ⅠT1103③：3

2. 碗CⅢ式 H31：2

3. 碗CⅢ式 ⅠT1706④C：3

4. 碗CⅢ式 ⅠT1706④C：3 外底

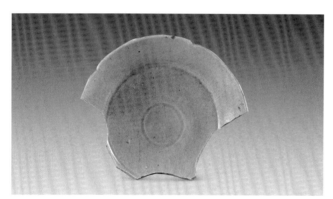

5. 盘BⅠ式 ⅠT1503④e：6

6. 盘A型 ⅠT0702④d：1

7. 盘BⅡ式 ⅠT0502③：19

8. 盘BⅡ式 H26：3

瓷器（四）

1. 盘 BⅡ式 H31：6

2. 盘CⅠ式 ⅠT1123②a：3

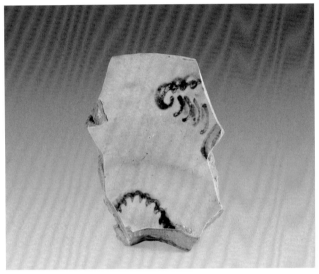

3. 盘CⅠ式 ⅠT1503④b：5

4. 盘CⅡ式 ⅠT0902④a：7

5. 盘CⅡ式 ⅠT1503③：2

6. 盘CⅡ式 ⅠT1607③：1

7. 盘CⅡ式 ⅠT1805④e：16

8. 盘CⅡ式 ⅠT1806④c：2

1．碟A型　ⅡT0303④a：3

2．碟B型　H22：23

3．碟B型　ⅠT1906④b：1

4．碟B型　F9②：5

5．碟CⅡ式　ⅠT2207④a：14

6．碟CⅢ式　ⅠT1204④e：1

7．碟CⅡ式　F9①：6

8．碟CⅡ式　ⅠT3401④a：3

9．碟CⅡ式　ⅠT2103④b：4

1. 罐AⅠ式 ⅠT1601④a：3

4. 罐AⅡ式 M1：3

2. 罐AⅠ式 ⅠT1602④a：1

5. 罐AⅡ式 ⅠT1502④c：4

3. 罐AⅠ式 ⅠT0208③：2

6. 罐AⅢ式 G9：5

1. 罐AⅢ式 采集：13

2. 罐A型残件ⅠT1224④e：3

5. 罐AⅢ式 采集：130

3. 罐AⅢ式 ⅠT0502③：1

4. 罐AⅢ式 ⅠT0206③：8

6. 罐BⅠ式 J6①：4

瓷器（八）

瓷器（九）

1. 罐BⅡ式 ⅠT0502④c：3

2. 罐BⅠ式 F9①：15

3. 罐BⅢ式 ⅠT1225④c：1

4. 罐BⅢ式 ⅠT1604④e：2

5. 罐BⅣ式 T4③：11

1. 罐CⅡ式F3：11

4. 罐CⅠ式 ⅠT1402④f：3

2. 罐CⅡ式 H13：45

3. 罐CⅡ式 H43：1

5. 罐CⅡ式 ⅠT1102③：6

1. 罐CⅡ式　ⅠT1806④c：8

2. 罐CⅣ式　ⅠT2407③：2

3. 罐CⅢ式　ⅠT1401④e：7

4. 罐CⅢ式　F9③：20.

1. 盆A型 H26：16

2. 盆B型 ⅠT1905④b：1 外壁

3. 盆B型 ⅠT1905④b：1 内壁

4. 盆残片 ⅡT1214④c：3

5. 盆A型 ⅠT0804③：3

6. 盆残片 Q4②：5

7. 盆B型 H22：13

1. 壶BⅠ式 ⅡT0706②a∶3

2. 壶AⅠ式 H13∶46

3. 壶BⅡ式 ⅡT3201④a∶1

4. 壶AⅡ式 ⅠT1303③∶7

5. 壶AⅡ式 ⅠT0208③∶6

6. 壶BⅡ式 ⅠT1808④d∶1

1. 壶 BⅡ式 F12①：6

2. 壶BⅡ式 ⅠT1906③：3

3. 壶CⅠ式 ⅠT2307③：1

4. 壶CⅠ式 ⅠT0502④c：7

1. 壶DⅠ式 M3：1

2. 壶DⅠ式 ⅠT0206③：7

3. 壶DⅠ式 H41：1

4. 壶DⅠ式 J6①：3

1. 壶DⅡ式 H12：17

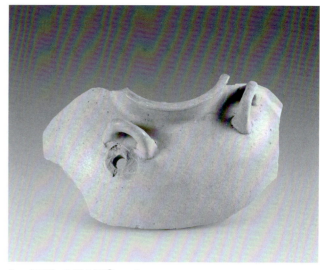

2. 壶E型 ⅠT1906④a：6

3. 杯AⅠ式 H43：2

4. 杯AⅠ式 ⅠT1404④c：2

5. 杯AⅠ式 H22：7

6. 杯AⅡ式 ⅡT0701②a：2

瓷器（一六）

1. 杯AⅡ式 ⅠT2301④c：9

2. 杯AⅡ式 J6①：2

3. 杯AⅡ式 H11：1

4. 杯AⅡ式 ⅡT0302③：2

5. 杯AⅡ式 ⅠT1226④c：4

6. 杯BⅠ式 ⅠT1604④e：9

7. 杯BⅠ式 ⅠT3401④a：18

8. 杯BⅡ式 K4：3

1. 盂B型 F9①：5

2. 杯BⅢ式 ⅠT1901④a：2

3. 钵AⅡ式 ⅠT1806④d：25

4. 钵AⅡ式 ⅠT0701④a：1

5. 钵BⅡ式 ⅠT0701④a：11

瓷器（一八）

1. 瓶B I 式 I T1501④a：10

3. 瓶B II 式 I T1303③：8

2. 瓶A型 I T2407④b：1

4. 瓶B II 式 H12：20

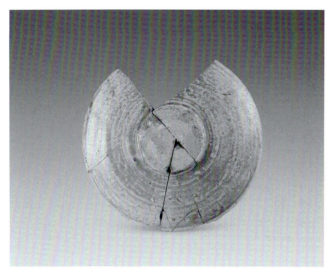

1. 器盖A型 ⅠT0902④a：9

2. 器盖A型 ⅠT2307④c：5

3. 器盖BⅠ式 ⅠT1802③：4

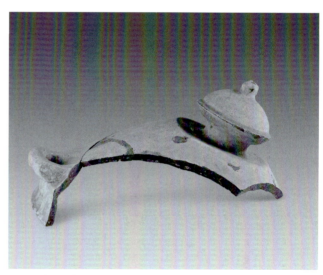

4. 器盖DⅠ式 G9：8

5. 器盖DⅡ式 ⅠT2008④a：1

6. 器盖DⅡ式 ⅠT2208④c：7

1. 器盖DⅡ式 ⅠT1803②a：1

2. 器盖DⅡ式 采集：85

3. 器盖DⅢ式 ⅠT2007④a：5

4. 器盖E型 ⅠT1501④a：9

5. 器盖DⅣ式 ⅠT1805③：6

6. 器盖FⅡ式 H13：47

瓷器（二一）

瓷器

1. 器盖G型 ⅠT1303③：9

2. 器盖G型 ⅡT3401④a：10

3. 器盖残件 ⅠT1701④a：4

4. 器盖残件 H42：29

5. 器盖残件 G6：15

6. 盒AⅠ式 ⅠT1305③：2

1. 盒AⅢ式　ⅠT1204④f：9

2. 盒AⅢ式　ⅠT1115③：1

3. 盒AⅣ式　F12①：1

4. 研磨器BⅠ式　ⅠT1901④b：5

5. 研磨器A型　ⅠT0206③：11 侧面

6. 研磨器A型　ⅠT0206③：13 内底

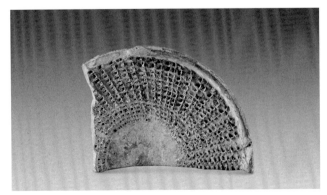

7. 研磨器BⅠ式　ⅠT2408③：14

8. 研磨器BⅡ式　ⅠT2308③：3

瓷器（二四）

1. 研磨杵A型 M6：2

2. 研磨杵A型 ⅠT1601④c：1

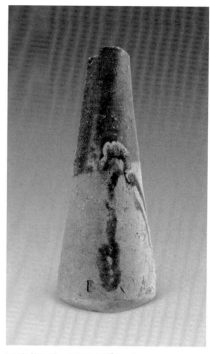

3. 研磨杵B型 ⅠT0109③：2

4. 圆腹香炉A型 ⅠT0207④a：4

5. 圆腹香炉A型 ⅠT0207④a：2

6. 圆腹香炉A型 ⅠT2308④d：20

1. 圆腹香炉B型 ⅠT2006④c：2

2. 圆腹香炉B型 ⅠT1802②a：3

3. 方形香炉 ⅠT1403④a：4

4. 方形香炉 ⅠT2208④c：6

5. 六角形香炉 ⅠT1003③：3

6. 熏炉AⅠ式 ⅠT1501④a：4

1. 熏炉AⅠ式 ⅡT0802④c：2

2. 熏炉B型 ⅠT1401④a：5

3. 熏炉AⅡ式 M5：5

4. 熏炉AⅡ式 H12：8

5. 熏炉B型 ⅠT1113④a：1

瓷器（二六）

1. 省油灯B I 式 J1⑤：5

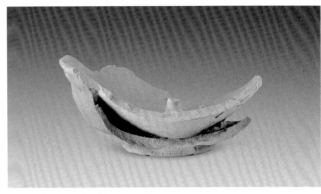

2. 省油灯B I 式 Ⅱ T0701④c：5

3. 省油灯B Ⅱ式 Ⅰ T1603④a：10

4. 省油灯B型 Ⅱ T0507②a：5

5. 省油灯C型 Ⅱ T3401④a：2

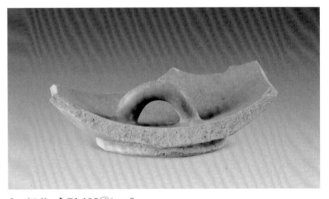

6. 灯盏 Ⅰ T1402④b：2

7. 省油灯A型 H26：6

8. 蜡盘 Ⅰ T1123③b：1

1. 器座 ⅠT1905③：1

2. 骑兽俑 ⅠT1603④a：2

3. 猴子俑 H3：13

4. 狮子俑 ⅠT1701④a：7

5. 狮子俑残件 ⅡT0608③：4

6. 狮子俑残件 C3：1

瓷器（二八）

1. 玩具鸟俑 ⅠT0801③：6

2. 凤鸟俑头部残件 ⅠT1405④b：1

3. 铃铛 ⅠT1404③：5

4. 鸭头部残件 ⅠT1806④d：13

5. 莲瓣残片 ⅠT2408③：16

6. 莲瓣 H5：44

瓷器（二九）

1. 莲瓣纹台座 ⅠT1224④c：1

2. 莲座 采集：9

3. 器口B型 ⅠT2408④f：2

4. 莲瓣台座 ⅠT0903④b：2

5. 坩埚 ⅠT2207④a：12

6. 器口F型 ⅠT1604④b：1

瓷器（三○）

1. 器口F型 ⅠT1202④a：16

2. 器口F型 ⅠT1302④a：12

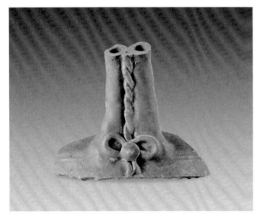

3. 流残件A型 H21：5

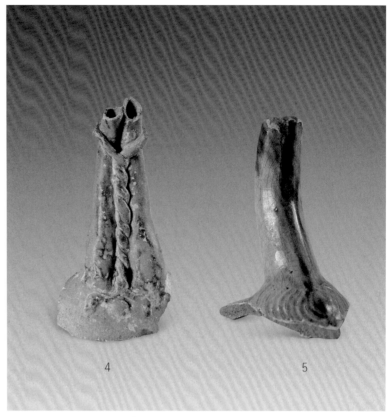

4
5

4. 流残件A型 ⅠT1701④a：9　　5. 流残件B型 ⅠT0701④a：10

6. 器足残件A型 H22：26

瓷器（三一）

1. 器足A型 ⅠT1224③：4

2. 器足B型 G6：7

3. 器足B型 K6：2

4. 器足C型 ⅠT0208③：4

5. 其他瓷器残件 ⅡT0807④c：2

6. 其他瓷器残件 ⅡT0805④c：8

7. 其他瓷器残件 F9①：3

8. 其他瓷器残件采集：161

瓷器（三二）

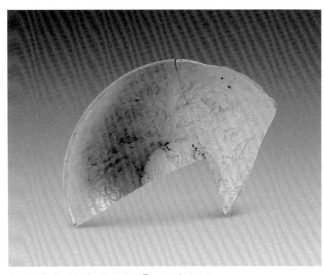

1. 磁峰窑碗B型 ⅡT3303③：5 侧面

2. 磁峰窑碗B型 ⅡT3303③：5 内侧面

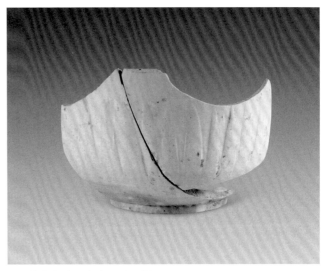

3. 磁峰窑碗C型 G24：13

4. 磁峰窑碗A型 ⅠT1226④c：1

5. 磁峰窑碗A型 F9①：8

6. 磁峰窑碗B型 ⅠT3303③：3

1. 磁峰窑碗B型 ⅠT3103③：2

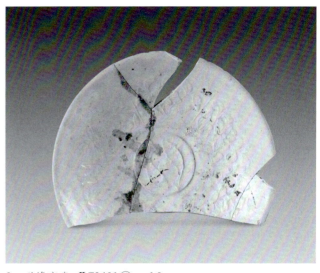

2. 磁峰窑盘 ⅡT3401④a：12

3. 磁峰窑碟 ⅠT1124②a：2

4. 磁峰窑碟 ⅠT0307③：1

5. 磁峰窑碟 ⅠT3403④a：3

6. 磁峰窑杯 F9：7

瓷器（三四）

1. 磁峰窑罐A型 ⅠT1525④a：8

2. 磁峰窑罐B型 J1①：1

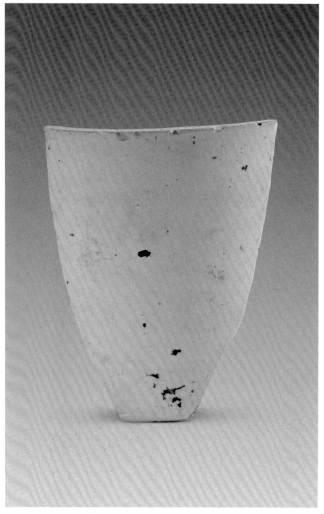

4. 磁峰窑尊 F9①：11

3. 磁峰窑钵 H17：1

5. 磁峰窑瓶 ⅠT0407②c：6

1. 景德镇窑碗B型 H3：27

3. 龙泉窑碗 ⅡT0402③：11

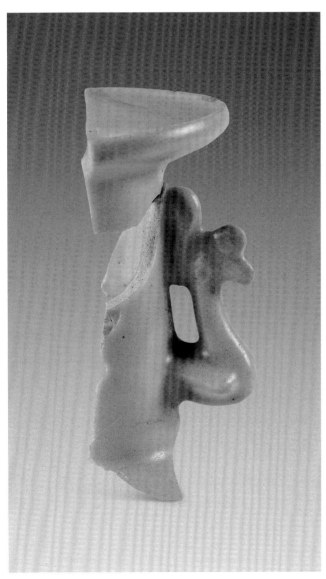

2. 龙泉窑贯耳瓶残件 ⅠT3103③：13

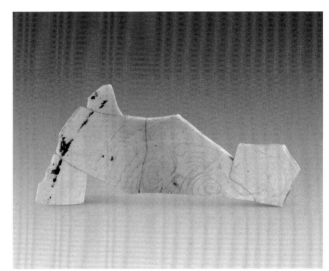

4. 景德镇窑碗B型 F9②：3

5. 龙泉窑盘 ⅠT1902④a：4

1. 景德镇窑碗B型 ⅠT3401④a：8

2. 景德镇窑碗B型 采集：33

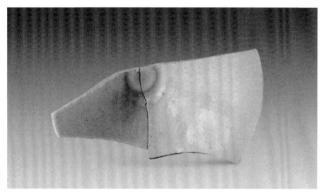

3. 景德镇窑斗笠碗 ⅡT3201③：7

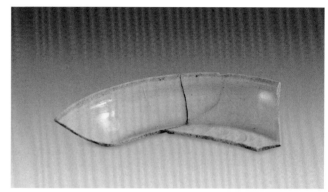

4. 景德镇窑碟B型F9：13

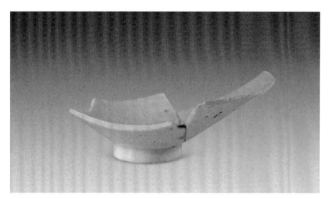

5. 景德镇窑斗笠碗 ⅡT0805④c：43 侧面

6. 景德镇窑斗笠碗 ⅡT0805④c：43 正面

7. 景德镇窑碟C型 ⅠT3401④a：11

8. 景德镇窑碟B型 ⅡT3401④a：7

1. 景德镇窑瓶口残片　ⅠT1402④a：19

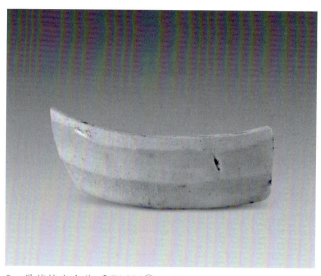

2. 景德镇窑盒盖　ⅠT1224④c：11

3. 景德镇窑碟C型　ⅡT3402③：4 侧面

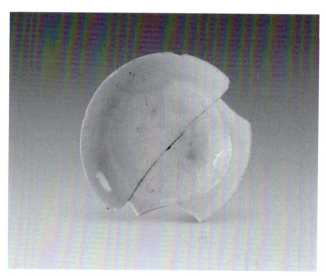

4. 景德镇窑碟C型　ⅡT3402③：4 内底

5. 景德镇炉残片　ⅠT1526③：1

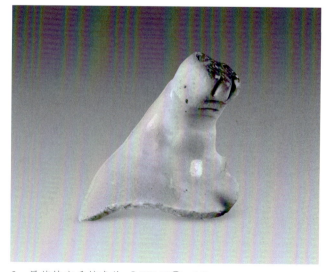

6. 景德镇窑香炉残件　ⅠT3103③：12

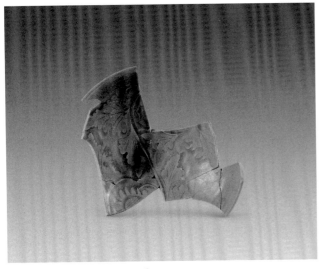

1. 耀州窑碗A型 ⅠT3401④a：2

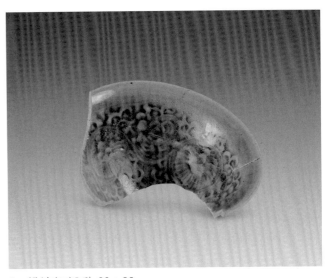

2. 耀州窑碗B型 G9：26

3. 耀州窑碗A型 F1①：4

4. 耀州窑碗B型 H12：9

5. 耀州窑碗B型M5：1

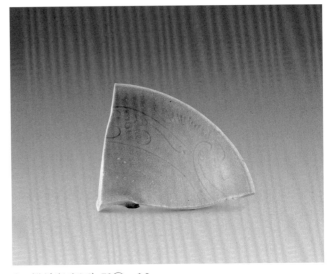

6. 耀州窑碗C型 F9③：10

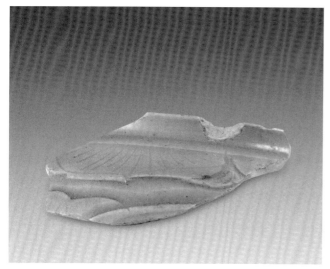

1. 耀州窑罐 M6：3

2. 建窑系碗A型 G24：2

3. 建窑碗A型 ⅡT0801④b：4

4. 建窑碗B型 H22：43

5. 定窑碗 ⅠT1505④e：17

6. 定窑碟A型 ⅡT0607④c：1

1. 定窑盘 ⅠT1903③：7 内底

2. 定窑盘 ⅠT1903③：7侧面

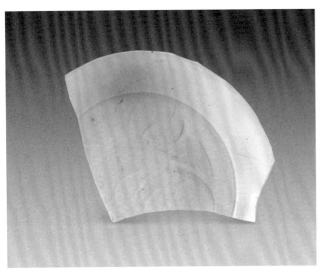

3. 定窑碟B型 ⅠT1902④b：1

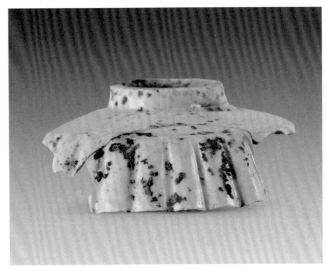

4. 定窑碟C型 ⅠT1003③：4

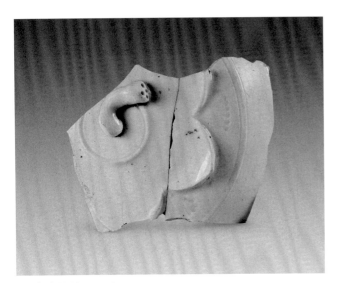

5. 定窑器盖 G6：9

1. 青花碗B型 ⅠT3102②a：1

2. 青花碗A型 ⅠT3301②a：1

3. 青花瓷盘 ⅠT0703②a：5 正面

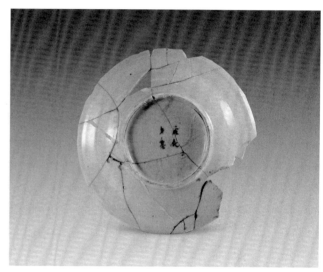

4. 青花瓷盘 ⅠT0703②a：5 底部.

5. 青花碗B型 ⅠT0406②a：1

1. 其他釉色碗 ⅠT1701④a：10

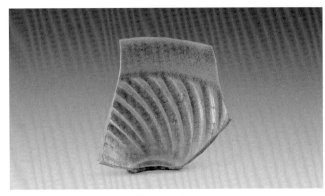

2. 其他釉色碗 ⅠT0207④c：3

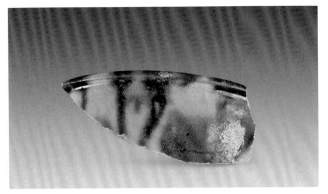

3. 其他釉色碗 ⅠT0802③：74

4. 其他釉色碗 ⅠT0901④a：4

5. 其他釉色碗 ⅠT3103③：6

6. 杯 ⅠT0701④a：8

7. 瓷片 ⅠT1224④c：5

1．铜壶 ⅠT3301④a：4

3．铜碟 ⅠT3301④a：6

4．铜碟 ⅡT3301③：10

2．铜杯 ⅠT3403④a：1

5．分节铜壶 ⅠT3302④a：2

6．铜杯 ⅠT3301④a：2

铜器（一）

1. 铜匕B型 J4①：7

2. 铜匕A型 ⅡT0803②b：1

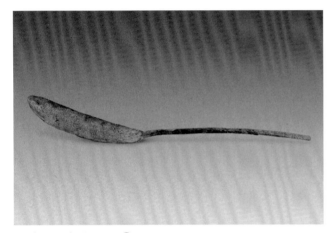

3. 铜匕C型 ⅠT3403④a：5

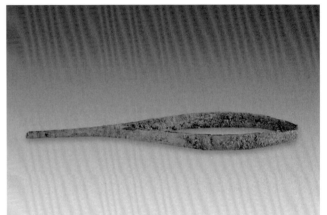

4. 镊子 H21：4

5. 铜龙 ⅠT3503④a：1

铜器（二）

1. 铜构件 G24：2

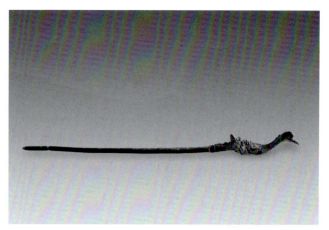

2. 簪A型 ⅠT1602④e：1

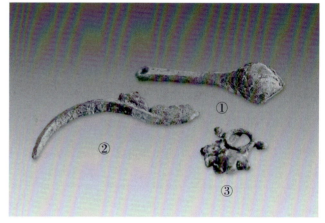

3. 铜饰件 （1）吊坠ⅠT3302④a：16，（2）弯钩形铜饰
ⅠT3302④a：18，（3）花饰ⅠT3302④a：11

4. 铜头饰（1）簪ⅠT1223②a：7，（2）簪ⅠT1223②a：6，（3）花饰ⅠT1223②a：3，（4）花饰ⅠT1223②a：4，
（5）簪ⅠT1223②a：5

铜器（三）

1. 铜镜G24：13

1. 铜镜ⅠT1225④c：7

铜器（四）

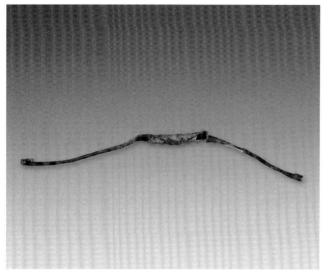

1. 铜提手 ⅡT3201④a：2

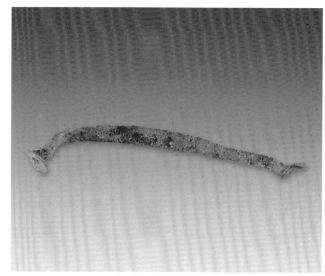

2. 铜提手 G24：21

3. 铜构件 ⅠT1701④a：1

4. 铜构件 J4①：4

5. 出土铜钱

6. 出土铜钱

铜器（五）

1. 铁香炉 K4：4

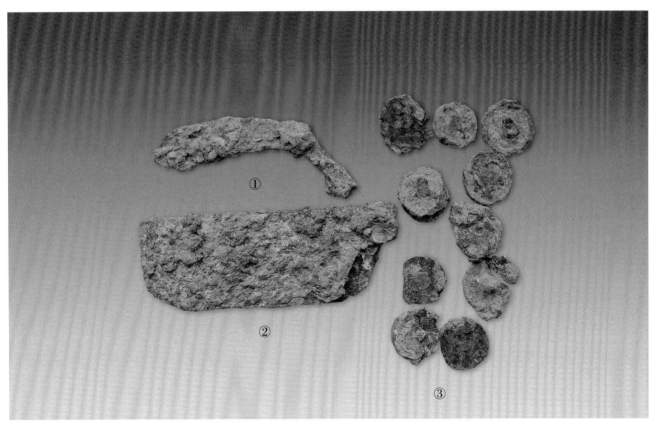

2.（1）铁镰刀 ⅠT1203③：2，（2）铁刀 F12①：3，（3）出土铁钱

铁器

1．铁刀 G3：1

2．出土铁钉

3．玉管状器物 H4：5

4．石漏斗 ⅠT1402④c：5

5．石臼 ⅠT2207④a：11

杂件（一）

1. 石雕花盆 F9：2

3. 石灯残件A型 H22：55 正面

2. 石灯残件A型 H22：55 侧面

4. 石灯B型 ⅠT0408④a：3

杂件（二）

1. 井盖J7：1

3. 石灯D型 ⅠT1403④f：16

2. 狮子灯A型残件 H8：21

4. 石灯C型 ⅠT0901④a：6

杂件（三）